2020
中国价格统计年鉴
CHINA PRICE STATISTICAL YEARBOOK

国家统计局城市社会经济调查司 编
Compiled by
Department of Urban Society and Economic Statistics,
National Bureau of Statistics of China

中国统计出版社
China Statistics Press

图书在版编目（**CIP**）数据

中国价格统计年鉴 = CHINA PRICE STATISTICAL YEARBOOK. 2020 : 汉、英 / 国家统计局城市社会经济调查司编 . -- 北京 : 中国统计出版社 , 2020.10
ISBN 978-7-5037-9294-6

Ⅰ . ①中 … Ⅱ . ①国 … Ⅲ . ①物价管理－统计资料－中国－ 2020 －年鉴－汉、英 Ⅳ . ① F726.7-66

中国版本图书馆 CIP 数据核字 (2020) 第 187431 号

中国价格统计年鉴—2020
China Price Statistical Yearbook 2020

作　　者 / 国家统计局城市社会经济调查司
责任编辑 / 许立舫
封面设计 / 李雪燕
出版发行 / 中国统计出版社有限公司
通信地址 / 北京市丰台区西三环南路甲 6 号　邮政编码 /100073
电　　话 / 邮购（010-63376909）　书店（010-68783171）
网　　址 / http://www.zgtjcbs.com
印　　刷 / 河北鑫兆源印刷有限公司
经　　销 / 新华书店
开　　本 / 880×1230 毫米　1/16
字　　数 / 584 千字
印　　张 / 19
版　　别 / 2020 年 10 月第 1 版
版　　次 / 2020 年 10 月第 1 次印刷
定　　价 / 208.00 元　Price:208.00 yuan(RMB)

如有印装差错，由本社发行部调换。

《中国价格统计年鉴—2020》

编委会和编辑人员

2020 CHINA PRICE STATISTICAL YEARBOOK

Editorial Board And Staff

编者说明

一、《中国价格统计年鉴—2020》系统收录了2019年度各种价格统计调查资料，是一部反映中国价格变动情况的专业性综合年鉴。

二、本年鉴所列价格指数主要包括工业生产者出厂价格指数、工业生产者购进价格指数、固定资产投资价格指数、居民消费价格指数、商品零售价格指数、农业生产资料价格指数、住宅销售价格指数等。反映了生产、流通、消费与投资等环节的价格变动趋势和变动幅度。

三、本年鉴所列价格指数的编制工作由国家统计局城市社会经济调查司组织实施，国家统计局各级调查队及相关地方统计机构依据统一调查制度采集原始数据汇总上报。

四、本年鉴所涉及的全国性统计数据，均未包括香港、澳门特别行政区和台湾省数据。

五、本年鉴所使用的度量单位均采用国际统一标准计量单位。

六、本年鉴中，“空格”表示无该项数据或数据不详；“#”号表示其中数。

PREFACE

I.***2020 China Price Statistical Yearbook*** is a professional annual statistics publication, which covers very comprehensive data in 2019 of price indices.

II.Data on price indices in this book include mainly producer price indices for industrial products, purchasing price indices for industrial producers, price indices for investment in fixed assets, consumer price indices, retail price indices, price indices for means of agricultural production, housing price index, showing the changing trends and the change rates in the prices of production, trade, consumption and investment.

III.Compilation of statistics on price indices is organized by the Department of Urban Social and Economic Survey, NBS. At levels of National Bureau of investigation team and relevant statistics in stitutions collect data in accordance with the scheme of price survey system, tabulate them and report them.

IV.The national data in this yearbook do not include that of Hong Kong SAR (Special Administrative Region), Macao SAR and Taiwan province.

V.The units of measurement used in this yearbook are in accordance with internationally standard measurement units.

VI.In this yearbook, “blank space” indicates that the data are unknown or are not available; “#” indicates a major breakdown of the total.

目　录

CONTENTS

1. 综　　合
Integration

2. 生产者价格指数
Producer Price Index

3. 流通消费价格指数
Consumer Price Index

4. 70 个大中城市商品住宅销售价格指数
70 Large and Medium-Sized Cities Commercial Housing Price Index

附录
Appendix

综　合
Integration

1

1-1-1　各种价格总指数(1951～2019年)
Price Indices (1951～2019)

(上年价格=100)　　　　(Preceding Year=100)

年　份 Year	居民消费价格指数 Consumer Price Index	城市居民消费价格指数 Urban Areas	农村居民消费价格指数 Rural Areas	商品零售价格指数 Retail Price Index	城市商品零售价格指数 Urban Areas	农村商品零售价格指数 Rural Areas	农业生产资料价格指数 Price Index of Agricultural Production	工业生产者出厂价格指数 Producer Price Index of Industrial Products	工业生产者购进价格指数 Purchasing Price Index for Industrial Producer	固定资产投资价格指数 Price Index for Investment in Fixed Assets
1951		112.5		112.2						
1952		102.7		99.6						
1953		105.1		103.4						
1954		101.4		102.3						
1955		100.3		101.0						
1956		99.9		100.0						
1957		102.6		101.5						
1958		98.9		100.2						
1959		100.3		100.9						
1960		102.5		103.1						
1961		116.1		116.2						
1962		103.8		103.8						
1963		94.1		94.1						
1964		96.3		96.3						
1965		98.8		97.3						
1966		98.8		99.7						
1967		99.4		99.3						
1968		100.1		100.1						
1969		101.0		98.9						
1970		100.0		99.8						
1971		99.9		99.3						
1972		100.2		99.8						
1973		100.1		100.6						
1974		100.7		100.5						
1975		100.4		100.2						
1976		100.3		100.3						
1977		102.7		102.0						
1978		100.7		100.7	102.5	100.1	99.9			
1979		101.9		102.0	101.9	102.0	100.4			
1980		107.5		106.0	108.1	104.4	101.0			
1981		102.5		102.4	102.7	102.1	101.7			
1982		102.0		101.9	102.1	101.7	101.9			
1983		102.0		101.5	101.9	101.2	103.0			
1984		102.7		102.8	102.5	103.0	108.9			
1985	109.3	111.9	107.6	108.8	112.2	107.0	104.8	108.7		

1-1-1 续表 Continued

(上年价格=100) (Preceding Year=100)

年份 Year	居民消费价格指数 Consumer Price Index	城市居民消费价格指数 Urban Areas	农村居民消费价格指数 Rural Areas	商品零售价格指数 Retail Price Index	城市商品零售价格指数 Urban Areas	农村商品零售价格指数 Rural Areas	农业生产资料价格指数 Price Index of Agricultural Production	工业生产者出厂价格指数 Producer Price Index of Industrial Products	工业生产者购进价格指数 Purchasing Price Index for Industrial Producer	固定资产投资价格指数 Price Index for Investment in Fixed Assets
1986	106.5	107.0	106.1	106.0	107.0	105.0	101.1	103.8	109.5	
1987	107.3	108.8	106.2	107.3	109.1	106.3	107.0	107.9	111.0	
1988	118.8	120.7	117.5	118.5	121.3	117.1	116.2	115.0	120.2	
1989	118.0	116.3	119.3	117.8	116.0	118.8	118.9	118.6	126.4	
1990	103.1	101.3	104.5	102.1	100.2	103.2	105.5	104.1	105.6	
1991	103.4	105.1	102.3	102.9	104.5	102.0	102.9	106.2	109.1	109.5
1992	106.4	108.6	104.7	105.4	107.7	103.9	103.7	106.8	111.0	115.3
1993	114.7	116.1	113.7	113.2	114.2	112.6	114.1	124.0	135.1	126.6
1994	124.1	125.0	123.4	121.7	120.9	122.9	121.6	119.5	118.2	110.4
1995	117.1	116.8	117.5	114.8	113.5	116.4	127.4	114.9	115.3	105.9
1996	108.3	108.8	107.9	106.1	105.8	106.4	108.4	102.9	103.9	104.0
1997	102.8	103.1	102.5	100.8	100.8	100.7	99.5	99.7	101.3	101.7
1998	99.2	99.4	99.0	97.4	97.4	97.6	94.5	95.9	95.8	99.8
1999	98.6	98.7	98.5	97.0	97.0	97.1	95.8	97.6	96.7	99.6
2000	100.4	100.8	99.9	98.5	98.5	98.5	99.1	102.8	105.1	101.1
2001	100.7	100.7	100.8	99.2	98.9	99.6	99.1	98.7	99.8	100.4
2002	99.2	99.0	99.6	98.7	98.5	99.1	100.5	97.8	97.7	100.2
2003	101.2	100.9	101.6	99.9	99.6	100.5	101.4	102.3	104.8	102.2
2004	103.9	103.3	104.8	102.8	102.1	104.2	110.6	106.1	111.4	105.6
2005	101.8	101.6	102.2	100.8	100.5	101.4	108.3	104.9	108.3	101.6
2006	101.5	101.5	101.5	101.0	100.9	101.4	101.5	103.0	106.0	101.5
2007	104.8	104.5	105.4	103.8	103.3	104.9	107.7	103.1	104.4	103.9
2008	105.9	105.6	106.5	105.9	105.5	106.7	120.3	106.9	110.5	108.9
2009	99.3	99.1	99.7	98.8	98.7	99.0	97.5	94.6	92.1	97.6
2010	103.3	103.2	103.6	103.1	102.8	103.6	102.9	105.5	109.6	103.6
2011	105.4	105.3	105.8	104.9	104.7	105.5	111.3	106.0	109.1	106.6
2012	102.6	102.7	102.5	102.0	101.9	102.2	105.6	98.3	98.2	101.1
2013	102.6	102.6	102.8	101.4	101.3	101.8	101.4	98.1	98.0	100.3
2014	102.0	102.1	101.8	101.0	101.0	101.0	99.1	98.1	97.8	100.5
2015	101.4	101.5	101.3	100.1	100.0	100.3	100.4	94.8	93.9	98.2
2016	102.0	102.1	101.9	100.7	100.7	100.9	100.1	98.6	98.0	99.4
2017	101.6	101.7	101.3	101.1	101.1	101.3	100.6	106.3	108.1	105.8
2018	102.1	102.1	102.1	101.9	101.9	102.1	103.1	103.5	104.1	105.4
2019	102.9	102.8	103.2	102.0	101.9	102.5	104.6	99.7	99.3	102.6

注：①本表1985年前城市居民消费价格指数为职工生活费用价格总指数。

②从2011年起，原工业品出厂价格指数改称为工业生产者出厂价格指数，原材料、燃料、动力购进价格指数改称为工业生产者购进价格指数。

a. Urban areas consumer price indices remain with price indices of cost of living of workers and employees before 1985.

b.The original Ex-Factory price Indices of Industrial Products since 2011 Changed its name to the Indices of Industrial Producer,purchasing price Indices of Raw Material,Fuel and power changed its name to the Purchasing Price Indices of Industrial Producer.

1-2-1　各种价格定基指数(1978～2019年)
Fixed-base Price Indices (1978～2019)

年　份 Year	居民消费价格指数 Consumer Price Index (1978=100)	城市居民消费价格指数 Urban Areas (1978=100)	农村居民消费价格指数 Rural Areas (1985=100)	商品零售价格指数 Retail Price Index (1978=100)	农业生产资料价格指数 Price Index of Agricultural Production (1978=100)	工业生产者出厂价格指数 Producer Price Index of Industrial Products (1985=100)	工业生产者购进价格指数 Purchasing Price Index for Industrial Producers (1990=100)	固定资产投资价格指数 Price Index for Investment in Fixed Assets (1990=100)
1978	100.0	100.0		100.0	100.0			
1979	101.9	101.9		102.0	100.4			
1980	109.5	109.5		108.1	101.4			
1981	112.2	112.2		110.7	103.1			
1982	114.4	114.4		112.8	105.1			
1983	116.7	116.7		114.5	108.3			
1984	119.9	119.9		117.7	117.9			
1985	131.1	134.2	100.0	128.1	123.6	100.0		
1986	139.6	143.6	106.1	135.8	125.0	103.8		
1987	149.8	156.2	112.7	145.7	133.8	112.0		
1988	177.9	188.5	132.4	172.7	155.5	128.8		
1989	209.9	219.2	157.9	203.4	184.9	152.8		
1990	216.4	222.0	165.1	207.7	195.1	159.0	100.0	100.0
1991	223.8	233.3	168.9	213.7	200.8	168.9	109.1	109.5
1992	238.1	253.4	176.8	225.2	208.2	180.4	121.1	126.3
1993	273.1	294.2	201.0	254.9	237.6	223.7	163.6	159.8
1994	339.0	367.8	248.0	310.2	288.9	267.3	193.4	176.5
1995	396.9	429.6	291.4	356.1	368.1	307.1	222.9	186.9
1996	429.9	467.4	314.4	377.8	399.0	316.0	231.6	194.3
1997	441.9	481.9	322.3	380.8	397.0	315.0	234.6	197.6
1998	438.4	479.0	319.1	370.9	375.2	302.1	224.7	197.3
1999	432.2	472.8	314.3	359.8	359.4	294.8	217.3	196.5
2000	434.0	476.6	314.0	354.4	356.2	303.1	228.4	198.6
2001	437.0	479.9	316.5	351.6	353.0	299.2	227.9	199.4
2002	433.5	475.1	315.2	347.0	354.8	292.6	222.7	199.8
2003	438.7	479.4	320.2	346.7	359.8	299.3	233.4	204.2
2004	455.8	495.2	335.6	356.4	397.9	317.6	260.0	215.7
2005	464.0	503.1	343.0	359.3	430.9	333.2	281.6	219.1
2006	471.0	510.6	348.1	362.9	437.4	343.2	298.5	222.4
2007	493.6	533.6	366.9	376.7	471.1	353.8	311.6	231.1
2008	522.7	563.5	390.7	398.9	566.7	378.2	344.3	251.8
2009	519.0	558.4	389.5	394.1	552.5	357.8	317.2	245.8
2010	536.1	576.3	403.5	406.3	568.5	377.5	347.7	254.6
2011	565.0	606.8	426.9	426.2	632.7	400.2	379.3	271.4
2012	579.7	623.2	437.6	434.7	668.1	393.4	372.5	274.4
2013	594.8	639.4	449.9	440.8	677.5	385.9	365.1	275.2
2014	606.7	652.8	458.0	445.2	671.4	378.6	357.1	276.6
2015	615.2	662.6	464.0	445.6	674.1	358.9	335.3	271.6
2016	627.5	676.5	472.8	448.7	674.8	353.9	328.6	270.0
2017	637.5	688.0	478.9	453.6	678.8	376.2	355.2	285.7
2018	650.9	702.4	489.0	462.2	699.8	389.4	369.8	301.1
2019	669.8	722.1	504.6	471.4	732.0	388.2	367.2	308.9

生产者价格指数
Producer Price Index

2

2－1－1　全国工业生产者出厂
Producer Price Indices for Industrial

(上年价格=100)

年 份 Year	总指数 General Index	一、生产资料 Means of Production	1.采 掘 Mining & Quarrying Industry	2.原材料 Raw Materials Industry	3.加工 Processing Industry
1985	108.7				
1986	103.8	104.8	100.6	107.5	103.6
1987	107.9	107.8	114.1	106.9	107.2
1988	115.0	113.7	109.3	113.5	114.7
1989	118.6	118.9	114.2	116.4	121.8
1990	104.1	104.4	107.9	105.9	102.5
1991	106.2	108.0	112.8	111.8	103.8
1992	106.8	109.3	112.6	110.2	107.4
1993	124.0	133.7	146.5	140.4	122.7
1994	119.5	116.7	133.1	117.9	111.1
1995	114.9	113.6	119.7	113.6	112.0
1996	102.9	103.5	108.9	101.7	104.1
1997	99.7	99.7	105.5	100.0	98.1
1998	95.9	95.4	98.4	93.4	96.8
1999	97.6	98.3	104.5	98.2	97.1
2000	102.8	105.1	124.9	108.4	98.6
2001	98.7	98.8	100.1	99.7	98.1
2002	97.8	97.7	101.9	98.0	96.9
2003	102.3	103.6	113.3	106.7	100.2
2004	106.1	107.8	118.8	110.2	104.8
2005	104.9	106.8	125.8	109.8	102.2
2006	103.0	103.9	114.1	106.6	101.1
2007	103.1	103.2	103.8	105.6	102.0
2008	106.9	107.7	123.2	108.9	105.2
2009	94.6	93.3	84.2	91.9	95.1
2010	105.5	106.6	122.2	110.1	103.1
2011	106.0	106.6	115.4	109.2	104.6
2012	98.3	97.5	97.6	98.0	97.3
2013	98.1	97.4	94.3	96.9	98.0
2014	98.1	97.5	93.5	97.0	98.2
2015	94.8	93.3	80.3	90.5	95.7
2016	98.6	98.2	95.4	96.7	99.0
2017	106.3	108.3	120.7	111.5	106.1
2018	103.5	104.6	108.8	106.3	103.5
2019	99.7	99.2	102.4	97.4	99.7

价格分类指数(1985～2019年)
Products by Category (1985～2019)

(Preceding Year=100)

二、生活资料 Consumer Goods	1.食 品 Food	2.衣 着 Clothing	3.一般日用品 Articles for Daily Use	4.耐用消费品 Durable Consumer Goods
102.2	102.5	102.0	103.5	100.1
108.1	109.3	107.9	111.9	100.5
117.2	116.2	120.5	120.4	106.0
118.2	114.1	121.4	121.5	131.8
103.6	101.3	107.3	103.0	99.3
103.2	103.6	105.4	103.3	96.5
103.2	106.4	100.8	102.8	101.7
109.6	113.9	106.2	108.9	108.8
123.8	123.4	136.4	112.3	108.4
116.9	123.2	115.6	115.1	105.2
102.1	104.7	100.5	102.9	97.7
99.6	100.8	101.1	98.3	94.9
96.9	98.9	96.2	96.7	94.0
96.4	97.4	96.1	96.0	95.6
97.8	96.0	100.6	98.0	96.4
98.5	100.5	99.0	98.3	95.3
97.9	99.7	98.8	97.9	94.7
98.9	100.9	99.8	99.5	95.6
101.2	105.2	100.9	101.9	96.2
99.8	100.9	100.8	101.9	96.8
100.2	100.5	101.3	100.8	98.0
102.8	107.0	101.2	101.5	99.0
104.1	108.3	102.2	103.6	99.5
98.8	98.6	100.1	99.2	97.7
102.0	103.8	102.0	101.9	99.4
104.2	107.4	104.2	104.0	99.4
100.8	101.4	102.1	100.9	99.1
100.2	100.7	101.2	99.8	99.1
100.0	100.2	100.7	100.1	99.2
99.7	100.0	100.7	99.3	99.2
100.0	100.6	100.9	100.0	98.5
100.7	100.6	101.2	101.3	99.9
100.5	100.5	100.8	101.0	99.8
100.9	102.7	101.1	100.4	98.8

2-1-2 全国按行业分工业生产者出厂价格指数(2019年)
Producer Price Indices for Industrial Products by Sector(2019)

(上年价格=100) (Preceding Year=100)

		2019
煤炭开采和洗选业	Mining and Washing of Coal	100.8
石油和天然气开采业	Extraction of Petroleum and Natural Gas	96.4
黑色金属矿采选业	Mining and Processing of Ferrous Metal Ores	112.3
有色金属矿采选业	Mining and Processing of Non-Ferrous Metal Ores	101.2
非金属矿采选业	Mining and Processing of Non-Metal Ores	104.8
开采专业及辅助性活动	Mining and Support Activities for Mining	101.4
其他采矿业	Mining of Other Ores	
农副食品加工业	Processing of Food from Agricultural Products	103.0
食品制造业	Manufacture of Foods	101.3
酒、饮料和精制茶制造业	Manufacture of Liquor,Beverages and Refined Tea	101.2
烟草制品业	Manufacture of Tobacco	102.3
纺织业	Manufacture of Textile	99.4
纺织服装、服饰业	Manufacture of Textile,Wearing Apparel and Accessories	100.6
皮革、毛皮、羽毛及其制品和制鞋业	Manufacture of Leather,Fur,Feather and Related Products and Footware	101.4
木材加工和木、竹、藤、棕、草制品业	Processing of Timber,Manufacture of Wood,Bamboo,Rattan,Palm and Straw Products	100.9
家具制造业	Manufacture of Furniture	101.3
造纸和纸制品业	Manufacture of Paper and Paper Products	95.0
印刷和记录媒介复制业	Printing and Reproduction of Recording Media	100.2
文教、工美、体育和娱乐用品制造业	Manufacture of Articles for Culture,Education,Arts and Crafts,Sport and Entertainment Activities	102.7
石油、煤炭及其他燃料加工业	Processing of Petroleum,Coal and Other Fuel	96.5
化学原料和化学制品制造业	Manufacture of Raw Chemical Materials and Chemical Products	96.1
医药制造业	Manufacture of Medicines	101.7
化学纤维制造业	Manufacture of Chemical Fibres	93.9
橡胶和塑料制品业	Manufacture of Rubber and Plastics Products	99.4
非金属矿物制品业	Manufacture of Non-Metallic Mineral Products	102.2
黑色金属冶炼和压延加工业	Smelting and Pressing of Ferrous Metals	97.9
有色金属冶炼和压延加工业	Smelting and Pressing of Non-Ferrous Metals	99.3
金属制品业	Manufacture of Metal Products	100.9
通用设备制造业	Manufacture of General purpose Machinery	100.8
专用设备制造业	Manufacture of Special purpose Machinery	100.5
汽车制造业	Manufacture of Automobiles	99.3
铁路、船舶、航空航天和其他运输设备制造业	Manufacture of Railway,Ship,Aerospace and Other Transport Equipments	100.3
电气机械和器材制造业	Manufacture of Electrical Machinery and Apparatus	97.9
计算机、通信和其他电子设备制造业	Manufacture of Computers,Communication and Other Electronic Equipment	99.1
仪器仪表制造业	Manufacture of Measuring Instruments and Machinery	100.9
其他制造业	Other Manufacture	101.3
废弃资源综合利用业	Utilization of Waste Resources	104.1
金属制品、机械和设备修理业	Repair Service of Metal Products,Machinery and Equipment	102.8
电力、热力生产和供应业	Production and Supply of Electric Power and Heat Power	99.1
燃气生产和供应业	Production and Supply of Gas	103.1
水的生产和供应业	Production and Supply of Water	102.1

2-1-3 全国主要产品工业生产者出厂价格指数(1993～2019年)
Producer Price Indices for Main Industrial Products (1993～2019)

(上年价格=100) (Preceding Year=100)

年份 Year	原煤(无烟煤) Raw Coal	原油 Crude Oil	木材(普通锯材) Wood	水泥〔普通硅酸盐水泥(回转窑)〕 Cement	钢材(普通大型钢材) Rolled Steel	生铁 Pig Iron	汽油 Gasoline	重油 Heavy Oil
1993	136.8	184.9	136.9	151.3	252.2	210.3	165.4	157.2
1994	123.1	168.6	99.2	106.9	114.8	108.4	125.9	128.1
1995	113.7	129.9	106.6	100.2	83.9	93.6	113.1	112.8
1996	112.9	110.3	97.2	104.3	91.8	97.1	100.1	106.2
1997	108.6	104.9	99.2	94.4	95.2	96.3	104.8	112.3
1998	100.8	96.5	118.2	99.5	96.5	99.6	99.5	97.7
1999	91.3	120.3	98.5	99.2	94.2	93.3	103.0	108.9
2000	97.3	174.8	99.3	98.2	92.4	98.8	130.5	136.3
2001	102.7	89.9	99.3	99.8	97.4	99.5	89.6	92.9
2002	119.2	94.1	100.1	99.5	95.1	101.2	96.3	96.2
2003	103.9	119.8	101.0	100.1	113.0	122.9	117.1	120.7
2004	118.5	120.3	101.6	104.6	119.3	131.7	111.0	102.5
2005	129.9	131.1	104.5	99.9	101.5	103.7	121.2	120.0
2006	104.6	122.3	103.2	103.6	94.8	94.5	120.8	128.7
2007	103.6	101.9	105.2	102.7	106.2	112.9	101.4	99.6
2008	128.6	122.6	111.5	110.4	124.1	131.4	118.8	113.6
2009	102.4	65.1	101.7	98.7	80.0	79.4	102.6	87.7
2010	110.6	138.7	104.0	102.4	107.4	111.9	112.4	124.7
2011	113.7	129.3	104.2	112.7	111.6	112.8	116.4	114.0
2012	97.4	99.2	103.4	92.2	87.1	90.9	103.6	101.5
2013	89.7	94.6	101.6	95.3	93.2	93.1	97.6	96.8
2014	88.6	95.3	100.6	99.7	91.0	92.5	97.4	93.2
2015	83.4	56.4	99.9	88.4	78.7	83.3	80.0	78.3
2016	94.3	82.9	99.5	98.2	111.9	99.0	94.0	88.7
2017	126.2	132.8	99.7	120.8	133.0	131.9	111.8	114.7
2018	108.1	127.0	100.1	120.5	110.0	110.6	115.6	116.3
2019	98.8	95.8	99.5	104.1	97.4	102.7	94.2	101.8

2—1—4 各地区工业生产者出厂价格总指数(1987～2019年)
Producer Price Indices for Industrial Products by Region (1987～2019)

(上年价格=100) (Preceding Year=100)

地 区	Region	1987	1988	1989	1990	1991	1992	1993	1994	1995	1996	1997	1998	1999	2000	2001	2002
全 国	**National**	**107.9**	**115.0**	**118.6**	**104.1**	**106.2**	**106.8**	**124.0**	**119.5**	**114.9**	**102.9**	**99.7**	**95.9**	**97.6**	**102.8**	**98.7**	**97.8**
北 京	Beijing				107.9	105.8	107.8	128.3	111.8	116.7	103.2	100.6	95.1	97.8	102.5	99.4	96.6
天 津	Tianjin						105.2	126.3	120.4	110.2	102.8	98.3	94.7	96.4	102.8	95.9	95.9
河 北	Hebei						108.6	129.1	119.1	111.4	101.1	98.8	94.4	95.9	105.3	99.9	99.4
山 西	Shanxi				106.4	106.8	114.2	132.5	120.1	113.5	106.4	102.2	97.5	95.3	100.9	100.3	103.6
内蒙古	Inner Mongolia	107.9	110.7	121.5	105.2	108.7	109.8	133.2	112.1	109.1	101.7	101.5	98.0	100.4	102.8	100.1	99.3
辽 宁	Liaoning		122.4	121.2	103.8	119.2	111.8	138.4	119.9	109.9	102.1	100.1	95.8	102.0	108.8	98.6	97.8
吉 林	Jilin		112.9	121.5	104.5	106.4	111.4	127.9	115.7	115.0	103.8	101.4	96.9	100.1	105.1	100.3	98.6
黑龙江	Heilongjiang						111.6	141.3	127.7	116.0	104.6	102.3	97.7	107.4	122.9	95.9	97.8
上 海	Shanghai						111.4	128.1	118.1	111.5	98.6	98.9	93.9	97.6	102.5	96.7	96.4
江 苏	Jiangsu					103.2	103.6	118.5	121.4	114.1	100.7	97.9	94.5	96.1	101.1	99.1	97.6
浙 江	Zhejiang				100.4	101.8	104.8	117.3	117.5	112.3	99.5	99.2	96.0	96.8	101.1	98.3	96.9
安 徽	Anhui						108.7	125.3	120.9	117.1	101.6	99.4	96.4	92.9	98.9	98.6	99.8
福 建	Fujian						102.7	117.1	116.9	115.7	101.8	100.3	95.7	96.6	100.5	98.1	97.2
江 西	Jiangxi							115.3	124.7	114.8	104.1	101.7	98.4	96.1	101.0	98.1	98.5
山 东	Shandong			123.8	104.7	103.0	109.5	123.0	124.2	117.0	104.2	101.1	96.0	97.2	105.9	99.1	98.8
河 南	Henan			119.7	105.5	104.3	106.2	118.1	124.1	115.0	104.1	100.6	95.3	95.4	104.0	100.5	98.6
湖 北	Hubei			116.7	109.0	108.1	111.0	126.3	126.2	113.1	102.7	98.6	96.2	97.8	101.7	99.0	98.2
湖 南	Hunan			118.1	100.6	104.7	111.1	128.9	117.6	121.4	105.7	99.2	95.9	98.5	102.9	99.8	99.2
广 东	Guangdong							124.1	126.0	112.3	101.8	100.1	94.8	97.7	103.4	98.5	96.5
广 西	Guangxi	106.4			101.5	103.3	112.5	121.1	118.8	117.2	102.6	97.7	95.4	95.6	105.5	106.3	95.6
海 南	Hainan																98.7
重 庆	Chongqing				103.4	105.1	117.2	118.4	113.4	112.4	104.1	98.0	94.6	97.7	98.6	98.1	97.6
四 川	Sichuan			117.9	103.5	105.9	106.1	127.4	114.7	112.2	102.2	101.2	97.3	97.0	98.1	100.4	97.7
贵 州	Guizhou						101.6	118.1	113.3	113.1	104.9	101.2	98.2	99.7	100.4	102.2	98.9
云 南	Yunnan					106.3	105.3	125.0	116.7	110.2	101.4	100.7	97.2	98.2	101.2	99.9	98.2
西 藏	Tibet																
陕 西	Shaanxi						107.9	119.8	119.9	112.6	104.2	103.7	96.6	97.9	101.5	100.4	100.7
甘 肃	Gansu			122.0	110.7	104.2	112.1	125.3	121.2	114.9	104.4	104.9	95.2	98.1	107.2	98.5	97.9
青 海	Qinghai			112.7	109.5	108.7	102.6	124.4	124.9	114.6	106.7	104.3	100.7	102.8	108.1	93.7	97.6
宁 夏	Ningxia											100.3	97.7	98.4	103.6	100.3	99.7
新 疆	Xinjiang						107.5	126.2	118.4	117.2	104.9	104.9	95.8	100.2	129.4	96.3	97.3

2-1-4 续表 Continued

(上年价格=100) (Preceding Year=100)

地 区 Region	2003	2004	2005	2006	2007	2008	2009	2010	2011	2012	2013	2014	2015	2016	2017	2018	2019
全 国 National	**102.3**	**106.1**	**104.9**	**103.0**	**103.1**	**106.9**	**94.6**	**105.5**	**106.0**	**98.3**	**98.1**	**98.1**	**94.8**	**98.6**	**106.3**	**103.5**	**99.7**
北 京 Beijing	101.5	103.0	101.3	99.1	99.7	103.3	94.4	102.2	102.3	98.4	97.4	99.1	96.9	98.1	100.7	100.0	99.6
天 津 Tianjin	102.5	104.1	100.1	100.6	101.5	104.1	92.5	105.1	103.8	97.0	97.0	96.3	90.3	97.9	108.4	105.4	99.3
河 北 Hebei	107.1	111.6	104.4	100.8	106.9	116.7	89.1	109.0	107.7	94.7	96.6	95.2	89.1	99.9	115.0	106.2	100.2
山 西 Shanxi	112.2	116.1	110.2	101.0	107.4	122.4	92.0	109.5	107.5	94.5	90.7	91.4	87.7	96.8	119.4	106.7	99.7
内蒙古 Inner Mongolia	103.2	105.1	105.1	103.0	105.7	112.5	96.2	106.7	107.8	100.2	97.0	97.3	94.0	98.9	110.6	103.2	102.1
辽 宁 Liaoning	103.6	107.1	105.1	104.1	104.4	110.9	94.0	107.4	106.5	99.9	99.0	98.2	93.9	98.8	108.1	104.8	99.5
吉 林 Jilin	102.5	105.0	104.3	101.7	102.7	104.9	96.1	105.2	105.4	99.1	98.7	99.1	95.3	98.4	103.1	102.8	98.9
黑龙江 Heilongjiang	111.9	113.1	116.7	109.9	105.3	114.0	87.4	115.0	112.0	100.0	98.0	97.1	86.0	95.1	109.3	109.0	98.2
上 海 Shanghai	101.4	103.6	101.7	100.6	101.2	102.2	93.8	102.3	102.9	98.4	98.2	98.9	96.1	98.8	103.5	101.7	98.8
江 苏 Jiangsu	102.3	106.5	102.6	101.5	102.6	104.6	95.2	107.3	106.2	97.1	98.0	98.3	95.3	98.1	104.8	102.8	98.9
浙 江 Zhejiang	100.6	105.0	102.3	103.8	102.4	104.3	94.9	106.2	105.0	97.3	98.2	98.8	96.4	98.3	104.8	103.4	98.9
安 徽 Anhui	103.5	108.2	103.3	103.1	103.6	108.4	92.8	109.0	108.3	98.3	98.2	97.4	93.9	98.5	108.0	103.0	100.3
福 建 Fujian	100.7	102.6	100.2	99.2	100.8	102.7	95.5	103.2	103.9	98.7	98.4	98.6	97.0	99.1	104.1	102.8	100.6
江 西 Jiangxi	104.0	109.7	108.8	109.7	106.2	106.4	93.0	115.3	111.3	96.5	98.5	97.8	93.7	98.6	107.9	104.2	98.9
山 东 Shandong	103.5	106.4	103.7	102.3	103.3	108.6	94.1	107.2	106.0	98.4	98.4	98.4	95.2	98.5	105.5	103.7	99.7
河 南 Henan	105.0	110.2	106.1	104.3	105.2	112.1	94.9	107.8	107.2	99.4	98.5	98.1	95.4	99.0	106.8	103.6	100.2
湖 北 Hubei	103.5	105.7	104.5	102.9	103.9	106.1	95.6	104.9	106.6	100.3	99.2	98.4	96.7	99.0	105.6	104.2	100.2
湖 南 Hunan	102.6	108.0	106.0	104.3	106.1	109.3	94.3	106.9	108.5	99.1	98.5	98.4	96.3	98.9	105.8	103.2	99.6
广 东 Guangdong	99.3	101.7	101.5	101.4	101.3	103.1	95.8	103.2	103.7	99.5	98.8	98.9	96.8	99.4	103.3	101.8	100.2
广 西 Guangxi	102.8	109.7	104.9	109.6	104.5	109.0	93.5	112.0	108.5	97.8	98.2	98.4	97.0	99.1	107.6	103.2	99.3
海 南 Hainan	99.5	100.0	99.5	100.8	102.7	104.5	90.6	107.7	108.8	100.8	99.5	97.6	89.8	96.0	108.8	108.2	97.4
重 庆 Chongqing	100.6	103.3	103.0	102.2	103.5	105.8	95.5	103.1	103.8	99.9	98.0	98.3	97.2	98.6	104.1	102.1	99.8
四 川 Sichuan	100.5	105.4	104.0	101.9	103.9	109.3	96.5	105.0	107.3	98.6	98.7	98.7	96.4	98.9	106.5	103.6	100.4
贵 州 Guizhou	103.4	108.0	107.2	104.3	105.0	112.4	95.1	104.7	105.4	101.0	97.4	98.3	96.1	97.9	107.2	101.8	99.8
云 南 Yunnan	101.4	108.8	104.5	104.6	105.7	105.8	91.5	108.8	104.7	97.9	97.5	97.8	94.9	97.6	105.2	102.4	100.0
西 藏 Tibet				106.0	101.1	105.6	98.2	105.8	104.3	99.7	99.8	99.0	93.2	102.9	110.0	100.1	98.9
陕 西 Shaanxi	105.7	107.3	110.4	109.6	102.9	108.4	96.1	108.7	107.2	100.7	97.3	97.1	90.8	97.6	110.8	105.4	100.8
甘 肃 Gansu	110.0	114.3	109.6	109.8	105.5	104.9	91.0	115.0	111.0	96.8	96.9	96.7	87.0	94.9	114.5	109.5	98.3
青 海 Qinghai	105.5	111.2	110.2	109.5	104.2	107.6	91.3	109.3	107.4	96.9	97.0	96.1	93.1	98.5	116.7	104.8	98.5
宁 夏 Ningxia	103.9	110.0	106.2	106.2	103.7	112.9	93.9	109.1	109.5	97.4	96.0	96.3	93.7	99.1	112.1	107.3	99.4
新 疆 Xinjiang	115.1	116.4	116.6	114.4	106.3	116.4	85.5	125.3	114.8	96.9	96.5	96.2	82.4	94.5	113.7	111.2	98.5

2—1—5 各地区工业生产者出厂价格分类指数(2019年)
Producer Price Indices for Industrial Products by Region (2019)

(上年价格=100) (Preceding Year=100)

地 区	Region	总指数 General Index	轻工业 Light Industry	1.以农产品为原料 Processing of Agricultural Products	2.以非农产品为原料 Processing of Nonagricultural Products	重工业 Heavy Industry	1.采 掘 Mining & Quarrying Industry	2.原 料 Raw Materials Industry	3.加 工 Processing Industry
全 国	**National**	**99.7**	**100.3**	**101.0**	**99.1**	**99.4**	**102.4**	**97.8**	**99.8**
北 京	Beijing	99.6	103.6	104.4	102.5	99.1	103.6	99.5	98.5
天 津	Tianjin	99.3	102.6	103.7	100.9	98.5	97.9	97.2	99.2
河 北	Hebei	100.2	101.0	101.4	99.9	100.0	112.0	98.5	99.6
山 西	Shanxi	99.7	101.1	101.3	100.0	99.6	102.6	97.9	100.1
内蒙古	Inner Mongolia	102.1	104.8	105.2	98.4	101.4	107.5	99.3	98.4
辽 宁	Liaoning	99.5	102.3	102.8	100.2	98.9	105.1	97.2	98.9
吉 林	Jilin	98.9	101.6	102.0	99.0	98.1	98.4	96.6	98.5
黑龙江	Heilongjiang	98.2	101.0	101.2	99.5	97.0	96.1	95.6	99.4
上 海	Shanghai	98.8	101.3	101.7	101.0	98.1	98.2	92.9	99.4
江 苏	Jiangsu	98.9	98.3	99.8	96.5	99.2	102.8	97.8	99.5
浙 江	Zhejiang	98.9	99.5	99.9	98.9	98.6	109.5	96.7	99.3
安 徽	Anhui	100.3	100.0	100.7	99.0	100.5	108.8	99.6	100.0
福 建	Fujian	100.6	101.0	101.3	100.5	100.2	103.4	100.1	100.1
江 西	Jiangxi	98.9	98.6	99.8	96.1	99.1	98.9	97.2	100.0
山 东	Shandong	99.7	100.6	100.9	99.3	99.3	101.7	97.2	100.2
河 南	Henan	100.2	101.0	101.5	99.0	99.8	103.1	98.7	99.8
湖 北	Hubei	100.2	100.1	100.3	99.0	100.3	106.2	98.1	100.6
湖 南	Hunan	99.6	100.4	100.1	101.4	99.3	97.4	96.9	100.4
广 东	Guangdong	100.2	100.7	101.4	100.2	99.9	100.2	98.1	100.4
广 西	Guangxi	99.3	99.9	99.8	100.0	99.0	97.8	96.7	100.3
海 南	Hainan	97.4	100.7	101.2	95.1	96.6	114.0	93.3	101.6
重 庆	Chongqing	99.8	100.2	100.4	100.0	99.6	103.2	98.9	99.6
四 川	Sichuan	100.4	99.8	101.1	96.1	100.6	103.9	98.7	100.9
贵 州	Guizhou	99.8	101.1	101.3	100.0	99.4	106.3	99.6	98.5
云 南	Yunnan	100.0	101.4	101.5	99.5	99.4	103.1	98.2	100.3
西 藏	Tibet	98.9	101.3	101.5	99.9	97.9	92.5	98.6	101.6
陕 西	Shaanxi	100.8	101.3	102.0	98.4	100.8	101.0	98.1	102.5
甘 肃	Gansu	98.3	100.4	100.5	98.1	98.0	97.8	98.0	98.1
青 海	Qinghai	98.5	100.9	101.0	100.5	98.2	99.6	98.7	97.2
宁 夏	Ningxia	99.4	101.5	101.8	99.4	99.0	96.6	99.6	98.4
新 疆	Xinjiang	98.5	99.5	100.2	96.0	98.3	96.4	98.4	100.6

2-1-5 续表 Continued

(上年价格=100) (Preceding Year=100)

地 区 Region	生产资料 Means of Production	1.采掘 Mining & Quarrying Industry	2.原料 Raw Materials Industry	3.加工 Processing Industry	生活资料 Consumer Goods	1.食品 Food	2.衣着 Clothing	3.一般日用品 Articles for Daily Use	4.耐用消费品 Durable Consumer Goods
全 国 National	**99.2**	**102.4**	**97.4**	**99.7**	**100.9**	**102.7**	**101.1**	**100.4**	**98.8**
北 京 Beijing	99.6	103.6	99.5	99.1	99.6	103.9	101.1	102.9	97.5
天 津 Tianjin	98.8	97.9	97.5	99.6	100.8	105.6	100.8	99.9	96.5
河 北 Hebei	100.0	112.0	98.3	99.6	101.6	103.0	100.5	100.2	101.1
山 西 Shanxi	99.7	102.6	97.8	100.4	100.0	102.1	99.6	103.1	95.2
内蒙古 Inner Mongolia	101.5	107.5	99.2	99.1	104.5	103.3	118.0	101.8	90.1
辽 宁 Liaoning	98.7	105.1	97.1	98.7	102.9	104.4	100.7	102.5	101.0
吉 林 Jilin	97.8	98.4	96.4	98.3	100.5	102.5	99.7	99.7	98.0
黑龙江 Heilongjiang	96.9	96.1	95.4	99.3	101.4	101.6	99.6	100.7	100.5
上 海 Shanghai	98.1	98.2	92.4	99.6	100.4	101.9	103.4	103.7	97.6
江 苏 Jiangsu	98.6	102.8	96.5	99.2	100.0	101.3	100.7	99.3	99.5
浙 江 Zhejiang	98.3	109.5	95.9	99.2	100.6	102.5	100.6	99.9	100.5
安 徽 Anhui	100.1	108.8	99.2	99.6	100.9	101.6	102.3	100.6	99.8
福 建 Fujian	100.1	103.4	99.6	100.1	101.5	102.1	101.3	101.8	99.0
江 西 Jiangxi	98.8	98.9	97.0	99.5	99.3	102.1	98.1	97.0	99.8
山 东 Shandong	98.9	101.7	97.0	99.6	102.3	104.3	100.9	99.5	101.1
河 南 Henan	100.0	103.1	98.3	100.2	100.5	103.8	99.8	99.4	93.6
湖 北 Hubei	99.9	106.2	97.6	100.1	101.0	101.2	100.1	102.3	99.7
湖 南 Hunan	99.1	97.4	96.4	100.2	101.2	101.3	101.2	101.5	100.3
广 东 Guangdong	100.0	100.2	98.0	100.5	100.5	102.3	102.2	101.3	99.0
广 西 Guangxi	98.6	97.8	96.4	99.7	101.2	100.9	101.1	101.5	101.8
海 南 Hainan	96.3	114.0	93.6	100.6	102.1	102.8		102.3	99.6
重 庆 Chongqing	99.6	103.2	98.5	99.7	100.0	102.5	100.3	100.2	98.9
四 川 Sichuan	100.2	103.9	98.0	100.5	100.7	102.2	100.9	100.2	95.6
贵 州 Guizhou	99.2	106.3	99.5	98.0	101.4	101.8	98.1	99.5	99.4
云 南 Yunnan	99.3	103.1	98.1	100.3	101.5	101.6	99.6	99.9	100.6
西 藏 Tibet	97.8	92.5	98.6	102.1	101.0	101.1	100.0	99.8	102.7
陕 西 Shaanxi	100.5	101.0	98.0	101.9	102.4	102.8	101.6	100.3	103.4
甘 肃 Gansu	97.9	97.8	98.0	97.8	101.5	101.4	100.4	105.2	101.2
青 海 Qinghai	98.4	99.6	98.7	97.6	99.2	101.0	98.5	94.6	100.7
宁 夏 Ningxia	98.9	96.6	99.2	98.9	104.5	103.8	104.9	107.6	98.3
新 疆 Xinjiang	98.3	96.4	98.2	100.5	100.5	101.6	98.0	95.0	101.4

2—1—6 各地区按部门分工业生产者出厂价格指数（2019年）
Producer Price Indices for Industrial Products by Branch and Region (2019)

（上年价格=100） (Preceding Year=100)

地区	Region	1.冶金工业 Metallurgical Industry	2.电力工业 Power Industry	3.煤炭及炼焦工业 Coal and Coking Industry	4.石油工业 Petroleum Industry	5.化学工业 Chemical Industry	6.机械工业 Machinery Industry	7.建筑材料工业 Building Materials Industry	8.森林工业 Forest Industry
全国	**National**	**99.8**	**98.8**	**100.4**	**96.8**	**97.7**	**99.5**	**103.3**	**101.0**
北京	Beijing	103.9	99.7	100.6	100.1	99.0	98.2	101.1	102.1
天津	Tianjin	99.5	99.0	101.3	97.3	95.6	99.0	108.0	101.7
河北	Hebei	101.2	98.8	96.0	100.5	97.5	99.8	104.1	102.3
山西	Shanxi	101.3	100.9	98.3	98.3	98.9	99.7	108.6	104.0
内蒙古	Inner Mongolia	98.0	101.2	109.9	99.1	98.6	98.6	100.1	96.7
辽宁	Liaoning	98.7	99.8	98.7	96.3	98.6	100.9	97.7	96.1
吉林	Jilin	100.6	100.1	100.5	95.4	98.1	98.8	93.7	100.7
黑龙江	Heilongjiang	101.0	100.7	101.6	94.5	96.3	100.3	97.0	99.7
上海	Shanghai	97.8	98.3	96.8	96.2	93.7	99.3	105.2	95.9
江苏	Jiangsu	98.5	95.9	107.3	98.1	97.2	99.1	105.3	102.1
浙江	Zhejiang	97.5	99.6		100.2	96.0	99.1	105.1	100.5
安徽	Anhui	99.2	99.5	104.5	96.8	100.1	99.4	106.9	101.4
福建	Fujian	99.0	100.0	97.0	104.2	98.4	99.9	102.6	101.1
江西	Jiangxi	98.5	98.9	100.4	94.8	95.2	97.9	105.9	101.5
山东	Shandong	102.9	98.2	98.4	94.3	97.5	99.7	102.3	102.4
河南	Henan	101.0	98.4	98.1	96.5	97.7	98.9	104.2	100.5
湖北	Hubei	101.2	99.3	97.7	97.0	98.4	99.6	105.4	100.3
湖南	Hunan	97.4	96.9	93.8	96.4	98.9	99.9	105.1	102.2
广东	Guangdong	100.6	98.8		95.9	99.1	100.2	100.2	101.2
广西	Guangxi	96.4	97.7	101.9	96.7	99.8	100.7	102.9	100.2
海南	Hainan	112.5	97.6		93.1	94.0	98.8	104.5	96.3
重庆	Chongqing	98.4	98.8	99.8	103.5	98.5	99.3	107.8	100.7
四川	Sichuan	101.2	98.0	99.5	101.0	99.1	99.4	105.6	100.9
贵州	Guizhou	98.1	99.5	100.1	104.0	100.2	100.8	95.4	101.7
云南	Yunnan	99.4	97.1	101.8	94.2	101.1	100.3	103.5	97.4
西藏	Tibet	92.6	98.5			99.6	100.0	102.5	100.1
陕西	Shaanxi	101.2	99.7	99.2	99.6	100.0	101.1	107.7	102.2
甘肃	Gansu	100.1	98.5	106.0	94.2	99.6	99.1	97.2	100.4
青海	Qinghai	97.6	98.7	104.2	97.8	98.0	99.5	95.8	100.0
宁夏	Ningxia	97.9	100.0	98.6	100.6	96.6	99.9	102.1	99.4
新疆	Xinjiang	101.5	99.4	104.3	95.9	95.2	101.8	105.4	95.5

2-1-6 续表 Continued

(上年价格=100) (Preceding Year=100)

地区 Region	9.食品工业 Food Industry	10.纺织工业 Textile Industry	11.缝纫工业 Tailoring Industry	12.皮革工业 Leather Industry	13.造纸工业 Paper Industry	14.文教艺术用品工业 Cultural, Educational & Handicrafts Articles	15.其他工业 Other Industry
全 国 National	**102.5**	**99.0**	**101.1**	**101.3**	**95.0**	**101.2**	**100.3**
北 京 Beijing	105.6	98.3	101.2	100.1	98.7	99.5	112.2
天 津 Tianjin	105.8	99.6	100.2	101.2	90.1	102.1	102.0
河 北 Hebei	102.7	101.3	100.6	99.5	97.4	100.9	97.9
山 西 Shanxi	101.7	102.2	99.6	76.4	97.3	99.7	87.2
内蒙古 Inner Mongolia	103.3	107.6	118.6	101.4	97.1	104.7	96.7
辽 宁 Liaoning	103.9	101.3	100.9	99.6	98.0	100.8	95.2
吉 林 Jilin	102.5	99.5	99.9	97.9	97.2	100.2	87.1
黑龙江 Heilongjiang	101.6	103.1	99.4	100.0	94.0	100.0	99.1
上 海 Shanghai	102.1	97.5	102.8	104.7	100.4	104.0	109.5
江 苏 Jiangsu	101.0	99.3	100.6	101.2	93.1	102.2	98.3
浙 江 Zhejiang	102.6	99.9	100.7	100.0	91.7	100.5	101.7
安 徽 Anhui	101.1	98.5	102.7	101.6	96.0	99.0	100.3
福 建 Fujian	101.9	99.6	101.2	101.7	100.0	99.9	103.4
江 西 Jiangxi	101.7	98.2	97.2	101.3	94.2	100.4	100.8
山 东 Shandong	104.1	97.3	100.6	102.5	93.7	99.3	98.5
河 南 Henan	103.8	99.2	99.0	101.1	93.5	100.2	96.9
湖 北 Hubei	100.9	99.0	100.1	100.9	98.6	99.6	105.2
湖 南 Hunan	101.0	99.2	101.6	100.3	92.3	102.9	103.3
广 东 Guangdong	102.0	101.7	102.3	102.3	96.0	102.7	103.0
广 西 Guangxi	100.4	89.3	99.6	103.2	99.2	101.5	99.6
海 南 Hainan	102.3	100.3			98.7	102.2	100.9
重 庆 Chongqing	102.3	97.2	101.3	99.1	93.9	100.3	101.1
四 川 Sichuan	101.9	99.2	99.2	103.0	95.0	101.2	99.2
贵 州 Guizhou	101.5	103.8	99.8	100.0	95.8	98.6	98.8
云 南 Yunnan	101.7	94.3	99.6		98.3	100.0	94.5
西 藏 Tibet	101.0	121.5	100.0	100.0	100.5	99.5	99.5
陕 西 Shaanxi	102.9	95.5	101.4	100.0	99.4	98.4	101.2
甘 肃 Gansu	100.8	102.7	100.4	96.6	89.0	100.8	71.6
青 海 Qinghai	100.3	104.0	98.5		100.3	100.8	100.4
宁 夏 Ningxia	103.7	100.2	100.0	105.6	92.4	94.0	106.9
新 疆 Xinjiang	101.3	96.8	98.0	101.0	97.3	99.8	92.5

2—1—7 各地区按行业分工业生产者出厂价格指数（2019年）
Producer Price Indices for Industrial Products by Sector and Region (2019)

（上年价格=100） (Preceding Year=100)

地区	Region	1.煤炭开采和洗选业 Mining and Washing of Coal	2.石油和天然气开采业 Extraction of Petroleum and Natural Gas	3.黑色金属矿采选业 Mining and Processing of Ferrous Metal Ores	4.有色金属矿采选业 Mining and Processing of Non-Ferrous Metal Ores	5.非金属矿采选业 Mining and Processing of Non-Metal Ores
全 国	**National**	**100.8**	**96.4**	**112.3**	**101.2**	**104.8**
北 京	Beijing	100.6		119.0		101.9
天 津	Tianjin	100.0	96.0	119.7		108.2
河 北	Hebei	97.1	94.7	117.7	98.5	108.0
山 西	Shanxi	97.2	92.9	110.1	114.4	103.4
内蒙古	Inner Mongolia	111.1	96.8	104.2	91.5	102.7
辽 宁	Liaoning	100.1	95.9	111.0	96.9	100.8
吉 林	Jilin	100.5	94.2	105.3	106.0	100.8
黑龙江	Heilongjiang	103.6	94.9	111.6	99.7	102.8
上 海	Shanghai		98.2			
江 苏	Jiangsu	107.7	96.4	100.8	96.9	105.7
浙 江	Zhejiang			125.5	87.3	111.7
安 徽	Anhui	104.6		124.2	101.3	108.0
福 建	Fujian	97.2		109.9	93.9	106.2
江 西	Jiangxi	104.7		100.4	92.2	105.9
山 东	Shandong	98.7	95.7	118.5	108.8	103.6
河 南	Henan	98.2	89.0	119.4	108.9	102.6
湖 北	Hubei	97.7	95.1	110.3	101.4	107.0
湖 南	Hunan	93.9		101.7	92.2	105.5
广 东	Guangdong		96.7	112.1	95.6	104.0
广 西	Guangxi	101.9	103.2	98.8	92.5	104.2
海 南	Hainan		92.8	129.8	106.5	103.3
重 庆	Chongqing	100.3	100.9	95.2	94.6	111.6
四 川	Sichuan	99.6	103.5	113.3	95.4	104.8
贵 州	Guizhou	100.2		98.0	96.6	107.9
云 南	Yunnan	100.7		108.1	97.7	104.0
西 藏	Tibet			74.3	94.0	86.6
陕 西	Shaanxi	100.1	102.8	104.4	98.0	100.2
甘 肃	Gansu	106.5	94.7	104.0	98.9	72.1
青 海	Qinghai	106.3	98.7	106.2	90.0	100.3
宁 夏	Ningxia	98.5		108.1		100.0
新 疆	Xinjiang	106.4	94.4	101.7	97.0	86.8

2-1-7 续表 1 Continued 1

(上年价格=100) (Preceding Year=100)

地区 Region	6.开采专业及辅助性活动 Mining and Support Activities for Mining	7.其他采矿业 Mining of Other Ores	8.农副食品加工业 Processing of Food from Agricultural Products	9.食品制造业 Manufacture of Foods	10.酒、饮料和精制茶制造业 Manufacture of Liquor,Beverages and Refined Tea	11.烟草制品业 Manufacture of Tobacco
全 国 National	**101.4**		**103.0**	**101.3**	**101.2**	**102.3**
北 京 Beijing	102.9		110.9	101.4	100.5	105.0
天 津 Tianjin	98.4		108.9	103.9	105.1	102.3
河 北 Hebei			103.1	100.1	104.9	101.4
山 西 Shanxi			101.8	99.7	103.1	101.8
内蒙古 Inner Mongolia			102.8	104.6	100.3	102.7
辽 宁 Liaoning	100.0		103.7	102.5	105.3	102.6
吉 林 Jilin			102.9	100.0	100.8	101.5
黑龙江 Heilongjiang	99.9		100.9	101.8	97.5	118.8
上 海 Shanghai			103.8	101.4	100.4	102.4
江 苏 Jiangsu			101.0	101.9	99.5	102.4
浙 江 Zhejiang			104.9	101.0	99.2	102.5
安 徽 Anhui			100.3	103.3	101.0	102.4
福 建 Fujian			102.0	100.6	102.7	102.3
江 西 Jiangxi			102.2	100.7	99.6	102.1
山 东 Shandong	102.8		104.7	100.5	103.6	100.8
河 南 Henan			106.2	99.8	98.7	102.5
湖 北 Hubei			100.4	102.2	100.8	102.4
湖 南 Hunan			101.7	100.3	100.2	100.0
广 东 Guangdong			101.8	100.3	103.7	104.5
广 西 Guangxi			100.0	100.8	101.6	102.0
海 南 Hainan			102.2	101.2	101.4	104.8
重 庆 Chongqing			103.1	101.3	100.1	102.3
四 川 Sichuan			102.4	102.2	100.9	102.2
贵 州 Guizhou			101.4	99.9	101.4	102.3
云 南 Yunnan			100.0	101.7	100.1	102.4
西 藏 Tibet			104.0	100.6	100.6	
陕 西 Shaanxi	112.0		104.6	100.9	101.6	101.5
甘 肃 Gansu			101.5	100.0	98.7	101.4
青 海 Qinghai			102.4	103.7	96.7	
宁 夏 Ningxia			100.7	106.5	101.8	105.7
新 疆 Xinjiang	100.0		100.7	101.0	102.8	100.0

2－1－7 续表 2 Continued 2

(上年价格=100) (Preceding Year=100)

地 区 Region	12.纺织业 Manufacture of Textile	13.纺织服装、服饰业 Manufacture of Textile, Wearing Apparel and Accessories	14.皮革、毛皮、羽毛及其制品和制鞋业 Manufacture of Leather, Fur,Feather and Related Products and Footware	15.木材加工及木、竹、藤、棕、草制品业 Processing of Timber, Manufacture of Wood, Bamboo,Rattan,Palm and Straw Products	16.家具制造业 Manufacture of Furniture
全 国 National	**99.4**	**100.6**	**101.4**	**100.9**	**101.3**
北 京 Beijing	98.3	101.2	100.1	101.8	102.6
天 津 Tianjin	100.7	99.7	106.2	99.4	101.6
河 北 Hebei	101.4	100.4	99.5	101.8	102.3
山 西 Shanxi	102.2	99.5	76.4	105.6	100.4
内蒙古 Inner Mongolia	116.5	102.0	101.4	95.4	108.1
辽 宁 Liaoning	101.1	101.0	99.7	94.9	99.2
吉 林 Jilin	99.5	99.9	99.2	100.7	100.4
黑龙江 Heilongjiang	103.1	99.4	100.4	99.6	100.4
上 海 Shanghai	97.5	103.0	104.2	98.1	98.0
江 苏 Jiangsu	99.4	100.5	101.8	102.1	101.3
浙 江 Zhejiang	100.1	100.7	100.4	100.2	101.3
安 徽 Anhui	98.1	102.4	103.6	101.4	102.1
福 建 Fujian	99.9	101.4	101.5	101.0	101.2
江 西 Jiangxi	98.2	97.0	101.5	101.2	102.3
山 东 Shandong	97.4	100.3	102.7	102.8	101.4
河 南 Henan	98.8	100.1	100.5	101.2	99.9
湖 北 Hubei	99.0	100.0	100.8	100.1	101.2
湖 南 Hunan	99.3	101.3	100.9	102.4	101.3
广 东 Guangdong	102.8	101.4	102.4	97.7	102.2
广 西 Guangxi	89.3	99.6	103.7	100.0	101.3
海 南 Hainan	100.3			95.7	100.0
重 庆 Chongqing	97.3	101.2	99.8	101.7	99.3
四 川 Sichuan	99.2	99.2	102.4	100.8	101.6
贵 州 Guizhou	103.8	99.8	96.0	101.8	91.7
云 南 Yunnan	94.3	99.6		97.4	104.2
西 藏 Tibet	121.5	100.0	100.0	100.0	102.7
陕 西 Shaanxi	95.5	101.4	102.2	102.0	102.6
甘 肃 Gansu	102.7	100.4	96.6	100.2	100.5
青 海 Qinghai	104.0	98.5	106.7		100.0
宁 夏 Ningxia	100.2	100.0	105.6	100.1	99.1
新 疆 Xinjiang	96.8	98.0	101.0	93.9	101.9

2-1-7 续表 3 Continued 3

(上年价格=100) (Preceding Year=100)

地 区	Region	17.造纸及纸制品业 Manufacture of Paper and Paper Products	18.印刷业和记录媒介的复制 Printing, Reproduction of Recording Media	19.文教、工美、体育和娱乐用品制造业 Manufacture of Articles for Culture,Education, Arts and Crafts,Sport and Entertainment Activities	20.石油、煤炭及其他燃料加工业 Processing of Petroleum,Coal and Other Fuel	21.化学原料及化学制品制造业 Manufacture of Raw Chemical Materials and Chemical Products
全 国	**National**	**95.0**	**100.2**	**102.7**	**96.5**	**96.1**
北 京	Beijing	98.7	99.7	116.5	99.8	97.3
天 津	Tianjin	90.1	103.7	103.0	99.2	93.3
河 北	Hebei	97.4	100.7	101.3	98.7	94.9
山 西	Shanxi	97.3	98.8	101.4	102.4	97.5
内蒙古	Inner Mongolia	97.1	104.7		94.9	97.5
辽 宁	Liaoning	98.0	100.0	103.3	95.9	96.7
吉 林	Jilin	97.2	100.1	103.2	98.0	93.7
黑龙江	Heilongjiang	94.0	99.4	102.1	93.0	93.5
上 海	Shanghai	100.4	101.5	114.5	95.7	89.0
江 苏	Jiangsu	93.0	101.1	102.4	98.4	96.7
浙 江	Zhejiang	91.7	98.0	102.4	98.6	94.1
安 徽	Anhui	96.0	98.9	100.1	95.4	98.9
福 建	Fujian	100.0	99.9	102.8	103.7	96.7
江 西	Jiangxi	94.2	99.4	100.9	94.3	92.4
山 东	Shandong	93.7	97.1	99.9	94.1	96.1
河 南	Henan	93.5	99.3	99.6	97.7	95.0
湖 北	Hubei	98.6	99.8	114.4	95.2	97.4
湖 南	Hunan	92.3	103.1	101.2	95.4	98.2
广 东	Guangdong	96.0	102.6	103.8	95.6	97.0
广 西	Guangxi	99.2	101.4	100.4	96.4	97.2
海 南	Hainan	98.7	99.0	109.2	93.0	89.8
重 庆	Chongqing	93.9	100.3	107.6	100.0	96.9
四 川	Sichuan	95.0	101.0	100.2	98.3	97.0
贵 州	Guizhou	95.8	98.5	100.0	100.5	98.2
云 南	Yunnan	98.3	100.0	98.9	97.7	101.6
西 藏	Tibet	100.5	99.5	98.9		85.4
陕 西	Shaanxi	99.4	98.3	106.0	95.1	99.3
甘 肃	Gansu	89.0	100.8	93.7	94.0	97.5
青 海	Qinghai	100.3	100.8	102.1	97.3	96.9
宁 夏	Ningxia	92.4	94.0		100.2	93.5
新 疆	Xinjiang	97.3	99.8	99.0	96.7	95.0

2-1-7 续表 4 Continued 4

(上年价格=100) (Preceding Year=100)

地 区	Region	22.医药制造业 Manufacture of Medicines	23.化学纤维制造业 Manufacture of Chemical Fibers	24.橡胶和塑料制品业 Manufacture of Rubber and Plastics Products	25.非金属矿物制品业 Manufacture of Non-metallic Mineral Products
全 国	**National**	**101.7**	**93.9**	**99.4**	**102.2**
北 京	Beijing	99.7	101.6	99.8	101.2
天 津	Tianjin	96.6	99.2	99.4	107.0
河 北	Hebei	102.5	96.4	99.4	102.6
山 西	Shanxi	104.1		99.3	101.7
内蒙古	Inner Mongolia	103.7		95.0	98.6
辽 宁	Liaoning	103.1	92.8	99.6	96.3
吉 林	Jilin	102.1	97.3	102.9	91.6
黑龙江	Heilongjiang	100.3	86.2	99.6	96.5
上 海	Shanghai	101.9	90.1	98.8	104.2
江 苏	Jiangsu	100.2	93.5	99.4	103.1
浙 江	Zhejiang	100.2	93.7	99.1	104.3
安 徽	Anhui	105.9	100.7	99.2	105.8
福 建	Fujian	101.3	96.2	100.7	102.3
江 西	Jiangxi	98.4	90.0	99.6	105.4
山 东	Shandong	101.3	90.9	98.7	101.3
河 南	Henan	102.6	98.5	99.3	102.4
湖 北	Hubei	101.7	93.7	99.2	104.1
湖 南	Hunan	102.2	91.4	98.2	104.8
广 东	Guangdong	103.4	96.9	100.4	100.1
广 西	Guangxi	104.9		101.7	102.5
海 南	Hainan	102.5		99.6	104.5
重 庆	Chongqing	102.1	96.4	98.0	106.3
四 川	Sichuan	104.2	89.0	99.3	104.3
贵 州	Guizhou	102.7		97.3	95.8
云 南	Yunnan	99.1	102.4	99.8	102.4
西 藏	Tibet	101.5			102.5
陕 西	Shaanxi	101.6	100.3	99.3	107.3
甘 肃	Gansu	105.9		98.7	93.6
青 海	Qinghai	103.1		100.3	95.6
宁 夏	Ningxia	114.6		100.5	104.1
新 疆	Xinjiang	98.7	89.7	98.5	103.0

2-1-7 续表 5 Continued 5

(上年价格=100) (Preceding Year=100)

地 区	Region	26.黑色金属冶炼及压延加工业 Smelting and Pressing of Ferrous Metals	27.有色金属冶炼及压延加工业 Smelting and Pressing of Non-Ferrous Metals	28.金属制品业 Manufacture of Metal Products	29.通用设备制造业 Manufacture of General Purpose Machinery	30.专用设备制造业 Manufacture of Special Purpose Machinery
全 国	**National**	**97.9**	**99.3**	**100.9**	**100.8**	**100.5**
北 京	Beijing	100.3	97.1	100.0	100.0	99.6
天 津	Tianjin	100.0	96.5	97.1	100.1	98.4
河 北	Hebei	98.8	100.1	101.7	100.2	100.9
山 西	Shanxi	100.3	99.2	103.3	105.2	100.7
内蒙古	Inner Mongolia	95.3	100.5	99.7	98.0	99.3
辽 宁	Liaoning	95.1	97.8	100.1	101.0	100.8
吉 林	Jilin	96.6	100.4	101.3	99.9	100.5
黑龙江	Heilongjiang	96.9	109.5	101.2	100.6	100.8
上 海	Shanghai	96.4	100.6	99.6	102.4	102.5
江 苏	Jiangsu	97.8	97.8	100.0	100.5	100.0
浙 江	Zhejiang	96.4	95.6	99.8	100.3	99.8
安 徽	Anhui	97.0	95.1	101.6	101.5	103.2
福 建	Fujian	95.9	101.0	100.9	101.1	101.3
江 西	Jiangxi	97.8	98.0	100.8	99.8	101.4
山 东	Shandong	100.7	103.4	102.0	100.6	99.2
河 南	Henan	96.1	100.6	101.4	101.2	101.1
湖 北	Hubei	98.2	102.5	101.1	100.7	100.3
湖 南	Hunan	97.0	96.5	101.2	100.9	101.6
广 东	Guangdong	99.1	99.3	101.2	101.4	100.5
广 西	Guangxi	96.7	95.3	100.2	101.3	99.9
海 南	Hainan		109.3	100.1	100.0	106.3
重 庆	Chongqing	97.3	98.4	100.9	100.4	100.9
四 川	Sichuan	97.9	99.3	103.1	100.0	101.5
贵 州	Guizhou	94.1	101.6	101.6	101.9	101.6
云 南	Yunnan	100.2	97.9	101.6	103.1	100.2
西 藏	Tibet			100.0		
陕 西	Shaanxi	100.2	101.6	103.0	102.1	101.4
甘 肃	Gansu	98.1	101.1	102.3	100.1	99.5
青 海	Qinghai	94.8	98.7	99.6	99.5	101.6
宁 夏	Ningxia	93.8	100.5	99.3	100.1	102.1
新 疆	Xinjiang	101.2	102.1	101.5	97.3	100.7

2-1-7 续表 6 Continued 6

(上年价格=100) (Preceding Year=100)

地 区	Region	31.汽车制造业 Manufacture of Automobiles	32.铁路、船舶、航空航天和其他运输设备制造业 Manufacture of Railway, Ship,Aerospace and Other Transport Equipments	33.电气机械及器材制造业 Manufacture of Electrical Machinery and Apparatus	34.计算机、通信和其他电子设备制造业 Manufacture of Computers Communication and Other Electronic Equipment	35.仪器仪表制造业 Manufacture of Measuring Instruments and Machinery
全 国	**National**	**99.3**	**100.3**	**97.9**	**99.1**	**100.9**
北 京	Beijing	99.4	99.7	99.9	95.5	100.0
天 津	Tianjin	94.7	100.3	99.8	101.2	103.1
河 北	Hebei	99.6	99.5	98.3	99.5	101.7
山 西	Shanxi	98.6	102.7	101.9	96.2	100.0
内蒙古	Inner Mongolia	104.0	100.1	99.1	80.8	
辽 宁	Liaoning	101.0	99.5	101.1	101.2	100.8
吉 林	Jilin	98.2	102.4	98.7	98.2	100.0
黑龙江	Heilongjiang	100.0	100.7	98.8	98.0	102.8
上 海	Shanghai	97.2	101.2	98.1	99.3	99.1
江 苏	Jiangsu	99.9	100.0	96.0	99.3	101.5
浙 江	Zhejiang	99.2	99.7	97.6	98.1	100.1
安 徽	Anhui	99.5	101.0	98.6	95.1	98.5
福 建	Fujian	99.9	99.8	100.3	98.7	101.6
江 西	Jiangxi	99.8	112.7	93.2	100.3	100.2
山 东	Shandong	99.1	98.6	98.4	99.0	101.3
河 南	Henan	101.3	99.0	98.6	91.1	99.3
湖 北	Hubei	99.9	100.4	98.4	97.8	99.1
湖 南	Hunan	98.2	101.7	100.3	95.9	98.4
广 东	Guangdong	100.3	101.1	98.9	100.4	102.3
广 西	Guangxi	100.8	104.5	100.0	101.3	102.8
海 南	Hainan	99.5	100.4	97.4	99.9	
重 庆	Chongqing	99.0	100.2	97.5	99.2	101.1
四 川	Sichuan	99.5	100.8	98.0	97.8	99.6
贵 州	Guizhou	102.0	101.1	99.8	99.2	101.1
云 南	Yunnan	100.1	99.8	99.3	97.1	99.8
西 藏	Tibet					
陕 西	Shaanxi	101.0	100.9	96.5	105.3	99.3
甘 肃	Gansu	105.4	100.8	97.3	101.3	102.4
青 海	Qinghai		112.1	97.8	100.0	101.8
宁 夏	Ningxia			98.6		100.3
新 疆	Xinjiang	100.1		102.3	94.6	99.4

2-1-7 续表 7 Continued 7

(上年价格=100) (Preceding Year=100)

地 区	Region	36.其他制造业 Other Manufacture	37.废弃资源综合利用业 Utilization of Waste Resources	38.金属制品、机械和设备修理业 Repair Service of Metal Products, Machinery and Equipment	39.电力、热力的生产和供应业 Production and Supply of Electric Power and Heat Power	40.燃气生产和供应业 Production and Supply of Gas	41.水的生产和供应业 Production and Supply of Water
全 国	**National**	**101.3**	**104.1**	**102.8**	**99.1**	**103.1**	**102.1**
北 京	Beijing	127.2	101.5	100.0	99.7	99.1	101.4
天 津	Tianjin	99.6	107.1	107.8	99.1	105.1	101.6
河 北	Hebei	100.0	102.3	103.5	98.8	106.6	109.2
山 西	Shanxi	100.0		100.0	100.9	101.6	99.1
内蒙古	Inner Mongolia			100.0	101.2	106.3	102.3
辽 宁	Liaoning	99.8	115.9	102.0	99.7	103.6	100.8
吉 林	Jilin	100.0	119.8	100.0	100.3	102.2	100.2
黑龙江	Heilongjiang	100.0	103.3	99.9	100.7	104.2	99.9
上 海	Shanghai	98.2	100.1	105.3	98.5	99.7	101.6
江 苏	Jiangsu	98.3	103.7	105.4	97.8	102.0	103.8
浙 江	Zhejiang	100.5	98.9	107.5	99.9	109.6	100.2
安 徽	Anhui	99.3	103.9		99.6	105.3	99.6
福 建	Fujian	102.2	103.5	103.1	100.0	106.4	102.1
江 西	Jiangxi	107.5	109.7	100.4	98.8	103.5	104.6
山 东	Shandong	101.0	105.1	103.0	98.4	102.4	115.2
河 南	Henan	99.1		100.0	98.4	106.4	107.3
湖 北	Hubei		103.9		99.7	114.4	101.1
湖 南	Hunan	105.9	102.9		96.9	102.3	102.8
广 东	Guangdong	100.3	102.7	98.8	99.1	96.5	98.3
广 西	Guangxi	99.5	97.2		97.7	103.0	98.9
海 南	Hainan				97.5	100.1	100.0
重 庆	Chongqing	102.1	109.3	102.2	98.8	106.1	100.0
四 川	Sichuan	101.6	106.4	97.2	98.5	105.6	102.6
贵 州	Guizhou	100.0	111.0	100.0	99.5	100.7	100.1
云 南	Yunnan	100.0			97.1	100.2	101.4
西 藏	Tibet				98.5		100.0
陕 西	Shaanxi	101.6	106.9	105.0	100.4	97.0	100.0
甘 肃	Gansu		99.3	107.0	98.5	104.3	99.8
青 海	Qinghai				98.7	106.0	99.8
宁 夏	Ningxia				100.0	100.9	101.9
新 疆	Xinjiang		100.0	99.6	99.4	103.4	101.6

2－1－8 各地区按行业中类分工业生产者出厂价格指数(2019年)
Producer Price Indices for Industrial Products in the Category by Region(2019)

(上年价格＝100) (Preceding Year=100)

地 区 Region	烟煤和无烟煤开采洗选 Mining and Cleaning of Bituminous and Anthracite	褐煤开采洗选 Mining and Cleaning of Lignite	其他煤炭采选 Mining other Coal	石油开采 Extraction of Crude Petroleum	天然气开采 Extraction of Natural Gas	铁矿采选 Mining of Iron Ores	锰矿、铬矿采选 Mining of Manganesian and Chromic Ores	其他黑色金属矿采选 Mining of Other Ferrous Metal Ores
全 国 National	**100.0**	**110.4**	**102.7**	**95.8**	**103.3**	**112.8**	**99.4**	
北 京 Beijing	100.6					119.0		
天 津 Tianjin		100.0		95.7	105.8	119.7		
河 北 Hebei	97.1			94.7		117.7		
山 西 Shanxi	97.2				92.9	110.4	91.1	
内蒙古 Inner Mongolia	106.4	119.1		93.2	99.9	104.3	100.0	
辽 宁 Liaoning	100.1			95.9		111.4	99.0	
吉 林 Jilin	99.9	102.6		93.8	106.7	105.3		
黑龙江 Heilongjiang	103.5	110.2		94.8	100.6	111.6		
上 海 Shanghai				96.1	102.1			
江 苏 Jiangsu	107.7			96.4		100.8		
浙 江 Zhejiang						125.5		
安 徽 Anhui	104.6					124.2		
福 建 Fujian	97.2					110.8	96.2	
江 西 Jiangxi	104.7					100.3	101.8	
山 东 Shandong	98.2	109.9		95.8	84.4	118.5		
河 南 Henan	98.1		100.0	87.5	108.3	119.4		
湖 北 Hubei	97.7			95.1		110.3		
湖 南 Hunan	93.9					103.0	98.8	
广 东 Guangdong				92.8	103.0	112.1		
广 西 Guangxi	98.5	104.3		103.2		97.4	100.3	
海 南 Hainan				92.0	99.8	129.8		
重 庆 Chongqing	100.2				100.9	100.0	92.5	
四 川 Sichuan	99.6				103.5	113.3		
贵 州 Guizhou	100.2		108.4			100.0	97.7	
云 南 Yunnan	100.4	103.7				108.2	104.0	
西 藏 Tibet						93.9	69.5	
陕 西 Shaanxi	100.1			102.7	104.7	104.3	104.7	
甘 肃 Gansu	106.5			94.7		104.2	95.7	
青 海 Qinghai	106.3			94.3	106.6	106.2		
宁 夏 Ningxia	98.5					110.5	100.0	
新 疆 Xinjiang	106.3	113.1		93.7	111.8	101.1	126.3	

2-1-8 续表 1 Continued 1

(上年价格＝100) (Preceding Year=100)

地 区	Region	常用有色金属矿采选 Mining of Common Non-Ferrous Metal Ores	贵金属矿采选 Mining of Precious Metal Ores	稀有稀土金属矿采选 Rare Metal Ores and Rare-Earth Metal Ores	土砂石开采 Mining of Stone, Sand and Clay	化学矿开采 Mining of Chemical Ores	采盐 Extraction of Salt	石棉及其他非金属矿采选 Mining of Asbestos and Other Non-Metal Ores
全 国	**National**	**94.0**	**109.9**	**96.7**	**106.2**	**103.1**	**99.1**	**101.7**
北 京	Beijing				101.9			
天 津	Tianjin				100.8		108.8	
河 北	Hebei	78.9	100.7	103.5	109.2	107.1	99.5	96.4
山 西	Shanxi	107.7	116.7		103.4			
内蒙古	Inner Mongolia	87.2	109.2	106.1	102.8		97.8	105.4
辽 宁	Liaoning	94.1	108.5	104.5	102.0	89.5	100.6	100.0
吉 林	Jilin	97.3	112.6	104.3	100.0			102.4
黑龙江	Heilongjiang	94.3	100.3	104.3	100.9			103.9
上 海	Shanghai							
江 苏	Jiangsu	96.9			109.1	101.4	98.0	
浙 江	Zhejiang	87.3			111.7			
安 徽	Anhui	100.9	104.2		109.0	95.0	105.7	101.9
福 建	Fujian	89.8	110.5	101.7	108.5	111.4	96.6	99.7
江 西	Jiangxi	94.3	107.9	88.5	108.4		88.4	99.8
山 东	Shandong		108.8		105.0		99.1	
河 南	Henan	104.4	111.1	103.3	103.6	90.4	92.9	102.3
湖 北	Hubei	96.0	117.5		113.5	100.1	95.2	102.8
湖 南	Hunan	89.9	109.7	87.8	106.7	104.3	100.0	100.0
广 东	Guangdong	77.8	115.5	84.6	104.6	89.2	102.9	
广 西	Guangxi	92.2	109.2		103.8	102.6		104.2
海 南	Hainan	97.8		108.1	104.1		99.9	
重 庆	Chongqing	94.6			112.4	100.0		108.6
四 川	Sichuan	95.1	115.7	92.7	105.1	107.5	100.2	
贵 州	Guizhou	96.2	100.0	84.0	101.2	109.6		
云 南	Yunnan	95.6	105.9	100.8	108.1	105.2	98.7	
西 藏	Tibet	93.7	115.3	99.9		86.6		
陕 西	Shaanxi	90.9	107.5	103.1	98.6	99.8	98.4	104.4
甘 肃	Gansu	98.3	105.9	91.1	72.6	99.6		
青 海	Qinghai	89.9	112.6		99.3		102.0	100.6
宁 夏	Ningxia				100.0			
新 疆	Xinjiang	95.2	116.8	69.5	78.9	100.0	100.5	99.6

2-1-8 续表 2 Continued 2

(上年价格＝100) (Preceding Year=100)

地区	Region	煤炭开采和洗选辅助活动 Support Activities for Coal Mining and Cleaning	石油和天然气开采辅助活动 Support Activities for Petroleum and Natural Gas Extraction	其他开采辅助活动 Support Activities for Other Mining and Quarrying	谷物磨制 Milling of Grains	饲料加工 Processing of Animal Feeds	植物油加工 Processing of Vegetable Oils	制糖业 Manufacture of Sugar
全 国	**National**		**101.4**		**98.4**	**99.4**	**102.2**	**95.7**
北 京	Beijing		102.9		99.6	99.3	100.0	
天 津	Tianjin		98.4		101.9	101.5	108.8	
河 北	Hebei				98.2	99.6	101.5	108.6
山 西	Shanxi				102.3	100.0	102.2	
内蒙古	Inner Mongolia				100.2	102.7	98.2	101.0
辽 宁	Liaoning		100.0		102.9	98.5	101.8	94.8
吉 林	Jilin				98.4	100.6	103.1	100.0
黑龙江	Heilongjiang		99.9		96.6	98.0	98.9	100.0
上 海	Shanghai				94.7	94.8	98.1	107.4
江 苏	Jiangsu				94.9	97.6	100.7	85.8
浙 江	Zhejiang				98.9	100.3	98.8	
安 徽	Anhui				97.4	95.7	100.6	
福 建	Fujian				98.0	99.5	102.8	98.2
江 西	Jiangxi				96.4	96.3	104.5	
山 东	Shandong		102.8		98.5	100.9	105.6	94.0
河 南	Henan				99.7	101.4	99.2	
湖 北	Hubei				99.0	98.9	99.7	
湖 南	Hunan				99.1	99.6	101.6	
广 东	Guangdong				101.0	98.8	103.5	93.7
广 西	Guangxi				99.0	99.7	102.0	95.8
海 南	Hainan				100.0	100.3		96.5
重 庆	Chongqing				95.7	99.1	99.6	100.6
四 川	Sichuan				98.2	100.7	99.5	104.8
贵 州	Guizhou				100.2	98.4	96.9	94.2
云 南	Yunnan				100.4	98.1	100.9	95.0
西 藏	Tibet				100.4	110.2	114.4	
陕 西	Shaanxi		112.0		98.8	99.9	99.8	
甘 肃	Gansu				99.1	99.7	99.9	96.9
青 海	Qinghai				100.1	100.9	100.4	
宁 夏	Ningxia				99.4	101.4	100.8	
新 疆	Xinjiang		100.0		99.9	98.9	100.6	89.6

2-1-8 续表 3 Continued 3

(上年价格 = 100) (Preceding Year=100)

地 区 Region	屠宰及肉类加工 Slaughtering and Processing of Meat	水产品加工 Processing of Seafood	蔬菜、菌类、水果和坚果加工 Processing of Vegetables, Fungus,Fruits and Nuts	其他农副食品加工 Processing of Other Food From Agricultural Products	焙烤食品制造 Manufacture of Bakery Products	糖果、巧克力及蜜饯制造 Manufacture of Sugar Confectionery, Chocolates and Preserved Fruit in Sugar	方便食品制造 Manufacture of Instant Foods
全 国 National	**112.4**	**102.9**	**102.7**	**101.8**	**100.6**	**99.7**	**101.0**
北 京 Beijing	118.3		101.1	103.8	101.0	102.7	101.1
天 津 Tianjin	122.0	100.0	100.3	102.6	100.8	100.9	100.2
河 北 Hebei	113.2	100.2	105.0	100.9	101.0	98.3	103.3
山 西 Shanxi	102.9		103.3	102.0	103.1	104.2	97.2
内蒙古 Inner Mongolia	106.9		100.1	99.1	101.8		118.4
辽 宁 Liaoning	112.2	103.2	101.9	101.2	102.0	103.2	100.0
吉 林 Jilin	107.1	102.7	108.8	104.3	101.5		102.2
黑龙江 Heilongjiang	114.7		100.1	100.6	101.3	99.9	99.7
上 海 Shanghai	118.9		106.9	112.1	101.8	100.1	100.8
江 苏 Jiangsu	114.0	100.2	103.6	102.5	105.2	100.7	102.4
浙 江 Zhejiang	127.0	102.0	104.5	103.5	100.1	101.7	99.5
安 徽 Anhui	111.8	96.2	100.8	101.3	101.4	102.5	106.4
福 建 Fujian	110.8	102.1	100.1	101.7	102.3	99.9	104.2
江 西 Jiangxi	129.1	100.8	100.3	100.3	101.4	101.1	98.8
山 东 Shandong	110.8	105.3	103.0	100.8	99.2	100.7	102.0
河 南 Henan	118.1		106.4	103.2	98.2	89.3	99.3
湖 北 Hubei	107.8	97.8	100.3	103.8	100.0	101.0	101.7
湖 南 Hunan	110.8	103.4	101.1	100.8	101.0	99.5	100.2
广 东 Guangdong	117.2	101.6	100.8	102.8	101.7	102.0	100.9
广 西 Guangxi	112.2	95.2	102.3	101.1	103.7	100.0	99.3
海 南 Hainan	163.8	100.9	96.3	103.6	106.5	100.4	101.8
重 庆 Chongqing	108.7		103.0	103.0	102.2	100.3	98.3
四 川 Sichuan	105.7		102.6	100.3	100.2	109.1	102.3
贵 州 Guizhou	109.2		99.5	104.8	97.5	99.5	100.4
云 南 Yunnan	113.5	107.6	98.4	101.9	102.8	97.4	102.4
西 藏 Tibet	105.8			100.0	101.4		
陕 西 Shaanxi	121.5		109.6	105.0	101.6	100.1	101.1
甘 肃 Gansu	117.6		99.7	98.3	99.6	100.0	102.6
青 海 Qinghai	105.0	91.5	99.3	99.8	100.0		
宁 夏 Ningxia	106.1		103.7	101.1	100.7	97.3	100.0
新 疆 Xinjiang	122.0	101.2	98.0	100.5	100.8	95.1	106.3

2-1-8 续表 4 Continued 4

(上年价格＝100) (Preceding Year=100)

地 区	Region	乳制品制造 Manufacture of Dairy Products	罐头食品制造 Manufacture of Can Foods	调味品、发酵制品制造 Manufacture of Condiment and Yeast	其他食品制造 Manufacture of Other Foods	酒的制造 Manufacture of Alcoholic Beverages
全 国	**National**	**101.6**	**102.5**	**101.7**	**101.6**	**101.1**
北 京	Beijing	104.0		103.1	99.0	100.8
天 津	Tianjin	95.7	99.9	100.1	106.9	100.5
河 北	Hebei	99.3	100.3	95.3	98.8	102.3
山 西	Shanxi	99.3	103.4	94.8	100.3	102.1
内蒙古	Inner Mongolia	101.7		110.0	103.3	100.1
辽 宁	Liaoning	103.2	104.2	99.2	104.4	107.3
吉 林	Jilin	108.0	102.3	98.3	97.2	100.9
黑龙江	Heilongjiang	102.3	102.3	102.5	99.3	96.7
上 海	Shanghai	101.7	100.0	98.9	102.7	101.5
江 苏	Jiangsu	100.3	102.6	99.1	102.2	101.7
浙 江	Zhejiang	104.4	101.4		100.9	100.3
安 徽	Anhui	103.9	103.0	100.6	101.8	99.6
福 建	Fujian	98.1	100.2	101.2	95.8	101.4
江 西	Jiangxi	101.8	101.5	94.9	102.4	98.4
山 东	Shandong	101.6	100.5	101.1	99.9	103.7
河 南	Henan	101.7	105.0	101.4	104.8	97.7
湖 北	Hubei	102.4	105.2	104.2	102.3	101.0
湖 南	Hunan	100.5	100.1	99.2	100.9	99.5
广 东	Guangdong	99.3	104.3	101.1	97.6	104.7
广 西	Guangxi	103.1	98.3	97.5	102.0	100.9
海 南	Hainan	99.8		103.1	100.5	108.8
重 庆	Chongqing	106.4	105.2	100.0	100.8	100.5
四 川	Sichuan	101.3	110.0	100.0	99.2	101.2
贵 州	Guizhou	99.1	108.1	100.7	97.7	101.2
云 南	Yunnan	105.8	106.4	99.1	99.3	100.7
西 藏	Tibet	100.6			100.0	103.8
陕 西	Shaanxi	101.0	97.6	100.6	98.1	101.2
甘 肃	Gansu	98.9	102.2	100.1	102.2	98.6
青 海	Qinghai	105.9		99.9	95.4	102.5
宁 夏	Ningxia	105.2	104.1	116.4	98.5	102.2
新 疆	Xinjiang	101.6	105.2	98.8	97.9	102.5

2-1-8 续表 5 Continued 5

(上年价格＝100) (Preceding Year=100)

地 区	Region	饮料制造 Manufacture of Soft Drinks	精制茶加工 Manufacture of Refined Tea	烟叶复烤 Redrying of Tobacco	卷烟制造 Manufacture of Cigarettes	其他烟草制品制造 Manufacture of Other Tobacco Products	棉纺织及印染精加工 Spinning, Weaving, Dyeing and Finishing of Cotton Materials
全 国	**National**	**101.3**	**101.3**	**102.6**	**102.3**	**101.9**	**98.8**
北 京	Beijing	100.3			105.0		100.1
天 津	Tianjin	105.6			102.3		100.2
河 北	Hebei	108.0			101.4		99.7
山 西	Shanxi	105.2	100.1		101.8		101.7
内蒙古	Inner Mongolia	101.0			102.7		92.2
辽 宁	Liaoning	102.4		107.8	102.6		99.2
吉 林	Jilin	100.6		107.7	101.5	100.0	96.7
黑龙江	Heilongjiang	99.4	100.0		118.8		99.6
上 海	Shanghai	99.7	102.4		102.4		101.6
江 苏	Jiangsu	97.2	100.8		102.4		99.2
浙 江	Zhejiang	98.3	100.5		102.5		100.1
安 徽	Anhui	101.9	105.0	108.1	102.4	100.3	98.8
福 建	Fujian	102.0	103.4	104.2	102.3	100.6	99.4
江 西	Jiangxi	100.9	98.9		102.1		96.4
山 东	Shandong	103.4			100.8		97.6
河 南	Henan	100.2	98.1	101.6	102.4	104.9	98.3
湖 北	Hubei	100.2	100.8		102.6	99.4	98.4
湖 南	Hunan	100.9	100.2	101.7	100.0		97.3
广 东	Guangdong	103.7	94.7	102.5	104.6	100.6	101.7
广 西	Guangxi	102.0	102.7		102.0		100.9
海 南	Hainan	100.6	100.0		104.8	100.4	100.3
重 庆	Chongqing	99.3	101.0	100.0	102.4	99.8	96.7
四 川	Sichuan	100.7	98.4		102.2	101.2	100.4
贵 州	Guizhou	100.6	103.0		102.3		
云 南	Yunnan	98.1	101.4	102.9	102.3	107.4	97.4
西 藏	Tibet	93.5					
陕 西	Shaanxi	101.8	101.9		101.5		96.7
甘 肃	Gansu	98.9			101.4	101.7	101.2
青 海	Qinghai	92.1	100.1				100.5
宁 夏	Ningxia	98.8	100.7	91.4	106.2		97.7
新 疆	Xinjiang	103.2			100.0		96.3

2-1-8 续表 6 Continued 6

(上年价格 = 100) (Preceding Year=100)

地 区	Region	毛纺织及染整精加工 Spinning, Weaving, Dyeing and Finishing of Wool Materials	麻纺织及染整精加工 Spinning, Weaving, Dyeing and Finishing of Bast Fibres	丝绢纺织及印染精加工 Spinning, Weaving, Dyeing and Finishing of Silk	化纤织造及印染精加工 Weaving, Dyeing and Finishing of Chemical Fibres	针织或钩针编织物及其制品制造 Manufacture of Knitted and Crocheted Fabric Products	家用纺织制成品制造 Manufacture of Made-up Textile Articles for Household Use
全 国	**National**	**101.1**	**109.6**	**92.6**	**97.7**	**103.2**	**101.1**
北 京	Beijing	99.6					
天 津	Tianjin	100.7				103.4	98.3
河 北	Hebei	111.0			95.1	103.5	101.2
山 西	Shanxi	108.2				103.3	100.9
内蒙古	Inner Mongolia	107.8				122.3	
辽 宁	Liaoning	102.4	118.6	107.0	85.5	100.2	99.5
吉 林	Jilin	102.1	107.9		97.8		
黑龙江	Heilongjiang	100.0	103.9				101.0
上 海	Shanghai	105.0				97.6	100.1
江 苏	Jiangsu	101.6	103.8	90.6	98.7	100.9	100.9
浙 江	Zhejiang	103.1	112.5	94.2	96.8	100.8	100.8
安 徽	Anhui	101.4	109.1	95.0	93.1	98.9	102.3
福 建	Fujian	100.6		100.0	99.6	101.2	99.7
江 西	Jiangxi	100.0	130.5	96.0	97.5		105.0
山 东	Shandong	95.0		90.1		100.6	100.2
河 南	Henan	95.2	110.4	99.6	101.0	91.7	103.2
湖 北	Hubei		116.0				106.3
湖 南	Hunan		104.6			100.5	101.0
广 东	Guangdong	98.6		85.6	102.4	106.3	100.5
广 西	Guangxi		97.2	85.9			98.8
海 南	Hainan						100.8
重 庆	Chongqing	101.3	101.4	96.0		100.4	106.2
四 川	Sichuan	87.5	111.4	95.4	97.9		101.5
贵 州	Guizhou		103.8				
云 南	Yunnan			93.0			
西 藏	Tibet	121.5					
陕 西	Shaanxi	103.4		84.8			100.8
甘 肃	Gansu	109.3					
青 海	Qinghai	104.3					
宁 夏	Ningxia	100.5				99.7	
新 疆	Xinjiang	100.0	113.1				100.0

2-1-8 续表 7 Continued 7

(上年价格＝100) (Preceding Year=100)

地 区 Region	产业用纺织制成品制造 Manufacture of Made-up Textile Products for Non-Household Use	机织服装制造 Manufacture of Woven Textile Wearing Apparel	针织或钩针编织服装制造 Manufacture of Knitted and Crocheted Textile Wearing Apparel	服饰制造 Manufacture of Wearing Accessories and Ornamental Products	皮革鞣制加工 Tanning and Dressing of Leather Wearing Apparel	皮革制品制造 Manufacture of Leather Products	毛皮鞣制及制品加工 Dressing of Fur Skins and Processing of Fur Articles	羽毛(绒)加工及制品制造 Manufacture and Processing of Feather, Down and Related Products
全 国 National	**98.3**	**100.6**	**100.5**	**100.4**	**100.3**	**101.6**	**99.6**	**102.8**
北 京 Beijing	97.0	101.1	101.5			100.0	100.3	
天 津 Tianjin	97.6	99.7	99.5		105.7	99.7	100.6	113.7
河 北 Hebei	106.1	100.2	100.9	101.4	96.5	101.6	97.5	98.8
山 西 Shanxi		99.3	106.4		76.4			
内蒙古 Inner Mongolia		106.1	96.2	98.0		98.8	99.6	
辽 宁 Liaoning	103.4	101.2	97.7	99.8		100.0	95.1	99.8
吉 林 Jilin	99.9	100.0	99.9	98.2		97.9		101.8
黑龙江 Heilongjiang	100.0	100.5	87.8		100.1		99.9	116.0
上 海 Shanghai	91.3	101.9	107.2	97.0	100.0	105.0		100.6
江 苏 Jiangsu	99.2	100.9	96.6	100.8	97.3	103.9		103.6
浙 江 Zhejiang	100.6	100.2	101.6	102.6	99.1	99.4	101.8	103.0
安 徽 Anhui	92.0	102.8	98.3	102.5	99.8	101.0		104.7
福 建 Fujian	101.9	101.0	103.7	102.5	99.5	101.2		114.5
江 西 Jiangxi	99.4	95.3	101.0	99.9	100.3	100.4	100.5	102.0
山 东 Shandong	92.3	99.4	102.5	101.7	102.7	104.4		
河 南 Henan	107.0	100.4	98.9	98.7	101.8	99.9	101.1	96.6
湖 北 Hubei	94.6	100.1	99.4				100.7	
湖 南 Hunan	100.7	100.2	105.4		99.6	99.8		
广 东 Guangdong	104.6	102.6	99.0	93.8	103.3	101.9		99.9
广 西 Guangxi		99.3	103.4		105.5	103.5		106.7
海 南 Hainan								
重 庆 Chongqing	98.8	101.3	101.0	100.0		102.4		102.0
四 川 Sichuan	105.3	97.9	111.8	99.9	100.9	95.7		99.7
贵 州 Guizhou		99.8				100.0		
云 南 Yunnan		99.4	104.0					
西 藏 Tibet		100.0			100.0	100.0		
陕 西 Shaanxi		101.4						
甘 肃 Gansu	104.5	100.4		100.0	96.6			
青 海 Qinghai		102.4	95.8	99.4				106.7
宁 夏 Ningxia	91.7	100.0			102.5		106.0	
新 疆 Xinjiang		99.0	91.2		101.0			100.0

2-1-8　续表 8　Continued 8

(上年价格＝100)　　(Preceding Year=100)

地　区	Region	制鞋业 Manufacture of Footware	木材加工 Processing of Wood	人造板制造 Manufacture of Wood-Based Panels	木制品制造 Manufacture of Wood Products	竹、藤、棕、草制品制造 Manufacture of Bamboo, Vine, Palm,and Straw Products	木质家具制造 Manufacture of Wooden Furniture	竹、藤家具制造 Manufacture of Bamboo and Vine Furniture
全　国	**National**	**101.5**	**101.0**	**101.6**	**99.2**	**100.5**	**101.4**	**102.3**
北　京	Beijing			103.1	100.9		102.1	
天　津	Tianjin	109.7	103.1	98.0	99.3		102.3	
河　北	Hebei	101.0	100.7	102.2	100.1		103.3	
山　西	Shanxi			105.6			100.4	
内蒙古	Inner Mongolia	106.4	89.7	98.8	99.5	112.9	108.1	
辽　宁	Liaoning	100.1	97.4	98.0	92.1	102.8	98.9	
吉　林	Jilin		101.8	99.4	101.1		100.9	
黑龙江	Heilongjiang		100.5	100.4	98.7		100.3	
上　海	Shanghai	103.8		99.1	97.8		93.8	
江　苏	Jiangsu	100.9	104.2	102.5	98.0	99.6	101.7	101.2
浙　江	Zhejiang	100.4	108.5	97.8	100.9	100.6	100.8	101.7
安　徽	Anhui	104.0	101.9	101.9	99.9	100.8	101.0	105.6
福　建	Fujian	101.4	102.3	100.5	101.8	100.8	101.4	99.4
江　西	Jiangxi	101.9	91.0	101.4	103.3	103.3	102.0	
山　东	Shandong	101.5		103.7	99.7	99.7	101.5	
河　南	Henan	100.8	107.2	100.2	102.1	101.9	98.5	
湖　北	Hubei	100.9	101.4	101.1	97.5		101.2	
湖　南	Hunan	101.8	107.5	101.1	103.8	102.0	101.6	
广　东	Guangdong	102.6		100.1	95.5	91.0	103.3	102.3
广　西	Guangxi	101.7	101.9	99.2	101.2	103.5	101.9	
海　南	Hainan		90.6	100.5	102.9	98.7	100.0	
重　庆	Chongqing	99.5	99.0	105.6	100.7	93.2	99.4	
四　川	Sichuan	103.5	98.1	101.7	100.1	97.5	101.0	100.0
贵　州	Guizhou	94.9	101.0	103.3	99.0	100.2	100.7	
云　南	Yunnan		93.1	98.7	97.2			
西　藏	Tibet	100.0	100.0				102.7	
陕　西	Shaanxi	102.2		102.1	100.9		102.8	
甘　肃	Gansu	100.0			100.2		100.5	
青　海	Qinghai						100.0	
宁　夏	Ningxia				100.1		99.1	
新　疆	Xinjiang		89.8	94.0			102.5	

2-1-8 续表 9 Continued 9

(上年价格＝100) (Preceding Year=100)

地 区	Region	金属家具制造 Manufacture of Metal Furniture	塑料家具制造 Manufacture of Plastic Furniture	其他家具制造 Manufacture of Other Furniture	纸浆制造 Manufacture of Paper Pulp	造纸 Manufacture of Paper	纸制品制造 Manufacture of Paper Products
全 国	**National**	**101.2**	**101.6**	**100.5**	**91.2**	**92.5**	**98.5**
北 京	Beijing	100.6		109.7		103.7	98.4
天 津	Tianjin	101.3		99.3		85.6	96.9
河 北	Hebei	100.5		104.4		96.1	98.6
山 西	Shanxi	101.0				97.4	97.3
内蒙古	Inner Mongolia					97.5	96.6
辽 宁	Liaoning	101.2		101.4	80.0	96.6	98.9
吉 林	Jilin	99.4		97.1		96.4	98.1
黑龙江	Heilongjiang	100.0		108.7		92.3	97.9
上 海	Shanghai	98.8		102.7		97.7	101.1
江 苏	Jiangsu	99.1		101.4		91.7	96.7
浙 江	Zhejiang	102.5	101.4	100.2		90.9	93.0
安 徽	Anhui	102.0		105.0		94.3	98.6
福 建	Fujian	101.2		99.0		95.6	102.6
江 西	Jiangxi	97.1		109.5		89.6	100.3
山 东	Shandong			101.3	85.3	91.7	99.3
河 南	Henan	102.0		100.4	102.9	91.6	97.2
湖 北	Hubei			101.2		92.4	104.6
湖 南	Hunan			99.3		90.3	96.7
广 东	Guangdong	100.8	101.6	99.9		93.7	98.0
广 西	Guangxi			98.8	86.2	100.3	99.0
海 南	Hainan				98.3	98.2	101.8
重 庆	Chongqing	98.6		101.4		91.9	96.9
四 川	Sichuan	111.0		99.8	93.6	93.2	96.3
贵 州	Guizhou			83.8	86.5	101.3	95.3
云 南	Yunnan			104.2	77.5	99.8	103.1
西 藏	Tibet						100.5
陕 西	Shaanxi			101.7		97.9	100.3
甘 肃	Gansu					98.4	84.8
青 海	Qinghai						100.3
宁 夏	Ningxia					92.0	95.9
新 疆	Xinjiang	101.0				90.9	101.3

2−1−8 续表 10 Continued 10

(上年价格＝100) (Preceding Year=100)

地 区	Region	印刷 Printing	装订及印刷相关服务 Binding of Printed Sheets and Other Service Activities Related to Printing	记录媒介的复制 Reproduction of Recorded Media	文教办公用品制造 Manufacture of Study, Education and Office Goods	乐器制造 Manufacture of Musical Instrument	工艺美术及礼仪用品制造 Manufacture of Arts,Crafts and Etiquette products	体育用品制造 Manufacture of Sports Goods
全 国	**National**	**100.2**	**101.5**	**99.2**	**100.2**	**101.4**	**102.9**	**102.6**
北 京	Beijing	99.7	103.6			103.2	117.2	
天 津	Tianjin	103.7	101.6		99.8	100.6	103.6	100.8
河 北	Hebei	100.6	104.4			103.0	101.1	100.1
山 西	Shanxi	98.8					100.0	102.1
内蒙古	Inner Mongolia	104.7						
辽 宁	Liaoning	100.0		99.6	102.2	103.2	103.5	102.5
吉 林	Jilin	100.1			100.4	100.2	107.7	
黑龙江	Heilongjiang	99.4			100.4	104.4	104.3	
上 海	Shanghai	101.7		98.3	100.2	100.5	117.5	104.1
江 苏	Jiangsu	101.2	100.0	99.6	100.4	99.9	101.6	103.8
浙 江	Zhejiang	97.9	101.5		101.2	101.1	103.0	102.4
安 徽	Anhui	98.9	96.1		101.9		100.7	100.6
福 建	Fujian	99.9			97.4	104.1	103.3	101.8
江 西	Jiangxi	99.4		100.0	101.2	101.1	100.2	104.1
山 东	Shandong	96.8	104.7		96.0	100.4	98.8	102.0
河 南	Henan	99.3			114.4	100.7	98.9	
湖 北	Hubei	99.8					119.6	
湖 南	Hunan	103.2	98.8	100.7	115.4		99.6	101.8
广 东	Guangdong	102.8	98.8	98.8	97.5	101.5	104.5	103.6
广 西	Guangxi	101.4	101.1		103.0		100.0	
海 南	Hainan	99.0			114.6		106.6	
重 庆	Chongqing	100.3					108.3	
四 川	Sichuan	100.8	103.5		100.0	104.7	98.5	
贵 州	Guizhou	98.5			99.8		100.0	
云 南	Yunnan	100.0	102.0				98.9	
西 藏	Tibet	99.5					98.9	
陕 西	Shaanxi	98.2	100.5		103.3		106.3	
甘 肃	Gansu	100.8	96.8				93.6	100.0
青 海	Qinghai	100.8					102.1	
宁 夏	Ningxia	94.0						
新 疆	Xinjiang	99.8	100.0				99.0	

2-1-8 续表 11 Continued 11

(上年价格＝100) (Preceding Year=100)

地 区 Region	玩具制造 Manufacture of Toys	游艺器材及娱乐用品 Manufacture of Funfair Equipment and Recreational Goods	精炼石油产品制造 Manufacture of Refined Petroleum Products	煤炭加工 Processing of Coal	核燃料加工 Processing of Nuclear Fuel	生物质燃料加工 Processing of Biofuel	基础化学原料制造 Manufacture of Basic Chemicals	肥料制造 Manufacture of Fertilizers
全 国 National	**103.0**	**102.7**	**96.1**	**98.9**		**100.2**	**92.4**	**100.6**
北 京 Beijing			99.9	99.1			92.0	101.4
天 津 Tianjin			98.2	109.4			88.9	104.7
河 北 Hebei	101.9	98.7	101.5	94.5			93.9	97.8
山 西 Shanxi			100.3	102.4			92.6	99.5
内蒙古 Inner Mongolia			93.8	95.8			94.8	106.3
辽 宁 Liaoning		97.9	96.0	93.2		99.6	97.0	102.7
吉 林 Jilin			97.5	101.3		100.0	87.4	102.1
黑龙江 Heilongjiang			92.7	95.4			90.1	100.3
上 海 Shanghai	124.7	101.4	95.6	98.7			75.0	
江 苏 Jiangsu	103.6	104.7	97.4	105.3			94.8	98.7
浙 江 Zhejiang	102.1	102.9	98.1	109.6			88.7	99.3
安 徽 Anhui	97.0	100.0	94.7	102.4			96.8	101.8
福 建 Fujian	101.0	102.1	103.8	103.3			92.5	102.9
江 西 Jiangxi	99.5	101.9	93.0	96.6			92.2	101.4
山 东 Shandong	106.4		93.8	97.2			90.4	100.7
河 南 Henan	101.6	99.5	96.5	98.4			91.0	100.0
湖 北 Hubei	98.7		94.7	114.4			94.6	101.0
湖 南 Hunan	100.0		95.6	95.1			93.2	99.7
广 东 Guangdong	102.8	100.6	95.6	96.5			91.0	102.4
广 西 Guangxi	101.3		96.3	103.0			95.0	103.3
海 南 Hainan			93.0	100.1			88.6	96.0
重 庆 Chongqing	99.4		100.2	99.9			94.7	96.2
四 川 Sichuan	98.0	100.0	97.7	100.1			94.7	100.0
贵 州 Guizhou			105.9	98.2		102.6	96.6	98.9
云 南 Yunnan			94.1	103.8			105.9	101.1
西 藏 Tibet								
陕 西 Shaanxi		100.0	95.2	94.2			93.8	100.5
甘 肃 Gansu			93.9	99.6			95.9	98.1
青 海 Qinghai			95.5	100.2			93.5	99.8
宁 夏 Ningxia			100.5	99.5			94.1	98.8
新 疆 Xinjiang			96.4	100.3		102.6	93.0	99.1

2−1−8 续表 12 Continued 12

(上年价格=100) (Preceding Year=100)

地 区	Region	农药制造 Manufacture of Pesticides	涂料、油墨、颜料及类似产品 Manufacture of Paints, Ink, Pigments and Similar Products	合成材料制造 Manufacture of Synthetic Materials	专用化学产品制造 Manufacture of Specific Purpose Chemical Products	炸药、火工及焰火产品制造 Manufacture of Explosives, Pyrotechnics and Fireworks	日用化学产品制造 Manufacture of Daily Chemical Products	化学药品原料药制造 Manufacture of Chemical Pharmaceutical Ingredient
全 国	**National**	**104.4**	**101.8**	**93.1**	**96.1**	**101.1**	**99.3**	**102.3**
北 京	Beijing		100.0	93.9	100.5		102.4	100.3
天 津	Tianjin	130.0	104.3	95.7	82.7		101.4	81.5
河 北	Hebei	94.7	100.6	90.8	91.8	99.4	100.9	103.4
山 西	Shanxi	99.2	103.4	101.2	97.5	100.8	106.9	96.5
内蒙古	Inner Mongolia	96.6	103.5	94.7	92.1	102.8	99.8	104.6
辽 宁	Liaoning	106.6	100.0	90.1	96.1	99.9	102.8	102.0
吉 林	Jilin	103.1	98.8	97.3	97.9	106.0	100.0	96.0
黑龙江	Heilongjiang	100.0	100.2	90.1	99.7	104.8	97.3	101.2
上 海	Shanghai	102.6	100.8	92.3	92.8		98.5	105.9
江 苏	Jiangsu	109.8	102.7	92.3	96.6	91.6	101.6	104.4
浙 江	Zhejiang	103.7	114.3	87.1	93.9		101.3	98.7
安 徽	Anhui	98.8	100.0	96.9	98.9	103.1	98.2	121.5
福 建	Fujian	96.9	101.9	92.4	99.6	102.0	107.3	101.8
江 西	Jiangxi	103.4	104.2	85.8	86.1	100.1	97.6	97.2
山 东	Shandong	99.6	100.3	96.5	97.3	98.6	97.4	99.8
河 南	Henan	100.4	96.5	94.2	95.0	101.7	95.6	105.2
湖 北	Hubei	98.8	92.4	87.6	98.7	99.9	97.3	104.8
湖 南	Hunan	107.5	97.1	90.6	99.7	101.5	96.8	103.1
广 东	Guangdong	102.3	99.8	95.6	97.4	99.4	98.9	105.6
广 西	Guangxi	100.5	97.0	99.5	93.7	100.4	98.8	110.9
海 南	Hainan	102.9	100.0	87.7	101.7	102.7	91.2	104.3
重 庆	Chongqing	103.5	99.2	100.0	96.2	100.0	98.0	100.1
四 川	Sichuan	102.1	98.2	93.5	95.5	100.8	97.3	109.5
贵 州	Guizhou	100.0	83.3	100.1	98.7	97.1	103.4	100.0
云 南	Yunnan	103.5	100.5	102.3	96.4	102.3	94.2	88.3
西 藏	Tibet					74.6	102.3	
陕 西	Shaanxi	99.4	100.1	99.1	101.6	111.8	102.9	103.0
甘 肃	Gansu		97.1	99.9	92.1	101.5		106.6
青 海	Qinghai			97.8	80.5	100.4		99.2
宁 夏	Ningxia	99.6	106.9	90.0	89.7	92.3	100.0	120.0
新 疆	Xinjiang		104.4	94.1	90.3	104.1	100.9	97.9

2−1−8 续表 13 Continued 13

(上年价格＝100) (Preceding Year=100)

地 区 Region	化学药品制剂制造 Manufacture of Chemical Compound Preparation	中药饮片加工 Processing of Chinese Traditional Herbal Pieces	中成药生产 Manufacture of Finished Traditional Chinese Herbal Medicine	兽用药品制造 Manufacture of Veterinary Medicine	生物药品制品制造 Manufacture of Biopharmaceuticals	卫生材料及医药用品制造 Manufacture of Hygienic Material and Pharmaceutical Substances
全 国 National	**101.5**	**101.0**	**102.0**	**103.4**	**100.7**	**100.7**
北 京 Beijing	99.5	101.0	103.0	102.4	98.4	100.1
天 津 Tianjin	102.7	101.1	102.2		95.9	
河 北 Hebei	103.2	99.8	101.9	100.6	99.1	
山 西 Shanxi	110.5	101.0	105.8	111.8	102.6	100.1
内蒙古 Inner Mongolia	103.7	103.3	100.1	114.1	98.4	
辽 宁 Liaoning	107.0	100.7	94.6	149.9	93.7	108.6
吉 林 Jilin	104.1	99.8	102.2	101.1	105.4	99.0
黑龙江 Heilongjiang	100.7	97.8	99.9	99.8	100.0	100.0
上 海 Shanghai	103.5	104.2	98.3	86.8	97.6	98.9
江 苏 Jiangsu	97.4	100.4	102.1	100.7	100.5	102.3
浙 江 Zhejiang	101.2	101.6	100.7	98.6	102.1	104.0
安 徽 Anhui	104.4	100.9	103.8	91.9	102.2	100.4
福 建 Fujian	102.3	98.2	101.1	103.1	99.9	103.9
江 西 Jiangxi	102.1	100.0	95.6	100.0	100.8	99.6
山 东 Shandong	101.0		101.4	101.1	102.9	101.5
河 南 Henan	106.5	96.1	103.4	108.3	99.8	97.3
湖 北 Hubei	97.8		104.0	100.6	100.9	100.9
湖 南 Hunan	100.3	104.2	101.5	103.5	100.6	100.0
广 东 Guangdong	105.0	102.5	104.8	102.7	95.6	101.1
广 西 Guangxi	103.0	97.5	106.1	99.9	109.0	100.4
海 南 Hainan	102.7		100.1			100.0
重 庆 Chongqing	105.2	98.7	102.9	101.1	100.1	100.3
四 川 Sichuan	101.2	103.3	105.0	104.8	104.3	98.8
贵 州 Guizhou	100.5	100.0	103.0		96.9	102.5
云 南 Yunnan	101.3	100.5	98.9	96.3	97.2	
西 藏 Tibet	100.0	100.1	101.7			
陕 西 Shaanxi	103.9	100.8	100.1	100.4	101.1	102.5
甘 肃 Gansu	162.3	105.7	102.2		106.3	
青 海 Qinghai	121.2	99.5	102.8	100.0		99.6
宁 夏 Ningxia	98.8	98.1	101.8	100.3		
新 疆 Xinjiang	102.7	97.4	98.7	100.0	100.0	86.4

2－1－8 续表 14 Continued 14

(上年价格＝100) (Preceding Year=100)

地 区	Region	药用辅料及包装材料 Pharmaceutical Excipient and Packaging Material	纤维素纤维原料及纤维制品 Manufacture of Fiber Materials and Fiber Cellulose	合成纤维制造 Manufacture of Synthetic Fibre	生物基材料制造 Manufacture of Biobased Material	橡胶制品业 Manufacture of Rubber Products	塑料制品业 Manufacture of Plastics Products	水泥、石灰和石膏制造 Manufacture of Cement, Lime and Gypsum
全 国	**National**	**100.7**	**93.4**	**94.0**	**93.4**	**99.8**	**99.2**	**104.2**
北 京	Beijing	100.1		101.6		101.2	99.3	107.6
天 津	Tianjin			99.2		102.8	97.8	112.2
河 北	Hebei		91.4	101.1	91.4	101.4	98.2	107.5
山 西	Shanxi	100.1				97.7	100.9	114.6
内蒙古	Inner Mongolia					92.7	95.3	99.8
辽 宁	Liaoning	108.6	99.6	87.9	99.6	99.6	99.5	96.4
吉 林	Jilin	99.0	105.2	95.4	106.1	136.1	100.0	83.7
黑龙江	Heilongjiang	100.0		86.2		96.3	99.9	92.0
上 海	Shanghai	98.9	82.0	90.6	82.0	101.2	98.1	119.9
江 苏	Jiangsu	102.3	95.6	92.9	95.6	101.1	98.7	103.7
浙 江	Zhejiang	104.0		93.7		99.6	99.0	100.1
安 徽	Anhui	100.4	99.2	101.4	99.2	99.2	99.2	106.9
福 建	Fujian	103.9	84.0	96.5	84.0	99.5	101.0	99.5
江 西	Jiangxi	99.6	85.3	106.0	85.3	98.5	99.9	98.4
山 东	Shandong	101.5	88.9	92.9	88.9	98.5	99.1	109.9
河 南	Henan	97.3	96.9	103.1	96.9	104.9	96.7	114.6
湖 北	Hubei	100.9	90.5	96.5	90.5	99.3	99.1	106.6
湖 南	Hunan	100.0	98.4	90.0	98.4	94.1	98.8	107.7
广 东	Guangdong	101.1	102.0	96.2	102.0	100.4	100.4	101.8
广 西	Guangxi	100.4				104.1	101.2	101.0
海 南	Hainan	100.0				99.2	99.5	103.4
重 庆	Chongqing	100.3		96.4		98.3	97.8	108.3
四 川	Sichuan	98.8	88.4	90.0	88.4	100.0	99.2	109.7
贵 州	Guizhou	102.5				99.4	96.0	88.4
云 南	Yunnan		102.4		102.4	101.0	98.4	102.8
西 藏	Tibet							102.4
陕 西	Shaanxi	102.5	100.3		100.3	95.1	101.2	102.8
甘 肃	Gansu					98.9	98.7	100.6
青 海	Qinghai	99.6				102.6	99.8	93.6
宁 夏	Ningxia					100.2	101.0	103.0
新 疆	Xinjiang	86.4	89.7		89.7	104.6	97.5	108.8

2-1-8 续表 15 Continued 15

(上年价格=100) (Preceding Year=100)

地 区 Region	石膏、水泥制品及类似制品制造 Manufacture of Gypsum, Cement and Similar Products	砖瓦、石材及其他建筑材料制造 Manufacture of Bricks, Stone and Other Construction Materials	玻璃制造 Manufacture of Glass	玻璃制品制造 Manufacture of Glass Products	玻璃纤维和玻璃纤维增强塑料制品制造 Manufacture of Glass Fibres and Glass Fibre Reinforced Plastics Products	陶瓷制品制造 Manufacture of Ceramic Products	耐火材料制品制造 Manufacture of Refractory Materials
全 国 National	**107.6**	**100.6**	**99.9**	**100.8**	**95.7**	**101.7**	**101.1**
北 京 Beijing	100.9	101.4		100.2	95.3	100.8	103.0
天 津 Tianjin	112.2	100.7	101.9	102.0	93.2	100.0	99.2
河 北 Hebei	101.7	102.5	99.7	100.5	102.2	98.3	104.1
山 西 Shanxi	107.1	106.6	105.7	94.9	96.9	103.4	100.2
内蒙古 Inner Mongolia	100.1	97.6	95.0	103.9	93.9		97.4
辽 宁 Liaoning	100.6	99.8	98.7	105.3	104.1	99.7	94.8
吉 林 Jilin	102.0	99.0		99.3		99.0	100.5
黑龙江 Heilongjiang	100.6	100.5	92.3	104.0	98.6	94.3	110.9
上 海 Shanghai	108.7	100.7		96.6	99.3	99.6	99.6
江 苏 Jiangsu	110.8	94.8	101.5	101.0	101.4	99.4	101.4
浙 江 Zhejiang	108.5	112.9	97.9	102.6	90.2	105.1	96.8
安 徽 Anhui	110.4	103.0	102.0	100.4	82.8	101.1	104.0
福 建 Fujian	107.5	102.9	98.6	99.0	97.7	100.7	100.3
江 西 Jiangxi	108.4	109.6	101.8	100.0	97.4	108.4	99.5
山 东 Shandong	101.7	102.9	102.4	99.0	93.7	100.8	102.1
河 南 Henan	109.2	98.1	100.5	101.6	96.5	98.5	104.0
湖 北 Hubei	107.1	101.7	97.9	99.5		99.9	101.6
湖 南 Hunan	105.7	100.4	104.7	97.4	100.0	106.2	108.4
广 东 Guangdong	102.7	88.5	96.7	102.1	95.9	101.0	102.4
广 西 Guangxi	109.7	101.0	103.1	102.0		98.9	92.4
海 南 Hainan	112.1	98.7	97.2	102.9			
重 庆 Chongqing	112.0	104.9	99.3	103.6	89.4	101.8	101.0
四 川 Sichuan	111.1	102.3	99.8	101.9	88.6	98.9	100.2
贵 州 Guizhou	101.6	99.1		101.4	97.9	101.1	100.7
云 南 Yunnan	104.5	104.1	107.6	101.9	100.8	107.1	101.6
西 藏 Tibet	110.9	109.5					
陕 西 Shaanxi	119.2	100.9	93.3	103.5	99.8	99.7	100.7
甘 肃 Gansu	100.4	98.9	99.7	104.1		101.0	
青 海 Qinghai	99.9	101.9	110.6				97.2
宁 夏 Ningxia	100.8	104.7	102.3	100.0		101.3	99.9
新 疆 Xinjiang	105.6	98.8	100.2	103.2	105.3	91.5	97.5

2-1-8 续表 16 Continued 16

(上年价格＝100) (Preceding Year=100)

地 区	Region	石墨及其他非金属矿物制品制造 Manufacture of Graphite and OtherNon-Metallic Mineral Products	炼铁 Iron Metallurgy	炼钢 Steel Metallurgy	钢压延加工 Smelting and Rolling Processing of Iron	铁合金冶炼 Production of Ferroalloy	常用有色金属冶炼 Production of Common Non-Ferrous Metals
全 国	**National**	**93.6**	**103.2**	**99.2**	**97.7**	**96.0**	**96.2**
北 京	Beijing	102.4			100.3	98.8	
天 津	Tianjin	96.7	112.0	99.4	100.1		95.4
河 北	Hebei	90.1	104.2	98.1	98.5	98.3	97.9
山 西	Shanxi	79.5	102.6	102.4	100.2	93.5	99.1
内蒙古	Inner Mongolia	92.5	99.9		94.5	95.8	96.7
辽 宁	Liaoning	81.8	98.6	100.3	94.6	94.7	96.5
吉 林	Jilin	69.3	97.9		96.4	98.8	98.9
黑龙江	Heilongjiang	95.5	103.3		96.5		
上 海	Shanghai	96.6	94.1		96.5		98.1
江 苏	Jiangsu	87.2	102.0	98.7	97.3	101.6	83.1
浙 江	Zhejiang	100.6		102.0	95.6	97.6	87.3
安 徽	Anhui	92.5	108.5	92.7	97.0	97.8	94.0
福 建	Fujian	103.5	96.9	98.1	95.7	93.5	96.9
江 西	Jiangxi	95.9		102.3	97.6	100.1	96.9
山 东	Shandong	94.1	103.9	100.3	100.3	106.2	100.5
河 南	Henan	95.3	97.9	97.3	95.3	102.3	97.6
湖 北	Hubei	102.2	120.2	98.6	97.6	90.9	94.3
湖 南	Hunan	105.0	101.8	104.1	96.8	97.2	89.9
广 东	Guangdong	103.9		100.8	99.0		99.5
广 西	Guangxi	96.3			97.0	94.8	94.9
海 南	Hainan						
重 庆	Chongqing	87.5		96.4	97.3	98.0	97.1
四 川	Sichuan	91.3	101.0	97.9	99.4	89.7	96.0
贵 州	Guizhou	100.7	101.4		95.0	92.8	99.4
云 南	Yunnan	67.8	118.8	99.3	100.3	96.6	95.7
西 藏	Tibet						
陕 西	Shaanxi	90.6		134.0	99.0	94.1	89.9
甘 肃	Gansu	67.7	94.9		98.7	93.4	101.7
青 海	Qinghai	96.1			96.5	93.9	99.2
宁 夏	Ningxia	107.9	103.5	99.0	95.1	93.0	100.3
新 疆	Xinjiang	89.7	103.5		100.0	94.5	102.0

2-1-8 续表 17 Continued 17

(上年价格＝100) (Preceding Year=100)

地 区	Region	贵金属冶炼 Production of Precious Metals	稀有稀土金属冶炼 Production of Rare Metal and Rare Earth Metals	有色金属合金制造 Manufacture of Non-Ferrous Metal Alloy	有色金属压延加工 Smelting and Rolling Processing of Non-Ferrous Metals	结构性金属制品制造 Manufacture of Structural Metal Products	金属工具制造 Manufacture of Metal Tools
全 国	**National**	**112.7**	**94.7**	**100.5**	**99.7**	**101.0**	**100.8**
北 京	Beijing			99.0	96.1	99.3	
天 津	Tianjin			93.9	97.1	90.5	103.0
河 北	Hebei	110.3		100.5	99.0	104.5	100.9
山 西	Shanxi	112.9		99.8	99.0	104.4	100.1
内蒙古	Inner Mongolia	116.9	103.6	101.1	103.0	103.9	
辽 宁	Liaoning	108.1	94.6	97.4	98.1	99.9	100.6
吉 林	Jilin	110.4	104.8	100.9	97.6	103.4	99.3
黑龙江	Heilongjiang	107.5		107.6	110.4	101.7	101.1
上 海	Shanghai	115.2		97.2	100.2	101.2	102.1
江 苏	Jiangsu	130.3	102.8	101.8	97.6	99.9	103.9
浙 江	Zhejiang	113.3		95.0	96.8	99.2	101.5
安 徽	Anhui	120.2		95.8	95.9	100.6	104.0
福 建	Fujian	111.6	92.1	100.1	100.5	100.0	99.7
江 西	Jiangxi	121.3	91.3	91.6	101.0	100.9	104.9
山 东	Shandong	112.3		105.4	102.4	100.3	98.6
河 南	Henan	112.3	97.0	95.8	99.4	101.1	102.4
湖 北	Hubei	112.4		119.4	100.4	101.9	101.9
湖 南	Hunan	107.0	90.9	98.9	99.2	103.2	101.0
广 东	Guangdong	122.1	95.9	100.7	98.1	102.3	98.0
广 西	Guangxi	104.7	70.0	96.2	99.7	102.5	95.8
海 南	Hainan	109.3				101.8	
重 庆	Chongqing			96.5	99.2	101.4	100.8
四 川	Sichuan	105.4	90.8	94.9	104.2	104.1	104.5
贵 州	Guizhou	112.1	76.2		103.9	101.8	106.1
云 南	Yunnan	114.1	92.0	97.0	99.0	101.3	
西 藏	Tibet						
陕 西	Shaanxi	115.1	107.6	107.2	107.7	105.4	102.2
甘 肃	Gansu	108.7	91.5	99.7	98.5	100.7	
青 海	Qinghai	112.7		94.4	98.5	101.4	
宁 夏	Ningxia	103.1	102.8		100.4	99.6	
新 疆	Xinjiang	114.6		95.5	101.2	102.9	90.5

2－1－8 续表 18 Continued 18

(上年价格＝100) (Preceding Year=100)

地 区	Region	集装箱及金属包装容器制造 Manufacture of Metal Container and Metal Packing Vessels	金属丝绳及其制品制造 Manufacture of Wire, Cable and Products of the Alike	建筑、安全用金属制品制造 Manufacture of Metal Products for Construction and Safety	金属表面处理及热处理加工 Treatment on Surface of Metal and Heat Treatment of Metals	搪瓷制品制造 Manufacture of Porcelain Enameling Metal Products	金属制日用品制造 Manufacture of Metal Products for Domestic Use
全 国	**National**	**99.7**	**99.9**	**100.6**	**99.9**	**100.6**	**102.2**
北 京	Beijing	100.5	101.8	100.0	100.2		
天 津	Tianjin	99.1	96.9	103.7	101.1	99.5	102.7
河 北	Hebei	101.1	98.5	99.5	101.4	100.8	105.5
山 西	Shanxi	100.0	98.2	110.0	115.7		
内蒙古	Inner Mongolia	101.1	95.5	100.0			
辽 宁	Liaoning	101.9	94.2	98.1	101.9	99.4	97.6
吉 林	Jilin	101.8	102.3	100.0			
黑龙江	Heilongjiang	98.5	95.8	104.4	100.3	98.4	100.0
上 海	Shanghai	94.5		99.8	98.5		99.5
江 苏	Jiangsu	98.3	100.4	101.1	96.9		98.4
浙 江	Zhejiang	98.6	97.3	100.2	98.1	98.5	101.5
安 徽	Anhui	100.6	96.1	100.1	99.0		96.0
福 建	Fujian	99.1	93.1	102.0	103.1	101.0	102.3
江 西	Jiangxi	100.2	100.5	100.4	98.9	99.2	107.4
山 东	Shandong	99.1	101.6	100.5	101.7		108.3
河 南	Henan	103.7	102.1	95.3		100.0	98.9
湖 北	Hubei	101.5	100.4		100.9		100.2
湖 南	Hunan	100.3	98.0	102.1	100.0	100.6	101.9
广 东	Guangdong	101.0	97.6	101.7	100.7	102.4	102.1
广 西	Guangxi			99.6	99.7		101.7
海 南	Hainan	99.8			100.0		
重 庆	Chongqing	99.6	98.3	100.5	100.4		102.5
四 川	Sichuan	101.6	107.0	102.1	100.0		101.6
贵 州	Guizhou		103.2				95.3
云 南	Yunnan		98.8		95.1		
西 藏	Tibet						
陕 西	Shaanxi	100.1	99.9	96.9	100.5	104.8	99.3
甘 肃	Gansu	97.3	102.1				
青 海	Qinghai		98.9	100.0			
宁 夏	Ningxia		96.5	102.7	102.2		
新 疆	Xinjiang	103.8	96.1	91.7	99.6		

2-1-8 续表 19 Continued 19

(上年价格＝100) (Preceding Year=100)

地 区	Region	锻造及其他金属制品制造 Forging and Manufacture of Other Metal	锅炉及原动设备制造 Manufacture of Boilers and Other Original Motive Power Machinery	金属加工机械制造 Manufacture of Machinery for Metal Processing	物料搬运设备制造 Manufacture of Lifting and Handling Equipment	泵、阀门、压缩机及类似机械制造 Manufacture of Pumps, Valves, Compressor and Similar Machinery	轴承、齿轮、传动部件制造 Manufacture of Bearings, Gears, and Transmission Parts
全 国	**National**	**101.4**	**100.4**	**100.7**	**101.7**	**100.6**	**100.1**
北 京	Beijing	100.6	108.1	100.1	99.2	99.7	98.4
天 津	Tianjin	99.0	98.1	100.2	99.1	100.9	104.4
河 北	Hebei	101.9	99.7	100.4	101.2	99.8	100.2
山 西	Shanxi	102.7	105.9	97.8	101.8	101.3	97.9
内蒙古	Inner Mongolia	97.4	100.3	100.1	80.0	97.9	100.0
辽 宁	Liaoning	100.3	101.1	103.1	98.4	100.7	101.4
吉 林	Jilin	99.1	101.1	100.0	99.8	99.2	103.2
黑龙江	Heilongjiang	99.4	97.6	100.8	99.7	102.2	101.4
上 海	Shanghai	100.8	100.8	99.3	107.1	99.6	96.9
江 苏	Jiangsu	100.2	102.1	96.6	103.2	100.7	99.2
浙 江	Zhejiang	99.9	99.1	100.2	101.6	100.2	100.3
安 徽	Anhui	104.3	102.2	103.6	101.8	99.3	100.9
福 建	Fujian	101.5	98.2	100.6	99.1	102.3	100.3
江 西	Jiangxi	98.9	98.8	101.2	100.0	100.5	100.5
山 东	Shandong	103.1	100.4	101.2	96.5	101.5	100.3
河 南	Henan	101.9	102.4	101.1	100.3	103.7	100.4
湖 北	Hubei	100.5	100.5	100.5	100.9	99.0	99.0
湖 南	Hunan	100.1	100.5	99.7	103.6	99.8	100.4
广 东	Guangdong	100.9	100.9	101.1	101.0	99.2	101.7
广 西	Guangxi	99.1	102.1	100.7	99.1	101.0	100.5
海 南	Hainan						100.0
重 庆	Chongqing	100.9	100.3	100.6	99.2	99.0	100.0
四 川	Sichuan	101.8	97.4	104.1	100.4	99.2	97.2
贵 州	Guizhou	99.6	102.3	104.4	104.2	98.5	102.7
云 南	Yunnan	103.6		103.7	99.9	99.5	
西 藏	Tibet	100.0					
陕 西	Shaanxi	103.2	99.9	101.5	104.3	99.7	99.6
甘 肃	Gansu	102.7	100.5	100.9	100.0	100.0	96.5
青 海	Qinghai	87.9		99.5			
宁 夏	Ningxia	99.5	100.0	99.7	100.1	100.3	100.6
新 疆	Xinjiang	100.8	100.0	100.0	99.6		

2-1-8 续表 20 Continued 20

(上年价格=100) (Preceding Year=100)

地 区 Region	烘炉、风机、包装等设备制造 Manufacture of Ovens, Draught Fans, Packing Machinery and Others	文化、办公用机械制造 Manufacture of Machinery for Culture and Office Use	通用零部件制造 Manufacture of General-Purpose Parts	其他通用设备制造 Manufacture of Other General Purpose Machinery	采矿、冶金、建筑专用设备制造 Manufacture of Specialized Facilities for Mining, Metallurgy, and Construction	化工、木材、非金属加工专用设备制造 Manufacture of Specialized Equipment for Chemical, Timber, and Non-Metal Processing
全 国 National	**100.6**	**102.2**	**101.0**	**99.4**	**100.6**	**100.3**
北 京 Beijing	100.1	98.6	99.9	97.0	101.0	99.4
天 津 Tianjin	104.9	101.1	99.0	96.8	98.3	100.9
河 北 Hebei	99.6		100.0	100.2	101.8	98.4
山 西 Shanxi	99.3		110.8	107.5	99.6	100.7
内蒙古 Inner Mongolia			99.6	100.0	100.4	100.0
辽 宁 Liaoning	98.4	101.8	101.2	99.5	99.7	103.5
吉 林 Jilin	98.6	100.8	99.4	97.3	100.6	101.8
黑龙江 Heilongjiang	99.8	100.0	127.3		102.5	95.5
上 海 Shanghai	101.3	103.8	100.7	97.3	103.8	102.0
江 苏 Jiangsu	100.1	101.8	99.6	95.8	100.8	100.3
浙 江 Zhejiang	100.1	100.3	99.4	100.3	101.2	98.6
安 徽 Anhui	103.4		101.0	101.8	100.6	100.1
福 建 Fujian	102.5	98.0	103.3	102.4	100.5	100.4
江 西 Jiangxi	101.1		97.4	100.0	102.8	103.3
山 东 Shandong	100.1		101.5	100.5	98.9	99.8
河 南 Henan	100.0	100.0	100.4	101.2	100.4	99.0
湖 北 Hubei	101.8		102.3	100.1	100.6	100.6
湖 南 Hunan	99.1	100.2	102.9	100.9	102.0	99.4
广 东 Guangdong	102.6	103.3	97.3	98.9	105.3	99.7
广 西 Guangxi	100.5		100.2		100.5	100.0
海 南 Hainan						
重 庆 Chongqing	102.5		100.1	102.0	101.0	100.7
四 川 Sichuan	101.4		104.9	97.0	101.4	104.5
贵 州 Guizhou	99.9	100.4	95.6		101.9	
云 南 Yunnan			100.1		100.6	
西 藏 Tibet						
陕 西 Shaanxi	100.0		108.7	101.5	101.7	102.5
甘 肃 Gansu	99.8		102.4		98.7	103.4
青 海 Qinghai						
宁 夏 Ningxia	99.9		100.1		102.2	100.0
新 疆 Xinjiang	100.3		88.0		100.7	100.0

2-1-8 续表 21 Continued 21

(上年价格=100) (Preceding Year=100)

地 区 Region	食品、饮料、烟草及饲料生产专用设备制造 Manufacture of Specialized Equipment for Production of Food, Beverage, Tobacco and Feedstuff	印刷、制药、日化及日用品生产专用设备制造 Manufacture of Special Purpose Equipment for Printing, Pharmacy, and Domestic, Daily Used Chemical Product Processing	纺织、服装、皮革加工专用设备制造 Manufacture of Specialized Machinery for Textile, Clothings and Leather Processing	电子和电工机械专用设备制造 Manufacture of Specialized Machinery for Electronic Machinery and Electrical Machines	农、林、牧、渔专用机械制造 Manufacture of Specialized Machinery for Agriculture, Forestry, Animal Production, Fishing and Aquaculture	医疗仪器设备及器械制造 Manufacture of Medical Instruments and Appliances
全 国 National	**100.7**	**102.4**	**100.8**	**99.2**	**100.0**	**100.4**
北 京 Beijing		99.5	99.4	100.0	99.8	99.0
天 津 Tianjin	100.0	98.7	98.4		102.2	100.8
河 北 Hebei	101.1	99.5	99.9	103.6	100.3	99.8
山 西 Shanxi			109.9	100.4	98.1	
内蒙古 Inner Mongolia					97.4	
辽 宁 Liaoning	94.7	101.7	99.6	102.2	110.7	98.9
吉 林 Jilin	103.9	100.0		99.0	99.5	100.1
黑龙江 Heilongjiang	100.7	100.7		100.3	99.2	100.2
上 海 Shanghai	100.2	101.4	102.1	101.0		104.8
江 苏 Jiangsu	100.2	101.5	100.7	98.2	99.4	99.4
浙 江 Zhejiang	99.3	99.3	100.4		101.5	99.5
安 徽 Anhui	100.3	105.3	102.3	102.2	102.1	101.4
福 建 Fujian	104.2	101.1	101.6	102.0	100.6	102.7
江 西 Jiangxi	100.3	100.0	103.8		102.8	100.9
山 东 Shandong	99.4	99.5	100.0	98.6	100.3	100.8
河 南 Henan	102.7	100.4	100.9	105.8	99.2	102.3
湖 北 Hubei	100.4				100.9	
湖 南 Hunan	100.1	101.5	100.9		100.1	106.4
广 东 Guangdong	100.9	101.8	101.7	98.0	100.7	99.7
广 西 Guangxi	100.2				97.3	96.1
海 南 Hainan	100.0				100.0	
重 庆 Chongqing		99.8	100.0	99.7	100.5	100.5
四 川 Sichuan	101.4	103.8		100.0	95.6	104.6
贵 州 Guizhou				100.0	100.0	103.2
云 南 Yunnan	100.1					
西 藏 Tibet						
陕 西 Shaanxi	104.5	97.9	102.0	100.3	99.6	96.3
甘 肃 Gansu		100.0	92.2	100.0	99.8	100.0
青 海 Qinghai		100.0		100.0	102.0	
宁 夏 Ningxia					100.0	
新 疆 Xinjiang					100.6	

2—1—8 续表 22 Continued 22

(上年价格＝100) (Preceding Year=100)

地 区	Region	环保、邮政、社会公共服务及其他专用设备制造 Manufacture of Special Purpose Machinery for Environment, Protection and Social Public Services	汽车整车制造 Manufacture of Finished Automobiles	汽车用发动机制造 Manufacture of Automotive Engine	改装汽车制造 Manufacture of Refitted Automobiles	低速汽车制造 Manufacture of Low-Speed Vehicles	电车制造 Manufacture of Electric Vehicles	汽车车身、挂车制造 Manufacture of Bodies and Trailers of Automobiles
全 国	**National**	**100.1**	**99.5**	**99.5**	**100.8**	**102.6**	**100.1**	**98.2**
北 京	Beijing	99.5	99.9	99.9	101.7			
天 津	Tianjin	92.3	92.3	92.3	105.3			
河 北	Hebei	99.7	100.0	100.0	102.7			101.5
山 西	Shanxi	100.2	98.2	98.2	99.9			103.3
内蒙古	Inner Mongolia		105.2	105.2				
辽 宁	Liaoning	100.3	101.1	101.1	100.3			101.0
吉 林	Jilin	99.8	98.1	98.1	100.5			
黑龙江	Heilongjiang	97.4	100.0	100.0	100.0			
上 海	Shanghai	99.3	97.4	97.4	99.9			
江 苏	Jiangsu	99.1	100.2	100.2	100.8			92.1
浙 江	Zhejiang	100.3	98.3	98.3	98.0			
安 徽	Anhui	100.4	100.4	100.4	98.6		100.1	98.5
福 建	Fujian	102.6	100.4	100.4	100.1	100.0		101.0
江 西	Jiangxi	96.6	100.5	100.5	101.8			97.8
山 东	Shandong	98.0	100.6	100.6	100.3	103.4	99.9	102.4
河 南	Henan	109.4	99.9	99.9	105.2	100.0		100.2
湖 北	Hubei	98.5	100.1	100.1	101.7			96.9
湖 南	Hunan	99.6	100.0	100.0	97.0			93.3
广 东	Guangdong	106.0	100.3	100.3	102.5			99.6
广 西	Guangxi	104.4	101.7	101.7	99.8	97.3		
海 南	Hainan	117.7	99.6	99.6				
重 庆	Chongqing	101.8	98.9	98.9	100.2			100.9
四 川	Sichuan	100.3	99.5	99.5	102.4			100.9
贵 州	Guizhou	99.8	103.3	103.3	100.0	101.4		
云 南	Yunnan	100.0	100.2	100.2				
西 藏	Tibet							
陕 西	Shaanxi	100.1	102.3	102.3	99.7		106.2	
甘 肃	Gansu	99.8	102.9	102.9				109.4
青 海	Qinghai							
宁 夏	Ningxia	94.1						
新 疆	Xinjiang	104.6	100.1	100.1	102.5			97.8

2-1-8 续表 23 Continued 23

(上年价格＝100) (Preceding Year=100)

地 区 Region	汽车零部件及配件制造 Manufacture of Parts and Fittings for Automobiles	铁路运输设备制造 Manufacture of Railway Transport Equipment	城市轨道交通设备制造 Manufacture of Urban Rail Transit Equipment	船舶及相关装置制造 Manufacture of Vessels and Similar Equipment	航空、航天器及设备制造 Manufacture of Aircrafts and Spacecrafts	摩托车制造 Manufacture of Motorcycles
全 国 National	**99.0**	**99.8**	**99.0**	**100.8**	**102.0**	**100.0**
北 京 Beijing	98.2	99.7			100.0	
天 津 Tianjin	97.5	100.6	100.0	99.5	98.5	105.9
河 北 Hebei	98.8	99.1				99.7
山 西 Shanxi	96.6	102.7				
内蒙古 Inner Mongolia	99.9	100.2		100.0		
辽 宁 Liaoning	100.9	97.8	103.2	100.4	102.1	
吉 林 Jilin	98.5	102.4	99.9			
黑龙江 Heilongjiang	99.8	100.8		100.0	100.0	
上 海 Shanghai	96.9	100.7	96.8	100.2	104.2	105.9
江 苏 Jiangsu	100.1	100.0	97.3	100.5	103.8	98.7
浙 江 Zhejiang	99.4	100.6		99.7		101.1
安 徽 Anhui	98.9	98.7		101.5		102.0
福 建 Fujian	99.7			100.3		98.4
江 西 Jiangxi	99.1	99.2		118.2		100.0
山 东 Shandong	97.0	94.7		100.3		100.2
河 南 Henan	101.7	97.5		97.6		98.9
湖 北 Hubei	99.5	99.9		100.9		
湖 南 Hunan	97.4	101.8	98.8	99.5	101.5	101.1
广 东 Guangdong	100.3	101.0	100.0	103.1		100.2
广 西 Guangxi	99.5	108.8				100.0
海 南 Hainan	99.4			100.8		98.5
重 庆 Chongqing	99.0	102.9	95.6	99.9	101.3	100.2
四 川 Sichuan	99.1	103.4	99.4	101.0		96.6
贵 州 Guizhou	101.8	101.1				
云 南 Yunnan	98.9	99.8				
西 藏 Tibet						
陕 西 Shaanxi	98.4	98.9			103.7	100.0
甘 肃 Gansu	97.6	100.8				101.1
青 海 Qinghai		112.1				
宁 夏 Ningxia						
新 疆 Xinjiang	100.6					

2-1-8 续表 24 Continued 24

(上年价格=100) (Preceding Year=100)

地 区 Region	自行车和残疾人座车制造 Manufacture of Bicycles and Cars for Disabled	助动车制造 Manufacture of Booster Bike	非公路休闲车及零配件制造 Manufacture of Off-Road Recreational Vehicle and Parts	潜水救捞及其他未列明运输设备 Manufacture of Equipment for Diving, Underwater Salvage and Other Transport Equipment	电机制造 Manufacture of Electric Machinery	输配电及控制设备制造 Manufacture of Electricity Power Transmission, Distribution Control Equipment	电线、电缆、光缆及电工器材制造 Manufacture of Electrical Wires, Cables, Optical Fiber Cables and Electrical Materials	电池制造 Manufacture of Battery
全 国 National	**101.5**	**98.3**	**95.9**	**102.0**	**99.7**	**95.9**	**98.0**	**96.6**
北 京 Beijing					99.5	100.3	98.5	96.9
天 津 Tianjin	101.2	103.0			99.4	102.7	98.7	100.5
河 北 Hebei	100.7	98.9	101.4	96.5	98.3	98.5	98.0	94.8
山 西 Shanxi					106.3	100.1	96.8	96.0
内蒙古 Inner Mongolia					98.4	101.0	98.9	101.4
辽 宁 Liaoning					100.2	101.2	101.7	97.7
吉 林 Jilin					98.1	100.4	96.7	96.6
黑龙江 Heilongjiang					101.9	98.0	92.2	102.1
上 海 Shanghai	103.3	100.2		97.8	97.5	96.1	98.8	99.9
江 苏 Jiangsu	101.3	88.1	94.7	100.8	99.7	92.6	97.4	93.9
浙 江 Zhejiang	101.8	96.7	96.7		100.3	96.6	97.0	90.5
安 徽 Anhui		98.8			100.0	96.0	98.1	97.7
福 建 Fujian	104.6				100.4	100.6	98.0	99.2
江 西 Jiangxi		100.0	95.4		99.2	81.2	99.1	101.2
山 东 Shandong		102.3		101.6	99.6	96.9	97.2	98.9
河 南 Henan		100.5			95.1	99.4	98.2	93.8
湖 北 Hubei					99.5	102.0	97.4	96.0
湖 南 Hunan				109.5	100.9	102.3	97.1	101.7
广 东 Guangdong	101.2	97.0			99.4	98.6	99.7	97.4
广 西 Guangxi					102.4	98.9	100.9	96.1
海 南 Hainan						97.2	99.7	
重 庆 Chongqing			100.1		96.6	100.1	95.7	94.2
四 川 Sichuan					103.6	100.4	96.0	97.4
贵 州 Guizhou					99.8	99.2	99.3	100.8
云 南 Yunnan					105.4	99.2	99.0	100.6
西 藏 Tibet								
陕 西 Shaanxi		100.0			98.0	96.7	93.2	
甘 肃 Gansu					96.0	100.0	100.1	
青 海 Qinghai							96.9	96.1
宁 夏 Ningxia					101.1	96.9	98.9	100.0
新 疆 Xinjiang					103.0	100.8	99.4	

2-1-8 续表 25 Continued 25

(上年价格=100) (Preceding Year=100)

地 区 Region	家用电力器具制造 Manufacture of Domestic Electrical Appliances	非电力家用器具制造 Manufacture of Domestic Non-Electrical Appliances	照明器具制造 Manufacture of Illuminating Appliances	其他电气机械及器材制造 Manufacture of Other Electrical Machinery and Equipments	计算机制造 Manufacture of Computers	通信设备制造 Manufacture of Communi-cation Equipment	广播电视设备制造 Manufacture of Broadcasting and Television Equipment	雷达及配套设备制造 Manufacture of Radar and Corollary Equipment
全 国 National	**99.2**	**101.1**	**99.6**	**99.6**	**99.7**	**97.7**	**100.6**	**100.5**
北 京 Beijing		100.9		100.9	98.7	94.6	100.9	
天 津 Tianjin	97.3	101.6	98.2		100.3	99.4		
河 北 Hebei	102.2	95.9	98.7	100.1	100.3	99.9	98.9	
山 西 Shanxi					96.9	96.4		
内蒙古 Inner Mongolia	97.0		100.0					
辽 宁 Liaoning	101.8	71.7	106.5	100.4	102.2	100.0	100.9	97.8
吉 林 Jilin	100.1		103.0	97.8				
黑龙江 Heilongjiang			90.2	135.7	100.0			
上 海 Shanghai	99.0	100.0	100.4	97.0	100.7	97.8	107.3	100.0
江 苏 Jiangsu	98.9	101.0	97.8		98.3	99.2	99.3	97.9
浙 江 Zhejiang	99.9	98.3	100.0	97.6	99.8	95.3	99.4	
安 徽 Anhui	99.3	101.9	102.1	101.6	86.7	103.8		102.9
福 建 Fujian	101.6	106.6	100.3		102.7	90.3	103.3	
江 西 Jiangxi	96.6	100.1	103.3	95.1	103.7	99.1	103.0	
山 东 Shandong	101.5	98.3	97.8	100.0	100.1	103.0	103.9	
河 南 Henan	100.8	99.5	101.3	99.5	99.5	89.3	99.6	
湖 北 Hubei	96.5	101.2	99.8		98.4	98.9	105.6	
湖 南 Hunan	101.1	100.0	99.3		99.8	86.8	99.7	98.2
广 东 Guangdong	98.8	107.3	98.1	98.9	100.6	100.3	99.2	101.4
广 西 Guangxi	102.9		102.1		102.2	98.9	100.7	
海 南 Hainan						99.9		
重 庆 Chongqing	97.9	106.5	98.3	100.1	99.5	96.7		
四 川 Sichuan	91.0	101.8	92.5		100.1	99.7	101.3	
贵 州 Guizhou	100.3		101.4					
云 南 Yunnan		100.5				104.1		
西 藏 Tibet								
陕 西 Shaanxi		100.0	102.7	99.0	96.9	100.3	99.8	99.9
甘 肃 Gansu			92.6	104.3				
青 海 Qinghai	100.8							
宁 夏 Ningxia		96.3						
新 疆 Xinjiang								

2—1—8 续表 26 Continued 26

(上年价格 = 100) (Preceding Year=100)

地 区	Region	视听设备制造 Manufacture of Audio and Video Equipment	智能消费设备制造 Manufacture of Intelligent Consumption Equipment	电子器件制造 Manufacture of Electronic Appliances	电子元件及电子专用材料制造 Manufacture of Electronic Components	其他电子设备制造 Manufacture of Other Electronic Equipment	通用仪器仪表制造 Manufacture of General Purpose Measuring Instruments and Meters	专用仪器仪表制造 Manufacture of Special Purpose Measuring Instruments and Meters	钟表与计时仪器制造 Manufacture of Watches and Clocks and Other Timer
全 国	**National**	**96.2**	**100.9**	**99.5**	**100.3**	**101.2**	**101.4**	**99.7**	**102.3**
北 京	Beijing	93.2	98.9	94.4	100.5	101.4	99.8	100.7	
天 津	Tianjin	96.7	98.2	92.5	113.2		103.1	108.7	99.2
河 北	Hebei		105.0	94.4	96.5	100.0	99.1	98.8	106.0
山 西	Shanxi		100.6	102.1	92.7	100.0		100.0	
内蒙古	Inner Mongolia	80.7	85.5			85.5			
辽 宁	Liaoning	98.6	102.0	104.3	103.9	102.2	101.0	96.8	103.5
吉 林	Jilin		100.2	98.2	95.7		99.9		
黑龙江	Heilongjiang		100.0	96.5			102.9	99.8	
上 海	Shanghai	93.8	99.5	98.0	99.1	100.4	99.0	99.2	
江 苏	Jiangsu	97.8	100.0	103.5	96.9	99.4	102.0	100.3	
浙 江	Zhejiang	104.0	101.0	100.2	96.2	101.4	100.8	98.5	104.4
安 徽	Anhui	99.5	100.4	94.8	97.9	101.1	100.8	96.0	
福 建	Fujian	98.0	99.8	96.8	100.0	98.5	100.0		102.4
江 西	Jiangxi	99.8	99.9	99.6	100.4	99.9	101.0	96.2	100.0
山 东	Shandong	99.5	97.9	97.0	96.2		101.4	100.3	99.3
河 南	Henan		99.7	89.9	99.9	99.6	99.8	98.0	
湖 北	Hubei		100.7	93.9	99.1		99.1		
湖 南	Hunan	91.6	100.5	100.2	99.1		98.4	96.8	
广 东	Guangdong	95.7	102.9	98.9	103.8	104.4	106.3	101.8	102.7
广 西	Guangxi	100.6	95.5	102.1	101.3	95.5	102.7		104.6
海 南	Hainan			100.0					
重 庆	Chongqing	98.9	99.1	100.0	102.5	97.0	101.7	100.2	78.3
四 川	Sichuan	86.9	101.2	100.7	101.5	100.0	100.0	102.7	
贵 州	Guizhou	101.7	107.5	98.9	95.3		100.5	100.0	
云 南	Yunnan			81.7			98.2		
西 藏	Tibet								
陕 西	Shaanxi	104.6	105.8	112.0	96.8	105.5	99.5	100.2	
甘 肃	Gansu			101.3			102.4		
青 海	Qinghai			100.0	76.8		101.8		
宁 夏	Ningxia						100.3		
新 疆	Xinjiang				94.5		99.4		

2-1-8 续表 27 Continued 27

(上年价格＝100) (Preceding Year=100)

地区 Region	光学仪器制造 Manufacture of Optical Instruments	衡器制造 Manufacture of Weighing Apparatus	其他仪器仪表制造业 Manufacture of Other Measuring Instruments and Meters	日用杂品制造 Manufacture of Daily Groceries	核辐射加工 Radiation Processing
全国 National	**98.3**	**102.9**	**100.0**	**101.1**	
北京 Beijing		98.3	101.8		
天津 Tianjin				99.6	
河北 Hebei		108.6	99.5	101.0	
山西 Shanxi	99.9	100.0	100.6		
内蒙古 Inner Mongolia					
辽宁 Liaoning	100.0	101.5	104.4	100.2	
吉林 Jilin	100.0				
黑龙江 Heilongjiang	108.3	100.0	100.0	100.0	
上海 Shanghai	106.5	95.7	99.7	97.2	
江苏 Jiangsu	101.0	105.7	98.3	98.2	
浙江 Zhejiang	94.6			100.3	
安徽 Anhui			100.3	102.6	
福建 Fujian	101.9	100.5	98.9	102.5	
江西 Jiangxi	93.1	102.2		109.2	
山东 Shandong		103.8		99.0	
河南 Henan	99.2	98.2	99.8	101.8	
湖北 Hubei					
湖南 Hunan	101.0			105.9	
广东 Guangdong	95.8	100.5	100.8	100.3	
广西 Guangxi	102.6			99.3	
海南 Hainan					
重庆 Chongqing	100.8		99.0	103.3	
四川 Sichuan	95.0		99.9	102.2	
贵州 Guizhou	103.9				
云南 Yunnan	100.0				
西藏 Tibet					
陕西 Shaanxi	94.3				
甘肃 Gansu		102.7			
青海 Qinghai					
宁夏 Ningxia					
新疆 Xinjiang					

2-1-8 续表 28 Continued 28

(上年价格＝100) (Preceding Year=100)

地 区 Region	其他未列明制造业 Other Manufacturing n.e.c.	金属废料和碎屑加工处理 Recycling and Disposal of Metal Waste and Scrap	非金属废料和碎屑加工处理 Recycling and Disposal of Non-Metal Waste and Scrap	金属制品修理 Repair of Fabricated Metal Products	通用设备修理 Repair of General Purpose Machinery
全 国 National	**101.8**	**104.2**	**103.0**	**102.2**	**100.0**
北 京 Beijing	127.2	101.5			
天 津 Tianjin		107.1			
河 北 Hebei	97.9	100.7	111.2		
山 西 Shanxi	100.0				
内蒙古 Inner Mongolia					
辽 宁 Liaoning	99.4	108.1	132.1		100.0
吉 林 Jilin	100.0	130.4	98.9		
黑龙江 Heilongjiang	100.0	110.9	88.2		
上 海 Shanghai	99.7	100.0	100.8		
江 苏 Jiangsu	99.6	105.3	96.0		
浙 江 Zhejiang	101.1	98.4	103.7		
安 徽 Anhui	95.9	103.4	105.2		
福 建 Fujian	100.0	105.8	100.9		
江 西 Jiangxi	99.9	109.6	100.3		
山 东 Shandong	103.2	105.1			
河 南 Henan	95.9				
湖 北 Hubei		103.9			
湖 南 Hunan		102.9			
广 东 Guangdong	100.2	103.2	99.4		
广 西 Guangxi	100.0	97.2			
海 南 Hainan					
重 庆 Chongqing	101.4	103.0	113.5	102.2	
四 川 Sichuan	100.0	108.1	103.5		
贵 州 Guizhou	100.0	111.0			
云 南 Yunnan	100.0				
西 藏 Tibet					
陕 西 Shaanxi	101.6	102.9	115.2		
甘 肃 Gansu			99.3		
青 海 Qinghai					
宁 夏 Ningxia					
新 疆 Xinjiang		100.0			

2-1-8 续表 29 Continued 29

(上年价格=100) (Preceding Year=100)

地 区 Region	专用设备修理 Repair of Special Purpose Machinery	铁路、船舶、航空航天等运输设备修理 Repair of Railway Transports, Ships and Boats, Air and Spacecrafts and Other Transportation Equipments	电气设备修理 Repair of Electrical Machinery	仪器仪表修理 Repair of Measuring Instrument and Meters	其他机械和设备修理业 Repair of Other Machinery and Equipments
全 国 National	**100.2**	**103.1**	**101.3**		**105.0**
北 京 Beijing	100.0				
天 津 Tianjin		107.8			
河 北 Hebei		103.5			
山 西 Shanxi		100.0			
内蒙古 Inner Mongolia			100.0		
辽 宁 Liaoning	101.9	101.3			114.0
吉 林 Jilin					100.0
黑龙江 Heilongjiang		99.8	102.3		
上 海 Shanghai		105.3			
江 苏 Jiangsu		105.4			
浙 江 Zhejiang		107.5			
安 徽 Anhui					
福 建 Fujian		103.1			
江 西 Jiangxi					100.4
山 东 Shandong	99.7	103.9			
河 南 Henan		100.0			
湖 北 Hubei					
湖 南 Hunan					
广 东 Guangdong		98.8			
广 西 Guangxi					
海 南 Hainan					
重 庆 Chongqing					
四 川 Sichuan		97.2			
贵 州 Guizhou		100.0			
云 南 Yunnan					
西 藏 Tibet					
陕 西 Shaanxi		105.0			
甘 肃 Gansu		107.0			
青 海 Qinghai					
宁 夏 Ningxia					
新 疆 Xinjiang	99.6				

2－1－8 续表 30 Continued 30

(上年价格＝100) (Preceding Year=100)

地区 Region	电力生产 Products of Power Supply	电力供应 Supply of Electricity	热力生产和供应 Production and Supply of Heating Power	燃气生产和供应业 Production and Supply of Gas	生物质燃气生产和供应业 Production and Supply of Biomass Gas
全国 National	**100.5**	**98.3**	**101.0**	**103.1**	**103.1**
北京 Beijing	101.0	99.6	101.0	99.1	99.1
天津 Tianjin	99.4	98.9	99.9	105.1	105.1
河北 Hebei	100.5	98.0	101.2	106.6	106.6
山西 Shanxi	101.0	100.8	101.2	101.6	101.6
内蒙古 Inner Mongolia	102.5	99.6	99.0	106.3	106.3
辽宁 Liaoning	101.6	98.2	100.9	103.6	103.6
吉林 Jilin	101.1	99.7	100.6	102.2	102.2
黑龙江 Heilongjiang	101.0	97.1	101.8	104.2	104.2
上海 Shanghai	101.4	97.4	100.8	99.7	99.7
江苏 Jiangsu	96.3	98.6	100.3	102.0	102.0
浙江 Zhejiang	103.6	99.0	104.0	109.6	109.6
安徽 Anhui	99.3	99.7	101.5	105.3	105.3
福建 Fujian	101.9	99.0	101.1	106.4	106.4
江西 Jiangxi	100.6	98.0	121.7	103.5	103.5
山东 Shandong	98.3	98.3	100.1	102.4	102.4
河南 Henan	98.8	97.9	104.6	106.4	106.4
湖北 Hubei	101.6	98.2	100.2	114.4	114.4
湖南 Hunan	99.4	95.3	99.0	102.3	102.3
广东 Guangdong	103.6	97.6	98.8	96.5	96.5
广西 Guangxi	99.0	96.7	101.1	103.0	103.0
海南 Hainan	99.1	96.1		100.1	100.1
重庆 Chongqing	98.5	99.0	101.1	106.1	106.1
四川 Sichuan	98.9	98.0		105.6	105.6
贵州 Guizhou	101.7	97.9		100.7	100.7
云南 Yunnan	99.3	95.9		100.2	100.2
西藏 Tibet	104.0	90.4			
陕西 Shaanxi	103.4	97.7	100.2	97.0	97.0
甘肃 Gansu	103.9	93.7	101.5	104.3	104.3
青海 Qinghai	101.3	96.5	100.6	106.0	106.0
宁夏 Ningxia	101.2	99.0	101.2	100.9	100.9
新疆 Xinjiang	101.4	97.9	105.8	103.4	103.4

2-1-8 续表 31 Continued 31

(上年价格＝100) (Preceding Year=100)

地 区 Region	自来水生产和供应 Production and Supply of Tap Water	污水处理及其再生利用 Recycling and Treatment of Waste Water	海水淡化处理 Disposal of Sea Water Desalination	其他水的处理、利用与分配 Disposal,Utilization and Distribution of Other Water
全 国 National	**101.4**	**104.9**	**100.0**	**100.0**
北 京 Beijing	100.0	102.7		
天 津 Tianjin	101.6			
河 北 Hebei	110.4	100.6		
山 西 Shanxi	99.1			
内蒙古 Inner Mongolia	102.0	104.0		
辽 宁 Liaoning	101.1	100.0		
吉 林 Jilin	100.2			
黑龙江 Heilongjiang	100.0	99.5		
上 海 Shanghai	101.3	106.4		
江 苏 Jiangsu	103.3	105.3		
浙 江 Zhejiang	100.2	100.2		
安 徽 Anhui	99.5	99.7		
福 建 Fujian	102.9	98.2		
江 西 Jiangxi	103.5	111.9		
山 东 Shandong	100.8	145.5		
河 南 Henan	107.2	107.5		
湖 北 Hubei	101.1			
湖 南 Hunan	103.9	100.0		
广 东 Guangdong	99.9	92.8		
广 西 Guangxi	98.5	101.3		
海 南 Hainan	100.0		100.0	100.0
重 庆 Chongqing	100.0			
四 川 Sichuan	101.4	105.4		
贵 州 Guizhou	99.7	102.1		
云 南 Yunnan	101.4			
西 藏 Tibet	100.0			
陕 西 Shaanxi	100.0	100.0	100.0	100.0
甘 肃 Gansu	99.8			
青 海 Qinghai	99.8			
宁 夏 Ningxia	101.7	105.6		
新 疆 Xinjiang	101.9	99.9		

2-2-1 全国工业生产者购进价格分类指数(1986～2019年)
Purchasing Price Indices for Industrial Producers (1986～2019)

(上年价格=100) (Preceding Year=100)

年 份 Year	总指数 General Index	燃料、动力类 Fuel and Power	黑色金属材料类 Ferrous Metals	有色金属材料类 Nonferrous Metals	化工原料类 Raw Chemical Materials	木材及纸浆类 Timber and Paper Pulp	建材类 Building Materials	其他工业原料类 Other Materials	农副产品类 Agricultural Products	纺织原料类 Textile Materials
1986	109.5	109.1	110.6	107.6	105.1	110.9	126.7		107.5	
1987	111.0	109.2	110.4	108.4	115.7	138.2	111.6		107.3	107.8
1988	120.2	112.9	118.3	130.7	133.4	143.1	114.2		122.6	115.7
1989	126.4	124.7	130.3	127.6	124.4	111.4	122.7		128.9	128.5
1990	105.6	110.7	103.9	97.2	95.6	99.4	115.2		107.8	107.4
1991	109.1	112.9	112.5	101.2	99.8	105.6	101.2		106.8	108.9
1992	111.0	116.4	114.5	112.4	102.6	102.0	118.8		103.4	100.5
1993	135.1	136.7	174.1	115.8	114.3	128.6	140.9		112.2	107.1
1994	118.2	118.0	103.8	110.7	111.7	115.1	114.3		148.3	139.6
1995	115.3	108.7	98.2	128.3	127.2	115.8	102.6		143.1	123.6
1996	103.9	110.2	99.3	92.4	98.0	101.9	102.5		114.7	94.5
1997	101.3	109.3	97.4	96.2	97.1	100.9	99.7		102.0	94.7
1998	95.8	99.1	95.1	88.3	93.6	96.7	98.6	93.5	94.5	94.3
1999	96.7	100.9	94.7	98.9	97.6	100.4	98.8	97.5	89.8	96.8
2000	105.1	115.4	100.9	110.3	105.6	99.8	101.5	103.9	99.9	102.4
2001	99.8	100.2	100.5	95.6	98.4	100.4	98.6	98.8	101.2	99.7
2002	97.7	100.1	98.2	96.5	97.5	98.7	98.2	97.5	95.7	97.1
2003	104.8	107.4	107.9	105.3	102.9	100.3	99.7	100.2	106.7	101.4
2004	111.4	109.7	120.4	120.1	108.9	102.8	105.1	105.6	114.2	104.7
2005	108.3	115.0	107.5	114.0	108.3	103.5	103.1	102.5	101.7	102.4
2006	106.0	111.9	98.3	130.8	102.1	102.6	101.9	102.1	104.3	102.9
2007	104.4	104.3	105.4	111.6	103.6	102.7	103.0	102.7	106.1	101.4
2008	110.5	120.6	118.4	98.6	105.2	105.2	109.5	103.4	107.5	103.1
2009	92.1	89.2	86.3	81.1	91.3	95.8	101.1	98.0	97.0	98.8
2010	109.6	116.3	106.6	122.2	107.0	103.0	103.8	102.3	110.4	106.7
2011	109.1	110.8	109.4	112.1	110.4	104.6	108.4	104.4	115.6	112.7
2012	98.2	100.9	92.9	94.5	96.1	100.1	99.7	99.0	100.2	99.1
2013	98.0	96.6	95.7	95.4	97.3	99.6	98.7	99.1	101.6	99.9
2014	97.8	97.1	94.6	96.1	98.3	99.4	99.8	98.8	99.4	98.9
2015	93.9	88.7	88.4	92.7	93.7	99.3	95.9	97.6	97.7	97.8
2016	98.0	95.6	97.7	97.9	97.6	99.7	97.6	99.1	100.1	99.7
2017	108.1	113.0	115.9	115.3	108.4	106.2	108.6	102.6	101.5	104.0
2018	104.1	107.1	106.1	103.9	104.6	105.4	110.5	101.3	99.6	102.2
2019	99.3	98.2	102.3	97.6	94.8	97.5	104.2	99.7	102.8	99.3

2-2-2 各地区工业生产者购进价格总指数(1986～2019年)

Purchasing Price Indices for Industrial Producers by Region (1986～2019)

(上年价格=100) (Preceding Year=100)

地 区 Region	1986	1987	1988	1989	1990	1991	1992	1993	1994	1995	1996	1997	1998	1999	2000	2001
全 国 National	**109.5**	**111.0**	**120.2**	**126.4**	**105.6**	**109.1**	**111.0**	**135.1**	**118.2**	**115.3**	**103.9**	**101.3**	**95.8**	**96.7**	**105.1**	**99.8**
北 京 Beijing					114.8	111.7	114.2	142.7	123.8	119.8	104.2	103.4	98.1	95.8	100.0	100.5
天 津 Tianjin							108.4	139.1	121.7	112.8	101.9	99.0	95.9	96.3	104.5	98.8
河 北 Hebei							111.4	134.9	119.9	110.9	106.3	102.0	96.2	95.4	103.3	101.0
山 西 Shanxi					107.4	108.0	111.9	135.9	115.1	113.1	104.8	102.0	97.3	97.0	102.0	101.8
内蒙古 Inner Mongolia		114.9	118.2	124.4	108.3	111.2	112.1	132.6	116.8	112.8	100.8	100.9	98.1	96.8	106.5	101.3
辽 宁 Liaoning			133.9	133.3	117.6	108.1	121.2	149.9	118.2	114.2	104.8	103.1	99.3	99.1	103.9	99.9
吉 林 Jilin			115.7	131.5	102.8	114.1	127.1	173.9	113.9	113.8	102.4	103.9	96.6	100.5	106.8	101.8
黑龙江 Heilongjiang							112.9	139.6	117.6	112.7	104.2	104.4	98.6	98.2	108.6	99.5
上 海 Shanghai							113.1	129.2	121.4	114.8	101.6	97.8	94.1	97.1	107.1	98.7
江 苏 Jiangsu						107.0	110.3	125.8	120.1	117.6	104.3	98.0	91.5	94.4	107.1	99.5
浙 江 Zhejiang					104.7	102.7	106.3	126.4	124.8	119.2	101.5	96.5	92.6	96.2	107.2	99.6
安 徽 Anhui							113.9	128.8	122.3	117.9	109.9	101.7	96.0	94.5	102.6	101.2
福 建 Fujian							109.3	129.6	115.2	119.6	104.3	98.6	92.5	97.9	112.4	96.7
江 西 Jiangxi								129.4	123.4	114.7	105.8	100.4	95.4	96.9	101.2	99.3
山 东 Shandong				136.7	105.4	107.0	111.0	134.7	120.1	113.2	105.7	100.6	93.4	93.4	104.7	100.0
河 南 Henan				130.0	105.5	104.4	110.0	133.0	122.0	114.1	105.3	100.7	94.8	94.3	105.1	101.9
湖 北 Hubei				126.1	108.4	113.1	110.2	135.5	116.6	118.2	108.4	101.5	95.2	95.6	105.6	100.2
湖 南 Hunan				122.5	103.3	110.4	116.2	139.7	119.6	117.6	105.9	100.1	94.8	96.2	106.7	101.1
广 东 Guangdong								134.3	121.1	118.7	104.6	97.3	91.4	97.8	110.9	99.1
广 西 Guangxi	121.0	112.0			102.2	107.8	105.2	141.7	117.8	112.9	103.4	99.3	95.3	93.6	100.9	103.7
海 南 Hainan																
重 庆 Chongqing					103.7	109.2	123.8	124.5	124.6	111.6	106.3	100.1	95.1	96.9	105.6	99.5
四 川 Sichuan				129.4	106.4	108.6	112.5	137.2	119.1	113.5	106.1	101.6	95.3	96.8	101.7	98.5
贵 州 Guizhou							113.5	144.6	115.0	114.9	108.1	101.9	95.7	97.0	102.9	100.2
云 南 Yunnan						108.2	115.2	138.1	110.3	113.2	110.3	102.9	100.7	98.8	101.5	99.4
西 藏 Tibet																
陕 西 Shaanxi							111.5	138.4	115.6	114.3	109.1	106.8	97.1	95.5	100.0	100.5
甘 肃 Gansu				129.8	114.1	112.4	122.2	139.4	118.3	113.7	107.4	102.2	96.4	98.3	111.8	101.4
青 海 Qinghai				123.8	113.9	112.8	105.3	138.9	112.3	110.2	108.3	110.7	101.3	99.1	98.9	99.1
宁 夏 Ningxia												103.5	101.1	97.0	105.8	102.5
新 疆 Xinjiang							121.1	136.4	110.9	116.8	107.0	104.5	95.6	98.2	115.2	98.9

2-2-2 续表 Continued

(上年价格=100) (Preceding Year=100)

地 区 Region	2002	2003	2004	2005	2006	2007	2008	2009	2010	2011	2012	2013	2014	2015	2016	2017	2018	2019
全 国 National	**97.7**	**104.8**	**111.4**	**108.3**	**106.0**	**104.4**	**110.5**	**92.1**	**109.6**	**109.1**	**98.2**	**98.0**	**97.8**	**93.9**	**98.0**	**108.1**	**104.1**	**99.3**
北 京 Beijing	97.1	104.7	114.2	111.4	105.5	105.0	115.8	88.6	110.5	108.4	98.7	97.8	98.8	93.7	98.5	104.4	100.8	99.6
天 津 Tianjin	95.9	108.7	115.4	104.9	104.7	105.7	112.9	90.2	110.0	109.7	97.1	97.4	97.1	92.4	98.3	111.1	106.2	98.8
河 北 Hebei	97.3	109.4	118.4	107.0	105.0	107.8	115.9	93.5	110.9	110.9	96.2	97.6	95.6	90.3	98.3	114.5	104.0	102.1
山 西 Shanxi	102.6	107.8	114.5	108.2	102.6	105.3	118.3	96.6	109.0	108.1	98.1	95.5	96.2	93.1	98.1	115.2	105.5	101.1
内蒙古 Inner Mongolia	99.9	102.9	109.2	109.9	105.9	104.8	111.7	99.1	105.0	106.1	102.0	99.3	98.4	95.9	97.4	106.3	102.4	101.1
辽 宁 Liaoning	98.3	105.1	112.1	108.1	104.2	104.8	111.5	93.3	108.6	108.3	99.0	98.5	98.0	93.5	97.9	108.0	104.5	100.8
吉 林 Jilin	97.8	104.8	110.5	107.0	103.8	105.2	111.3	95.3	108.6	106.1	99.3	99.4	99.2	96.6	97.8	103.4	103.5	99.2
黑龙江 Heilongjiang	99.3	107.6	115.2	111.8	105.6	105.0	114.1	93.4	114.5	111.1	98.8	98.7	97.6	88.2	96.0	110.2	109.0	100.3
上 海 Shanghai	97.7	106.4	116.4	106.8	104.8	104.1	110.3	89.8	111.2	107.5	94.7	96.5	95.9	90.6	97.7	108.9	105.2	98.7
江 苏 Jiangsu	98.6	106.5	116.3	107.6	106.4	105.0	115.0	91.9	112.8	108.9	95.8	97.1	97.0	92.1	98.0	109.7	104.6	97.2
浙 江 Zhejiang	97.5	105.8	113.4	105.4	105.6	105.3	110.6	92.6	112.0	108.3	96.7	97.7	98.2	94.5	97.8	109.6	105.1	97.1
安 徽 Anhui	98.2	106.7	115.0	107.1	103.9	105.1	112.4	95.3	111.8	110.8	98.2	96.9	97.2	93.5	98.4	109.2	105.3	99.9
福 建 Fujian	97.6	106.3	113.3	108.1	103.9	104.3	110.2	93.2	107.7	108.0	97.7	98.4	98.3	96.1	98.0	105.3	102.8	99.0
江 西 Jiangxi	98.6	106.5	114.5	110.0	108.6	107.9	114.2	90.7	111.8	112.4	98.3	98.4	98.4	93.6	97.7	107.2	103.2	98.2
山 东 Shandong	98.7	105.7	113.4	105.9	104.3	104.8	113.1	95.5	109.3	109.2	99.2	98.4	98.2	95.0	98.0	107.3	103.6	99.2
河 南 Henan	97.6	107.8	115.7	108.3	105.3	106.4	111.9	97.1	110.2	110.1	99.2	99.3	98.4	95.4	99.2	107.3	104.0	101.2
湖 北 Hubei	97.7	108.2	113.1	107.0	104.9	104.5	110.9	93.4	110.4	111.5	98.9	98.2	97.8	92.8	98.3	108.3	104.8	99.3
湖 南 Hunan	99.3	106.7	114.4	109.4	106.5	106.1	112.0	92.6	110.0	110.8	100.1	98.4	97.9	94.5	98.0	107.2	103.5	100.2
广 东 Guangdong	96.3	104.1	110.7	105.0	103.6	103.3	107.9	93.8	107.3	107.3	99.5	98.2	98.8	95.3	98.0	105.3	102.5	99.2
广 西 Guangxi	95.6	101.2	116.3	108.2	111.4	106.1	110.6	95.1	111.2	110.0	99.2	98.9	98.2	95.7	98.3	106.5	103.4	99.5
海 南 Hainan	101.5	102.2	105.9	104.2	101.5	105.0	111.6	85.3	110.3	115.3	99.6	97.0	99.0	88.5	94.8	112.4	110.8	103.1
重 庆 Chongqing	99.2	104.9	110.3	108.2	104.8	106.2	112.2	95.0	106.9	105.7	99.5	97.6	98.1	97.1	98.4	104.4	102.5	100.1
四 川 Sichuan	97.6	101.7	112.0	109.3	104.3	105.7	112.4	95.3	106.1	112.6	100.0	99.2	98.7	96.7	98.8	108.3	105.3	100.6
贵 州 Guizhou	97.6	106.0	109.6	107.4	107.3	107.5	112.5	93.5	109.8	115.0	102.3	96.4	98.6	97.5	98.5	109.7	103.4	99.4
云 南 Yunnan	99.1	102.7	113.0	106.5	107.6	108.2	111.6	95.0	109.0	108.0	99.3	98.8	99.0	96.9	95.9	106.2	104.4	99.0
西 藏 Tibet																		
陕 西 Shaanxi	98.8	104.8	110.4	107.5	106.7	106.3	111.2	98.4	109.7	109.6	100.0	99.3	98.5	95.2	95.9	106.4	104.2	100.3
甘 肃 Gansu	98.4	105.6	112.5	109.9	108.8	104.3	110.2	90.5	114.4	115.1	98.7	97.8	97.6	87.0	94.6	115.5	109.8	99.0
青 海 Qinghai	102.8	101.8	108.5	105.3	102.8	104.4	110.4	99.8	108.6	107.0	98.6	98.8	97.6	97.7	96.2	108.0	104.5	98.2
宁 夏 Ningxia	97.8	106.8	117.3	109.7	108.5	107.1	121.8	94.7	114.1	112.8	99.5	97.0	97.0	92.1	96.9	112.9	106.5	97.5
新 疆 Xinjiang	94.9	114.8	118.2	110.7	111.1	103.8	117.8	90.6	123.9	117.8	97.9	97.8	97.5	84.3	95.5	112.8	109.2	100.0

2-2-3 各地区工业生产者购进价格分类指数(2019年)

Purchasing Price Indices for Industrial Producer by Category and Region (2019)

(上年价格=100) (Preceding Year=100)

地区	Region	总指数 General Index	燃料、动力类 Fuel and Power	黑色金属材料类 Ferrous Metals	有色金属材料类 Nonferrous Metals	化工原料类 Raw Chemical Materials	木材及纸浆类 Timber and Paper Pulp	建材类 Building Materials	其他工业原料类 Other Materials	农副产品类 Agricultural Products	纺织原料类 Textile Materials
全 国	**National**	**99.3**	**98.2**	**102.3**	**97.6**	**94.8**	**97.5**	**104.2**	**99.7**	**102.8**	**99.3**
北 京	Beijing	99.6	99.5	100.4	97.2	97.0	98.4	99.3	99.4	111.9	100.2
天 津	Tianjin	98.8	96.6	98.6	97.4	93.5	98.3	98.3	100.2	114.5	100.5
河 北	Hebei	102.1	98.4	108.5	97.3	94.8	99.0	106.5	99.8	105.2	101.1
山 西	Shanxi	101.1	99.1	106.6	97.6	96.6	98.1	100.4	100.6	98.9	100.6
内蒙古	Inner Mongolia	101.1	98.9	103.5	98.3	92.8	100.5	99.4	102.9	105.1	103.0
辽 宁	Liaoning	100.8	98.8	104.1	99.4	98.1	98.8	103.7	100.1	105.7	101.2
吉 林	Jilin	99.2	97.5	101.6	98.8	95.9	99.1	99.8	99.1	103.4	100.1
黑龙江	Heilongjiang	100.3	98.0	104.3	99.7	91.5	99.0	96.6	102.6	110.1	98.9
上 海	Shanghai	98.7	95.7	101.1	107.3	93.9	96.8	102.0	99.0	101.3	101.5
江 苏	Jiangsu	97.2	96.4	100.6	97.3	90.7	97.3	102.0	98.6	98.9	99.1
浙 江	Zhejiang	97.1	98.6	97.9	95.3	91.7	95.3	100.9	98.2	100.6	98.6
安 徽	Anhui	99.9	97.3	102.6	93.2	97.2	99.3	103.9	102.1	102.0	98.6
福 建	Fujian	99.0	98.4	101.5	98.5	95.9	96.2	102.2	99.3	105.4	98.5
江 西	Jiangxi	98.2	97.4	104.2	95.7	89.3	99.0	100.5	100.2	100.6	102.0
山 东	Shandong	99.2	95.9	102.3	99.3	96.6	96.0	103.8	100.0	104.7	99.0
河 南	Henan	101.2	98.2	105.0	98.1	96.6	98.4	111.1	101.1	102.9	98.3
湖 北	Hubei	99.3	96.3	100.4	97.9	95.8	95.3	104.6	100.2	103.8	99.1
湖 南	Hunan	100.2	99.3	102.8	96.8	98.1	100.6	105.0	101.0	100.7	99.7
广 东	Guangdong	99.2	99.7	101.1	96.9	97.3	96.2	103.4	99.2	100.6	100.2
广 西	Guangxi	99.5	100.9	99.7	96.2	98.0	97.2	102.4	99.9	98.3	100.8
海 南	Hainan	103.1	102.4	109.5	107.3	93.8	113.1	101.2	101.4	103.7	96.9
重 庆	Chongqing	100.1	99.9	99.0	98.4	99.1	98.9	105.9	100.3	103.6	99.5
四 川	Sichuan	100.6	99.5	100.7	99.0	97.1	99.0	108.4	101.3	102.0	98.0
贵 州	Guizhou	99.4	99.8	101.6	97.2	97.4	98.2	97.8	100.3	101.0	98.7
云 南	Yunnan	99.0	98.9	102.3	99.0	95.1	98.4	96.0	100.2	100.7	99.5
西 藏	Tibet										
陕 西	Shaanxi	100.3	101.3	94.9	98.4	98.8	98.7	104.3	100.0	100.7	100.4
甘 肃	Gansu	99.0	99.3	99.5	95.3	90.9	92.9	101.0	105.6	114.0	100.2
青 海	Qinghai	98.2	98.5	98.2	97.7	94.3	100.6	99.4	103.0	98.6	98.7
宁 夏	Ningxia	97.5	98.4	94.4	88.9	88.4	99.8	101.0	101.3	102.5	99.1
新 疆	Xinjiang	100.0	99.7	101.1	99.9	98.6	88.9	103.9	101.0	101.0	98.6

2-3-1 全国固定资产投资价格分类指数(1991～2019年)

Price Indices for Investment in Fixed Assets(1991～2019)

(上年价格=100)　　(Preceding Year=100)

年份 Year	总指数 Geneval Index	建筑安装工程 Construction and Installation	人工费 Labour Costs	材料费 Material Costs	机械使用费 Machine Costs	设备、工器具 Purchase of Equipment, and Instruments	其他费用 Other Expenses
1991	109.5	109.7	112.2	110.9		106.1	116.8
1992	115.3	116.8	116.5	117.2		109.4	120.9
1993	126.6	131.3	137.8	134.7		119.7	123.4
1994	110.4	110.4	123.3	107.9		109.5	112.1
1995	105.9	104.7	121.5	100.6		106.3	112.4
1996	104.0	105.1	116.2	101.6	115.3	101.6	104.3
1997	101.7	102.9	113.6	100.8	105.9	98.1	102.9
1998	99.8	100.5	104.8	98.9	100.4	97.5	100.4
1999	99.6	100.3	103.0	98.9	101.2	97.5	99.9
2000	101.1	102.4	107.0	102.1	100.8	97.4	101.0
2001	100.4	101.4	104.2	100.5	101.9	97.0	101.0
2002	100.2	101.0	104.1	100.2	101.0	97.0	101.2
2003	102.2	104.2	103.8	105.0	100.9	97.0	101.6
2004	105.6	108.2	104.6	110.7	101.6	99.4	103.5
2005	101.6	101.8	105.6	100.9	101.9	99.4	103.2
2006	101.5	101.3	106.7	99.8	102.6	100.7	103.3
2007	103.9	105.1	108.9	104.5	103.3	100.2	104.2
2008	108.9	112.9	113.8	114.1	106.5	100.6	105.4
2009	97.6	96.3	106.6	92.8	102.0	97.6	102.4
2010	103.6	104.9	109.1	104.3	102.9	100.3	103.1
2011	106.6	109.2	113.5	108.7	104.9	101.1	104.0
2012	101.1	101.6	109.7	98.0	103.4	98.9	102.2
2013	100.3	100.3	108.1	97.6	102.2	99.0	101.7
2014	100.5	100.6	106.1	98.5	101.7	99.7	101.4
2015	98.2	97.3	104.6	94.0	100.9	99.3	100.7
2016	99.4	99.4	103.5	97.6	100.6	98.9	100.5
2017	105.8	108.0	103.9	110.9	101.8	100.6	101.0
2018	105.4	107.2	104.4	109.4	102.2	101.0	101.2
2019	102.6	102.8	103.9	102.6	101.7	100.1	103.5

2-3-2 各地区固定资产投资价格总指数(1991～2019年)
Price Indices for Investment in Fixed Assets by Region(1991～2019)

(上年价格=100) (Preceding Year=100)

地 区	Region	1991	1992	1993	1994	1995	1996	1997	1998	1999	2000	2001	2002	2003	2004
全 国	**National**	**109.5**	**115.3**	**126.6**	**110.4**	**105.9**	**104.0**	**101.7**	**99.8**	**99.6**	**101.1**	**100.4**	**100.2**	**102.2**	**105.6**
北 京	Beijing	107.3	112.2	126.6	116.2	113.9	108.2	102.7	100.8	99.9	101.0	100.6	100.4	102.2	104.3
天 津	Tianjin		119.4	122.9	111.9	107.6	102.5	100.8	98.9	99.2	99.9	99.7	99.5	102.6	107.3
河 北	Hebei	106.8	129.3	124.8	110.0	106.9	103.9	101.5	97.8	99.4	101.1	99.9	99.5	102.3	107.0
山 西	Shanxi	107.8	116.8	124.8	108.3	106.8	104.9	101.5	98.8	99.7	101.8	101.7	100.5	102.9	105.2
内蒙古	Inner Mongolia	107.1	109.3	124.5	106.7	103.9	105.3	99.7	101.7	101.9	101.9	100.8	101.0	102.6	105.0
辽 宁	Liaoning	108.2	121.0	136.4	117.4	104.9	102.2	102.3	99.8	100.0	101.1	100.4	100.7	102.5	104.8
吉 林	Jilin	111.9	116.4	128.8	107.3	109.6	102.9	104.4	100.8	102.2	102.0	101.1	101.2	101.1	104.1
黑龙江	Heilongjiang	107.6	113.5	127.9	109.0	106.5	103.4	102.7	100.8	99.7	101.5	100.1	100.2	102.3	105.0
上 海	Shanghai	107.3	113.0	131.4	108.8	103.1	106.9	100.5	98.4	98.1	100.0	100.7	100.3	102.4	106.7
江 苏	Jiangsu	104.5	112.1	138.8	114.6	107.4	103.2	99.2	98.4	98.3	101.1	100.8	101.7	104.3	109.4
浙 江	Zhejiang			138.8	112.4	107.2	101.3	99.5	97.6	98.2	100.3	100.4	100.5	103.5	105.9
安 徽	Anhui	114.8	119.8	123.0	120.1	106.5	103.4	101.3	100.0	99.3	101.6	99.5	101.1	103.5	106.1
福 建	Fujian	108.6	114.9	134.1	107.3	104.8	104.7	101.1	98.0	98.5	100.2	99.5	99.7	101.4	103.4
江 西	Jiangxi	110.4	110.1	129.8	114.6	107.2	105.8	101.4	102.1	98.6	101.4	98.9	100.0	105.1	107.4
山 东	Shandong	112.4	119.4	122.1	115.8	106.6	103.1	100.4	99.2	99.6	102.4	101.4	101.1	102.9	107.4
河 南	Henan	109.4	119.8	126.7	106.0	105.9	103.9	102.9	98.7	98.0	102.9	100.4	98.7	103.8	110.1
湖 北	Hubei	108.3	117.0	127.4	107.9	105.0	104.0	102.1	100.5	99.5	101.7	100.1	99.8	103.3	106.0
湖 南	Hunan	108.1	116.4	129.5	113.5	109.5	104.9	101.8	102.7	100.5	102.3	101.3	100.3	102.8	105.5
广 东	Guangdong											100.2	99.7	102.2	106.4
广 西	Guangxi	101.7	117.9	131.2	112.3	103.4	103.6	100.3	99.9	96.1	101.4	102.0	100.3	101.8	104.6
海 南	Hainan										101.8	100.3	98.2	103.2	105.6
重 庆	Chongqing							101.7	98.7	100.5	102.5	100.8	100.7	102.9	105.1
四 川	Sichuan	108.1	113.9	133.2	107.3	101.2	104.8	102.2	97.5	100.5	100.9	101.5	100.5	102.2	106.8
贵 州	Guizhou	110.6	120.2	126.9	113.1	107.6	105.4	101.4	100.0	99.4	102.2	100.4	100.2	102.3	104.9
云 南	Yunnan	112.1	117.6	135.4	113.6	104.0	104.3	105.4	101.8	100.7	101.6	101.0	100.0	102.2	108.0
西 藏	Tibet														
陕 西	Shaanxi	112.9	119.1	129.5	111.7	107.9	107.8	105.3	101.8	101.2	103.6	103.6	102.0	101.7	104.5
甘 肃	Gansu	116.5	117.4	126.2	112.6	109.4	104.9	102.7	100.3	101.0	103.3	102.0	100.2	101.7	105.5
青 海	Qinghai		115.1	125.9	108.4	105.3	103.5	103.0	98.5	100.1	101.6	100.3	103.2	102.0	102.8
宁 夏	Ningxia	110.4	117.3	123.0	112.6	109.3	107.4	102.2	102.1	99.7	104.5	101.5	100.7	102.3	104.9
新 疆	Xinjiang	114.8	117.0	126.5	112.3	106.2	105.6	103.2	102.0	99.0	103.6	102.5	100.2	103.4	104.5

2-3-2 续表 Continued

(上年价格=100) (Preceding Year=100)

地 区	Region	2005	2006	2007	2008	2009	2010	2011	2012	2013	2014	2015	2016	2017	2018	2019
全 国	**National**	**101.6**	**101.5**	**103.9**	**108.9**	**97.6**	**103.6**	**106.6**	**101.1**	**100.3**	**100.5**	**98.2**	**99.4**	**105.8**	**105.4**	**102.6**
北 京	Beijing	100.7	100.4	102.8	107.8	97.1	102.5	105.7	101.3	99.9	100.0	97.6	99.7	104.7	103.8	102.1
天 津	Tianjin	101.2	100.7	102.6	109.2	97.6	102.6	105.7	100.0	99.5	100.5	99.9	99.4	104.3	104.5	101.7
河 北	Hebei	101.9	101.7	103.8	109.6	96.5	103.7	105.5	100.3	99.9	100.2	98.0	99.4	106.7	105.0	103.0
山 西	Shanxi	103.0	101.5	104.1	113.3	98.1	103.7	105.5	101.2	100.5	99.6	98.2	100.0	106.3	104.5	104.0
内蒙古	Inner Mongolia	103.7	103.3	103.8	108.1	98.5	105.4	106.3	101.6	99.6	99.8	98.0	99.5	103.4	103.6	101.7
辽 宁	Liaoning	102.8	102.1	104.3	109.1	97.0	103.3	106.6	101.0	100.0	99.7	97.9	99.2	104.0	103.5	103.1
吉 林	Jilin	102.0	102.2	103.9	107.3	99.4	102.4	105.6	100.4	100.0	100.2	97.6	98.7	104.7	104.6	102.6
黑龙江	Heilongjiang	102.2	102.1	104.5	109.0	97.6	105.2	107.5	100.8	100.1	100.0	99.0	99.4	103.4	103.3	100.8
上 海	Shanghai	100.8	100.1	103.5	107.9	97.0	103.8	106.5	99.4	100.2	100.5	97.0	99.6	106.7	105.6	101.4
江 苏	Jiangsu	100.9	101.2	104.9	110.0	97.7	105.1	106.8	98.6	100.5	101.1	96.2	98.8	107.6	106.0	101.3
浙 江	Zhejiang	100.3	101.5	104.4	109.3	96.7	104.7	107.5	99.2	100.0	100.6	97.4	99.5	105.8	105.7	102.1
安 徽	Anhui	101.0	101.9	105.4	109.4	96.0	105.4	108.1	101.0	100.2	100.3	96.9	99.2	107.4	105.8	102.3
福 建	Fujian	100.7	102.0	105.9	105.9	98.0	103.3	106.2	100.3	100.1	100.4	98.3	100.0	105.6	104.9	101.5
江 西	Jiangxi	100.5	103.2	105.4	110.4	96.1	104.8	108.4	101.0	100.4	100.1	96.8	100.0	106.1	106.4	102.4
山 东	Shandong	102.9	101.8	104.0	107.7	96.9	103.6	106.8	100.8	100.4	100.3	97.7	99.1	105.8	106.1	102.8
河 南	Henan	101.4	101.6	104.6	109.0	96.4	103.5	107.4	101.0	99.9	100.0	97.6	99.2	107.4	105.4	103.2
湖 北	Hubei	102.2	101.8	104.1	109.4	98.8	104.7	107.3	101.8	100.5	101.0	99.4	100.1	105.9	106.6	104.0
湖 南	Hunan	103.6	103.1	105.8	109.9	99.7	104.0	107.2	101.7	101.3	101.5	100.4	100.4	105.7	104.8	101.7
广 东	Guangdong	101.6	100.7	102.4	108.6	96.7	103.0	105.5	101.5	101.4	101.5	99.0	100.3	105.3	106.2	104.2
广 西	Guangxi	101.4	101.2	102.3	107.9	97.9	103.0	106.2	100.6	100.1	101.6	98.8	99.5	104.4	104.5	102.4
海 南	Hainan	101.2	101.0	106.1	113.3	97.7	105.2	106.4	102.0	99.3	100.6	99.4	100.1	104.1	106.2	103.3
重 庆	Chongqing	102.3	101.7	105.5	110.2	97.8	102.1	105.9	101.8	100.5	100.3	98.2	98.9	105.3	105.0	103.4
四 川	Sichuan	103.9	102.9	104.7	112.5	98.3	102.5	105.2	101.0	100.4	100.5	97.9	99.8	107.7	106.4	101.6
贵 州	Guizhou	101.4	101.1	103.5	108.9	100.5	102.7	105.4	101.5	100.9	101.1	98.4	98.6	106.1	105.2	102.3
云 南	Yunnan	104.6	101.8	104.2	107.4	98.1	102.7	104.6	101.4	101.1	101.0	99.1	100.1	104.9	104.9	102.3
西 藏	Tibet															
陕 西	Shaanxi	103.7	102.6	104.0	109.5	99.3	103.6	105.9	102.6	102.0	101.1	98.8	99.9	105.3	105.4	102.6
甘 肃	Gansu	102.2	104.1	102.8	106.7	101.5	103.5	104.7	102.1	100.4	100.1	97.7	98.7	105.9	104.6	102.6
青 海	Qinghai	102.1	102.4	104.2	110.5	100.9	103.8	106.5	102.2	101.5	100.9	98.2	99.6	106.1	104.3	102.5
宁 夏	Ningxia	102.1	101.3	103.2	109.0	100.2	104.2	107.5	101.5	99.8	100.8	97.5	99.6	105.9	103.5	102.0
新 疆	Xinjiang	102.8	102.2	104.4	111.2	98.0	104.6	107.1	100.6	100.5	100.3	98.3	99.9	103.5	103.7	102.8

2-3-3 各地区固定资产投资价格分类指数(2018～2019年)

Price Indices for Investment in Fixed Assets by Region and Category (2018～2019)

(上年价格=100) (Preceding Year=100)

地区 Region	2018				2019			
	固定资产投资 Investment in Fixed Assets	建筑安装工程 Construction and Installation	设备、工器具 Purchase of Equipment, and Instruments	其他费用 Other Expenses	固定资产投资 Investment in Fixed Assets	建筑安装工程 Construction and Installation	设备、工器具 Purchase of Equipment, and Instruments	其他费用 Other Expenses
全 国 National	**105.4**	**107.2**	**101.0**	**101.2**	**102.6**	**102.8**	**100.1**	**103.5**
北 京 Beijing	103.8	108.2	100.4	100.6	102.1	101.0	100.0	103.8
天 津 Tianjin	104.5	106.9	101.0	100.5	101.7	102.6	99.8	101.4
河 北 Hebei	105.0	106.7	101.3	100.6	103.0	103.1	100.6	107.0
山 西 Shanxi	104.5	106.5	101.0	100.9	104.0	104.6	100.9	104.3
内蒙古 Inner Mongolia	103.6	104.6	101.0	100.8	101.7	101.4	100.6	104.9
辽 宁 Liaoning	103.5	104.4	100.8	101.2	103.1	101.7	100.6	109.6
吉 林 Jilin	104.6	107.8	100.8	100.9	102.6	102.4	100.7	105.6
黑龙江 Heilongjiang	103.3	104.4	100.8	100.4	100.8	100.6	100.3	103.4
上 海 Shanghai	105.6	109.2	100.8	101.0	101.4	102.3	100.5	100.5
江 苏 Jiangsu	106.0	109.6	100.7	102.3	101.3	102.3	99.4	100.8
浙 江 Zhejiang	105.7	108.8	100.7	101.9	102.1	102.8	100.0	101.9
安 徽 Anhui	105.8	108.5	101.0	100.8	102.3	102.7	100.1	102.3
福 建 Fujian	104.9	106.7	100.8	100.4	101.5	102.0	100.9	100.2
江 西 Jiangxi	106.4	109.2	100.1	101.0	102.4	102.6	99.5	104.4
山 东 Shandong	106.1	108.7	101.5	101.5	102.8	102.9	99.9	106.3
河 南 Henan	105.4	107.4	101.5	101.0	103.2	103.8	100.4	102.8
湖 北 Hubei	106.6	108.8	101.1	102.3	104.0	104.4	100.5	105.7
湖 南 Hunan	104.8	105.8	100.7	102.6	101.7	101.5	100.4	104.7
广 东 Guangdong	106.2	108.4	101.1	101.3	104.2	104.3	100.3	106.3
广 西 Guangxi	104.5	106.3	100.6	100.3	102.4	102.4	100.6	103.1
海 南 Hainan	106.2	108.0	101.0	101.7	103.3	103.9	100.1	102.9
重 庆 Chongqing	105.0	106.3	101.0	100.5	103.4	103.5	100.1	104.5
四 川 Sichuan	106.4	109.0	101.0	103.7	101.6	102.0	100.3	100.2
贵 州 Guizhou	105.2	106.0	101.7	101.1	102.3	102.0	100.4	104.5
云 南 Yunnan	104.9	105.7	100.9	100.6	102.3	102.6	100.4	100.8
西 藏 Tibet								
陕 西 Shaanxi	105.4	107.1	100.6	103.1	102.6	102.8	100.1	103.5
甘 肃 Gansu	104.6	105.4	101.8	101.5	102.6	103.0	99.4	102.0
青 海 Qinghai	104.3	105.2	101.0	102.2	102.5	102.9	100.4	102.2
宁 夏 Ningxia	103.5	104.7	100.9	100.0	102.0	101.9	100.0	106.1
新 疆 Xinjiang	103.7	104.5	101.1	100.2	102.8	103.0	101.1	103.7

2－4－1　2019年1月流通领域重要生产资料市场价格
January,2019 Circulation Field Important Production Materials Price

产品名称	Item	单位	Unit	上旬 Early January		中旬 Middle January		下旬 Late January	
				本期价格（元） Price (RMB)	比上旬涨跌幅(%) Change Rate	本期价格（元） Price (RMB)	比上旬涨跌幅(%) Change Rate	本期价格（元） Price (RMB)	比上旬涨跌幅(%) Change Rate
一、黑色金属	**Ferrous Metal**								
螺纹钢	Deformed Steel Bar	吨	ton	3853.2	-1.7	3835.1	-0.5	3871.1	0.9
线材	Wire	吨	ton	3959.6	-1.8	3928.7	-0.8	3951.9	0.6
普通中板	Common Medium Plate	吨	ton	3853.6	-0.4	3868.3	0.4	3898.8	0.8
热轧普通薄板	Hot Rolled Sheet	吨	ton	3821.5	-1.4	3806.3	-0.4	3845.4	1.0
无缝钢管	Seamless Tube	吨	ton	4792.2	0.1	4800.2	0.2	4812.4	0.3
角钢	Angle Iron	吨	ton	4164.3	-0.6	4140.2	-0.6	4126.6	-0.3
二、有色金属	**Non-ferrous Metals**								
电解铜	Electrolytic Copper	吨	ton	47484.1	-1.5	47334.3	-0.3	47477.3	0.3
铝锭	Aluminum Ingot	吨	ton	13338.6	-2.1	13288.3	-0.4	13400.6	0.8
铅锭	Lead Ingot	吨	ton	18228.2	-1.1	17854.2	-2.1	17838.8	-0.1
锌锭	Zinc Ingot	吨	ton	21697.6	-1.5	21625.3	-0.3	21909.4	1.3
三、化工产品	**Chemicals**								
硫酸	Sulfuric Acid	吨	ton	386.4	-10.7	365.0	-5.5	365.0	0.0
烧碱(液碱)	Caustic Soda (liquid)	吨	ton	863.2	-1.8	840.1	-2.7	836.8	-0.4
甲醇	Methanol	吨	ton	2198.7	-0.9	2222.1	1.1	2199.5	-1.0
纯苯(石油苯)	Benzene (oil-based benzene)	吨	ton	4605.0	3.1	4725.0	2.6	4725.6	0.0
苯乙烯	Styrene	吨	ton	8065.0	1.6	7988.3	-1.0	8214.4	2.8
聚乙烯(LLDPE)	Polyethylene (LLDPE)	吨	ton	9273.4	-0.7	9218.2	-0.6	9154.2	-0.7
聚丙烯	Polypropylene	吨	ton	9430.7	-0.4	9497.2	0.7	9439.3	-0.6
聚氯乙烯	Polyvinyl Chloride	吨	ton	6591.2	-0.9	6506.4	-1.3	6493.5	-0.2
顺丁胶	Polybutadiene Rubber	吨	ton	12065.7	2.7	12168.3	0.9	11800.6	-3.0
涤纶长丝	Polyester Filament Yarn	吨	ton	9121.4	-1.9	9225.0	1.1	9431.3	2.2
四、石油天然气	**Petroleum and Natural Gas**								
液化天然气	Liquefied Natural Gas	吨	ton	5373.8	4.3	5340.1	-0.6	4796.5	-10.2
液化石油气	Liquefied Petroleum Gas	吨	ton	4171.3	5.1	4112.3	-1.4	3938.6	-4.2
汽油(95＃国Ⅵ)	Gasoline(95 RON GB Ⅵ)	吨	ton	7235.5	-0.7	7339.7	1.4	7338.5	0.0
汽油(92＃国Ⅵ)	Gasoline(92 RON GB Ⅵ)	吨	ton	6938.9	-0.7	7050.2	1.6	7042.6	-0.1
柴油(0＃国Ⅵ)	Diesel Oil(0# GB Ⅵ)	吨	ton	5839.3	-3.1	5915.3	1.3	5955.7	0.7
石蜡	Paraffin Wax	吨	ton	6485.7	-5.7	6490.5	0.1	6516.1	0.4

2-4-1 续表 Continued

产品名称	Item	单位 Unit		上旬 Early January		中旬 Middle January		下旬 Late January	
				本期价格 (元) Price (RMB)	比上旬涨跌幅 (%) Change Rate	本期价格 (元) Price (RMB)	比上旬涨跌幅 (%) Change Rate	本期价格 (元) Price (RMB)	比上旬涨跌幅 (%) Change Rate
五、煤炭	**Coal**								
无烟煤	Anthracite	吨	ton	1194.3	-1.0	1155.3	-3.3	1146.7	-0.7
普通混煤	Common Steam Coal	吨	ton	460.0	-1.1	460.0	0.0	459.4	-0.1
山西大混	Shanxi Dahun Steam Coal	吨	ton	515.0	-1.4	515.0	0.0	514.4	-0.1
山西优混	Shanxi Youhun Steam Coal	吨	ton	570.0	0.0	570.0	0.0	570.0	0.0
大同混煤	Datong Steam Coal	吨	ton	621.4	-0.6	625.0	0.6	624.4	-0.1
焦煤	Coking Coal	吨	ton	1350.0	0.0	1350.0	0.0	1350.0	0.0
焦炭	Coke	吨	ton	1926.3	-5.4	1868.9	-3.0	1867.5	-0.1
六、非金属建材	**Nonmetallic Building Materials**								
复合硅酸盐水泥	Composite Portland Cement	吨	ton	436.2	-2.5	425.0	-2.6	423.6	-0.3
(P.C 32.5R袋装)	(P.C 32.5R in bags)								
普通硅酸盐水泥	Portland Cement	吨	ton	473.9	-1.7	463.2	-2.3	456.4	-1.5
(P.O 42.5 散装)	(P.O 42.5 in bulk)								
浮法平板玻璃	Float Glass	吨	ton	1591.2	-0.2	1590.5	0.0	1586.4	-0.3
七、农产品	**Agricultural Product**								
(主要用于生产)	**(Mainly Used in Production)**								
稻米	Rice	吨	ton	4233.8	-0.5	4233.8	0.0	4233.8	0.0
小麦	Wheat	吨	ton	2477.6	-0.3	2481.3	0.1	2479.6	-0.1
玉米	Corn	吨	ton	1859.3	-0.1	1847.0	-0.7	1836.9	-0.5
棉花(皮棉)	Cotton (lint)	吨	ton	15488.8	-0.5	15485.7	0.0	15485.7	0.0
生猪	Live Pig	千克	kg	12.6	-1.6	11.7	-7.1	10.8	-7.7
大豆	Soybean	吨	ton	3843.8	-1.6	3840.0	-0.1	3801.7	-1.0
豆粕	Soya Bean Meal	吨	ton	2905.0	-0.6	2788.6	-4.0	2772.5	-0.6
花生	Peanut	吨	ton	6210.7	-0.3	6208.3	0.0	6192.7	-0.3
八、农资	**Agriculture Resources**								
尿素	Urea	吨	ton	1999.6	-2.3	1983.3	-0.8	1978.3	-0.3
复合肥	Compound Fertilizer	吨	ton	2635.0	0.0	2620.0	-0.6	2620.0	0.0
农药(草甘膦)	Pesticide (glyphosate)	吨	ton	25701.8	-2.7	25337.5	-1.4	25143.8	-0.8
九、林业	**Forestry**								
人造板	Artificial Board	张	piece	49.7	0.0	49.7	0.0	49.7	0.0
纸浆	Paper Pulp	吨	ton	5308.9	-0.8	5380.1	1.3	5466.0	1.6
瓦楞纸	Corrugated Paper	吨	ton	3772.0	0.3	3807.7	0.9	3816.0	0.2

2－4－2 2019年2月流通领域重要生产资料市场价格
February,2019 Circulation Field Important Production Materials Price

产品名称	Item	单位	Unit	上旬 Early February		中旬 Middle February		下旬 Late February	
				本期价格 (元) Price (RMB)	比上旬涨跌幅 (%) Change Rate	本期价格 (元) Price (RMB)	比上旬涨跌幅 (%) Change Rate	本期价格 (元) Price (RMB)	比上旬涨跌幅 (%) Change Rate
一、黑色金属	**Ferrous Metal**								
螺纹钢	Deformed Steel Bar	吨	ton	3889.5	0.5	3939.7	1.3	3904.2	-0.9
线材	Wire	吨	ton	3970.7	0.5	4042.6	1.8	4017.4	-0.6
普通中板	Common Medium Plate	吨	ton	3920.5	0.6	3971.1	1.3	3978.5	0.2
热轧普通薄板	Hot Rolled Sheet	吨	ton	3872.2	0.7	3898.0	0.7	3910.0	0.3
无缝钢管	Seamless Tube	吨	ton	4812.4	0.0	4847.7	0.7	4871.7	0.5
角钢	Angle Iron	吨	ton	4126.2	0.0	4157.0	0.7	4151.7	-0.1
二、有色金属	**Non-ferrous Metals**								
电解铜	Electrolytic Copper	吨	ton	47790.0	0.7	48394.1	1.3	49739.4	2.8
铝锭	Aluminum Ingot	吨	ton	13308.0	-0.7	13345.8	0.3	13575.8	1.7
铅锭	Lead Ingot	吨	ton	17395.0	-2.5	16834.7	-3.2	17047.5	1.3
锌锭	Zinc Ingot	吨	ton	22376.0	2.1	21687.1	-3.1	21862.8	0.8
三、化工产品	**Chemicals**								
硫酸	Sulfuric Acid	吨	ton	365.0	0.0	370.0	1.4	375.0	1.4
烧碱(液碱)	Caustic Soda (liquid)	吨	ton	841.3	0.5	846.3	0.6	863.4	2.0
甲醇	Methanol	吨	ton	2213.0	0.6	2240.0	1.2	2303.8	2.8
纯苯（石油苯）	Benzene (oil-based benzene)	吨	ton	4875.0	3.2	4880.0	0.1	4958.3	1.6
苯乙烯	Styrene	吨	ton	8575.0	4.4	8353.8	-2.6	8351.7	0.0
聚乙烯(LLDPE)	Polyethylene (LLDPE)	吨	ton	9006.0	-1.6	8882.9	-1.4	8817.8	-0.7
聚丙烯	Polypropylene	吨	ton	9353.8	-0.9	9154.8	-2.1	9085.3	-0.8
聚氯乙烯	Polyvinyl Chloride	吨	ton	6485.0	-0.1	6470.2	-0.2	6428.1	-0.7
顺丁胶	Polybutadiene Rubber	吨	ton	11800.0	0.0	11758.8	-0.3	11916.7	1.3
涤纶长丝	Polyester Filament Yarn	吨	ton	9450.0	0.2	9421.9	-0.3	9279.2	-1.5
四、石油天然气	**Petroleum and Natural Gas**								
液化天然气	Liquefied Natural Gas	吨	ton	4349.4	-9.3	4336.0	-0.3	4568.2	5.4
液化石油气	Liquefied Petroleum Gas	吨	ton	3831.3	-2.7	3922.4	2.4	3886.7	-0.9
汽油(95＃国Ⅵ)	Gasoline(95 RON GB Ⅵ)	吨	ton	7381.5	0.6	7380.3	0.0	7420.4	0.5
汽油(92＃国Ⅵ)	Gasoline(92 RON GB Ⅵ)	吨	ton	7086.2	0.6	7085.5	0.0	7134.6	0.7
柴油(0＃国Ⅵ)	Diesel Oil(0# GB Ⅵ)	吨	ton	5952.4	-0.1	5957.6	0.1	6211.7	4.3
石蜡	Paraffin Wax	吨	ton	6521.4	0.1	6542.9	0.3	6557.1	0.2

2-4-2 续表 Continued

产品名称	Item	单位 Unit		上旬 Early February		中旬 Middle February		下旬 Late February	
				本期价格 (元) Price (RMB)	比上旬涨跌幅 (%) Change Rate	本期价格 (元) Price (RMB)	比上旬涨跌幅 (%) Change Rate	本期价格 (元) Price (RMB)	比上旬涨跌幅 (%) Change Rate
五、煤炭	**Coal**								
无烟煤	Anthracite	吨	ton	1146.7	0.0	1146.7	0.0	1146.7	0.0
普通混煤	Common Steam Coal	吨	ton	455.0	-1.0	456.3	0.3	465.0	1.9
山西大混	Shanxi Dahun Steam Coal	吨	ton	510.0	-0.9	511.3	0.3	520.0	1.7
山西优混	Shanxi Youhun Steam Coal	吨	ton	570.0	0.0	570.6	0.1	575.0	0.8
大同混煤	Datong Steam Coal	吨	ton	620.0	-0.7	620.0	0.0	620.0	0.0
焦煤	Coking Coal	吨	ton	1350.0	0.0	1350.0	0.0	1350.0	0.0
焦炭	Coke	吨	ton	1870.8	0.2	1908.3	2.0	1970.8	3.3
六、非金属建材	**Nonmetallic Building Materials**								
复合硅酸盐水泥 (P.C 32.5R袋装)	Composite Portland Cement (P.C 32.5R in bags)	吨	ton	423.6	0.0	423.6	0.0	422.9	-0.2
普通硅酸盐水泥 (P.O 42.5 散装)	Portland Cement (P.O 42.5 in bulk)	吨	ton	456.4	0.0	453.9	-0.5	452.9	-0.2
浮法平板玻璃	Float Glass	吨	ton	1587.6	0.1	1588.1	0.0	1591.4	0.2
七、农产品 (主要用于生产)	**Agricultural Product (Mainly Used in Production)**								
稻米	Rice	吨	ton	4233.8	0.0	4233.8	0.0	4233.8	0.0
小麦	Wheat	吨	ton	2478.0	-0.1	2476.8	0.0	2475.7	0.0
玉米	Corn	吨	ton	1835.1	-0.1	1829.1	-0.3	1797.5	-1.7
棉花 (皮棉)	Cotton (lint)	吨	ton	15485.7	0.0	15486.2	0.0	15504.2	0.1
生猪	Live Pig	千克	kg	11.0	1.9	11.9	8.2	11.9	0.0
大豆	Soybean	吨	ton	3801.7	0.0	3801.3	0.0	3795.0	-0.2
豆粕	Soya Bean Meal	吨	ton	2768.8	-0.1	2731.3	-1.4	2588.1	-5.2
花生	Peanut	吨	ton	6183.3	-0.2	6183.3	0.0	6187.5	0.1
八、农资	**Agriculture Resources**								
尿素	Urea	吨	ton	1983.3	0.3	1978.0	-0.3	1969.9	-0.4
复合肥	Compound Fertilizer	吨	ton	2620.0	0.0	2616.3	-0.1	2590.0	-1.0
农药(草甘膦)	Pesticide (glyphosate)	吨	ton	25137.5	0.0	25018.8	-0.5	24662.5	-1.4
九、林业	**Forestry**								
人造板	Artificial Board	张	piece	49.7	0.0	49.7	0.0	49.7	0.0
纸浆	Paper Pulp	吨	ton	5492.5	0.5	5529.4	0.7	5633.3	1.9
瓦楞纸	Corrugated Paper	吨	ton	3816.0	0.0	3832.3	0.4	3889.3	1.5

2—4—3 2019年3月流通领域重要生产资料市场价格
March,2019 Circulation Field Important Production Materials Price

产品名称	Item	单位	Unit	上旬 Early March		中旬 Middle March		下旬 Late March	
				本期价格 (元) Price (RMB)	比上旬涨跌幅 (%) Change Rate	本期价格 (元) Price (RMB)	比上旬涨跌幅 (%) Change Rate	本期价格 (元) Price (RMB)	比上旬涨跌幅 (%) Change Rate
一、黑色金属	**Ferrous Metal**								
螺纹钢	Deformed Steel Bar	吨	ton	3948.4	1.1	3975.3	0.7	3976.9	0.0
线材	Wire	吨	ton	4055.1	0.9	4079.8	0.6	4080.4	0.0
普通中板	Common Medium Plate	吨	ton	4004.6	0.7	4021.4	0.4	4051.9	0.8
热轧普通薄板	Hot Rolled Sheet	吨	ton	3955.4	1.2	3970.0	0.4	3992.1	0.6
无缝钢管	Seamless Tube	吨	ton	4888.4	0.3	4893.5	0.1	4891.2	0.0
角钢	Angle Iron	吨	ton	4184.1	0.8	4217.3	0.8	4243.1	0.6
二、有色金属	**Non-ferrous Metals**								
电解铜	Electrolytic Copper	吨	ton	49948.7	0.4	49857.8	-0.2	49594.8	-0.5
铝锭	Aluminum Ingot	吨	ton	13649.7	0.5	13781.1	1.0	13958.0	1.3
铅锭	Lead Ingot	吨	ton	17535.0	2.9	17338.1	-1.1	17099.3	-1.4
锌锭	Zinc Ingot	吨	ton	22027.2	0.8	22215.9	0.9	22753.9	2.4
三、化工产品	**Chemicals**								
硫酸	Sulfuric Acid	吨	ton	383.3	2.2	385.0	0.4	385.0	0.0
烧碱(液碱)	Caustic Soda (liquid)	吨	ton	873.4	1.2	856.4	-1.9	802.9	-6.2
甲醇	Methanol	吨	ton	2448.3	6.3	2443.9	-0.2	2385.0	-2.4
纯苯（石油苯）	Benzene (oil-based benzene)	吨	ton	4878.3	-1.6	4734.4	-2.9	4566.4	-3.5
苯乙烯	Styrene	吨	ton	8501.7	1.8	8497.5	0.0	8257.9	-2.8
聚乙烯(LLDPE)	Polyethylene (LLDPE)	吨	ton	8829.1	0.1	8736.2	-1.1	8630.4	-1.2
聚丙烯	Polypropylene	吨	ton	9155.2	0.8	9093.4	-0.7	9007.6	-0.9
聚氯乙烯	Polyvinyl Chloride	吨	ton	6437.2	0.1	6409.2	-0.4	6462.1	0.8
顺丁胶	Polybutadiene Rubber	吨	ton	11940.0	0.2	11676.3	-2.2	11381.4	-2.5
涤纶长丝	Polyester Filament Yarn	吨	ton	9304.2	0.3	9537.5	2.5	9642.9	1.1
四、石油天然气	**Petroleum and Natural Gas**								
液化天然气	Liquefied Natural Gas	吨	ton	4415.9	-3.3	4322.0	-2.1	4158.9	-3.8
液化石油气	Liquefied Petroleum Gas	吨	ton	4003.6	3.0	3921.0	-2.1	3987.2	1.7
汽油(95#国Ⅵ)	Gasoline(95 RON GB Ⅵ)	吨	ton	7413.8	-0.1	7352.9	-0.8	7353.8	0.0
汽油(92#国Ⅵ)	Gasoline(92 RON GB Ⅵ)	吨	ton	7153.9	0.3	7065.4	-1.2	7052.4	-0.2
柴油(0#国Ⅵ)	Diesel Oil(0# GB Ⅵ)	吨	ton	6332.5	1.9	6303.9	-0.5	6314.5	0.2
石蜡	Paraffin Wax	吨	ton	6557.1	0.0	6538.4	-0.3	6511.2	-0.4

2-4-3 续表 Continued

产品名称	Item	单位 Unit		上旬 Early March 本期价格 (元) Price (RMB)	上旬 Early March 比上旬涨跌幅 (%) Change Rate	中旬 Middle March 本期价格 (元) Price (RMB)	中旬 Middle March 比上旬涨跌幅 (%) Change Rate	下旬 Late March 本期价格 (元) Price (RMB)	下旬 Late March 比上旬涨跌幅 (%) Change Rate
五、煤炭	**Coal**								
无烟煤	Anthracite	吨	ton	1138.3	-0.7	1141.7	0.3	1131.2	-0.9
普通混煤	Common Steam Coal	吨	ton	470.0	1.1	474.4	0.9	467.9	-1.4
山西大混	Shanxi Dahun Steam Coal	吨	ton	522.5	0.5	525.0	0.5	522.9	-0.4
山西优混	Shanxi Youhun Steam Coal	吨	ton	577.5	0.4	580.0	0.4	580.0	0.0
大同混煤	Datong Steam Coal	吨	ton	622.5	0.4	625.0	0.4	622.9	-0.3
焦煤	Coking Coal	吨	ton	1350.0	0.0	1350.0	0.0	1350.0	0.0
焦炭	Coke	吨	ton	1973.9	0.2	1905.4	-3.5	1785.8	-6.3
六、非金属建材	**Nonmetallic Building Materials**								
复合硅酸盐水泥 (P.C 32.5R袋装)	Composite Portland Cement (P.C 32.5R in bags)	吨	ton	415.2	-1.8	410.9	-1.0	412.0	0.3
普通硅酸盐水泥 (P.O 42.5 散装)	Portland Cement (P.O 42.5 in bulk)	吨	ton	449.3	-0.8	444.2	-1.1	446.5	0.5
浮法平板玻璃	Float Glass	吨	ton	1589.7	-0.1	1565.7	-1.5	1545.7	-1.3
七、农产品 (主要用于生产)	**Agricultural Product (Mainly Used in Production)**								
稻米	Rice	吨	ton	4228.8	-0.1	4226.3	-0.1	4226.3	0.0
小麦	Wheat	吨	ton	2464.0	-0.5	2453.6	-0.4	2433.4	-0.8
玉米	Corn	吨	ton	1784.7	-0.7	1781.5	-0.2	1775.5	-0.3
棉花(皮棉)	Cotton (lint)	吨	ton	15511.9	0.0	15525.4	0.1	15542.9	0.1
生猪	Live Pig	千克	kg	13.1	10.1	15.2	16.0	15.2	0.0
大豆	Soybean	吨	ton	3782.8	-0.3	3766.7	-0.4	3763.3	-0.1
豆粕	Soya Bean Meal	吨	ton	2517.6	-2.7	2562.4	1.8	2567.1	0.2
花生	Peanut	吨	ton	6209.2	0.4	6474.0	4.3	6813.1	5.2
八、农资	**Agriculture Resources**								
尿素	Urea	吨	ton	1988.5	0.9	2024.1	1.8	2094.0	3.5
复合肥	Compound Fertilizer	吨	ton	2590.0	0.0	2565.0	-1.0	2550.0	-0.6
农药(草甘膦)	Pesticide (glyphosate)	吨	ton	24662.5	0.0	24812.5	0.6	24769.6	-0.2
九、林业	**Forestry**								
人造板	Artificial Board	张	piece	49.7	0.0	49.7	0.0	49.7	0.0
纸浆	Paper Pulp	吨	ton	5641.4	0.1	5587.8	-1.0	5514.7	-1.3
瓦楞纸	Corrugated Paper	吨	ton	3896.0	0.2	3793.5	-2.6	3650.3	-3.8

2—4—4 2019年4月流通领域重要生产资料市场价格
April,2019 Circulation Field Important Production Materials Price

产品名称	Item	单位	Unit	上旬 Early April		中旬 Middle April		下旬 Late April	
				本期价格 (元) Price (RMB)	比上旬涨跌幅 (%) Change Rate	本期价格 (元) Price (RMB)	比上旬涨跌幅 (%) Change Rate	本期价格 (元) Price (RMB)	比上旬涨跌幅 (%) Change Rate
一、黑色金属	**Ferrous Metal**								
螺纹钢	Deformed Steel Bar	吨	ton	4048.9	1.8	4137.2	2.2	4165.2	0.7
线材	Wire	吨	ton	4149.7	1.7	4255.0	2.5	4273.9	0.4
普通中板	Common Medium Plate	吨	ton	4096.6	1.1	4149.0	1.3	4165.4	0.4
热轧普通薄板	Hot Rolled Sheet	吨	ton	4042.9	1.3	4100.3	1.4	4110.4	0.2
无缝钢管	Seamless Tube	吨	ton	4868.2	-0.5	4863.1	-0.1	4855.4	-0.2
角钢	Angle Iron	吨	ton	4238.0	-0.1	4239.0	0.0	4222.3	-0.4
二、有色金属	**Non-ferrous Metals**								
电解铜	Electrolytic Copper	吨	ton	49327.6	-0.5	49418.0	0.2	49131.0	-0.6
铝锭	Aluminum Ingot	吨	ton	13780.7	-1.3	13903.7	0.9	14181.2	2.0
铅锭	Lead Ingot	吨	ton	16919.3	-1.1	16507.9	-2.4	16597.9	0.5
锌锭	Zinc Ingot	吨	ton	22995.6	1.1	22382.7	-2.7	21819.0	-2.5
三、化工产品	**Chemicals**								
硫酸	Sulfuric Acid	吨	ton	393.6	2.2	395.7	0.5	385.0	-2.7
烧碱(液碱)	Caustic Soda (liquid)	吨	ton	731.5	-8.9	692.6	-5.3	724.6	4.6
甲醇	Methanol	吨	ton	2367.8	-0.7	2332.4	-1.5	2198.5	-5.7
纯苯（石油苯）	Benzene (oil-based benzene)	吨	ton	4394.3	-3.8	4430.0	0.8	4483.3	1.2
苯乙烯	Styrene	吨	ton	8169.3	-1.1	8133.6	-0.4	8205.8	0.9
聚乙烯(LLDPE)	Polyethylene (LLDPE)	吨	ton	8692.1	0.7	8679.2	-0.1	8501.3	-2.0
聚丙烯	Polypropylene	吨	ton	9120.2	1.3	9162.8	0.5	9058.0	-1.1
聚氯乙烯	Polyvinyl Chloride	吨	ton	6671.9	3.2	6811.9	2.1	6873.9	0.9
顺丁胶	Polybutadiene Rubber	吨	ton	11240.0	-1.2	11524.3	2.5	11372.5	-1.3
涤纶长丝	Polyester Filament Yarn	吨	ton	9600.0	-0.4	9585.7	-0.1	9216.7	-3.8
四、石油天然气	**Petroleum and Natural Gas**								
液化天然气	Liquefied Natural Gas	吨	ton	4025.4	-3.2	3898.0	-3.2	3800.6	-2.5
液化石油气	Liquefied Petroleum Gas	吨	ton	4178.0	4.8	4313.9	3.3	4441.8	3.0
汽油(95#国VI)	Gasoline(95 RON GB VI)	吨	ton	7318.9	-0.5	7336.4	0.2	7349.0	0.2
汽油(92#国VI)	Gasoline(92 RON GB VI)	吨	ton	7045.5	-0.1	7070.2	0.4	7080.7	0.1
柴油(0#国VI)	Diesel Oil(0# GB VI)	吨	ton	6369.7	0.9	6470.5	1.6	6568.6	1.5
石蜡	Paraffin Wax	吨	ton	6484.7	-0.4	6445.9	-0.6	6363.1	-1.3

2-4-4 续表 Continued

产品名称	Item	单位	Unit	上旬 Early April		中旬 Middle April		下旬 Late April	
				本期价格 (元) Price (RMB)	比上旬涨跌幅 (%) Change Rate	本期价格 (元) Price (RMB)	比上旬涨跌幅 (%) Change Rate	本期价格 (元) Price (RMB)	比上旬涨跌幅 (%) Change Rate
五、煤炭	**Coal**								
无烟煤	Anthracite	吨	ton	1116.0	-1.3	1090.0	-2.3	1090.0	0.0
普通混煤	Common Steam Coal	吨	ton	465.0	-0.6	467.1	0.5	466.7	-0.1
山西大混	Shanxi Dahun Steam Coal	吨	ton	520.0	-0.6	520.0	0.0	516.7	-0.6
山西优混	Shanxi Youhun Steam Coal	吨	ton	580.0	0.0	580.0	0.0	580.0	0.0
大同混煤	Datong Steam Coal	吨	ton	620.0	-0.5	620.0	0.0	616.7	-0.5
焦煤	Coking Coal	吨	ton	1350.0	0.0	1350.0	0.0	1350.0	0.0
焦炭	Coke	吨	ton	1734.5	-2.9	1731.5	-0.2	1764.5	1.9
六、非金属建材	**Nonmetallic Building Materials**								
复合硅酸盐水泥 (P.C 32.5R袋装)	Composite Portland Cement (P.C 32.5R in bags)	吨	ton	416.9	1.2	420.7	0.9	425.2	1.1
普通硅酸盐水泥 (P.O 42.5 散装)	Portland Cement (P.O 42.5 in bulk)	吨	ton	455.5	2.0	460.2	1.0	459.3	-0.2
浮法平板玻璃	Float Glass	吨	ton	1530.7	-1.0	1512.7	-1.2	1496.1	-1.1
七、农产品 （主要用于生产）	**Agricultural Product (Mainly Used in Production)**								
稻米	Rice	吨	ton	4226.3	0.0	4219.1	-0.2	4216.3	-0.1
小麦	Wheat	吨	ton	2411.4	-0.9	2400.0	-0.5	2410.3	0.4
玉米	Corn	吨	ton	1765.1	-0.6	1784.9	1.1	1820.2	2.0
棉花（皮棉）	Cotton (lint)	吨	ton	15548.5	0.0	15595.4	0.3	15614.3	0.1
生猪	Live Pig	千克	kg	15.1	-0.7	14.5	-4.0	14.8	2.1
大豆	Soybean	吨	ton	3771.9	0.2	3836.7	1.7	3938.3	2.6
豆粕	Soya Bean Meal	吨	ton	2536.2	-1.2	2542.1	0.2	2564.1	0.9
花生	Peanut	吨	ton	6838.1	0.4	7121.4	4.1	7525.0	5.7
八、农资	**Agriculture Resources**								
尿素	Urea	吨	ton	2175.5	3.9	2145.8	-1.4	2122.1	-1.1
复合肥	Compound Fertilizer	吨	ton	2575.7	1.0	2580.0	0.2	2580.0	0.0
农药(草甘膦)	Pesticide (glyphosate)	吨	ton	24512.5	-1.0	24487.5	-0.1	24387.5	-0.4
九、林业	**Forestry**								
人造板	Artificial Board	张	piece	49.7	0.0	49.7	0.0	49.7	0.0
纸浆	Paper Pulp	吨	ton	5437.1	-1.4	5357.5	-1.5	5307.9	-0.9
瓦楞纸	Corrugated Paper	吨	ton	3531.7	-3.2	3506.0	-0.7	3506.0	0.0

2-4-5 2019年5月流通领域重要生产资料市场价格
May,2019 Circulation Field Important Production Materials Price

产品名称	Item	单位	Unit	上旬 Early May		中旬 Middle May		下旬 Late May	
				本期价格 (元) Price (RMB)	比上旬涨跌幅 (%) Change Rate	本期价格 (元) Price (RMB)	比上旬涨跌幅 (%) Change Rate	本期价格 (元) Price (RMB)	比上旬涨跌幅 (%) Change Rate
一、黑色金属	**Ferrous Metal**								
螺纹钢	Deformed Steel Bar	吨	ton	4157.0	-0.2	4091.5	-1.6	4109.7	0.4
线材	Wire	吨	ton	4273.4	0.0	4218.5	-1.3	4247.7	0.7
普通中板	Common Medium Plate	吨	ton	4166.9	0.0	4128.7	-0.9	4106.0	-0.5
热轧普通薄板	Hot Rolled Sheet	吨	ton	4122.3	0.3	4080.3	-1.0	4065.2	-0.4
无缝钢管	Seamless Tube	吨	ton	4843.3	-0.2	4829.8	-0.3	4803.6	-0.5
角钢	Angle Iron	吨	ton	4233.4	0.3	4204.9	-0.7	4200.6	-0.1
二、有色金属	**Non-ferrous Metals**								
电解铜	Electrolytic Copper	吨	ton	48010.7	-2.3	47735.8	-0.6	47147.3	-1.2
铝锭	Aluminum Ingot	吨	ton	14101.8	-0.6	14315.2	1.5	14270.6	-0.3
铅锭	Lead Ingot	吨	ton	16393.5	-1.2	16115.8	-1.7	16166.6	0.3
锌锭	Zinc Ingot	吨	ton	21558.6	-1.2	21364.7	-0.9	20958.6	-1.9
三、化工产品	**Chemicals**								
硫酸	Sulfuric Acid	吨	ton	350.0	-9.1	335.0	-4.3	310.0	-7.5
烧碱(液碱)	Caustic Soda (liquid)	吨	ton	738.7	1.9	728.0	-1.4	711.7	-2.2
甲醇	Methanol	吨	ton	2166.7	-1.4	2200.1	1.5	2270.5	3.2
纯苯（石油苯）	Benzene (oil-based benzene)	吨	ton	4472.0	-0.3	4500.0	0.6	4485.0	-0.3
苯乙烯	Styrene	吨	ton	8362.0	1.9	8306.7	-0.7	8628.1	3.9
聚乙烯(LLDPE)	Polyethylene (LLDPE)	吨	ton	8301.9	-2.3	8010.2	-3.5	8101.9	1.1
聚丙烯	Polypropylene	吨	ton	8922.7	-1.5	8684.0	-2.7	8695.3	0.1
聚氯乙烯	Polyvinyl Chloride	吨	ton	7099.3	3.3	6952.5	-2.1	6893.5	-0.8
顺丁胶	Polybutadiene Rubber	吨	ton	11269.0	-0.9	11356.7	0.8	11578.8	2.0
涤纶长丝	Polyester Filament Yarn	吨	ton	8820.0	-4.3	8466.7	-4.0	8025.0	-5.2
四、石油天然气	**Petroleum and Natural Gas**								
液化天然气	Liquefied Natural Gas	吨	ton	3682.4	-3.1	3720.7	1.0	3742.4	0.6
液化石油气	Liquefied Petroleum Gas	吨	ton	4382.0	-1.3	4256.4	-2.9	4044.7	-5.0
汽油(95＃国Ⅵ)	Gasoline(95 RON GB Ⅵ)	吨	ton	7278.8	-1.0	7171.7	-1.5	7082.3	-1.2
汽油(92＃国Ⅵ)	Gasoline(92 RON GB Ⅵ)	吨	ton	7002.5	-1.1	6885.2	-1.7	6777.0	-1.6
柴油(0＃国Ⅵ)	Diesel Oil(0# GB Ⅵ)	吨	ton	6542.6	-0.4	6521.4	-0.3	6510.1	-0.2
石蜡	Paraffin Wax	吨	ton	6262.9	-1.6	6270.2	0.1	6269.6	0.0

2-4-5 续表 Continued

产品名称	Item	单位 Unit		上旬 Early May		中旬 Middle May		下旬 Late May	
				本期价格 (元) Price (RMB)	比上旬涨跌幅 (%) Change Rate	本期价格 (元) Price (RMB)	比上旬涨跌幅 (%) Change Rate	本期价格 (元) Price (RMB)	比上旬涨跌幅 (%) Change Rate
五、煤炭	**Coal**								
无烟煤	Anthracite	吨	ton	1093.3	0.3	1090.0	-0.3	1088.3	-0.2
普通混煤	Common Steam Coal	吨	ton	462.0	-1.0	463.3	0.3	463.8	0.1
山西大混	Shanxi Dahun Steam Coal	吨	ton	515.0	-0.3	518.3	0.6	515.6	-0.5
山西优混	Shanxi Youhun Steam Coal	吨	ton	580.0	0.0	580.0	0.0	580.0	0.0
大同混煤	Datong Steam Coal	吨	ton	615.0	-0.3	615.0	0.0	615.0	0.0
焦煤	Coking Coal	吨	ton	1350.0	0.0	1350.0	0.0	1350.0	0.0
焦炭	Coke	吨	ton	1848.8	4.8	1935.8	4.7	2030.4	4.9
六、非金属建材	**Nonmetallic Building Materials**								
复合硅酸盐水泥	Composite Portland Cement	吨	ton	424.0	-0.3	424.2	0.0	422.4	-0.4
（P.C 32.5R袋装）	(P.C 32.5R in bags)								
普通硅酸盐水泥	Portland Cement	吨	ton	456.0	-0.7	455.5	-0.1	455.1	-0.1
（P.O 42.5 散装）	(P.O 42.5 in bulk)								
浮法平板玻璃	Float Glass	吨	ton	1492.9	-0.2	1496.2	0.2	1495.9	0.0
七、农产品	**Agricultural Product**								
（主要用于生产）	**(Mainly Used in Production)**								
稻米	Rice	吨	ton	4216.3	0.0	4215.4	0.0	4211.3	-0.1
小麦	Wheat	吨	ton	2415.6	0.2	2409.2	-0.3	2399.4	-0.4
玉米	Corn	吨	ton	1845.4	1.4	1872.9	1.5	1914.4	2.2
棉花（皮棉）	Cotton (lint)	吨	ton	15614.3	0.0	15491.1	-0.8	15065.2	-2.7
生猪	Live Pig	千克	kg	14.9	0.7	14.9	0.0	15.1	1.3
大豆	Soybean	吨	ton	4013.3	1.9	4031.1	0.4	4117.9	2.2
豆粕	Soya Bean Meal	吨	ton	2627.8	2.5	2742.3	4.4	2914.1	6.3
花生	Peanut	吨	ton	7510.0	-0.2	7473.3	-0.5	7342.9	-1.7
八、农资	**Agriculture Resources**								
尿素	Urea	吨	ton	2100.5	-1.0	2083.3	-0.8	2016.9	-3.2
复合肥	Compound Fertilizer	吨	ton	2580.0	0.0	2580.0	0.0	2580.0	0.0
农药(草甘膦)	Pesticide (glyphosate)	吨	ton	24167.5	-0.9	24125.0	-0.2	24000.0	-0.5
九、林业	**Forestry**								
人造板	Artificial Board	张	piece	49.7	0.0	49.7	0.0	49.5	-0.4
纸浆	Paper Pulp	吨	ton	5174.0	-2.5	5005.4	-3.3	4909.7	-1.9
瓦楞纸	Corrugated Paper	吨	ton	3506.0	0.0	3482.7	-0.7	3416.0	-1.9

2-4-6 2019年6月流通领域重要生产资料市场价格
June,2019 Circulation Field Important Production Materials Price

产品名称	Item	单位	Unit	上旬 Early June		中旬 Middle June		下旬 Late June	
				本期价格 (元) Price (RMB)	比上旬涨跌幅 (%) Change Rate	本期价格 (元) Price (RMB)	比上旬涨跌幅 (%) Change Rate	本期价格 (元) Price (RMB)	比上旬涨跌幅 (%) Change Rate
一、黑色金属	**Ferrous Metal**								
螺纹钢	Deformed Steel Bar	吨	ton	3998.2	-2.7	3951.5	-1.2	3988.8	0.9
线材	Wire	吨	ton	4173.9	-1.7	4137.2	-0.9	4172.4	0.9
普通中板	Common Medium Plate	吨	ton	4037.5	-1.7	3978.2	-1.5	3981.5	0.1
热轧普通薄板	Hot Rolled Sheet	吨	ton	3975.9	-2.2	3919.5	-1.4	3950.8	0.8
无缝钢管	Seamless Tube	吨	ton	4750.7	-1.1	4682.8	-1.4	4655.4	-0.6
角钢	Angle Iron	吨	ton	4155.7	-1.1	4117.4	-0.9	4161.9	1.1
二、有色金属	**Non-ferrous Metals**								
电解铜	Electrolytic Copper	吨	ton	46313.2	-1.8	46576.9	0.6	47029.8	1.0
铝锭	Aluminum Ingot	吨	ton	14113.4	-1.1	13996.5	-0.8	13897.3	-0.7
铅锭	Lead Ingot	吨	ton	16115.0	-0.3	16139.1	0.1	16084.6	-0.3
锌锭	Zinc Ingot	吨	ton	20886.4	-0.3	20816.8	-0.3	20092.7	-3.5
三、化工产品	**Chemicals**								
硫酸	Sulfuric Acid	吨	ton	306.0	-1.3	300.0	-2.0	263.3	-12.2
烧碱(液碱)	Caustic Soda (liquid)	吨	ton	690.5	-3.0	681.5	-1.3	677.0	-0.7
甲醇	Methanol	吨	ton	2160.2	-4.9	2138.1	-1.0	2133.3	-0.2
纯苯（石油苯）	Benzene (oil-based benzene)	吨	ton	4525.0	0.9	4697.5	3.8	4905.8	4.4
苯乙烯	Styrene	吨	ton	8671.2	0.5	8975.5	3.5	8869.3	-1.2
聚乙烯(LLDPE)	Polyethylene (LLDPE)	吨	ton	7910.3	-2.4	7848.1	-0.8	7929.1	1.0
聚丙烯	Polypropylene	吨	ton	8569.1	-1.5	8570.7	0.0	8711.5	1.6
聚氯乙烯	Polyvinyl Chloride	吨	ton	6712.7	-2.6	6702.7	-0.1	6801.9	1.5
顺丁胶	Polybutadiene Rubber	吨	ton	11672.0	0.8	11454.4	-1.9	10898.3	-4.9
涤纶长丝	Polyester Filament Yarn	吨	ton	7970.0	-0.7	8121.9	1.9	8550.0	5.3
四、石油天然气	**Petroleum and Natural Gas**								
液化天然气	Liquefied Natural Gas	吨	ton	3702.3	-1.1	3641.0	-1.7	3533.3	-3.0
液化石油气	Liquefied Petroleum Gas	吨	ton	3586.8	-11.3	3585.8	0.0	3619.6	0.9
汽油(95＃国Ⅵ)	Gasoline(95 RON GB Ⅵ)	吨	ton	6773.3	-4.4	6505.0	-4.0	6489.8	-0.2
汽油(92＃国Ⅵ)	Gasoline(92 RON GB Ⅵ)	吨	ton	6483.8	-4.3	6229.3	-3.9	6219.5	-0.2
柴油(0＃国Ⅵ)	Diesel Oil(0# GB Ⅵ)	吨	ton	6369.9	-2.2	6214.7	-2.4	6350.8	2.2
石蜡	Paraffin Wax	吨	ton	6237.1	-0.5	6237.1	0.0	6237.1	0.0

2-4-6 续表 Continued

产品名称	Item	单位 Unit		上旬 Early June		中旬 Middle June		下旬 Late June	
				本期价格 (元) Price (RMB)	比上旬涨跌幅 (%) Change Rate	本期价格 (元) Price (RMB)	比上旬涨跌幅 (%) Change Rate	本期价格 (元) Price (RMB)	比上旬涨跌幅 (%) Change Rate
五、煤炭	**Coal**								
无烟煤	Anthracite	吨	ton	1098.3	0.9	1098.3	0.0	1098.3	0.0
普通混煤	Common Steam Coal	吨	ton	457.0	-1.5	455.6	-0.3	460.0	1.0
山西大混	Shanxi Dahun Steam Coal	吨	ton	512.0	-0.7	510.0	-0.4	512.5	0.5
山西优混	Shanxi Youhun Steam Coal	吨	ton	580.0	0.0	580.0	0.0	580.0	0.0
大同混煤	Datong Steam Coal	吨	ton	612.0	-0.5	605.6	-1.0	605.0	-0.1
焦煤	Coking Coal	吨	ton	1356.0	0.4	1380.0	1.8	1380.0	0.0
焦炭	Coke	吨	ton	2035.8	0.3	2015.8	-1.0	1912.4	-5.1
六、非金属建材	**Nonmetallic Building Materials**								
复合硅酸盐水泥 (P.C 32.5R袋装)	Composite Portland Cement (P.C 32.5R in bags)	吨	ton	421.0	-0.3	415.0	-1.4	408.6	-1.5
普通硅酸盐水泥 (P.O 42.5 散装)	Portland Cement (P.O 42.5 in bulk)	吨	ton	435.9	-4.2	432.1	-0.9	429.5	-0.6
浮法平板玻璃	Float Glass	吨	ton	1530.3	2.3	1540.5	0.7	1550.0	0.6
七、农产品 (主要用于生产)	**Agricultural Product (Mainly Used in Production)**								
稻米	Rice	吨	ton	4102.9	-2.6	3880.8	-5.4	3860.0	-0.5
小麦	Wheat	吨	ton	2312.0	-3.6	2262.3	-2.1	2264.3	0.1
玉米	Corn	吨	ton	1914.6	0.0	1913.6	-0.1	1910.7	-0.2
棉花(皮棉)	Cotton (lint)	吨	ton	14306.7	-5.0	14132.6	-1.2	14266.2	0.9
生猪	Live Pig	千克	kg	16.0	6.0	16.2	1.3	17.2	6.2
大豆	Soybean	吨	ton	4183.3	1.6	4218.3	0.8	4226.7	0.2
豆粕	Soya Bean Meal	吨	ton	3023.3	3.7	2980.8	-1.4	2930.6	-1.7
花生	Peanut	吨	ton	7316.7	-0.4	7252.9	-0.9	7134.4	-1.6
八、农资	**Agriculture Resources**								
尿素	Urea	吨	ton	1997.5	-1.0	1991.7	-0.3	1987.2	-0.2
复合肥	Compound Fertilizer	吨	ton	2580.0	0.0	2572.5	-0.3	2570.0	-0.1
农药(草甘膦)	Pesticide (glyphosate)	吨	ton	24000.0	0.0	23812.5	-0.8	23633.3	-0.8
九、林业	**Forestry**								
人造板	Artificial Board	张	piece	49.4	-0.2	49.3	-0.2	49.6	0.6
纸浆	Paper Pulp	吨	ton	4737.0	-3.5	4549.8	-4.0	4339.3	-4.6
瓦楞纸	Corrugated Paper	吨	ton	3389.5	-0.8	3401.0	0.3	3395.9	-0.1

2-4-7　2019年7月流通领域重要生产资料市场价格
July,2019 Circulation Field Important Production Materials Price

产品名称	Item	单位	Unit	上旬 Early July		中旬 Middle July		下旬 Late July	
				本期价格 (元) Price (RMB)	比上旬涨跌幅 (%) Change Rate	本期价格 (元) Price (RMB)	比上旬涨跌幅 (%) Change Rate	本期价格 (元) Price (RMB)	比上旬涨跌幅 (%) Change Rate
一、黑色金属	**Ferrous Metal**								
螺纹钢	Deformed Steel Bar	吨	ton	4061.8	1.8	4032.9	-0.7	4010.2	-0.6
线材	Wire	吨	ton	4234.9	1.5	4209.7	-0.6	4192.8	-0.4
普通中板	Common Medium Plate	吨	ton	4018.8	0.9	3993.1	-0.6	3987.8	-0.1
热轧普通薄板	Hot Rolled Sheet	吨	ton	3998.0	1.2	3970.6	-0.7	3962.0	-0.2
无缝钢管	Seamless Tube	吨	ton	4673.3	0.4	4669.9	-0.1	4695.2	0.5
角钢	Angle Iron	吨	ton	4196.9	0.8	4187.9	-0.2	4187.1	0.0
二、有色金属	**Non-ferrous Metals**								
电解铜	Electrolytic Copper	吨	ton	46491.1	-1.1	46902.1	0.9	47165.0	0.6
铝锭	Aluminum Ingot	吨	ton	13737.9	-1.1	13828.9	0.7	13854.6	0.2
铅锭	Lead Ingot	吨	ton	15985.3	-0.6	16182.9	1.2	16527.9	2.1
锌锭	Zinc Ingot	吨	ton	19716.8	-1.9	19369.4	-1.8	19436.4	0.3
三、化工产品	**Chemicals**								
硫酸	Sulfuric Acid	吨	ton	250.0	-5.1	250.0	0.0	250.0	0.0
烧碱(液碱)	Caustic Soda (liquid)	吨	ton	679.2	0.3	685.6	0.9	693.0	1.1
甲醇	Methanol	吨	ton	2080.2	-2.5	2023.6	-2.7	1910.1	-5.6
纯苯（石油苯）	Benzene (oil-based benzene)	吨	ton	5211.9	6.2	5423.6	4.1	5225.0	-3.7
苯乙烯	Styrene	吨	ton	8994.1	1.4	8803.8	-2.1	8660.8	-1.6
聚乙烯(LLDPE)	Polyethylene (LLDPE)	吨	ton	8081.7	1.9	7949.3	-1.6	7767.9	-2.3
聚丙烯	Polypropylene	吨	ton	8993.9	3.2	8991.7	0.0	8901.6	-1.0
聚氯乙烯	Polyvinyl Chloride	吨	ton	6862.3	0.9	6826.9	-0.5	6813.3	-0.2
顺丁胶	Polybutadiene Rubber	吨	ton	10505.0	-3.6	10397.9	-1.0	10505.0	1.0
涤纶长丝	Polyester Filament Yarn	吨	ton	8996.9	5.2	8525.0	-5.2	8000.0	-6.2
四、石油天然气	**Petroleum and Natural Gas**								
液化天然气	Liquefied Natural Gas	吨	ton	3488.4	-1.3	3505.0	0.5	3477.9	-0.8
液化石油气	Liquefied Petroleum Gas	吨	ton	3497.1	-3.4	3521.3	0.7	3429.9	-2.6
汽油(95＃国Ⅵ)	Gasoline(95 RON GB Ⅵ)	吨	ton	6548.5	0.9	6836.4	4.4	6923.6	1.3
汽油(92＃国Ⅵ)	Gasoline(92 RON GB Ⅵ)	吨	ton	6276.1	0.9	6512.8	3.8	6594.5	1.3
柴油(0＃国Ⅵ)	Diesel Oil(0# GB Ⅵ)	吨	ton	6546.2	3.1	6717.4	2.6	6756.6	0.6
石蜡	Paraffin Wax	吨	ton	6237.1	0.0	6237.1	0.0	6237.1	0.0

2-4-7 续表 Continued

产品名称	Item	单位 Unit		上旬 Early July		中旬 Middle July		下旬 Late July	
				本期价格(元) Price (RMB)	比上旬涨跌幅(%) Change Rate	本期价格(元) Price (RMB)	比上旬涨跌幅(%) Change Rate	本期价格(元) Price (RMB)	比上旬涨跌幅(%) Change Rate
五、煤炭	**Coal**								
无烟煤	Anthracite	吨	ton	1105.8	0.7	1105.8	0.0	1091.5	-1.3
普通混煤	Common Steam Coal	吨	ton	463.8	0.8	462.9	-0.2	456.4	-1.4
山西大混	Shanxi Dahun Steam Coal	吨	ton	518.8	1.2	517.9	-0.2	511.4	-1.3
山西优混	Shanxi Youhun Steam Coal	吨	ton	580.0	0.0	577.9	-0.4	575.0	-0.5
大同混煤	Datong Steam Coal	吨	ton	605.0	0.0	605.0	0.0	605.0	0.0
焦煤	Coking Coal	吨	ton	1380.0	0.0	1380.0	0.0	1380.0	0.0
焦炭	Coke	吨	ton	1779.5	-6.9	1744.3	-2.0	1816.5	4.1
六、非金属建材	**Nonmetallic Building Materials**								
复合硅酸盐水泥	Composite Portland Cement	吨	ton	404.4	-1.0	402.2	-0.5	400.0	-0.5
(P.C 32.5R袋装)	(P.C 32.5R in bags)								
普通硅酸盐水泥	Portland Cement	吨	ton	426.6	-0.7	424.5	-0.5	421.6	-0.7
(P.O 42.5 散装)	(P.O 42.5 in bulk)								
浮法平板玻璃	Float Glass	吨	ton	1558.8	0.6	1567.4	0.6	1572.2	0.3
七、农产品	**Agricultural Product**								
(主要用于生产)	**(Mainly Used in Production)**								
稻米	Rice	吨	ton	3853.0	-0.2	3853.0	0.0	3845.3	-0.2
小麦	Wheat	吨	ton	2259.1	-0.2	2258.0	0.0	2258.4	0.0
玉米	Corn	吨	ton	1910.0	0.0	1908.6	-0.1	1910.6	0.1
棉花(皮棉)	Cotton (lint)	吨	ton	14332.8	0.5	14079.6	-1.8	14065.1	-0.1
生猪	Live Pig	千克	kg	17.2	0.0	18.6	8.1	19.0	2.2
大豆	Soybean	吨	ton	4224.2	-0.1	4217.6	-0.2	4178.3	-0.9
豆粕	Soya Bean Meal	吨	ton	2823.1	-3.7	2831.4	0.3	2808.8	-0.8
花生	Peanut	吨	ton	7157.5	0.3	7124.8	-0.5	7120.0	-0.1
八、农资	**Agriculture Resources**								
尿素	Urea	吨	ton	1975.8	-0.6	1964.3	-0.6	1921.2	-2.2
复合肥	Compound Fertilizer	吨	ton	2570.0	0.0	2565.7	-0.2	2550.0	-0.6
农药(草甘膦)	Pesticide (glyphosate)	吨	ton	23600.0	-0.1	26314.3	11.5	27182.1	3.3
九、林业	**Forestry**								
人造板	Artificial Board	张	piece	49.8	0.4	49.8	0.0	49.8	0.0
纸浆	Paper Pulp	吨	ton	4355.3	0.4	4307.5	-1.1	4270.4	-0.9
瓦楞纸	Corrugated Paper	吨	ton	3393.8	-0.1	3338.5	-1.6	3286.5	-1.6

2-4-8 2019年8月流通领域重要生产资料市场价格
August,2019 Circulation Field Important Production Materials Price

产品名称	Item	单位	Unit	上旬 Early August		中旬 Middle August		下旬 Late August	
				本期价格 (元) Price (RMB)	比上旬涨跌幅 (%) Change Rate	本期价格 (元) Price (RMB)	比上旬涨跌幅 (%) Change Rate	本期价格 (元) Price (RMB)	比上旬涨跌幅 (%) Change Rate
一、黑色金属	**Ferrous Metal**								
螺纹钢	Deformed Steel Bar	吨	ton	3883.3	-3.2	3774.8	-2.8	3711.5	-1.7
线材	Wire	吨	ton	4093.1	-2.4	4012.8	-2.0	3958.8	-1.3
普通中板	Common Medium Plate	吨	ton	3951.6	-0.9	3900.1	-1.3	3857.9	-1.1
热轧普通薄板	Hot Rolled Sheet	吨	ton	3908.2	-1.4	3867.3	-1.0	3824.3	-1.1
无缝钢管	Seamless Tube	吨	ton	4722.7	0.6	4735.5	0.3	4740.4	0.1
角钢	Angle Iron	吨	ton	4168.6	-0.4	4134.7	-0.8	4113.5	-0.5
二、有色金属	**Non-ferrous Metals**								
电解铜	Electrolytic Copper	吨	ton	46344.2	-1.7	46525.4	0.4	46432.8	-0.2
铝锭	Aluminum Ingot	吨	ton	13878.3	0.2	14201.4	2.3	14307.9	0.7
铅锭	Lead Ingot	吨	ton	16392.9	-0.8	16653.2	1.6	16990.6	2.0
锌锭	Zinc Ingot	吨	ton	19212.1	-1.2	18846.0	-1.9	18818.8	-0.1
三、化工产品	**Chemicals**								
硫酸	Sulfuric Acid	吨	ton	225.0	-10.0	210.7	-6.4	182.5	-13.4
烧碱(液碱)	Caustic Soda (liquid)	吨	ton	691.0	-0.3	689.0	-0.3	686.0	-0.4
甲醇	Methanol	吨	ton	1931.0	1.1	2022.3	4.7	1906.5	-5.7
纯苯（石油苯）	Benzene (oil-based benzene)	吨	ton	5020.7	-3.9	5175.0	3.1	5351.9	3.4
苯乙烯	Styrene	吨	ton	8475.8	-2.1	8475.5	0.0	8616.1	1.7
聚乙烯(LLDPE)	Polyethylene (LLDPE)	吨	ton	7645.9	-1.6	7593.8	-0.7	7404.9	-2.5
聚丙烯	Polypropylene	吨	ton	8925.3	0.3	8919.1	-0.1	8834.4	-0.9
聚氯乙烯	Polyvinyl Chloride	吨	ton	6705.7	-1.6	6767.9	0.9	6672.5	-1.4
顺丁胶	Polybutadiene Rubber	吨	ton	10851.8	3.3	10857.9	0.1	10878.1	0.2
涤纶长丝	Polyester Filament Yarn	吨	ton	7882.1	-1.5	7860.7	-0.3	7925.0	0.8
四、石油天然气	**Petroleum and Natural Gas**								
液化天然气	Liquefied Natural Gas	吨	ton	3388.5	-2.6	3345.1	-1.3	3315.6	-0.9
液化石油气	Liquefied Petroleum Gas	吨	ton	3376.3	-1.6	3428.2	1.5	3443.1	0.4
汽油(95#国VI)	Gasoline(95 RON GB VI)	吨	ton	6995.5	1.0	7063.5	1.0	7109.0	0.6
汽油(92#国VI)	Gasoline(92 RON GB VI)	吨	ton	6667.7	1.1	6739.4	1.1	6792.7	0.8
柴油(0#国VI)	Diesel Oil(0# GB VI)	吨	ton	6733.5	-0.3	6700.1	-0.5	6658.3	-0.6
石蜡	Paraffin Wax	吨	ton	6237.1	0.0	6238.2	0.0	6231.8	-0.1

2-4-8 续表 Continued

产品名称	Item	单位 Unit	上旬 Early August 本期价格 (元) Price (RMB)	上旬 Early August 比上旬涨跌幅 (%) Change Rate	中旬 Middle August 本期价格 (元) Price (RMB)	中旬 Middle August 比上旬涨跌幅 (%) Change Rate	下旬 Late August 本期价格 (元) Price (RMB)	下旬 Late August 比上旬涨跌幅 (%) Change Rate
五、煤炭	**Coal**							
无烟煤	Anthracite	吨 ton	1086.8	-0.4	1083.7	-0.3	1079.8	-0.4
普通混煤	Common Steam Coal	吨 ton	455.0	-0.3	455.0	0.0	455.0	0.0
山西大混	Shanxi Dahun Steam Coal	吨 ton	510.0	-0.3	510.0	0.0	510.0	0.0
山西优混	Shanxi Youhun Steam Coal	吨 ton	575.0	0.0	575.0	0.0	575.0	0.0
大同混煤	Datong Steam Coal	吨 ton	605.0	0.0	605.0	0.0	605.0	0.0
焦煤	Coking Coal	吨 ton	1368.6	-0.8	1300.0	-5.0	1300.0	0.0
焦炭	Coke	吨 ton	1845.0	1.6	1919.3	4.0	1879.2	-2.1
六、非金属建材	**Nonmetallic Building Materials**							
复合硅酸盐水泥（P.C 32.5R袋装）	Composite Portland Cement (P.C 32.5R in bags)	吨 ton	399.6	-0.1	398.6	-0.3	396.4	-0.6
普通硅酸盐水泥（P.O 42.5 散装）	Portland Cement (P.O 42.5 in bulk)	吨 ton	420.8	-0.2	421.3	0.1	423.2	0.5
浮法平板玻璃	Float Glass	吨 ton	1578.2	0.4	1593.1	0.9	1612.6	1.2
七、农产品（主要用于生产）	**Agricultural Product (Mainly Used in Production)**							
稻米	Rice	吨 ton	3833.0	-0.3	3834.4	0.0	3844.4	0.3
小麦	Wheat	吨 ton	2259.7	0.1	2267.9	0.4	2275.4	0.3
玉米	Corn	吨 ton	1928.6	0.9	1929.9	0.1	1928.2	-0.1
棉花（皮棉）	Cotton (lint)	吨 ton	13778.2	-2.0	13467.2	-2.3	13033.7	-3.2
生猪	Live Pig	千克 kg	21.0	10.5	24.4	16.2	27.0	10.7
大豆	Soybean	吨 ton	4184.3	0.1	4196.2	0.3	4190.0	-0.1
豆粕	Soya Bean Meal	吨 ton	2869.3	2.2	2908.3	1.4	3009.8	3.5
花生	Peanut	吨 ton	7120.0	0.0	7243.8	1.7	7645.0	5.5
八、农资	**Agriculture Resources**							
尿素	Urea	吨 ton	1901.5	-1.0	1873.8	-1.5	1853.4	-1.1
复合肥	Compound Fertilizer	吨 ton	2550.0	0.0	2550.0	0.0	2550.0	0.0
农药(草甘膦)	Pesticide (glyphosate)	吨 ton	26053.6	-4.2	24828.6	-4.7	24637.5	-0.8
九、林业	**Forestry**							
人造板	Artificial Board	张 piece	49.8	0.0	49.8	0.0	49.8	0.0
纸浆	Paper Pulp	吨 ton	4175.1	-2.2	4191.8	0.4	4199.7	0.2
瓦楞纸	Corrugated Paper	吨 ton	3261.1	-0.8	3243.0	-0.6	3247.1	0.1

2－4－9　2019年9月流通领域重要生产资料市场价格
September,2019 Circulation Field Important Production Materials Price

产品名称	Item	单位	Unit	上旬 Early September		中旬 Middle September		下旬 Late September	
				本期价格 (元) Price (RMB)	比上旬涨跌幅 (%) Change Rate	本期价格 (元) Price (RMB)	比上旬涨跌幅 (%) Change Rate	本期价格 (元) Price (RMB)	比上旬涨跌幅 (%) Change Rate
一、黑色金属	**Ferrous Metal**								
螺纹钢	Deformed Steel Bar	吨	ton	3759.9	1.3	3808.4	1.3	3813.7	0.1
线材	Wire	吨	ton	3993.0	0.9	4027.2	0.9	4024.0	-0.1
普通中板	Common Medium Plate	吨	ton	3844.5	-0.3	3850.2	0.1	3841.9	-0.2
热轧普通薄板	Hot Rolled Sheet	吨	ton	3826.1	0.0	3826.2	0.0	3804.0	-0.6
无缝钢管	Seamless Tube	吨	ton	4744.0	0.1	4744.2	0.0	4718.6	-0.5
角钢	Angle Iron	吨	ton	4076.7	-0.9	4079.6	0.1	4084.8	0.1
二、有色金属	**Non-ferrous Metals**								
电解铜	Electrolytic Copper	吨	ton	47004.2	1.2	47481.6	1.0	47194.5	-0.6
铝锭	Aluminum Ingot	吨	ton	14404.1	0.7	14384.4	-0.1	14194.5	-1.3
铅锭	Lead Ingot	吨	ton	17255.0	1.6	17051.4	-1.2	16907.9	-0.8
锌锭	Zinc Ingot	吨	ton	19004.2	1.0	19237.0	1.2	18848.5	-2.0
三、化工产品	**Chemicals**								
硫酸	Sulfuric Acid	吨	ton	160.0	-12.3	158.6	-0.9	155.0	-2.3
烧碱(液碱)	Caustic Soda (liquid)	吨	ton	709.8	3.5	809.0	14.0	856.0	5.8
甲醇	Methanol	吨	ton	1955.4	2.6	2060.7	5.4	2177.3	5.7
纯苯（石油苯）	Benzene (oil-based benzene)	吨	ton	5595.0	4.5	5884.3	5.2	5836.7	-0.8
苯乙烯	Styrene	吨	ton	9076.9	5.3	9037.1	-0.4	8779.5	-2.9
聚乙烯(LLDPE)	Polyethylene (LLDPE)	吨	ton	7365.7	-0.5	7720.4	4.8	7748.5	0.4
聚丙烯	Polypropylene	吨	ton	8849.5	0.2	9054.1	2.3	9119.7	0.7
聚氯乙烯	Polyvinyl Chloride	吨	ton	6650.5	-0.3	6713.3	0.9	6675.6	-0.6
顺丁胶	Polybutadiene Rubber	吨	ton	11325.7	4.1	11643.6	2.8	12820.0	10.1
涤纶长丝	Polyester Filament Yarn	吨	ton	7839.3	-1.1	7960.7	1.5	7833.3	-1.6
四、石油天然气	**Petroleum and Natural Gas**								
液化天然气	Liquefied Natural Gas	吨	ton	3289.8	-0.8	3206.3	-2.5	3184.5	-0.7
液化石油气	Liquefied Petroleum Gas	吨	ton	3539.0	2.8	3810.5	7.7	3783.6	-0.7
汽油(95＃国Ⅵ)	Gasoline(95 RON GB Ⅵ)	吨	ton	7274.4	2.3	7759.1	6.7	7855.7	1.2
汽油(92＃国Ⅵ)	Gasoline(92 RON GB Ⅵ)	吨	ton	6965.9	2.5	7459.8	7.1	7570.3	1.5
柴油(0＃国Ⅵ)	Diesel Oil(0# GB Ⅵ)	吨	ton	6739.7	1.2	6968.7	3.4	6972.0	0.0
石蜡	Paraffin Wax	吨	ton	6230.0	0.0	6234.1	0.1	6237.1	0.0

2-4-9 续表 Continued

产品名称	Item	单位	Unit	上旬 Early September 本期价格(元) Price (RMB)	上旬 比上旬涨跌幅(%) Change Rate	中旬 Middle September 本期价格(元) Price (RMB)	中旬 比上旬涨跌幅(%) Change Rate	下旬 Late September 本期价格(元) Price (RMB)	下旬 比上旬涨跌幅(%) Change Rate
五、煤炭	**Coal**								
无烟煤	Anthracite	吨	ton	1059.6	-1.9	1049.2	-1.0	1049.7	0.0
普通混煤	Common Steam Coal	吨	ton	455.0	0.0	455.0	0.0	455.0	0.0
山西大混	Shanxi Dahun Steam Coal	吨	ton	510.0	0.0	510.0	0.0	510.0	0.0
山西优混	Shanxi Youhun Steam Coal	吨	ton	575.0	0.0	575.0	0.0	575.0	0.0
大同混煤	Datong Steam Coal	吨	ton	605.0	0.0	605.0	0.0	605.0	0.0
焦煤	Coking Coal	吨	ton	1278.6	-1.6	1250.0	-2.2	1250.0	0.0
焦炭	Coke	吨	ton	1741.5	-7.3	1735.8	-0.3	1735.8	0.0
六、非金属建材	**Nonmetallic Building Materials**								
复合硅酸盐水泥	Composite Portland Cement	吨	ton	396.9	0.1	400.0	0.8	405.0	1.3
(P.C 32.5R袋装)	(P.C 32.5R in bags)								
普通硅酸盐水泥	Portland Cement	吨	ton	427.6	1.0	434.1	1.5	440.4	1.5
(P.O 42.5 散装)	(P.O 42.5 in bulk)								
浮法平板玻璃	Float Glass	吨	ton	1637.9	1.6	1641.7	0.2	1657.9	1.0
七、农产品	**Agricultural Product**								
(主要用于生产)	**(Mainly Used in Production)**								
稻米	Rice	吨	ton	3851.0	0.2	3868.7	0.5	3873.0	0.1
小麦	Wheat	吨	ton	2290.3	0.7	2295.4	0.2	2298.0	0.1
玉米	Corn	吨	ton	1921.7	-0.3	1914.6	-0.4	1882.3	-1.7
棉花(皮棉)	Cotton (lint)	吨	ton	12679.6	-2.7	12830.4	1.2	12796.3	-0.3
生猪	Live Pig	千克	kg	28.4	5.2	29.4	3.5	29.6	0.7
大豆	Soybean	吨	ton	4190.0	0.0	4147.1	-1.0	4042.8	-2.5
豆粕	Soya Bean Meal	吨	ton	3046.2	1.2	2968.1	-2.6	2983.6	0.5
花生	Peanut	吨	ton	7605.7	-0.5	7491.4	-1.5	7492.2	0.0
八、农资	**Agriculture Resources**								
尿素	Urea	吨	ton	1863.1	0.5	1880.7	0.9	1858.1	-1.2
复合肥	Compound Fertilizer	吨	ton	2550.0	0.0	2544.3	-0.2	2530.0	-0.6
农药(草甘膦)	Pesticide (glyphosate)	吨	ton	24750.0	0.5	24969.6	0.9	25262.5	1.2
九、林业	**Forestry**								
人造板	Artificial Board	张	piece	49.8	0.0	49.7	-0.2	49.5	-0.4
纸浆	Paper Pulp	吨	ton	4212.2	0.3	4209.7	-0.1	4207.2	-0.1
瓦楞纸	Corrugated Paper	吨	ton	3256.6	0.3	3270.3	0.4	3282.4	0.4

2–4–10 2019年10月流通领域重要生产资料市场价格
October,2019 Circulation Field Important Production Materials Price

产品名称	Item	单位	Unit	上旬 Early October		中旬 Middle October		下旬 Late October	
				本期价格 (元) Price (RMB)	比上旬涨跌幅 (%) Change Rate	本期价格 (元) Price (RMB)	比上旬涨跌幅 (%) Change Rate	本期价格 (元) Price (RMB)	比上旬涨跌幅 (%) Change Rate
一、黑色金属	**Ferrous Metal**								
螺纹钢	Deformed Steel Bar	吨	ton	3849.9	0.9	3801.2	-1.3	3750.9	-1.3
线材	Wire	吨	ton	4051.6	0.7	4001.3	-1.2	3934.8	-1.7
普通中板	Common Medium Plate	吨	ton	3838.5	-0.1	3822.0	-0.4	3793.8	-0.7
热轧普通薄板	Hot Rolled Sheet	吨	ton	3790.1	-0.4	3752.0	-1.0	3716.6	-0.9
无缝钢管	Seamless Tube	吨	ton	4687.8	-0.7	4663.3	-0.5	4619.2	-0.9
角钢	Angle Iron	吨	ton	4076.3	-0.2	4059.1	-0.4	4025.7	-0.8
二、有色金属	**Non-ferrous Metals**								
电解铜	Electrolytic Copper	吨	ton	46857.8	-0.7	46925.0	0.1	47270.1	0.7
铝锭	Aluminum Ingot	吨	ton	14038.0	-1.1	13891.2	-1.0	13948.9	0.4
铅锭	Lead Ingot	吨	ton	16983.3	0.4	16895.4	-0.5	16733.1	-1.0
锌锭	Zinc Ingot	吨	ton	18868.0	0.1	19007.5	0.7	19025.8	0.1
三、化工产品	**Chemicals**								
硫酸	Sulfuric Acid	吨	ton	155.0	0.0	155.0	0.0	155.0	0.0
烧碱(液碱)	Caustic Soda (liquid)	吨	ton	857.8	0.2	857.8	0.0	847.9	-1.2
甲醇	Methanol	吨	ton	2324.7	6.8	2279.1	-2.0	2082.7	-8.6
纯苯（石油苯）	Benzene (oil-based benzene)	吨	ton	5690.0	-2.5	5513.3	-3.1	5628.8	2.1
苯乙烯	Styrene	吨	ton	8483.1	-3.4	7937.7	-6.4	7744.0	-2.4
聚乙烯(LLDPE)	Polyethylene (LLDPE)	吨	ton	7625.4	-1.6	7649.5	0.3	7578.8	-0.9
聚丙烯	Polypropylene	吨	ton	8994.3	-1.4	9019.7	0.3	8850.7	-1.9
聚氯乙烯	Polyvinyl Chloride	吨	ton	6642.8	-0.5	6617.5	-0.4	6598.1	-0.3
顺丁胶	Polybutadiene Rubber	吨	ton	12406.7	-3.2	11663.3	-6.0	11153.8	-4.4
涤纶长丝	Polyester Filament Yarn	吨	ton	7633.3	-2.6	7483.3	-2.0	7284.4	-2.7
四、石油天然气	**Petroleum and Natural Gas**								
液化天然气	Liquefied Natural Gas	吨	ton	3230.9	1.5	3637.5	12.6	3752.6	3.2
液化石油气	Liquefied Petroleum Gas	吨	ton	3961.3	4.7	3913.4	-1.2	3829.3	-2.1
汽油(95#国VI)	Gasoline(95 RON GB VI)	吨	ton	7558.8	-3.8	7366.0	-2.6	7073.0	-4.0
汽油(92#国VI)	Gasoline(92 RON GB VI)	吨	ton	7259.4	-4.1	7073.7	-2.6	6783.3	-4.1
柴油(0#国VI)	Diesel Oil(0# GB VI)	吨	ton	6811.1	-2.3	6761.3	-0.7	6675.1	-1.3
石蜡	Paraffin Wax	吨	ton	6237.1	0.0	6237.1	0.0	6237.1	0.0

2-4-10 续表 Continued

产品名称	Item	单位	Unit	上旬 Early October 本期价格(元) Price (RMB)	上旬 Early October 比上旬涨跌幅(%) Change Rate	中旬 Middle October 本期价格(元) Price (RMB)	中旬 Middle October 比上旬涨跌幅(%) Change Rate	下旬 Late October 本期价格(元) Price (RMB)	下旬 Late October 比上旬涨跌幅(%) Change Rate
五、煤炭	**Coal**								
无烟煤	Anthracite	吨	ton	1057.5	0.7	1057.5	0.0	1045.0	-1.2
普通混煤	Common Steam Coal	吨	ton	455.0	0.0	455.0	0.0	454.4	-0.1
山西大混	Shanxi Dahun Steam Coal	吨	ton	510.0	0.0	510.0	0.0	506.3	-0.7
山西优混	Shanxi Youhun Steam Coal	吨	ton	575.0	0.0	575.0	0.0	575.0	0.0
大同混煤	Datong Steam Coal	吨	ton	605.0	0.0	605.0	0.0	604.4	-0.1
焦煤	Coking Coal	吨	ton	1250.0	0.0	1250.0	0.0	1250.0	0.0
焦炭	Coke	吨	ton	1735.8	0.0	1733.3	-0.1	1685.8	-2.7
六、非金属建材	**Nonmetallic Building Materials**								
普通硅酸盐水泥注 (P.O 42.5袋装)	Portland Cement (P.O 42.5 in bags)	吨	ton	488.2	0.0	489.6	0.3	491.6	0.4
普通硅酸盐水泥 (P.O 42.5 散装)	Portland Cement (P.O 42.5 in bulk)	吨	ton	444.8	1.0	445.8	0.2	448.9	0.7
浮法平板玻璃	Float Glass	吨	ton	1670.8	0.8	1691.8	1.3	1713.9	1.3
七、农产品 (主要用于生产)	**Agricultural Product (Mainly Used in Production)**								
稻米	Rice	吨	ton	3907.3	0.9	3968.5	1.6	3994.8	0.7
小麦	Wheat	吨	ton	2300.1	0.1	2327.9	1.2	2373.6	2.0
玉米	Corn	吨	ton	1809.5	-3.9	1816.0	0.4	1825.8	0.5
棉花(皮棉)	Cotton (lint)	吨	ton	12581.5	-1.7	12652.7	0.6	12828.4	1.4
生猪	Live Pig	千克	kg	34.4	16.2	36.6	6.4	41.4	13.1
大豆	Soybean	吨	ton	3781.1	-6.5	3754.4	-0.7	3726.7	-0.7
豆粕	Soya Bean Meal	吨	ton	3073.3	3.0	3120.3	1.5	3193.8	2.4
花生	Peanut	吨	ton	7535.6	0.6	7736.1	2.7	8110.0	4.8
八、农资	**Agriculture Resources**								
尿素	Urea	吨	ton	1837.5	-1.1	1824.7	-0.7	1774.5	-2.8
复合肥	Compound Fertilizer	吨	ton	2530.0	0.0	2530.0	0.0	2515.0	-0.6
农药(草甘膦)	Pesticide (glyphosate)	吨	ton	25037.5	-0.9	25037.5	0.0	25000.0	-0.1
九、林业	**Forestry**								
人造板	Artificial Board	张	piece	49.5	0.0	49.5	0.0	49.5	0.0
纸浆	Paper Pulp	吨	ton	4176.2	-0.7	4148.3	-0.7	4096.6	-1.2
瓦楞纸	Corrugated Paper	吨	ton	3296.7	0.4	3325.0	0.9	3329.2	0.1

注：2019年10月起复合硅酸盐水泥(P.C 32.5R袋装)更换为普通硅酸盐水泥(P.O 42.5袋装)。
Since October 2019,composite portland cement(P.C 32.5R in bags) has been substituted with portland cement(P.O 42.5 in bags).

2-4-11 2019年11月流通领域重要生产资料市场价格
November,2019 Circulation Field Important Production Materials Price

产品名称	Item	单位	Unit	上旬 Early November		中旬 Middle November		下旬 Late November	
				本期价格 (元) Price (RMB)	比上旬涨跌幅 (%) Change Rate	本期价格 (元) Price (RMB)	比上旬涨跌幅 (%) Change Rate	本期价格 (元) Price (RMB)	比上旬涨跌幅 (%) Change Rate
一、黑色金属	**Ferrous Metal**								
螺纹钢	Deformed Steel Bar	吨	ton	3801.2	1.3	3894.1	2.4	4082.6	4.8
线材	Wire	吨	ton	3965.8	0.8	4034.7	1.7	4179.8	3.6
普通中板	Common Medium Plate	吨	ton	3772.8	-0.6	3761.3	-0.3	3790.1	0.8
热轧普通薄板	Hot Rolled Sheet	吨	ton	3724.1	0.2	3768.7	1.2	3864.9	2.6
无缝钢管	Seamless Tube	吨	ton	4602.0	-0.4	4603.3	0.0	4633.0	0.6
角钢	Angle Iron	吨	ton	4018.6	-0.2	4010.8	-0.2	4035.4	0.6
二、有色金属	**Non-ferrous Metals**								
电解铜	Electrolytic Copper	吨	ton	47173.1	-0.2	47059.3	-0.2	47179.6	0.3
铝锭	Aluminum Ingot	吨	ton	14082.0	1.0	13932.9	-1.1	13996.6	0.5
铅锭	Lead Ingot	吨	ton	16371.7	-2.2	15853.9	-3.2	15647.1	-1.3
锌锭	Zinc Ingot	吨	ton	18957.2	-0.4	18606.9	-1.8	18357.7	-1.3
三、化工产品	**Chemicals**								
硫酸	Sulfuric Acid	吨	ton	155.0	0.0	155.0	0.0	155.0	0.0
烧碱(液碱)	Caustic Soda (liquid)	吨	ton	765.5	-9.7	719.7	-6.0	680.2	-5.5
甲醇	Methanol	吨	ton	2033.0	-2.4	1935.4	-4.8	1981.1	2.4
纯苯(石油苯)	Benzene (oil-based benzene)	吨	ton	5290.0	-6.0	5371.3	1.5	5387.1	0.3
苯乙烯	Styrene	吨	ton	7532.2	-2.7	7364.9	-2.2	7345.1	-0.3
聚乙烯(LLDPE)	Polyethylene (LLDPE)	吨	ton	7498.4	-1.1	7402.2	-1.3	7442.9	0.5
聚丙烯	Polypropylene	吨	ton	8753.9	-1.1	8652.2	-1.2	8557.2	-1.1
聚氯乙烯	Polyvinyl Chloride	吨	ton	6613.9	0.2	6721.9	1.6	6940.0	3.2
顺丁胶	Polybutadiene Rubber	吨	ton	10725.0	-3.8	10892.5	1.6	11136.4	2.2
涤纶长丝	Polyester Filament Yarn	吨	ton	7095.8	-2.6	6975.0	-1.7	7017.9	0.6
四、石油天然气	**Petroleum and Natural Gas**								
液化天然气	Liquefied Natural Gas	吨	ton	4145.4	10.5	4124.3	-0.5	4264.9	3.4
液化石油气	Liquefied Petroleum Gas	吨	ton	3859.8	0.8	3815.1	-1.2	3868.1	1.4
汽油(95#国Ⅵ)	Gasoline(95 RON GB Ⅵ)	吨	ton	6957.6	-1.6	6925.7	-0.5	6990.8	0.9
汽油(92#国Ⅵ)	Gasoline(92 RON GB Ⅵ)	吨	ton	6663.8	-1.8	6629.4	-0.5	6704.6	1.1
柴油(0#国Ⅵ)	Diesel Oil(0# GB Ⅵ)	吨	ton	6661.7	-0.2	6657.3	-0.1	6731.8	1.1
石蜡	Paraffin Wax	吨	ton	6222.9	-0.2	6214.8	-0.1	6061.6	-2.5

2-4-11 续表 Continued

产品名称	Item	单位 Unit		上旬 Early November		中旬 Middle November		下旬 Late November	
				本期价格 (元) Price (RMB)	比上旬涨跌幅 (%) Change Rate	本期价格 (元) Price (RMB)	比上旬涨跌幅 (%) Change Rate	本期价格 (元) Price (RMB)	比上旬涨跌幅 (%) Change Rate
五、煤炭	**Coal**								
无烟煤	Anthracite	吨	ton	1053.3	0.8	1055.0	0.2	1055.0	0.0
普通混煤	Common Steam Coal	吨	ton	447.5	-1.5	441.3	-1.4	442.1	0.2
山西大混	Shanxi Dahun Steam Coal	吨	ton	502.5	-0.8	492.5	-2.0	492.1	-0.1
山西优混	Shanxi Youhun Steam Coal	吨	ton	572.5	-0.4	562.5	-1.7	560.0	-0.4
大同混煤	Datong Steam Coal	吨	ton	595.0	-1.6	586.3	-1.5	587.1	0.1
焦煤	Coking Coal	吨	ton	1250.0	0.0	1220.0	-2.4	1130.0	-7.4
焦炭	Coke	吨	ton	1648.0	-2.2	1635.8	-0.7	1649.7	0.8
六、非金属建材	**Nonmetallic Building Materials**								
普通硅酸盐水泥 (P.O 42.5 袋装)	Portland Cement (P.O 42.5 in bags)	吨	ton	497.5	1.2	504.3	1.4	524.8	4.1
普通硅酸盐水泥 (P.O 42.5 散装)	Portland Cement (P.O 42.5 in bulk)	吨	ton	457.7	2.0	468.0	2.3	476.6	1.8
浮法平板玻璃	Float Glass	吨	ton	1734.3	1.2	1760.5	1.5	1771.7	0.6
七、农产品 (主要用于生产)	**Agricultural Product (Mainly Used in Production)**								
稻米	Rice	吨	ton	3952.2	-1.1	3905.5	-1.2	3901.0	-0.1
小麦	Wheat	吨	ton	2395.2	0.9	2409.5	0.6	2411.7	0.1
玉米	Corn	吨	ton	1838.0	0.7	1837.5	0.0	1836.3	-0.1
棉花(皮棉)	Cotton (lint)	吨	ton	13039.6	1.6	13238.0	1.5	13208.2	-0.2
生猪	Live Pig	千克	kg	40.0	-3.4	34.6	-13.5	32.8	-5.2
大豆	Soybean	吨	ton	3730.6	0.1	3785.8	1.5	3842.6	1.5
豆粕	Soya Bean Meal	吨	ton	3125.8	-2.1	3061.9	-2.0	3045.0	-0.6
花生	Peanut	吨	ton	8552.2	5.5	8858.3	3.6	8871.4	0.1
八、农资	**Agriculture Resources**								
尿素	Urea	吨	ton	1741.1	-1.9	1728.5	-0.7	1733.2	0.3
复合肥	Compound Fertilizer	吨	ton	2445.8	-2.8	2440.0	-0.2	2425.7	-0.6
农药(草甘膦)	Pesticide (glyphosate)	吨	ton	24500.0	-2.0	24115.6	-1.6	23385.7	-3.0
九、林业	**Forestry**								
人造板	Artificial Board	张	piece	49.5	0.0	49.5	0.0	49.5	0.0
纸浆	Paper Pulp	吨	ton	4070.3	-0.6	4065.9	-0.1	4038.9	-0.7
瓦楞纸	Corrugated Paper	吨	ton	3345.7	0.5	3366.4	0.6	3424.2	1.7

2-4-12 2019年12月流通领域重要生产资料市场价格
December,2019 Circulation Field Important Production Materials Price

产品名称	Item	单位	Unit	上旬 Early December		中旬 Middle December		下旬 Late December	
				本期价格 (元) Price (RMB)	比上旬涨跌幅 (%) Change Rate	本期价格 (元) Price (RMB)	比上旬涨跌幅 (%) Change Rate	本期价格 (元) Price (RMB)	比上旬涨跌幅 (%) Change Rate
一、黑色金属	**Ferrous Metal**								
螺纹钢	Deformed Steel Bar	吨	ton	3986.5	-2.4	3888.6	-2.5	3781.1	-2.8
线材	Wire	吨	ton	4073.7	-2.5	3973.4	-2.5	3870.0	-2.6
普通中板	Common Medium Plate	吨	ton	3795.1	0.1	3825.8	0.8	3829.1	0.1
热轧普通薄板	Hot Rolled Sheet	吨	ton	3901.7	1.0	3950.3	1.2	3945.6	-0.1
无缝钢管	Seamless Tube	吨	ton	4616.1	-0.4	4586.0	-0.7	4554.3	-0.7
角钢	Angle Iron	吨	ton	4029.6	-0.1	4011.9	-0.4	3984.5	-0.7
二、有色金属	**Non-ferrous Metals**								
电解铜	Electrolytic Copper	吨	ton	47544.7	0.8	48901.8	2.9	49160.8	0.5
铝锭	Aluminum Ingot	吨	ton	14091.3	0.7	14195.0	0.7	14548.7	2.5
铅锭	Lead Ingot	吨	ton	15375.4	-1.7	15301.9	-0.5	15131.1	-1.1
锌锭	Zinc Ingot	吨	ton	18419.0	0.3	18505.9	0.5	18366.7	-0.8
三、化工产品	**Chemicals**								
硫酸	Sulfuric Acid	吨	ton	155.0	0.0	151.3	-2.4	145.0	-4.2
烧碱(液碱)	Caustic Soda (liquid)	吨	ton	657.2	-3.4	628.5	-4.4	618.0	-1.7
甲醇	Methanol	吨	ton	2003.3	1.1	1996.0	-0.4	1988.0	-0.4
纯苯（石油苯）	Benzene (oil-based benzene)	吨	ton	5651.4	4.9	5920.0	4.8	5887.9	-0.5
苯乙烯	Styrene	吨	ton	7418.6	1.0	7506.3	1.2	7425.2	-1.1
聚乙烯(LLDPE)	Polyethylene (LLDPE)	吨	ton	7506.3	0.9	7455.4	-0.7	7439.7	-0.2
聚丙烯	Polypropylene	吨	ton	8562.1	0.1	8411.6	-1.8	8236.5	-2.1
聚氯乙烯	Polyvinyl Chloride	吨	ton	7161.0	3.2	7121.9	-0.5	7013.6	-1.5
顺丁胶	Polybutadiene Rubber	吨	ton	11287.1	1.4	11431.3	1.3	10947.9	-4.2
涤纶长丝	Polyester Filament Yarn	吨	ton	7042.9	0.4	7331.3	4.1	7442.9	1.5
四、石油天然气	**Petroleum and Natural Gas**								
液化天然气	Liquefied Natural Gas	吨	ton	4362.8	2.3	4319.6	-1.0	4198.9	-2.8
液化石油气	Liquefied Petroleum Gas	吨	ton	3952.8	2.2	4255.3	7.7	4624.5	8.7
汽油(95＃国VI)	Gasoline(95 RON GB VI)	吨	ton	7151.7	2.3	7244.5	1.3	7166.4	-1.1
汽油(92＃国VI)	Gasoline(92 RON GB VI)	吨	ton	6851.3	2.2	6946.7	1.4	6867.0	-1.1
柴油(0＃国VI)	Diesel Oil(0# GB VI)	吨	ton	6777.1	0.7	6787.6	0.2	6723.4	-0.9
石蜡	Paraffin Wax	吨	ton	6024.9	-0.6	5994.3	-0.5	5870.8	-2.1

2-4-12 续表 Continued

产品名称	Item	单位 Unit		上旬 Early December		中旬 Middle December		下旬 Late December	
				本期价格 (元) Price (RMB)	比上旬涨跌幅 (%) Change rate	本期价格 (元) Price (RMB)	比上旬涨跌幅 (%) Change rate	本期价格 (元) Price (RMB)	比上旬涨跌幅 (%) Change rate
五、煤炭	**Coal**								
无烟煤	Anthracite	吨	ton	1058.8	0.4	1068.3	0.9	1068.3	0.0
普通混煤	Common Steam Coal	吨	ton	445.0	0.7	440.0	-1.1	440.0	0.0
山西大混	Shanxi Dahun Steam Coal	吨	ton	495.0	0.6	490.0	-1.0	490.0	0.0
山西优混	Shanxi Youhun Steam Coal	吨	ton	556.4	-0.6	550.0	-1.2	550.0	0.0
大同混煤	Datong Steam Coal	吨	ton	586.4	-0.1	580.0	-1.1	580.0	0.0
焦煤	Coking Coal	吨	ton	1130.0	0.0	1130.0	0.0	1130.0	0.0
焦炭	Coke	吨	ton	1687.5	2.3	1728.7	2.4	1763.3	2.0
六、非金属建材	**Nonmetallic Building Materials**								
普通硅酸盐水泥 (P.O 42.5 袋装)	Portland Cement (P.O 42.5 in bags)	吨	ton	528.3	0.7	532.9	0.9	532.9	0.0
普通硅酸盐水泥 (P.O 42.5 散装)	Portland Cement (P.O 42.5 in bulk)	吨	ton	479.6	0.6	485.3	1.2	486.2	0.2
浮法平板玻璃	Float Glass	吨	ton	1778.3	0.4	1777.8	0.0	1777.0	0.0
七、农产品 (主要用于生产)	**Agricultural Product (Mainly Used in Production)**								
稻米	Rice	吨	ton	3895.3	-0.1	3881.0	-0.4	3881.0	0.0
小麦	Wheat	吨	ton	2408.9	-0.1	2408.0	0.0	2407.4	0.0
玉米	Corn	吨	ton	1821.6	-0.8	1813.4	-0.5	1810.8	-0.1
棉花(皮棉)	Cotton (lint)	吨	ton	13083.8	-0.9	13149.8	0.5	13286.3	1.0
生猪	Live Pig	千克	kg	35.2	7.3	34.2	-2.8	34.4	0.6
大豆	Soybean	吨	ton	3883.6	1.1	3918.3	0.9	3918.3	0.0
豆粕	Soya Bean Meal	吨	ton	3012.6	-1.1	2921.0	-3.0	2834.5	-3.0
花生	Peanut	吨	ton	8864.3	-0.1	8865.6	0.0	8839.3	-0.3
八、农资	**Agriculture Resources**								
尿素	Urea	吨	ton	1774.8	2.4	1776.7	0.1	1768.2	-0.5
复合肥	Compound Fertilizer	吨	ton	2407.9	-0.7	2405.0	-0.1	2405.0	0.0
农药(草甘膦)	Pesticide (glyphosate)	吨	ton	22428.6	-4.1	21325.0	-4.9	20900.0	-2.0
九、林业	**Forestry**								
人造板	Artificial Board	张	piece	49.5	0.0	49.5	0.0	49.5	0.0
纸浆	Paper Pulp	吨	ton	3994.5	-1.1	3996.3	0.0	3995.7	0.0
瓦楞纸	Corrugated Paper	吨	ton	3471.7	1.4	3543.0	2.1	3548.6	0.2
人造板	Artificial Board	张	piece	49.5	0.0	49.5	0.0	49.5	0.0
纸浆	Paper Pulp	吨	ton	3994.5	-1.1	3996.3	0.0	3995.7	0.0
瓦楞纸	Corrugated Paper	吨	ton	3471.7	1.4	3543.0	2.1	3548.6	0.2

流通消费价格指数
Consumer Price Index

3

3-1-1 居民消费和商品零售价格指数(2001～2019年)
Consumer Price Indices and Retail Price Index(2001～2019)

(上年价格=100) (Preceding Year =100)

年份 Year	居民消费价格指数 Consumer Price Index	城市 Urban	农村 Rural	商品零售价格指数 Retail Price Index
2001	100.7	100.7	100.8	99.2
2002	99.2	99.0	99.6	98.7
2003	101.2	100.9	101.6	99.9
2004	103.9	103.3	104.8	102.8
2005	101.8	101.6	102.2	100.8
2006	101.5	101.5	101.5	101.0
2007	104.8	104.5	105.4	103.8
2008	105.9	105.6	106.5	105.9
2009	99.3	99.1	99.7	98.8
2010	103.3	103.2	103.6	103.1
2011	105.4	105.3	105.8	104.9
2012	102.6	102.7	102.5	102.0
2013	102.6	102.6	102.8	101.4
2014	102.0	102.1	101.8	101.0
2015	101.4	101.5	101.3	100.1
2016	102.0	102.1	101.9	100.7
2017	101.6	101.7	101.3	101.1
2018	102.1	102.1	102.1	101.9
2019	102.9	102.8	103.2	102.0

3-1-2 居民消费价格月度指数(2019年)
Monthly Consumer Price Index(2019)

月份	Month	环比 (上月价格=100) Month-to-month (Last Month=100)	同比 (上年同月价格=100) Year-over-year (Same Month of Preceding Year=100)	1—当月 (上年同期价格=100) 1-Current Month (Same Period of Preceding Year=100)
1月	January	100.5	101.7	101.7
2月	February	101.0	101.5	101.6
3月	March	99.6	102.3	101.8
4月	April	100.1	102.5	102.0
5月	May	100.0	102.7	102.2
6月	June	99.9	102.7	102.2
7月	July	100.4	102.8	102.3
8月	August	100.7	102.8	102.4
9月	September	100.9	103.0	102.5
10月	October	100.9	103.8	102.6
11月	November	100.4	104.5	102.8
12月	December	100.0	104.5	102.9

3-1-3 各地区居民消费价格月度环比指数(2019年)
Month-to-month Consumer Price Index by Region(2019)

(上月价格=100)　　(Last Month=100)

地区	Region	1月 January	2月 February	3月 March	4月 April	5月 May	6月 June
北京	Beijing	100.3	101.0	99.6	100.2	100.1	100.3
天津	Tianjin	100.8	101.2	99.6	100.2	99.6	100.0
河北	Hebei	100.6	100.9	99.8	99.9	99.9	99.7
山西	Shanxi	100.3	100.8	100.0	99.9	99.9	99.5
内蒙古	Inner Mongolia	100.5	100.9	99.8	99.9	99.8	99.9
辽宁	Liaoning	100.4	101.0	99.7	99.9	99.9	100.1
吉林	Jilin	100.5	101.1	99.6	100.0	100.0	100.2
黑龙江	Heilongjiang	100.5	101.1	99.6	99.9	99.7	100.0
上海	Shanghai	100.5	101.6	99.5	100.2	100.0	99.9
江苏	Jiangsu	100.6	100.8	99.8	100.1	100.2	100.0
浙江	Zhejiang	100.6	101.4	99.5	100.1	100.1	99.6
安徽	Anhui	100.4	101.5	99.5	100.0	100.1	99.3
福建	Fujian	100.6	100.9	99.7	100.1	100.3	100.3
江西	Jiangxi	100.3	100.8	99.9	100.3	100.1	99.7
山东	Shandong	100.6	100.9	99.9	100.0	99.7	100.1
河南	Henan	100.5	100.8	100.0	100.2	99.8	99.7
湖北	Hubei	100.6	101.4	99.3	100.1	100.2	99.8
湖南	Hunan	100.2	100.8	99.7	100.3	100.2	99.6
广东	Guangdong	100.7	101.2	99.2	100.0	100.2	100.3
广西	Guangxi	100.3	100.7	99.7	100.2	100.3	99.9
海南	Hainan	100.9	101.1	98.7	99.9	100.9	100.0
重庆	Chongqing	100.3	100.7	99.4	100.3	100.1	99.5
四川	Sichuan	100.4	100.5	99.4	100.1	100.0	99.6
贵州	Guizhou	100.6	100.9	99.2	100.0	100.1	99.7
云南	Yunnan	100.0	100.5	99.9	100.2	100.2	100.1
西藏	Tibet	100.6	100.5	99.8	100.0	100.0	100.1
陕西	Shaanxi	100.6	100.8	99.8	100.1	100.0	99.9
甘肃	Gansu	100.4	100.7	100.1	99.8	100.2	99.8
青海	Qinghai	100.3	100.2	99.9	99.9	100.2	99.9
宁夏	Ningxia	100.7	100.6	99.6	99.6	99.9	99.8
新疆	Xinjiang	100.4	100.9	99.8	99.9	100.0	99.5

3-1-3 续表 continued

(上月价格=100) (Last Month=100)

地 区	Region	7月 July	8月 August	9月 September	10月 October	11月 November	12月 December
北 京	Beijing	100.8	100.2	100.1	100.5	100.1	100.2
天 津	Tianjin	100.5	100.5	100.7	100.3	100.3	100.2
河 北	Hebei	100.2	100.2	101.0	101.2	100.7	100.3
山 西	Shanxi	100.2	100.2	101.5	101.0	100.4	99.9
内蒙古	Inner Mongolia	100.3	100.3	100.5	100.8	100.5	100.4
辽 宁	Liaoning	100.1	100.7	100.3	100.9	100.6	100.3
吉 林	Jilin	100.0	100.5	100.6	101.1	100.7	100.2
黑龙江	Heilongjiang	100.3	100.5	100.7	101.1	100.7	100.0
上 海	Shanghai	100.3	100.3	100.4	100.6	100.2	100.3
江 苏	Jiangsu	100.5	100.8	101.0	100.7	100.3	99.9
浙 江	Zhejiang	100.5	100.7	100.7	100.5	100.1	99.9
安 徽	Anhui	100.2	101.2	101.0	101.1	100.1	99.9
福 建	Fujian	100.4	100.5	100.7	100.7	100.3	99.9
江 西	Jiangxi	100.2	101.3	100.9	100.7	99.8	100.0
山 东	Shandong	100.5	100.6	101.0	101.2	100.7	100.1
河 南	Henan	100.3	100.7	101.2	101.0	100.5	99.8
湖 北	Hubei	100.1	100.7	101.3	101.0	100.1	99.9
湖 南	Hunan	100.3	101.6	100.8	100.8	100.2	99.6
广 东	Guangdong	100.6	100.7	101.1	101.0	100.2	99.7
广 西	Guangxi	101.2	101.8	100.3	100.7	100.3	99.8
海 南	Hainan	100.6	101.3	100.4	100.3	102.2	100.1
重 庆	Chongqing	100.8	100.7	101.1	100.9	100.1	100.2
四 川	Sichuan	100.6	101.6	101.6	101.2	100.1	100.0
贵 州	Guizhou	100.3	100.4	101.0	101.2	100.6	100.1
云 南	Yunnan	100.2	100.0	100.8	101.4	101.2	100.5
西 藏	Tibet	100.1	100.3	100.4	100.6	100.6	100.1
陕 西	Shaanxi	100.4	100.2	101.1	101.1	100.2	100.0
甘 肃	Gansu	99.9	100.0	100.5	100.8	100.8	100.2
青 海	Qinghai	100.4	100.3	100.1	101.1	100.8	100.3
宁 夏	Ningxia	99.9	99.8	100.6	101.0	101.1	100.3
新 疆	Xinjiang	100.3	100.5	100.3	100.5	100.6	100.3

3-1-4　各地区居民消费价格月度同比指数(2019年)
Year-over-year Consumer Price Index by Region(2019)

(上年同月价格=100)　　(Same Month of Preceding Year=100)

地　区	Region	1月 January	2月 February	3月 March	4月 April	5月 May	6月 June
北　京	Beijing	101.9	101.6	101.9	101.6	101.8	102.6
天　津	Tianjin	101.7	101.8	102.4	102.9	102.3	102.2
河　北	Hebei	101.9	101.7	102.5	102.9	103.3	103.2
山　西	Shanxi	101.8	101.6	102.5	102.7	102.9	102.8
内蒙古	Inner Mongolia	101.6	101.4	102.0	102.3	102.4	102.3
辽　宁	Liaoning	100.8	100.8	101.6	101.9	102.2	102.4
吉　林	Jilin	101.4	101.5	102.3	102.7	102.9	103.3
黑龙江	Heilongjiang	101.0	101.2	101.9	102.6	102.5	102.8
上　海	Shanghai	101.1	101.7	102.2	102.4	102.6	102.7
江　苏	Jiangsu	102.0	101.8	102.5	102.7	103.0	102.9
浙　江	Zhejiang	102.1	101.6	102.5	102.7	103.2	102.7
安　徽	Anhui	101.2	101.3	102.4	102.9	102.8	102.4
福　建	Fujian	101.5	100.7	101.8	102.1	102.4	102.5
江　西	Jiangxi	101.6	101.6	102.6	102.8	102.6	102.4
山　东	Shandong	101.9	101.5	102.7	102.8	102.8	102.8
河　南	Henan	101.2	101.2	102.3	102.8	102.9	102.7
湖　北	Hubei	101.8	101.5	102.3	102.7	103.0	103.0
湖　南	Hunan	101.7	101.5	102.1	102.5	102.9	102.6
广　东	Guangdong	102.4	101.7	102.4	102.7	103.0	103.2
广　西	Guangxi	102.4	101.7	102.5	102.7	103.0	103.0
海　南	Hainan	102.1	101.0	101.5	102.1	103.1	102.8
重　庆	Chongqing	102.2	101.2	102.2	102.7	103.1	102.2
四　川	Sichuan	102.0	101.4	102.1	102.4	102.5	102.1
贵　州	Guizhou	101.9	101.2	101.9	101.9	102.1	101.9
云　南	Yunnan	101.6	101.5	101.9	102.1	102.3	102.3
西　藏	Tibet	102.2	102.3	102.2	101.9	101.9	102.0
陕　西	Shaanxi	101.8	102.0	102.6	102.7	102.7	102.7
甘　肃	Gansu	101.3	101.6	102.1	102.2	102.7	102.5
青　海	Qinghai	102.3	101.5	102.3	102.2	102.1	102.3
宁　夏	Ningxia	102.1	102.0	102.5	102.0	102.0	102.1
新　疆	Xinjiang	100.6	100.9	101.7	101.6	101.9	101.8

3-1-4 续表 continued

(上年同月价格=100) (Same Month of Preceding Year=100)

地　区	Region	7月 July	8月 August	9月 September	10月 October	11月 November	12月 December
北　京	Beijing	102.6	102.4	102.4	102.3	103.2	103.3
天　津	Tianjin	102.3	102.4	102.8	103.3	104.0	104.1
河　北	Hebei	102.9	102.3	102.4	103.6	104.3	104.4
山　西	Shanxi	103.0	102.4	102.2	103.2	103.8	103.8
内蒙古	Inner Mongolia	102.6	102.2	102.1	102.7	103.3	103.6
辽　宁	Liaoning	102.4	102.2	102.5	103.5	104.1	104.0
吉　林	Jilin	103.3	102.8	102.9	103.9	104.4	104.4
黑龙江	Heilongjiang	103.1	102.9	103.0	103.9	104.4	104.2
上　海	Shanghai	102.8	102.3	102.2	102.6	103.2	103.8
江　苏	Jiangsu	102.9	102.8	103.4	104.1	104.8	104.7
浙　江	Zhejiang	102.9	103.1	102.9	103.1	103.9	103.9
安　徽	Anhui	102.2	102.5	102.8	103.7	104.4	104.4
福　建	Fujian	102.7	102.9	102.8	103.4	104.4	104.4
江　西	Jiangxi	102.5	103.2	103.2	103.6	103.9	104.2
山　东	Shandong	103.0	102.5	103.0	104.3	105.6	105.5
河　南	Henan	103.0	103.0	103.3	104.2	105.0	104.6
湖　北	Hubei	102.8	103.1	103.4	104.1	104.7	104.7
湖　南	Hunan	102.5	103.4	103.5	103.8	104.4	104.2
广　东	Guangdong	103.2	103.5	103.6	104.6	105.3	105.0
广　西	Guangxi	104.0	105.2	104.5	104.7	105.5	105.3
海　南	Hainan	103.4	103.8	104.0	104.0	106.8	106.5
重　庆	Chongqing	102.3	102.7	102.5	103.3	103.7	104.0
四　川	Sichuan	102.3	103.2	104.2	105.2	105.5	105.4
贵　州	Guizhou	101.9	101.8	102.6	103.2	104.0	104.2
云　南	Yunnan	102.3	102.0	102.1	103.0	104.2	105.1
西　藏	Tibet	102.0	102.1	102.4	102.8	103.1	103.1
陕　西	Shaanxi	102.9	102.5	102.7	103.6	104.2	104.1
甘　肃	Gansu	102.4	102.0	101.9	102.4	103.3	103.1
青　海	Qinghai	102.8	102.8	101.9	102.6	103.2	103.4
宁　夏	Ningxia	101.9	101.4	101.3	101.8	102.8	102.8
新　疆	Xinjiang	102.3	102.4	102.2	102.4	102.8	102.9

3-1-5 居民消费价格分类月度环比指数(2019年)
Month-to-month Consumer Price Index by Category(2019)

(上月价格=100) (Last Month=100)

项 目	Item	1月 January	2月 February	3月 March	4月 April	5月 May	6月 June
居民消费价格指数	**Consumer Price Index**	**100.5**	**101.0**	**99.6**	**100.1**	**100.0**	**99.9**
一、食品烟酒	**Food,tabacoo and Liquor**	**101.1**	**102.3**	**99.4**	**100.0**	**100.1**	**99.8**
食品	Food	101.6	103.2	99.1	99.9	100.2	99.7
粮 食	Grain	100.1	100.2	100.0	100.0	100.0	100.0
食用油	Edible Oil and Fats	99.8	99.9	100.0	100.0	100.0	100.0
鲜 菜	Fresh Vegetables	109.1	115.7	97.4	95.5	92.1	90.3
畜肉类	Meat of Livestock	99.9	100.9	99.9	100.9	99.8	102.2
其中：猪 肉	of which:Pork	99.0	100.3	101.2	101.6	99.7	103.6
牛 肉	Beef	101.7	101.6	98.2	99.6	100.1	100.3
羊 肉	Mutton	101.8	100.6	98.3	99.5	99.9	100.4
水产品	Aquatic Products	102.0	104.0	96.4	100.5	99.9	99.1
蛋 类	Eggs	100.4	95.5	94.9	102.7	106.4	97.7
奶 类	Milk	100.1	99.7	100.0	99.7	99.8	100.3
鲜 果	Fresh Fruits	102.3	105.4	100.3	102.6	110.1	105.1
茶及饮料	Tea and Beverages	99.9	99.9	100.4	100.0	100.1	100.2
烟酒	Tobacco and Liquor	99.9	100.0	100.3	100.0	100.0	100.2
烟草	Tabacco	100.1	100.1	100.0	100.0	100.0	100.1
酒类	Liquor	99.6	99.9	100.7	99.9	100.1	100.4
在外餐饮	Dining Out	100.4	100.8	99.7	100.1	100.1	100.1
二、衣着	**Clothing**	**99.7**	**99.8**	**100.6**	**100.0**	**100.1**	**99.9**
服装	Garments	99.6	99.7	100.6	100.1	100.2	99.9
服装材料	Clothing materials	100.2	100.0	100.2	100.2	100.0	100.2
其他衣着及配件	Other Clothing and Parts	99.8	99.8	100.2	99.9	99.9	100.1
衣着加工服务费	Clothing Manufacturing Services	101.2	100.7	99.9	100.3	100.2	100.2
鞋类	Footware	99.9	100.0	100.6	100.0	100.0	99.7
三、居住	**Residence**	**100.0**	**100.1**	**100.1**	**100.0**	**100.0**	**100.0**
租赁房房租	Rent of Rental Housing	99.9	100.3	100.3	100.0	100.0	100.2
住房保养维修及管理	Housing Maintenance and Management	100.3	100.2	99.9	100.1	100.1	100.1
水电燃料	Water,Electricity and Fuels	100.0	99.9	99.8	100.0	99.9	99.5

3-1-5 续表 1 continued 1

(上月价格=100) (Last Month=100)

项　　目	Item	1月 January	2月 February	3月 March	4月 April	5月 May	6月 June
四、生活用品及服务	**Articles for Daily Use and Services**	**100.3**	**100.1**	**99.7**	**100.1**	**100.0**	**99.9**
家具及室内装饰品	Furniture and Interior Decorations	100.1	100.1	100.0	100.1	100.0	100.0
家用器具	Home Appliances	100.0	99.8	99.8	100.1	99.9	99.6
家用纺织品	Home Textiles	100.0	99.9	100.0	99.9	100.0	99.8
家庭日用杂品	Daily Use Household Articles	99.9	100.2	100.0	99.9	100.0	99.9
个人护理用品	Personal-care Supplies	100.1	100.1	99.6	100.5	100.1	100.2
家庭服务	Household Service	103.9	100.8	97.4	100.1	100.1	100.3
五、交通和通信	**Transportaion and Communications**	**99.8**	**101.0**	**99.7**	**100.0**	**100.0**	**99.3**
交通	Transport	99.8	101.5	99.7	100.2	100.1	99.0
交通工具	Transport Facility	100.1	100.0	100.0	99.8	99.5	99.9
交通工具用燃料	Fuels for Transport Facility	96.4	103.5	103.6	99.6	101.9	96.5
交通工具使用和维修	Use and Maintenance of Transport Facility	101.0	102.0	97.9	99.9	100.1	100.0
通信	Communications	99.8	100.0	99.7	99.8	99.8	99.8
通信工具	Communication Facility	99.2	99.7	99.0	99.3	99.4	99.3
通信服务	Communicaiton Service	100.0	100.0	99.9	100.0	99.9	99.9
邮递服务	Postal Service	100.2	101.0	98.9	99.5	100.0	100.0
六、教育文化和娱乐	**Education, Culture and Recreation**	**101.0**	**101.3**	**98.4**	**100.3**	**99.8**	**100.0**
教育	Education	100.1	100.2	100.3	100.0	100.0	100.0
教育服务	Education Services	100.1	100.2	100.2	100.0	100.0	100.0
文化娱乐	Culture and Recreation	102.3	102.9	95.8	100.8	99.5	100.0
旅游	Touring and Outing	105.5	106.4	90.4	101.5	98.8	100.4
七、医疗保健	**Health Care**	**100.4**	**100.2**	**100.1**	**100.1**	**100.1**	**100.3**
药品及医疗器具	Medicine and Medical Instrument	100.2	100.3	100.3	100.2	100.3	100.2
中药	Traditional chinese Medicine	100.4	100.2	100.3	100.3	100.2	100.3
西药	Western Medicine	100.3	100.3	100.3	100.3	100.5	100.3
医疗服务	Medical Services	100.4	100.2	100.1	100.0	100.0	100.3
八、其他用品和服务	**Other Articles and Services**	**101.4**	**100.2**	**99.5**	**100.4**	**100.0**	**100.6**
其他用品类	Other Articles	101.0	99.8	99.9	100.5	99.9	101.4
其他服务类	Other Services	101.6	100.5	99.1	100.3	100.1	99.9

3-1-5 续表 2 continued 2

(上月价格=100) (Last Month=100)

项 目	Item	7月 July	8月 August	9月 September	10月 October	11月 November	12月 December
居民消费价格指数	**Consumer Price Index**	**100.4**	**100.7**	**100.9**	**100.9**	**100.4**	**100.0**
一、食品烟酒	**Food,tabacoo and Liquor**	**100.7**	**102.2**	**102.6**	**102.7**	**101.5**	**99.8**
食品	Food	100.9	103.2	103.5	103.6	101.8	99.6
粮 食	Grain	100.0	100.1	100.0	100.1	100.2	100.0
食用油	Edible Oil and Fats	100.1	100.6	101.2	101.2	101.8	100.1
鲜 菜	Fresh Vegetables	102.6	102.8	97.6	98.3	101.4	110.6
畜肉类	Meat of Livestock	104.9	115.0	115.0	114.7	104.8	96.2
其中：猪 肉	of which:Pork	107.8	123.1	119.7	120.1	103.8	94.4
牛 肉	Beef	100.8	104.4	106.8	102.5	102.8	100.1
羊 肉	Mutton	100.9	102.0	104.2	102.0	101.3	100.2
水产品	Aquatic Products	100.4	100.9	99.8	98.9	99.5	100.1
蛋 类	Eggs	104.2	105.0	106.7	98.7	99.5	95.3
奶 类	Milk	100.3	100.1	100.2	100.0	100.3	100.4
鲜 果	Fresh Fruits	93.8	89.9	92.4	94.3	97.0	100.6
茶及饮料	Tea and Beverages	100.1	100.1	100.0	100.0	100.1	100.1
烟酒	Tobacco and Liquor	100.3	100.2	100.1	100.3	100.2	100.1
烟草	Tabacco	100.1	100.1	100.1	100.0	100.2	100.1
酒类	Liquor	100.7	100.4	100.0	100.6	100.3	100.1
在外餐饮	Dining Out	100.2	100.3	101.1	100.8	101.2	100.5
二、衣着	**Clothing**	**99.6**	**99.7**	**100.8**	**100.3**	**100.3**	**99.9**
服装	Garments	99.6	99.7	100.9	100.4	100.5	99.8
服装材料	Clothing materials	100.2	100.1	100.0	100.0	100.1	100.0
其他衣着及配件	Other Clothing and Parts	99.9	99.9	100.2	100.1	100.0	99.9
衣着加工服务费	Clothing Manufacturing Services	100.1	100.1	100.1	100.4	100.2	100.3
鞋类	Footware	99.7	99.7	100.7	100.0	100.0	99.9
三、居住	**Residence**	**100.1**	**100.1**	**100.1**	**100.0**	**100.0**	**100.1**
租赁房房租	Rent of Rental Housing	100.4	100.3	100.0	99.9	99.7	99.9
住房保养维修及管理	Housing Maintenance and Management	100.1	100.1	100.1	100.2	100.2	100.2
水电燃料	Water,Electricity and Fuels	99.8	99.9	100.2	100.2	100.3	100.6

3-1-5 续表 3 continued 3

(上月价格=100) (Last Month=100)

项目	Item	7月 July	8月 August	9月 September	10月 October	11月 November	12月 December
四、生活用品及服务	**Articles for Daily Use and Services**	**100.1**	**100.0**	**100.0**	**100.1**	**99.9**	**100.1**
家具及室内装饰品	Furniture and Interior Decorations	100.1	100.0	100.0	100.0	100.0	100.0
家用器具	Home Appliances	100.1	99.8	99.8	100.0	99.5	100.1
家用纺织品	Home Textiles	100.0	100.1	100.0	100.2	100.0	100.1
家庭日用杂品	Daily Use Household Articles	100.1	100.0	100.1	100.0	100.0	100.1
个人护理用品	Personal-care Supplies	100.1	100.1	100.1	100.2	100.0	100.1
家庭服务	Household Service	100.4	100.2	100.2	100.2	100.2	100.5
五、交通和通信	**Transportaion and Communications**	**100.1**	**99.8**	**99.6**	**100.1**	**99.7**	**100.2**
交通	Transport	100.2	99.8	99.4	100.1	99.6	100.3
交通工具	Transport Facility	100.0	100.0	99.9	99.7	99.8	99.7
交通工具用燃料	Fuels for Transport Facility	98.1	98.9	100.1	100.6	100.3	101.4
交通工具使用和维修	Use and Maintenance of Transport Facility	100.3	100.1	100.1	100.1	100.2	100.3
通信	Communications	99.8	99.8	100.0	100.1	99.9	100.0
通信工具	Communication Facility	99.6	99.3	100.3	100.5	99.9	99.9
通信服务	Communicaiton Service	99.9	99.9	99.9	100.0	100.0	100.0
邮递服务	Postal Service	99.7	99.9	100.0	100.0	100.0	100.0
六、教育文化和娱乐	**Education, Culture and Recreation**	**101.3**	**100.0**	**100.1**	**100.1**	**99.3**	**100.0**
教育	Education	100.2	100.0	101.8	100.1	100.0	100.0
教育服务	Education Services	100.2	100.0	101.8	100.1	100.0	100.0
文化娱乐	Culture and Recreation	103.0	100.0	97.8	100.2	98.2	100.1
旅游	Touring and Outing	107.5	100.2	94.8	100.5	96.1	100.3
七、医疗保健	**Health Care**	**100.2**	**100.2**	**100.1**	**100.1**	**100.1**	**100.2**
药品及医疗器具	Medicine and Medical Instrument	100.2	100.2	100.1	100.1	100.1	100.0
中药	Traditional chinese Medicine	100.4	100.3	100.3	100.2	100.1	100.1
西药	Western Medicine	100.2	100.3	100.2	100.2	100.3	100.1
医疗服务	Medical Services	100.3	100.2	100.0	100.0	100.0	100.3
八、其他用品和服务	**Other Articles and Services**	**100.9**	**101.4**	**100.9**	**100.1**	**99.2**	**99.9**
其他用品类	Other Articles	101.5	102.7	102.3	99.7	98.9	99.9
其他服务类	Other Services	100.4	100.3	99.7	100.4	99.5	99.9

3－1－6 居民消费价格分类月度同比指数(2019年)
Year-over-year Consumer Price Index by Category(2019)

(上年同月价格=100) (Same Month of Preceding Year=100)

项　　目	Item	1月 January	2月 February	3月 March	4月 April	5月 May	6月 June
居民消费价格指数	**Consumer Price Index**	**101.7**	**101.5**	**102.3**	**102.5**	**102.7**	**102.7**
一、食品烟酒	**Food,tabacoo and Liquor**	**102.0**	**101.2**	**103.5**	**104.7**	**105.8**	**106.1**
食品	Food	101.9	100.7	104.1	106.1	107.7	108.3
粮　食	Grain	100.5	100.5	100.4	100.4	100.5	100.6
食用油	Edible Oil and Fats	99.7	99.7	99.6	99.7	100.0	100.1
鲜　菜	Fresh Vegetables	103.8	101.7	116.2	117.4	113.3	104.2
畜肉类	Meat of Livestock	100.2	99.1	104.7	110.1	112.5	114.4
其中：猪 肉	of which:Pork	96.8	95.2	105.1	114.4	118.2	121.1
牛 肉	Beef	107.9	106.9	106.6	106.6	106.8	107.1
羊 肉	Mutton	112.7	110.7	109.7	109.4	109.3	109.8
水产品	Aquatic Products	101.2	97.5	97.0	98.6	99.6	99.5
蛋　类	Eggs	100.3	95.3	98.1	103.7	108.7	106.2
奶　类	Milk	102.7	102.7	102.3	101.8	101.4	101.5
鲜　果	Fresh Fruits	105.9	104.8	107.7	111.9	126.7	142.7
茶及饮料	Tea and Beverages	101.8	101.9	102.0	101.8	101.6	101.5
烟酒	Tobacco and Liquor	100.9	100.9	101.0	100.9	100.8	101.0
烟草	Tabacco	100.4	100.4	100.4	100.5	100.5	100.5
酒类	Liquor	101.8	101.8	101.9	101.6	101.4	101.7
在外餐饮	Dining Out	102.9	102.9	102.7	102.7	102.6	102.6
二、衣着	**Clothing**	**101.6**	**102.0**	**102.0**	**101.8**	**101.7**	**101.8**
服装	Garments	101.7	102.2	102.2	102.0	102.0	102.0
服装材料	Clothing materials	101.9	101.8	101.9	101.9	101.7	101.8
其他衣着及配件	Other Clothing and Parts	100.6	100.6	100.6	100.4	100.2	100.4
衣着加工服务费	Clothing Manufacturing Services	104.6	104.1	104.3	104.4	104.4	104.3
鞋类	Footware	100.9	101.3	101.3	101.2	101.0	101.1
三、居住	**Residence**	**102.1**	**102.2**	**102.1**	**102.0**	**101.8**	**101.6**
租赁房房租	Rent of Rental Housing	102.4	102.7	102.4	102.2	102.1	102.0
住房保养维修及管理	Housing Maintenance and Management	102.5	102.3	102.1	101.9	101.8	101.7
水电燃料	Water,Electricity and Fuels	101.3	101.2	101.4	101.6	101.5	101.0

3-1-6 续表 1 continued 1

(上年同月价格=100) (Same Month of Preceding Year=100)

项　　目	Item	1月 January	2月 February	3月 March	4月 April	5月 May	6月 June
四、生活用品及服务	**Articles for Daily Use and Services**	**101.5**	**101.3**	**101.2**	**101.1**	**101.0**	**100.8**
家具及室内装饰品	Furniture and Interior Decorations	101.4	101.3	101.1	101.1	100.9	100.8
家用器具	Home Appliances	100.0	100.0	99.9	99.8	99.6	99.2
家用纺织品	Home Textiles	100.7	100.8	100.9	100.6	100.6	100.4
家庭日用杂品	Daily Use Household Articles	101.4	101.6	101.5	101.1	101.0	100.8
个人护理用品	Personal-care Supplies	101.1	101.2	100.8	101.0	101.1	101.3
家庭服务	Household Service	107.6	104.8	105.0	105.0	104.9	104.6
五、交通和通信	**Transportaion and Communications**	**98.7**	**98.8**	**100.1**	**99.5**	**99.1**	**98.1**
交通	Transport	98.5	98.6	100.6	99.8	99.3	97.8
交通工具	Transport Facility	98.2	98.2	98.4	98.3	98.1	98.4
交通工具用燃料	Fuels for Transport Facility	93.9	97.1	103.3	100.2	98.6	93.5
交通工具使用和维修	Use and Maintenance of Transport Facility	103.5	101.7	102.7	102.5	102.5	102.2
通信	Communications	99.1	99.2	99.1	98.9	98.8	98.7
通信工具	Communication Facility	99.8	100.2	99.7	98.8	98.5	97.9
通信服务	Communicaiton Service	98.8	98.7	98.8	98.9	98.8	98.8
邮递服务	Postal Service	100.5	100.8	100.3	99.8	99.9	99.9
六、教育文化和娱乐	**Education, Culture and Recreation**	**102.9**	**102.4**	**102.4**	**102.5**	**102.6**	**102.4**
教育	Education	103.3	103.4	103.2	103.2	103.2	103.2
教育服务	Education Services	103.3	103.4	103.3	103.2	103.2	103.2
文化娱乐	Culture and Recreation	102.3	101.0	101.2	101.5	101.7	101.2
旅游	Touring and Outing	105.2	101.3	102.0	102.5	103.0	102.0
七、医疗保健	**Health Care**	**102.7**	**102.8**	**102.7**	**102.6**	**102.5**	**102.5**
药品及医疗器具	Medicine and Medical Instrument	104.5	104.6	104.4	104.2	104.1	103.9
中药	Traditional chinese Medicine	106.2	106.3	106.0	105.5	105.1	104.9
西药	Western Medicine	105.3	105.4	105.0	104.9	104.9	104.7
医疗服务	Medical Services	101.5	101.5	101.6	101.5	101.4	101.6
八、其他用品和服务	**Other Articles and Services**	**102.3**	**102.0**	**101.9**	**101.9**	**102.1**	**102.7**
其他用品类	Other Articles	100.1	100.9	100.7	101.0	101.0	102.7
其他服务类	Other Services	104.0	102.9	102.9	102.6	102.9	102.7

3-1-6 续表 2 continued 2

(上年同月价格=100) (Same Month of Preceding Year=100)

项目	Item	7月 July	8月 August	9月 September	10月 October	11月 November	12月 December
居民消费价格指数	**Consumer Price Index**	**102.8**	**102.8**	**103.0**	**103.8**	**104.5**	**104.5**
一、食品烟酒	**Food,tabacoo and Liquor**	**106.7**	**107.3**	**108.4**	**111.4**	**113.9**	**112.9**
食品	Food	109.1	110.0	111.2	115.5	119.1	117.4
粮　食	Grain	100.6	100.7	100.6	100.5	100.7	100.6
食用油	Edible Oil and Fats	100.4	101.0	102.3	103.3	105.0	104.8
鲜　菜	Fresh Vegetables	105.2	99.2	88.2	89.8	103.9	110.8
畜肉类	Meat of Livestock	118.2	130.9	146.9	166.8	174.5	166.4
其中：猪　肉	of which:Pork	127.0	146.7	169.3	201.3	210.2	197.0
牛　肉	Beef	108.0	112.3	118.8	120.4	122.2	120.4
羊　肉	Mutton	110.9	112.5	115.9	116.1	114.3	111.5
水产品	Aquatic Products	100.2	101.5	102.9	102.7	102.4	101.3
蛋　类	Eggs	110.5	103.6	108.2	110.4	110.1	106.2
奶　类	Milk	101.5	101.4	101.1	100.9	100.7	100.8
鲜　果	Fresh Fruits	139.1	124.0	107.7	99.7	93.2	92.0
茶及饮料	Tea and Beverages	101.5	101.3	101.3	101.1	101.0	101.1
烟酒	Tobacco and Liquor	101.1	101.2	101.4	101.5	101.5	101.5
烟草	Tabacco	100.5	100.5	100.6	100.7	100.8	100.8
酒类	Liquor	101.9	102.3	102.5	102.7	102.7	102.7
在外餐饮	Dining Out	102.6	102.5	103.6	104.1	105.1	105.4
二、衣着	**Clothing**	**101.8**	**101.6**	**101.6**	**101.2**	**101.1**	**100.8**
服装	Garments	102.0	101.8	101.8	101.4	101.2	100.9
服装材料	Clothing materials	101.9	101.8	101.6	101.5	101.4	101.3
其他衣着及配件	Other Clothing and Parts	100.3	100.1	100.1	99.9	99.8	99.5
衣着加工服务费	Clothing Manufacturing Services	104.2	103.9	103.9	103.8	103.7	103.7
鞋类	Footware	101.2	101.0	101.0	100.4	100.5	100.2
三、居住	**Residence**	**101.5**	**101.0**	**100.7**	**100.5**	**100.4**	**100.5**
租赁房房租	Rent of Rental Housing	102.0	101.7	101.4	101.2	100.9	100.8
住房保养维修及管理	Housing Maintenance and Management	101.6	101.5	101.5	101.5	101.5	101.5
水电燃料	Water,Electricity and Fuels	100.6	100.0	99.6	99.2	99.5	100.1

3-1-6 续表 3 continued 3

(上年同月价格=100) (Same Month of Preceding Year=100)

项 目	Item	7月 July	8月 August	9月 September	10月 October	11月 November	12月 December
四、生活用品及服务	**Articles for Daily Use and Services**	**100.8**	**100.7**	**100.6**	**100.6**	**100.4**	**100.4**
家具及室内装饰品	Furniture and Interior Decorations	100.8	100.8	100.7	100.6	100.5	100.4
家用器具	Home Appliances	99.2	99.1	99.1	99.0	98.8	98.6
家用纺织品	Home Textiles	100.4	100.5	100.3	100.4	100.1	100.2
家庭日用杂品	Daily Use Household Articles	100.8	100.7	100.6	100.5	100.3	100.3
个人护理用品	Personal-care Supplies	101.3	101.2	101.0	101.2	101.2	101.1
家庭服务	Household Service	104.6	104.2	104.1	104.2	104.2	104.1
五、交通和通信	**Transportaion and Communications**	**97.9**	**97.7**	**97.1**	**96.5**	**97.2**	**99.3**
交通	Transport	97.4	97.0	96.1	95.3	96.5	99.7
交通工具	Transport Facility	98.7	98.9	98.9	98.6	98.6	98.3
交通工具用燃料	Fuels for Transport Facility	91.0	89.8	87.9	84.9	89.4	100.6
交通工具使用和维修	Use and Maintenance of Transport Facility	102.3	102.2	102.0	102.1	101.9	102.1
通信	Communications	98.8	98.9	98.9	98.8	98.6	98.4
通信工具	Communication Facility	97.8	97.8	97.0	97.0	96.2	95.5
通信服务	Communicaiton Service	99.0	99.2	99.4	99.4	99.3	99.3
邮递服务	Postal Service	99.6	99.5	99.5	99.4	99.4	99.4
六、教育文化和娱乐	**Education, Culture and Recreation**	**102.3**	**102.1**	**101.7**	**101.9**	**101.7**	**101.8**
教育	Education	103.1	103.1	103.0	102.9	102.8	102.7
教育服务	Education Services	103.1	103.1	103.0	102.9	102.8	102.8
文化娱乐	Culture and Recreation	101.0	100.8	100.0	100.5	100.2	100.4
旅游	Touring and Outing	101.7	101.5	99.8	101.2	100.6	101.2
七、医疗保健	**Health Care**	**102.6**	**102.3**	**102.2**	**102.1**	**102.0**	**102.1**
药品及医疗器具	Medicine and Medical Instrument	103.8	103.4	103.1	102.8	102.7	102.5
中药	Traditional chinese Medicine	104.7	104.3	103.9	103.6	103.4	103.1
西药	Western Medicine	104.5	104.0	103.6	103.3	103.3	103.2
医疗服务	Medical Services	101.8	101.7	101.6	101.6	101.6	101.8
八、其他用品和服务	**Other Articles and Services**	**103.4**	**104.7**	**105.8**	**105.5**	**104.5**	**104.4**
其他用品类	Other Articles	104.3	107.4	110.3	109.7	107.8	107.8
其他服务类	Other Services	102.6	102.5	102.3	102.3	102.0	101.8

3-1-7 全国居民消费价格分类指数(2019年)
Consumer Price Indices by Category(2019)

(上年价格=100) (Preceding Year=100)

项 目	Item	全 国 National Indices	城 市 Urban Indices	农 村 Rural Indices
居民消费价格总指数	**Consumer Price Index**	**102.9**	**102.8**	**103.2**
一、食品烟酒	**Food,tabacoo and Liquor**	**107.0**	**106.7**	**107.9**
1.食品	Food	109.2	108.8	110.3
(1)粮食	Grain	100.5	100.6	100.5
(2)薯类	Tubers	102.5	102.5	102.7
(3)豆类	Beans	101.7	101.8	101.6
(4)食用油	Edible Oil and Fats	101.3	100.9	102.1
(5)菜	Vegetables	103.9	103.9	104.0
(6)畜肉类	Meat of Livestock	129.1	127.9	131.9
(7)禽肉类	Meat of Poultry	110.0	110.0	110.1
(8)水产品	Aquatic Products	100.3	100.1	100.9
(9)蛋类	Eggs	105.1	105.0	105.4
(10)奶类	Milk	101.6	101.6	101.5
(11)干鲜瓜果类	Dried and Fresh Melons and Fruits	109.8	109.5	110.8
(12)糖果糕点类	Candy and Cake	100.7	100.7	100.7
(13)调味品	Falvoring	101.2	101.1	101.4
(14)其他食品类	Other Foods	101.4	101.4	101.3
2.茶及饮料	Tea and Beverages	101.5	101.5	101.5
3.烟酒	Tobacco and Liquor	101.2	101.3	100.9
(1)烟草	Tabacco	100.5	100.6	100.4
(2)酒类	Liquor	102.1	102.2	101.8
4.在外餐饮	Dining Out	103.3	103.3	103.3
二、衣着	**Clothing**	**101.6**	**101.7**	**101.2**
1.服装	Garments	101.8	101.9	101.3
(1)男式服装	Men's clothing	101.6	101.8	101.1
(2)女式服装	Women's Clothing	101.9	102.1	101.4
(3)儿童服装	Children's Clothing	101.5	101.5	101.5
2.服装材料	Clothing materials	101.7	101.7	101.9
3.其他衣着及配件	Other Clothing and Parts	100.2	100.0	101.1
4.衣着加工服务费	Clothing Manufacturing Services	104.1	104.4	102.9
5.鞋类	Footware	100.9	101.0	100.8
(1)鞋	Shoes	100.8	100.9	100.7
(2)鞋类加工服务	Footware Manufactuing Services	104.3	104.7	103.2
三、居住	**Residence**	**101.4**	**101.3**	**101.5**
1.租赁房房租	Rent of Rental Housing	101.8	101.8	101.8
2.住房保养维修及管理	Housing Maintenance and Management	101.8	101.8	101.7
(1)住房装潢材料	Building and Building Decoration Matrials	101.1	101.1	101.0
(2)物业管理费	Property Management fee	100.6	100.5	101.1
(3)住房装潢维修	Decoration and Repair	103.1	103.6	102.5
3.水电燃料	Water,Electricity and Fuels	100.6	100.5	100.7
(1)水	Water	101.3	101.2	101.8
(2)电	Electricity	99.9	99.9	99.9
(3)燃气	Gas	101.0	101.4	99.9
(4)取暖费	Heating fees	100.2	100.2	100.3
(5)其他燃料	Other Fuels	102.4	101.7	102.9
4.自有住房	Private Housing	101.5	101.5	101.8
四、生活用品及服务	**Articles for Daily Use and Services**	**100.9**	**100.9**	**100.8**
1.家具及室内装饰品	Furniture and Interior Decorations	100.9	101.0	100.6
(1)家具	Furniture	101.0	101.1	100.7
(2)室内装饰品	Interior Decorations	99.9	99.7	100.2
2.家用器具	Home Appliances	99.4	99.1	100.0
(1)大型家用器具	Large Houshold Appliances	99.3	99.0	100.0
(2)小家电	Small Household Appliances	99.6	99.4	100.2
3.家用纺织品	Home Textiles	100.5	100.4	100.6
(1)床上用品	Bed Articles	100.4	100.4	100.6

3-1-7 续表 continued

(上年价格=100) (Preceding Year=100)

项 目	Item	全 国 National Indices	城 市 Urban Indices	农 村 Rural Indices
(2)窗帘门帘	Curtains	101.5	101.4	101.5
(3)其他家用纺织品	Other Interior Textiles	99.8	99.8	100.0
4.家庭日用杂品	Daily Use Household Articles	100.9	100.8	101.0
(1)洗涤卫生用品	Clearing Products	101.3	101.3	101.3
(2)厨具餐具茶具	Kichenware Tableware and Teaset	100.3	100.1	100.6
(3)家用手工工具	Hand Tools for Household Use	101.2	101.0	101.8
(4)其他家庭日用杂品	Other Daily Use Household Articles	100.4	100.3	100.6
5.个人护理用品	Personal-care Supplies	101.1	101.2	100.9
(1)化妆品	Cosmetics	101.5	101.5	101.0
(2)其他护理用品类	Other Nursing Materials	100.7	100.7	100.8
6.家庭服务	Household Service	104.8	104.9	103.9
五、交通和通信	**Transportaion and Communications**	**98.3**	**98.2**	**98.6**
1.交通	Transport	98.0	98.0	98.2
(1)交通工具	Transport Facility	98.5	98.3	98.8
(2)交通工具用燃料	Fuels for Transport Facility	94.0	93.9	94.1
(3)交通工具使用和维修	Use and Maintenance of Transport Facility	102.3	102.5	101.6
(4)交通费	Traffic Fair	100.4	100.3	100.7
2.通信	Communications	98.8	98.7	99.3
(1)通信工具	Communication Facility	98.0	98.1	97.9
(2)通信服务	Communicaiton Service	99.0	98.8	99.7
(3)邮递服务	Postal Service	99.8	99.8	100.0
六、教育文化和娱乐	**Education, Culture and Recreation**	**102.2**	**102.3**	**101.9**
1.教育	Education	103.1	103.3	102.5
(1)教育用品	Education Articles	102.8	103.1	102.1
(2)教育服务	Education Services	103.1	103.4	102.5
2.文化娱乐	Culture and Recreation	101.0	101.1	100.5
(1)文娱耐用消费品	Durable Consumer Goods for Culture and Recreation	98.7	98.6	99.1
(2)其他文娱用品	Other Articles	102.0	102.0	102.2
(3)文化娱乐服务	Services for Culture and Recreation	101.0	101.1	100.5
(4)旅游	Touring and Outing	101.8	101.9	101.0
七、医疗保健	**Health Care**	**102.4**	**102.5**	**102.1**
1.药品及医疗器具	Medicine and Medical Instrument	103.6	103.5	104.0
(1)中药	Traditional chinese Medicine	104.7	104.8	104.7
(2)西药	Western Medicine	104.3	104.2	104.7
(3)滋补保健品	Health Care Articles	102.3	102.4	101.9
(4)医疗卫生器具	Medical Instrument	100.5	100.5	100.7
(5)保健器具	Health Care Appliances	100.0	100.0	100.2
2.医疗服务	Medical Services	101.6	101.8	101.1
(1)综合医疗类	General Practice	102.3	102.4	102.2
(2)诊断类	Diagnostic Medical	100.5	100.6	100.2
(3)治疗类	Medical Treatment	102.1	102.5	101.1
(4)康复类	Rehabilitation	101.9	102.3	100.7
(5)中医医疗服务类	Traditional Chinese Medical	102.6	102.6	102.4
(6)其他医疗服务	Other Health Care Services	100.9	101.0	100.7
八、其他用品和服务	**Other Articles and Services**	**103.4**	**103.5**	**103.1**
1.其他用品类	Other Articles	104.5	104.8	103.3
(1)首饰手表	Jewelry and Watches	107.2	107.5	105.9
(2)其他杂项用品	Other Miscellaneous Articles	100.2	100.1	100.3
2.其他服务类	Other Services	102.6	102.5	102.9
(1)旅馆住宿	Hotel Accommodations	101.5	101.6	101.3
(2)美容美发洗浴	Beaty Salon,Hair Salon and Scouring Bath	103.1	103.1	103.3
(3)养老服务	Elderly Care	104.4	104.8	102.6
(4)金融保险	Finance and Insurance	102.2	102.0	103.1
(5)其他服务类	Other Miscellaneous Services	101.7	101.5	102.3

3－1－8　各地区居民消费价格总指数(2000～2019年)

(上年价格=100)

地　区	Region	2000	2001	2002	2003	2004	2005	2006	2007
全国平均	**National**	**100.4**	**100.7**	**99.2**	**101.2**	**103.9**	**101.8**	**101.5**	**104.8**
北　京	Beijing	103.5	103.1	98.2	100.2	101.0	101.5	100.9	102.4
天　津	Tianjin	99.6	101.2	99.6	101.0	102.3	101.5	101.5	104.2
河　北	Hebei	99.7	100.5	99.0	102.2	104.3	101.8	101.7	104.7
山　西	Shanxi	103.9	99.8	98.4	101.8	104.1	102.3	102.0	104.6
内蒙古	Inner Mongolia	101.3	100.6	100.2	102.2	102.9	102.4	101.5	104.6
辽　宁	Liaoning	99.9	100.0	98.9	101.7	103.5	101.4	101.2	105.1
吉　林	Jilin	98.6	101.3	99.5	101.2	104.1	101.5	101.4	104.8
黑龙江	Heilongjiang	98.3	100.8	99.3	100.9	103.8	101.2	101.9	105.4
上　海	Shanghai	102.5	100.0	100.5	100.1	102.2	101.0	101.2	103.2
江　苏	Jiangsu	100.1	100.8	99.2	101.0	104.1	102.1	101.6	104.3
浙　江	Zhejiang	101.0	99.8	99.1	101.9	103.9	101.3	101.1	104.2
安　徽	Anhui	100.7	100.5	99.0	101.7	104.5	101.4	101.2	105.3
福　建	Fujian	102.1	98.7	99.5	100.8	104.0	102.2	100.8	105.2
江　西	Jiangxi	100.3	99.5	100.1	100.8	103.5	101.7	101.2	104.8
山　东	Shandong	100.2	101.8	99.3	101.1	103.6	101.7	101.0	104.4
河　南	Henan	99.2	100.7	100.1	101.6	105.4	102.1	101.3	105.4
湖　北	Hubei	99.0	100.3	99.6	102.2	104.9	102.9	101.6	104.8
湖　南	Hunan	101.4	99.1	99.5	102.4	105.1	102.3	101.4	105.6
广　东	Guangdong	101.4	99.3	98.6	100.6	103.0	102.3	101.8	103.7
广　西	Guangxi	99.7	100.6	99.1	101.1	104.4	102.4	101.3	106.1
海　南	Hainan	101.1	98.5	99.5	100.1	104.4	101.5	101.5	105.0
重　庆	Chongqing	96.7	101.7	99.6	100.6	103.7	100.8	102.4	104.7
四　川	Sichuan	100.1	102.1	99.7	101.7	104.9	101.7	102.3	105.9
贵　州	Guizhou	99.5	101.8	99.0	101.2	104.0	101.0	101.7	106.4
云　南	Yunnan	97.9	99.1	99.8	101.2	106.0	101.4	101.9	105.9
西　藏	Tibet	99.9	100.1	100.4	100.9	102.7	101.5	102.0	103.4
陕　西	Shaanxi	99.5	101.0	98.9	101.7	103.1	101.2	101.5	105.1
甘　肃	Gansu	99.5	104.0	100.0	101.1	102.3	101.7	101.3	105.5
青　海	Qinghai	99.5	102.6	102.3	102.0	103.2	100.8	101.6	106.6
宁　夏	Ningxia	99.6	101.6	99.4	101.7	103.7	101.5	101.9	105.4
新　疆	Xinjiang	99.4	104.0	99.4	100.4	102.7	100.7	101.3	105.5

Consumer Price Indices by Region(2000~2019)

(Preceding Year=100)

2008	2009	2010	2011	2012	2013	2014	2015	2016	2017	2018	2019
105.9	**99.3**	**103.3**	**105.4**	**102.6**	**102.6**	**102.0**	**101.4**	**102.0**	**101.6**	**102.1**	**102.9**
105.1	98.5	102.4	105.6	103.3	103.3	101.6	101.8	101.4	101.9	102.5	102.3
105.4	99.0	103.5	104.9	102.7	103.1	101.9	101.7	102.1	102.1	102.0	102.7
106.2	99.3	103.1	105.7	102.6	103.0	101.7	100.9	101.5	101.7	102.4	103.0
107.2	99.6	103.0	105.2	102.5	103.1	101.7	100.6	101.1	101.1	101.8	102.7
105.7	99.7	103.2	105.6	103.1	103.2	101.6	101.1	101.2	101.7	101.8	102.4
104.6	100.0	103.0	105.2	102.8	102.4	101.7	101.4	101.6	101.4	102.5	102.4
105.1	100.1	103.7	105.2	102.5	102.9	102.0	101.7	101.6	101.6	102.1	103.0
105.6	100.2	103.9	105.8	103.2	102.2	101.5	101.1	101.5	101.3	102.0	102.8
105.8	99.6	103.1	105.2	102.8	102.3	102.7	102.4	103.2	101.7	101.6	102.5
105.4	99.6	103.8	105.3	102.6	102.3	102.2	101.7	102.3	101.7	102.3	103.1
105.0	98.5	103.8	105.4	102.2	102.3	102.1	101.4	101.9	102.1	102.3	102.9
106.2	99.1	103.1	105.6	102.3	102.4	101.6	101.3	101.8	101.2	102.0	102.7
104.6	98.2	103.2	105.3	102.4	102.5	102.0	101.7	101.7	101.2	101.5	102.6
106.0	99.3	103.0	105.2	102.7	102.5	102.3	101.5	102.0	102.0	102.1	102.9
105.3	100.0	102.9	105.0	102.1	102.2	101.9	101.2	102.1	101.5	102.5	103.2
107.0	99.4	103.5	105.6	102.5	102.9	101.9	101.3	101.9	101.4	102.3	103.0
106.3	99.6	102.9	105.8	102.9	102.8	102.0	101.5	102.2	101.5	101.9	103.1
106.0	99.6	103.1	105.5	102.0	102.5	101.9	101.4	101.9	101.4	102.0	102.9
105.6	97.7	103.1	105.3	102.8	102.5	102.3	101.5	102.3	101.5	102.2	103.4
107.8	97.9	103.0	105.9	103.2	102.2	102.1	101.5	101.6	101.6	102.3	103.7
106.9	99.3	104.8	106.1	103.2	102.8	102.4	101.0	102.8	102.8	102.5	103.4
105.6	98.4	103.2	105.3	102.6	102.7	101.8	101.3	101.8	101.0	102.0	102.7
105.1	100.8	103.2	105.3	102.5	102.8	101.6	101.5	101.9	101.4	101.7	103.2
107.6	98.7	102.9	105.1	102.7	102.5	102.4	101.8	101.4	100.9	101.8	102.4
105.7	100.4	103.7	104.9	102.7	103.1	102.4	101.9	101.5	100.9	101.6	102.5
105.7	101.4	102.2	105.0	103.5	103.6	102.9	102.0	102.5	101.6	101.7	102.3
106.4	100.5	104.0	105.7	102.8	103.0	101.6	101.0	101.3	101.6	102.1	102.9
108.2	101.3	104.1	105.9	102.7	103.2	102.1	101.6	101.3	101.4	102.0	102.3
110.1	102.6	105.4	106.1	103.1	103.9	102.8	102.6	101.8	101.5	102.5	102.5
108.5	100.7	104.1	106.3	102.0	103.4	101.9	101.1	101.5	101.6	102.3	102.1
108.1	100.7	104.3	105.9	103.8	103.9	102.1	100.6	101.4	102.2	102.0	101.9

3—1—9 各地区居民消费价格分类指数(2019年)
Consumer Price Indices by Category and Region (2019)

(上年价格=100) (Preceding Year=100)

地区	Region	居民消费价格总指数 Consumer Price Index	一、食品烟酒 Food, Tobacco and Liquor	1.食品 Food	(1)粮食 Grain	(2)薯类 Tubers	(3)豆类 Beans
全国	**National**	**102.9**	**107.0**	**109.2**	**100.5**	**102.5**	**101.7**
北京	Beijing	102.3	105.2	106.2	99.6	101.8	102.1
天津	Tianjin	102.7	104.6	106.0	101.8	91.6	102.2
河北	Hebei	103.0	105.9	107.6	100.9	97.7	100.5
山西	Shanxi	102.7	106.3	108.0	100.3	100.1	100.8
内蒙古	Inner Mongolia	102.4	105.4	107.1	101.7	100.1	100.6
辽宁	Liaoning	102.4	106.1	107.8	100.8	98.5	100.2
吉林	Jilin	103.0	107.5	109.4	100.4	97.6	100.7
黑龙江	Heilongjiang	102.8	107.4	109.6	101.0	97.8	99.9
上海	Shanghai	102.5	105.0	106.4	100.7	109.6	111.3
江苏	Jiangsu	103.1	107.1	109.5	101.1	106.3	101.1
浙江	Zhejiang	102.9	106.2	108.0	100.2	102.9	104.9
安徽	Anhui	102.7	107.1	109.6	100.4	101.1	101.5
福建	Fujian	102.6	107.3	110.0	99.4	103.1	101.3
江西	Jiangxi	102.9	107.8	110.6	101.0	108.7	103.3
山东	Shandong	103.2	107.9	110.6	100.1	102.7	100.1
河南	Henan	103.0	107.4	110.0	100.0	102.4	100.7
湖北	Hubei	103.1	107.0	109.4	100.4	105.2	102.9
湖南	Hunan	102.9	107.3	109.9	100.4	104.7	100.4
广东	Guangdong	103.4	108.1	110.3	100.9	102.4	101.0
广西	Guangxi	103.7	109.5	112.9	100.5	106.3	101.8
海南	Hainan	103.4	108.1	110.5	100.1	110.3	101.8
重庆	Chongqing	102.7	106.8	109.6	97.7	98.1	102.0
四川	Sichuan	103.2	108.9	112.1	100.3	101.2	101.8
贵州	Guizhou	102.4	106.4	108.3	99.8	104.1	100.6
云南	Yunnan	102.5	106.6	109.1	101.5	109.9	102.7
西藏	Tibet	102.3	103.3	103.9	102.4	102.1	104.5
陕西	Shaanxi	102.9	105.6	107.2	100.7	101.1	100.6
甘肃	Gansu	102.3	105.4	107.5	100.7	103.5	100.6
青海	Qinghai	102.5	105.3	106.3	101.1	102.1	99.0
宁夏	Ningxia	102.1	104.8	106.0	100.5	99.3	100.9
新疆	Xinjiang	101.9	104.9	106.3	100.6	102.5	100.7

3-1-9 续表 1 continued 1

(上年价格=100) (Preceding Year=100)

地 区	Region	(4)食用油 Edible Oil and Fats	(5)菜 Vegetables	(6)畜肉类 Meat of Livestock	(7)禽肉类 Meat of Poultry	(8)水产品 Aquatic Products	(9)蛋类 Eggs
全 国	**National**	**101.3**	**103.9**	**129.1**	**110.0**	**100.3**	**105.1**
北 京	Beijing	99.6	100.6	120.9	111.2	98.4	103.8
天 津	Tianjin	100.4	100.5	124.1	108.8	96.4	105.1
河 北	Hebei	99.1	102.2	129.1	113.1	96.5	104.1
山 西	Shanxi	99.6	103.1	128.7	113.9	99.3	107.3
内蒙古	Inner Mongolia	100.8	101.1	123.5	113.2	99.6	106.5
辽 宁	Liaoning	100.4	104.0	127.0	112.3	101.4	103.9
吉 林	Jilin	99.6	105.5	130.6	113.4	99.9	103.2
黑龙江	Heilongjiang	99.9	106.2	130.7	115.2	101.2	103.5
上 海	Shanghai	100.6	103.5	118.7	111.3	100.3	105.2
江 苏	Jiangsu	101.8	103.6	128.0	111.3	99.1	105.9
浙 江	Zhejiang	102.0	104.8	126.3	107.3	98.7	103.9
安 徽	Anhui	103.9	102.5	132.8	110.4	99.5	102.8
福 建	Fujian	101.6	104.0	131.9	109.1	100.6	103.9
江 西	Jiangxi	100.6	109.2	131.5	107.5	98.7	105.7
山 东	Shandong	101.0	103.6	136.9	109.7	100.6	105.3
河 南	Henan	99.2	103.4	133.9	110.4	99.3	106.1
湖 北	Hubei	101.1	105.2	127.8	110.0	99.5	105.8
湖 南	Hunan	103.1	105.5	131.2	110.7	98.7	106.3
广 东	Guangdong	99.3	104.4	128.9	108.5	102.9	105.6
广 西	Guangxi	100.3	107.2	138.4	112.5	104.7	104.7
海 南	Hainan	105.3	105.3	126.4	110.8	103.0	104.4
重 庆	Chongqing	102.9	101.9	133.1	110.8	101.4	104.7
四 川	Sichuan	104.9	102.2	137.0	110.2	100.8	103.5
贵 州	Guizhou	106.1	102.1	122.7	107.4	100.4	105.0
云 南	Yunnan	104.1	107.5	119.0	110.1	100.8	107.3
西 藏	Tibet	101.8	100.4	106.5	108.8	101.1	102.7
陕 西	Shaanxi	100.5	100.9	128.1	112.1	98.6	106.7
甘 肃	Gansu	101.9	103.4	122.3	110.7	100.6	105.5
青 海	Qinghai	101.3	103.1	116.6	110.8	97.7	106.7
宁 夏	Ningxia	99.1	101.1	116.3	110.6	97.9	103.7
新 疆	Xinjiang	101.2	105.3	113.4	107.7	98.4	106.1

3-1-9 续表 2 continued 2

(上年价格=100) (Preceding Year=100)

地区	Region	(10)奶类 Milk	(11)干鲜瓜果类 Dried and Fresh Melons and Fruits	(12)糖果糕点类 Candy and Cake	(13)调味品 Flavoring	(14)其他食品类 Other Foods	2.茶及饮料 Tea and Beverages
全国	**National**	**101.6**	**109.8**	**100.7**	**101.2**	**101.4**	**101.5**
北京	Beijing	101.0	108.8	100.0	101.3	101.8	102.2
天津	Tianjin	101.6	107.5	101.3	101.4	100.3	101.5
河北	Hebei	100.4	106.6	99.8	101.5	101.3	102.2
山西	Shanxi	101.0	108.7	100.0	101.1	101.2	101.2
内蒙古	Inner Mongolia	100.2	107.4	99.8	100.7	100.7	100.6
辽宁	Liaoning	101.6	107.4	100.9	100.7	101.0	101.7
吉林	Jilin	101.5	112.8	101.9	101.0	101.2	102.0
黑龙江	Heilongjiang	100.5	111.5	100.5	101.3	100.8	102.6
上海	Shanghai	101.6	107.4	100.7	100.2	102.3	101.6
江苏	Jiangsu	104.0	110.4	101.8	103.4	103.4	102.0
浙江	Zhejiang	102.5	112.3	100.9	102.8	101.3	102.2
安徽	Anhui	100.8	111.6	101.7	101.0	101.4	102.7
福建	Fujian	102.4	116.6	100.7	100.1	101.0	100.7
江西	Jiangxi	101.3	111.8	100.8	100.5	101.0	100.8
山东	Shandong	101.0	109.6	100.5	100.7	99.9	100.6
河南	Henan	100.6	107.0	100.0	102.9	101.7	101.7
湖北	Hubei	102.3	113.1	100.7	101.4	101.2	100.9
湖南	Hunan	100.9	107.4	100.6	101.4	100.7	100.5
广东	Guangdong	101.9	111.6	100.6	99.8	101.3	101.7
广西	Guangxi	101.3	113.1	101.9	100.5	101.0	101.2
海南	Hainan	99.2	116.3	99.6	100.2	101.4	101.6
重庆	Chongqing	100.9	105.7	100.6	101.2	102.3	100.6
四川	Sichuan	101.8	108.2	100.5	100.4	102.3	101.0
贵州	Guizhou	100.0	111.2	100.0	100.4	102.1	100.9
云南	Yunnan	100.3	116.1	100.9	102.1	102.2	101.3
西藏	Tibet	102.4	108.9	101.8	103.5	103.0	102.6
陕西	Shaanxi	103.0	105.1	100.5	100.9	101.1	101.3
甘肃	Gansu	101.3	109.7	100.6	100.4	101.7	100.8
青海	Qinghai	97.9	102.2	101.5	102.1	99.2	100.9
宁夏	Ningxia	101.5	110.3	101.1	101.0	101.7	102.0
新疆	Xinjiang	104.0	106.5	101.5	101.5	101.6	102.7

3–1–9 续表 3 continued 3

(上年价格=100) (Preceding Year=100)

地 区	Region	3.烟酒 Tobacco and Liquor	(1)烟草 Tabacco	(2)酒类 Liquor	4.在外餐饮 Dining Out	二、衣着 Clothing	1.服装 Garments
全 国	**National**	**101.2**	**100.5**	**102.1**	**103.3**	**101.6**	**101.8**
北 京	Beijing	100.5	99.9	101.1	104.3	101.9	102.7
天 津	Tianjin	101.5	101.7	101.2	102.4	102.1	102.0
河 北	Hebei	100.5	100.6	100.4	102.6	101.2	101.7
山 西	Shanxi	101.2	100.5	102.2	102.9	101.1	101.4
内 蒙 古	Inner Mongolia	101.2	101.3	101.1	101.6	101.8	102.0
辽 宁	Liaoning	100.7	100.7	100.6	102.2	101.8	101.9
吉 林	Jilin	100.9	100.1	102.2	103.6	102.1	102.3
黑 龙 江	Heilongjiang	100.2	100.0	100.3	103.1	100.9	101.5
上 海	Shanghai	101.0	100.1	102.7	102.8	103.2	103.6
江 苏	Jiangsu	102.0	100.3	104.6	103.4	102.8	103.1
浙 江	Zhejiang	101.0	100.1	102.9	104.0	101.8	102.1
安 徽	Anhui	100.3	99.8	101.2	103.0	102.1	102.4
福 建	Fujian	100.3	100.2	100.4	103.1	102.7	102.9
江 西	Jiangxi	100.5	100.0	101.5	103.2	100.9	100.7
山 东	Shandong	101.3	100.2	102.4	103.7	101.2	101.1
河 南	Henan	101.8	100.9	102.7	102.7	100.7	100.7
湖 北	Hubei	100.7	100.3	101.4	103.2	101.6	101.8
湖 南	Hunan	101.9	102.4	101.1	101.6	101.1	101.2
广 东	Guangdong	102.4	102.2	102.9	104.3	102.1	102.4
广 西	Guangxi	100.8	100.0	101.9	104.1	101.7	101.6
海 南	Hainan	99.4	99.2	99.8	103.7	102.1	102.4
重 庆	Chongqing	99.7	100.0	99.1	102.6	100.2	100.2
四 川	Sichuan	101.6	100.3	103.5	103.6	101.2	101.3
贵 州	Guizhou	100.4	100.0	101.2	103.9	100.2	100.1
云 南	Yunnan	101.0	100.9	101.4	102.9	99.9	99.9
西 藏	Tibet	100.6	100.8	100.5	103.2	104.0	103.6
陕 西	Shaanxi	100.9	100.3	101.8	104.0	102.1	102.3
甘 肃	Gansu	100.4	100.0	101.0	101.6	100.7	100.8
青 海	Qinghai	100.7	100.0	101.5	104.4	100.4	99.3
宁 夏	Ningxia	100.2	100.1	100.4	103.3	100.4	101.1
新 疆	Xinjiang	101.2	100.2	102.3	102.4	99.9	99.7

3–1–9 续表 4 continued 4

(上年价格=100) (Preceding Year=100)

地 区	Region	(1)男式服装 Men's clothing	(2)女式服装 Women's Clothing	(3)儿童服装 Children's Clothing	2.服装材料 Garments Material	3.其他衣着及配件 Other Clothing and Parts	4.衣着加工服务费 Clothing Manufacturing Service Fees
全 国	**National**	**101.6**	**101.9**	**101.5**	**101.7**	**100.2**	**104.1**
北 京	Beijing	101.9	103.2	100.4	102.8	100.5	109.1
天 津	Tianjin	100.9	102.4	102.8	102.2	98.4	110.8
河 北	Hebei	101.3	101.9	101.7	100.3	100.3	101.3
山 西	Shanxi	101.5	101.7	100.1	101.0	100.6	103.1
内 蒙 古	Inner Mongolia	102.2	102.0	101.5	100.5	100.5	103.9
辽 宁	Liaoning	101.8	101.9	102.0	99.7	100.0	102.3
吉 林	Jilin	101.5	102.6	102.5	101.5	102.0	104.2
黑 龙 江	Heilongjiang	101.9	101.8	99.5	100.2	99.8	95.7
上 海	Shanghai	101.3	104.8	102.2	102.5	98.1	107.5
江 苏	Jiangsu	103.3	102.9	103.3	102.1	101.4	104.4
浙 江	Zhejiang	102.6	101.8	101.6	102.3	101.1	104.5
安 徽	Anhui	102.8	102.2	102.3	100.8	100.0	102.9
福 建	Fujian	102.7	102.9	103.4	107.8	100.8	101.5
江 西	Jiangxi	100.5	101.4	98.3	103.3	100.6	103.7
山 东	Shandong	100.9	101.1	102.1	101.1	101.0	102.2
河 南	Henan	101.0	100.6	100.6	101.2	100.6	103.0
湖 北	Hubei	101.8	101.9	101.7	104.7	100.1	102.5
湖 南	Hunan	101.1	101.2	101.6	101.8	100.0	104.4
广 东	Guangdong	102.7	102.5	101.2	101.2	98.2	106.1
广 西	Guangxi	101.5	101.6	101.7	99.9	100.5	106.6
海 南	Hainan	100.3	103.1	103.7	97.3	99.0	100.4
重 庆	Chongqing	99.9	100.9	97.0	100.6	99.3	100.7
四 川	Sichuan	100.8	101.6	101.2	104.4	101.0	105.2
贵 州	Guizhou	100.3	99.9	100.3	103.1	100.2	105.2
云 南	Yunnan	99.9	98.9	102.3	101.3	98.5	104.3
西 藏	Tibet	102.5	102.8	107.1	101.4	102.9	111.9
陕 西	Shaanxi	101.9	103.0	101.1	102.8	101.8	100.7
甘 肃	Gansu	100.3	101.0	101.5	101.3	102.6	104.6
青 海	Qinghai	101.4	100.3	96.3	100.7	101.0	106.7
宁 夏	Ningxia	100.8	101.5	99.9	102.5	99.9	101.1
新 疆	Xinjiang	99.9	99.9	99.0	100.1	99.9	103.3

3-1-9 续表 5 continued 5

(上年价格=100) (Preceding Year=100)

地区	Region	5.鞋类 Footware	(1)鞋 Shoes	(2)鞋类加工服务 Footware Manufactuing Services	三、居住 Residence	1.租赁房房租 Rent of Rental Housing	2.住房保养维修及管理 Housing Maintenance and Management
全国	**National**	**100.9**	**100.8**	**104.3**	**101.4**	**101.8**	**101.8**
北京	Beijing	99.4	99.4	105.3	101.3	101.7	100.8
天津	Tianjin	102.2	102.0	110.2	102.4	103.0	103.3
河北	Hebei	100.1	100.1	100.3	101.6	100.7	101.3
山西	Shanxi	100.1	100.0	102.8	101.7	103.2	103.2
内蒙古	Inner Mongolia	101.2	101.3	100.2	101.8	103.0	101.6
辽宁	Liaoning	102.2	102.2	101.8	100.7	100.3	101.9
吉林	Jilin	101.4	101.4	102.1	102.3	105.1	101.1
黑龙江	Heilongjiang	99.7	99.7	102.3	99.6	98.9	100.0
上海	Shanghai	102.1	102.1	103.3	101.9	101.8	102.8
江苏	Jiangsu	101.8	101.7	103.4	101.9	102.2	103.6
浙江	Zhejiang	100.3	100.3	102.2	100.6	100.6	102.2
安徽	Anhui	101.0	101.0	103.2	100.8	101.7	101.4
福建	Fujian	102.4	102.4	102.5	100.5	100.6	100.8
江西	Jiangxi	101.1	101.1	101.4	101.0	100.7	103.0
山东	Shandong	101.1	101.1	103.9	102.2	104.0	102.1
河南	Henan	100.4	100.3	107.8	100.8	100.0	101.3
湖北	Hubei	101.0	100.9	106.0	101.9	102.7	101.8
湖南	Hunan	100.4	100.4	102.6	101.5	101.7	101.6
广东	Guangdong	101.3	101.0	105.6	100.8	101.7	101.1
广西	Guangxi	101.5	100.9	106.4	101.7	103.0	102.1
海南	Hainan	102.0	102.1	100.5	101.1	103.1	101.2
重庆	Chongqing	100.2	100.1	104.0	102.0	101.5	100.6
四川	Sichuan	100.9	100.8	102.0	101.5	102.4	100.9
贵州	Guizhou	99.9	99.9	104.1	101.1	101.7	101.4
云南	Yunnan	100.0	99.9	102.1	101.5	101.6	102.9
西藏	Tibet	102.5	102.3	107.9	101.9	106.8	104.1
陕西	Shaanxi	101.4	101.1	107.4	102.4	103.4	102.8
甘肃	Gansu	99.8	99.6	103.8	101.7	101.6	102.2
青海	Qinghai	103.6	103.6	100.6	100.7	100.8	100.0
宁夏	Ningxia	98.2	98.2	100.4	101.1	100.7	101.4
新疆	Xinjiang	100.3	98.6	110.4	101.7	100.5	100.6

3－1－9 续表 6 continued 6

(上年价格=100) (Preceding Year=100)

地 区	Region	3.水电燃料 Water,Electricity and Fuels	四、生活用品及服务 Articles for Daily Use and Services	1.家具及室内装饰品 Furniture and Interior Decorations	(1)家具 Furniture	(2)室内装饰品 Interior Decorations	2.家用器具 Home Appliances
全 国	**National**	**100.6**	**100.9**	**100.9**	**101.0**	**99.9**	**99.4**
北 京	Beijing	101.1	99.7	100.4	100.8	96.4	95.2
天 津	Tianjin	100.4	100.9	99.4	99.4	100.0	99.5
河 北	Hebei	102.5	101.2	101.8	101.9	101.5	100.7
山 西	Shanxi	100.3	100.4	100.4	100.5	100.2	99.3
内蒙古	Inner Mongolia	101.4	100.8	100.1	100.1	100.5	101.0
辽 宁	Liaoning	100.4	100.7	100.3	100.3	100.5	99.5
吉 林	Jilin	101.3	101.5	102.4	102.5	100.8	99.9
黑龙江	Heilongjiang	100.8	100.3	99.2	99.2	98.9	98.7
上 海	Shanghai	99.4	100.9	100.9	100.9	101.0	98.7
江 苏	Jiangsu	101.0	102.3	102.5	102.5	102.0	101.3
浙 江	Zhejiang	100.1	101.8	101.7	102.0	99.3	99.9
安 徽	Anhui	100.5	101.3	101.3	101.4	100.4	100.5
福 建	Fujian	100.3	100.6	99.6	99.6	99.8	99.6
江 西	Jiangxi	99.2	100.3	101.2	101.2	100.8	98.3
山 东	Shandong	100.5	100.9	100.8	100.9	100.4	100.7
河 南	Henan	100.7	100.6	101.5	101.7	99.7	99.2
湖 北	Hubei	101.2	100.4	101.0	101.1	99.2	97.8
湖 南	Hunan	100.6	100.5	100.2	100.2	100.1	100.0
广 东	Guangdong	99.5	100.6	100.1	100.2	99.5	98.3
广 西	Guangxi	100.9	101.1	100.7	100.8	100.0	99.6
海 南	Hainan	98.6	101.0	100.6	100.6	101.2	101.5
重 庆	Chongqing	101.9	100.6	102.4	102.8	100.1	96.6
四 川	Sichuan	101.7	100.2	100.9	101.2	99.2	98.2
贵 州	Guizhou	100.8	100.1	99.4	99.3	99.6	98.8
云 南	Yunnan	99.8	100.6	100.5	100.6	100.3	100.2
西 藏	Tibet	99.6	103.7	103.4	103.6	101.3	101.8
陕 西	Shaanxi	101.0	101.3	101.0	101.9	96.9	99.1
甘 肃	Gansu	100.5	100.8	100.5	100.3	101.4	99.1
青 海	Qinghai	101.7	100.5	101.1	101.1	101.1	98.3
宁 夏	Ningxia	102.5	100.0	99.3	99.2	100.2	99.1
新 疆	Xinjiang	100.7	101.3	100.2	100.7	97.1	98.2

3-1-9 续表 7 continued 7

(上年价格=100) (Preceding Year=100)

地 区	Region	(1)大型家用器具 Large Houshold Appliances	(2)小家电 Small Household Appliances	3.家用纺织品 Home Textiles	(1)床上用品 Bed Articles	(2)窗帘门帘 Curtains	(3)其他家用纺织品 Other Interior Textiles
全 国	**National**	**99.3**	**99.6**	**100.5**	**100.4**	**101.5**	**99.8**
北 京	Beijing	94.9	96.0	98.8	98.9	100.0	95.0
天 津	Tianjin	99.0	101.4	100.3	100.4	99.6	100.0
河 北	Hebei	100.6	101.0	100.4	100.5	100.5	99.3
山 西	Shanxi	99.2	99.8	98.8	98.3	101.2	99.9
内蒙古	Inner Mongolia	100.9	101.6	100.4	100.3	101.4	100.1
辽 宁	Liaoning	99.5	99.7	100.3	100.5	101.1	98.3
吉 林	Jilin	99.8	100.0	101.0	101.2	100.9	99.2
黑龙江	Heilongjiang	98.7	98.7	99.6	99.5	100.4	99.5
上 海	Shanghai	97.3	102.8	99.2	98.8	103.4	100.2
江 苏	Jiangsu	101.1	103.2	102.8	102.8	103.9	101.1
浙 江	Zhejiang	99.8	100.5	103.2	103.5	104.6	99.4
安 徽	Anhui	100.5	100.4	101.1	101.2	100.2	100.9
福 建	Fujian	99.6	99.5	100.5	100.4	100.4	101.3
江 西	Jiangxi	98.2	98.7	100.6	100.2	102.3	102.5
山 东	Shandong	100.7	100.4	99.5	99.1	101.3	100.8
河 南	Henan	99.3	98.1	99.9	99.9	99.6	99.1
湖 北	Hubei	97.8	97.5	99.9	99.8	101.2	98.5
湖 南	Hunan	99.9	100.6	100.3	100.4	100.0	99.3
广 东	Guangdong	98.4	97.9	99.3	99.0	100.2	100.4
广 西	Guangxi	99.5	100.2	100.6	100.4	103.3	99.3
海 南	Hainan	101.6	100.8	100.2	100.2	100.2	99.9
重 庆	Chongqing	96.5	96.9	100.8	100.6	100.3	103.1
四 川	Sichuan	98.2	98.3	100.1	100.2	100.4	98.6
贵 州	Guizhou	98.9	98.4	99.6	99.3	101.8	100.5
云 南	Yunnan	100.1	100.6	99.4	99.0	101.2	100.3
西 藏	Tibet	102.1	100.3	100.1	100.1	100.6	99.6
陕 西	Shaanxi	98.9	100.1	102.9	103.3	104.4	97.8
甘 肃	Gansu	99.0	99.7	101.0	100.9	102.1	99.8
青 海	Qinghai	98.1	99.8	99.9	99.5	102.4	99.0
宁 夏	Ningxia	99.1	99.6	101.1	101.4	100.3	101.0
新 疆	Xinjiang	98.0	98.9	100.7	100.2	102.7	99.8

3-1-9 续表 8 continued 8

(上年价格=100) (Preceding Year=100)

地 区	Region	4.家庭日用杂品 Household Articles for Daily Use	(1)洗涤卫生用品 Clearing Products	(2)厨具餐具茶具 Kichenware Tableware and Teaset	(3)家用手工工具 Hand Tools for Household Use	(4)其他家庭日用杂品 Other Daily Use Household Articles	5.个人护理用品 Personal-care Supplies
全 国	**National**	**100.9**	**101.3**	**100.3**	**101.2**	**100.4**	**101.1**
北 京	Beijing	98.9	98.4	99.9	100.7	100.2	101.2
天 津	Tianjin	101.0	102.1	99.8	101.4	99.2	100.5
河 北	Hebei	100.5	100.9	99.2	99.8	100.5	102.1
山 西	Shanxi	100.7	100.6	101.4	101.3	100.3	101.5
内蒙古	Inner Mongolia	101.1	101.2	101.2	101.4	100.8	100.5
辽 宁	Liaoning	100.6	101.0	99.7	100.3	100.5	101.0
吉 林	Jilin	101.8	102.3	101.0	101.0	101.7	101.7
黑龙江	Heilongjiang	100.7	101.1	100.2	100.2	100.3	101.9
上 海	Shanghai	100.7	102.8	96.0	98.4	99.2	101.6
江 苏	Jiangsu	101.2	101.7	100.3	103.9	100.2	102.7
浙 江	Zhejiang	102.4	103.6	101.9	101.8	101.1	102.3
安 徽	Anhui	100.8	100.9	100.6	100.8	100.8	101.9
福 建	Fujian	101.1	101.2	101.3	100.4	100.6	100.8
江 西	Jiangxi	101.2	101.4	100.4	100.6	101.1	100.3
山 东	Shandong	100.6	101.0	100.0	100.9	100.1	100.9
河 南	Henan	100.9	101.3	100.3	102.3	100.8	101.0
湖 北	Hubei	100.5	100.9	99.7	99.8	100.3	101.6
湖 南	Hunan	100.7	101.4	100.4	100.0	99.8	100.5
广 东	Guangdong	100.1	100.3	99.5	100.6	99.9	100.4
广 西	Guangxi	101.7	102.0	100.9	103.1	100.9	100.8
海 南	Hainan	101.2	100.7	99.0	100.6	103.4	101.3
重 庆	Chongqing	101.3	102.7	98.8	101.1	99.7	100.5
四 川	Sichuan	100.9	101.2	100.3	101.0	100.8	99.9
贵 州	Guizhou	100.7	101.2	99.3	101.0	100.1	100.5
云 南	Yunnan	100.6	100.9	100.3	100.7	100.2	100.9
西 藏	Tibet	106.9	108.6	100.5	102.2	108.2	101.8
陕 西	Shaanxi	102.1	101.6	103.0	101.6	100.2	100.1
甘 肃	Gansu	101.3	101.9	100.6	102.2	101.2	101.0
青 海	Qinghai	100.1	100.3	100.2	100.6	99.8	101.6
宁 夏	Ningxia	100.2	100.9	99.9	100.4	99.4	100.1
新 疆	Xinjiang	100.5	100.4	100.8	99.3	100.4	100.7

3-1-9 续表 9 continued 9

(上年价格=100) (Preceding Year=100)

地 区 Region	(1)化妆品 Cosmetics	(2)其他护理用品类 Other Nursing Materials	6.家庭服务 Household Services	五、交通和通信 Transport and Communications	1.交通 Transport	(1)交通工具 Transport Facility
全 国 National	**101.5**	**100.7**	**104.8**	**98.3**	**98.0**	**98.5**
北 京 Beijing	102.0	98.8	105.6	97.2	97.9	97.1
天 津 Tianjin	101.0	100.0	106.1	99.3	98.7	98.9
河 北 Hebei	102.4	101.4	104.7	97.9	97.6	97.7
山 西 Shanxi	102.1	100.6	103.6	98.7	97.9	98.8
内蒙古 Inner Mongolia	100.6	100.2	102.5	98.8	98.5	97.4
辽 宁 Liaoning	101.1	100.8	104.9	98.2	97.5	97.2
吉 林 Jilin	102.4	100.3	103.8	96.6	95.8	93.1
黑龙江 Heilongjiang	102.9	99.9	102.2	99.3	100.0	102.1
上 海 Shanghai	101.5	101.9	104.2	97.8	97.5	96.4
江 苏 Jiangsu	103.2	102.1	106.3	98.9	99.2	100.8
浙 江 Zhejiang	102.9	101.3	103.7	99.0	98.4	98.9
安 徽 Anhui	101.9	102.0	105.2	97.5	96.7	97.0
福 建 Fujian	101.0	100.6	104.1	97.8	96.7	99.5
江 西 Jiangxi	100.3	100.3	102.1	97.8	97.2	97.1
山 东 Shandong	101.6	100.1	103.8	97.8	97.1	97.0
河 南 Henan	101.5	100.0	103.6	99.0	99.0	100.0
湖 北 Hubei	101.6	101.6	105.9	99.3	99.0	99.3
湖 南 Hunan	100.9	100.2	102.4	98.6	98.3	99.4
广 东 Guangdong	100.6	100.3	105.5	98.3	98.0	98.2
广 西 Guangxi	100.3	101.1	105.0	98.1	98.1	99.3
海 南 Hainan	99.7	102.1	99.7	99.1	98.8	101.0
重 庆 Chongqing	100.4	100.5	106.3	98.6	98.5	96.4
四 川 Sichuan	100.1	99.7	104.0	97.1	97.1	96.2
贵 州 Guizhou	100.3	100.8	103.6	98.5	98.1	96.8
云 南 Yunnan	100.8	101.0	104.5	98.2	98.0	98.8
西 藏 Tibet	105.9	98.8	107.4	98.7	98.5	100.4
陕 西 Shaanxi	100.2	100.1	104.9	98.8	98.6	98.9
甘 肃 Gansu	101.2	100.7	103.5	99.0	99.3	99.6
青 海 Qinghai	101.6	101.4	103.2	98.8	97.7	97.0
宁 夏 Ningxia	100.0	100.3	102.9	98.1	98.2	97.3
新 疆 Xinjiang	99.7	101.8	113.3	98.2	98.2	98.3

3–1–9 续表 10 continued 10

(上年价格=100) (Preceding Year=100)

地区	Region	(2)交通工具用燃料 Fuels for Transport Facility	(3)交通工具使用和维修 Use and Maintenance of Transport Facility	(4)交通费 Traffic Fee	2.通信 Commu-nications	(1)通信工具 Communication Facility	(2)通信服务 ommunicaiton Service
全国	**National**	**94.0**	**102.3**	**100.4**	**98.8**	**98.0**	**99.0**
北京	Beijing	94.2	103.2	100.5	95.5	95.9	94.8
天津	Tianjin	94.2	107.2	100.0	100.3	107.2	97.9
河北	Hebei	93.7	102.5	100.7	98.3	92.7	100.4
山西	Shanxi	94.3	105.1	97.4	100.4	102.9	99.5
内蒙古	Inner Mongolia	94.3	102.7	103.8	99.4	98.0	100.0
辽宁	Liaoning	94.2	100.3	99.9	99.4	98.5	99.7
吉林	Jilin	94.2	103.1	99.1	97.9	99.4	96.9
黑龙江	Heilongjiang	94.7	100.4	100.7	98.1	92.8	99.9
上海	Shanghai	93.7	104.0	100.7	98.3	97.7	98.9
江苏	Jiangsu	94.1	103.4	102.7	98.5	98.8	98.2
浙江	Zhejiang	94.1	102.5	101.7	100.2	101.7	99.8
安徽	Anhui	91.5	100.9	101.2	99.0	96.3	99.6
福建	Fujian	89.5	101.3	98.2	99.5	97.7	100.0
江西	Jiangxi	94.3	100.5	101.2	98.9	95.8	99.6
山东	Shandong	94.1	101.4	100.6	99.1	99.0	99.0
河南	Henan	94.4	101.9	99.9	99.0	105.2	96.1
湖北	Hubei	94.1	102.7	102.4	99.9	100.3	99.7
湖南	Hunan	94.2	101.2	100.5	99.3	99.4	99.3
广东	Guangdong	94.1	103.8	98.9	98.9	96.4	99.5
广西	Guangxi	94.3	101.1	100.1	98.3	95.4	99.1
海南	Hainan	94.7	103.9	98.4	99.6	99.1	99.6
重庆	Chongqing	94.2	102.5	101.7	98.6	97.5	98.8
四川	Sichuan	94.6	101.5	99.6	96.9	93.3	97.7
贵州	Guizhou	94.2	101.3	103.2	99.2	95.9	100.1
云南	Yunnan	94.6	101.3	100.3	98.4	95.3	99.2
西藏	Tibet	96.0	101.7	97.0	99.1	96.7	99.7
陕西	Shaanxi	94.1	101.1	99.6	99.3	98.0	99.9
甘肃	Gansu	94.8	100.7	101.5	98.4	95.6	99.5
青海	Qinghai	94.5	101.1	100.8	101.4	103.4	100.7
宁夏	Ningxia	95.4	100.1	101.2	98.0	94.6	99.4
新疆	Xinjiang	94.8	101.8	98.9	98.3	93.2	99.8

3-1-9 续表 11 continued 11

(上年价格=100) (Preceding Year=100)

地 区 Region	(3)邮递服务 Postal Serice	六、教育文化和娱乐 Education, Culture and Recreation	1.教育 Education	(1)教育用品 Education Articles	(2)教育服务 Education Services	2.文化娱乐 Cultural and Recreational Articles
全 国 National	**99.8**	**102.2**	**103.1**	**102.8**	**103.1**	**101.0**
北 京 Beijing	100.0	101.0	102.9	100.8	103.0	99.7
天 津 Tianjin	103.8	104.2	104.5	101.6	104.6	104.0
河 北 Hebei	100.0	103.4	104.6	103.2	104.7	101.1
山 西 Shanxi	101.4	102.9	103.5	102.9	103.5	101.7
内蒙古 Inner Mongolia	100.0	101.2	100.8	103.1	100.4	101.9
辽 宁 Liaoning	100.0	101.7	101.7	102.8	101.7	101.6
吉 林 Jilin	100.1	102.1	101.7	103.9	101.6	102.8
黑龙江 Heilongjiang	100.0	103.5	105.2	102.4	105.3	100.1
上 海 Shanghai	94.7	101.2	103.9	107.6	103.8	99.4
江 苏 Jiangsu	101.1	102.6	102.7	105.6	102.5	102.6
浙 江 Zhejiang	100.3	103.7	104.4	101.6	104.5	102.6
安 徽 Anhui	100.1	102.2	102.7	103.3	102.7	101.3
福 建 Fujian	100.5	101.4	101.9	102.7	101.8	100.7
江 西 Jiangxi	100.2	102.4	102.6	102.1	102.7	102.1
山 东 Shandong	100.4	102.5	102.5	105.2	102.4	102.4
河 南 Henan	99.8	102.7	103.7	104.4	103.7	101.1
湖 北 Hubei	100.6	102.5	103.4	101.1	103.7	101.0
湖 南 Hunan	100.0	102.0	102.5	100.2	102.7	101.1
广 东 Guangdong	99.8	102.2	103.5	103.4	103.5	100.1
广 西 Guangxi	98.4	102.1	103.3	103.0	103.4	100.2
海 南 Hainan	101.0	101.4	102.3	101.5	102.3	100.1
重 庆 Chongqing	100.7	101.9	104.4	102.7	104.4	99.7
四 川 Sichuan	99.4	100.8	102.9	101.1	103.1	98.6
贵 州 Guizhou	100.0	100.6	102.4	101.6	102.5	98.5
云 南 Yunnan	100.3	101.9	103.2	101.3	103.3	100.3
西 藏 Tibet	100.1	100.2	100.3	100.9	100.1	100.2
陕 西 Shaanxi	99.6	102.8	103.4	103.8	103.3	101.9
甘 肃 Gansu	99.3	100.7	101.1	100.0	101.2	99.8
青 海 Qinghai	100.2	103.7	106.0	102.7	106.1	100.0
宁 夏 Ningxia	100.4	100.3	101.8	102.5	101.7	97.7
新 疆 Xinjiang	100.0	100.8	100.9	101.2	100.9	100.5

3-1-9 续表 12 continued 12

(上年价格=100) (Preceding Year=100)

地区	Region	(1)文娱耐用消费品 Durable Consumer Goods for Culture and Recreation	(2)其他文娱用品 Other Articles	(3)文化娱乐服务 Cultural and Recreational Services	(4)旅游 Touring and Outgoing	七、医疗保健 Health Care	1.药品及医疗器具 Medicine and Medical Instrument
全国	**National**	**98.7**	**102.0**	**101.0**	**101.8**	**102.4**	**103.6**
北京	Beijing	95.6	101.9	101.6	101.6	108.4	101.3
天津	Tianjin	100.6	102.8	103.6	106.2	100.9	101.8
河北	Hebei	98.4	101.5	100.2	103.6	104.4	107.5
山西	Shanxi	100.6	102.3	100.7	102.6	101.8	104.4
内蒙古	Inner Mongolia	99.9	102.8	100.1	104.2	101.7	103.4
辽宁	Liaoning	98.6	101.2	100.4	104.4	101.6	103.4
吉林	Jilin	98.8	104.6	99.2	106.5	101.7	104.1
黑龙江	Heilongjiang	98.3	100.8	101.9	99.9	102.0	104.2
上海	Shanghai	100.1	100.4	103.1	97.8	103.3	102.9
江苏	Jiangsu	101.2	103.0	102.1	103.3	101.0	102.3
浙江	Zhejiang	99.7	103.9	101.4	103.8	104.8	107.1
安徽	Anhui	98.0	99.9	101.6	103.5	101.5	102.9
福建	Fujian	99.4	101.5	100.1	101.2	101.4	103.6
江西	Jiangxi	97.7	102.6	100.2	105.1	101.0	101.8
山东	Shandong	99.8	102.0	101.0	104.2	102.0	104.1
河南	Henan	100.8	103.0	100.0	101.1	101.9	103.4
湖北	Hubei	97.9	103.9	100.5	102.0	101.8	102.9
湖南	Hunan	100.6	100.6	100.3	102.2	101.4	103.5
广东	Guangdong	96.9	101.5	101.1	100.5	103.9	102.8
广西	Guangxi	99.4	101.9	101.0	99.1	101.8	104.2
海南	Hainan	99.4	99.1	103.5	98.2	101.5	103.2
重庆	Chongqing	95.9	102.5	100.9	100.0	100.7	101.7
四川	Sichuan	96.3	101.8	100.2	98.2	102.8	103.5
贵州	Guizhou	97.7	101.9	99.7	96.8	102.9	103.7
云南	Yunnan	98.7	101.7	102.2	100.0	102.0	103.9
西藏	Tibet	100.5	100.0	99.9	100.3	103.0	106.0
陕西	Shaanxi	98.5	103.0	100.5	105.0	101.4	103.0
甘肃	Gansu	98.9	100.7	99.5	100.3	102.0	104.1
青海	Qinghai	97.6	100.8	99.7	103.1	102.1	103.7
宁夏	Ningxia	98.0	100.6	98.0	95.2	104.0	102.9
新疆	Xinjiang	98.7	102.4	101.3	98.7	101.1	103.6

3-1-9 续表 13 continued 13

(上年价格=100) (Preceding Year=100)

地区 Region	(1)中药 Traditional chinese Medicine	(2)西药 Western Medicine	(3)滋补保健品 Health Care Articles	(4)医疗卫生器具 Medical Instrument	(5)保健器具 Health Care Appliances	2.医疗服务 Medical Services
全国 National	**104.7**	**104.3**	**102.3**	**100.5**	**100.0**	**101.6**
北京 Beijing	102.2	102.7	100.7	96.1	101.2	121.6
天津 Tianjin	103.2	101.9	101.1	99.9	100.7	100.1
河北 Hebei	105.9	110.2	101.2	100.6	99.8	102.3
山西 Shanxi	104.7	105.3	102.1	102.2	99.5	100.1
内蒙古 Inner Mongolia	103.9	104.6	101.2	99.1	100.0	100.5
辽宁 Liaoning	104.6	104.4	99.5	101.8	99.3	100.5
吉林 Jilin	106.2	104.3	102.9	99.7	100.6	100.0
黑龙江 Heilongjiang	103.8	104.6	103.1	105.5	99.4	100.6
上海 Shanghai	107.0	102.8	100.2	100.4	102.0	103.6
江苏 Jiangsu	105.7	102.3	101.2	99.7	99.9	100.4
浙江 Zhejiang	104.8	107.2	110.5	103.2	100.1	103.3
安徽 Anhui	103.4	103.2	101.9	102.1	100.2	100.8
福建 Fujian	104.9	104.5	101.0	101.1	100.6	100.3
江西 Jiangxi	102.4	101.8	101.0	101.9	99.2	100.7
山东 Shandong	104.8	105.5	101.6	99.6	99.4	100.2
河南 Henan	105.8	103.7	102.6	101.0	100.9	100.9
湖北 Hubei	104.6	102.8	101.3	100.3	100.3	101.2
湖南 Hunan	107.2	101.8	104.2	100.0	100.1	100.1
广东 Guangdong	104.1	103.8	101.6	99.4	99.9	104.7
广西 Guangxi	105.5	104.8	103.2	100.8	101.0	100.4
海南 Hainan	104.1	103.5	102.0	102.0	101.1	100.0
重庆 Chongqing	102.2	101.6	101.4	101.5	100.1	100.0
四川 Sichuan	105.1	104.1	102.5	99.5	98.7	102.2
贵州 Guizhou	103.1	105.0	100.9	101.1	101.1	102.4
云南 Yunnan	104.9	104.1	104.2	101.2	99.8	100.3
西藏 Tibet	104.6	108.4	102.1	102.4	100.0	101.0
陕西 Shaanxi	105.0	102.1	104.4	100.8	100.5	100.2
甘肃 Gansu	104.6	104.8	102.2	99.0	103.2	100.5
青海 Qinghai	101.7	105.7	98.5	100.2	99.6	100.9
宁夏 Ningxia	105.2	103.0	99.6	100.4	99.9	105.2
新疆 Xinjiang	102.9	104.0	103.7	104.3	99.3	100.1

3-1-9 续表 14 continued 14

(上年价格=100) (Preceding Year=100)

地 区	Region	(1)综合医疗类 General Practice	(2)诊断类 Diagnostic Medical	(3)治疗类 Medical Treatment	(4)康复类 Rehabilitation	(5)中医医疗服务类 Traditional Chinese Medical	(6)其他医疗服务 Other Health Care Services
全 国	**National**	**102.3**	**100.5**	**102.1**	**101.9**	**102.6**	**100.9**
北 京	Beijing	100.0	99.1	157.5	137.4	103.7	100.0
天 津	Tianjin	100.3	100.0	100.0	100.0	99.8	100.0
河 北	Hebei	106.2	100.2	100.1	99.8	101.6	100.0
山 西	Shanxi	100.1	100.1	100.1	100.5	101.9	100.1
内 蒙 古	Inner Mongolia	100.7	99.9	100.8	99.3	100.6	100.0
辽 宁	Liaoning	100.7	99.9	100.6	101.4	100.5	100.3
吉 林	Jilin	100.0	100.0	99.8	101.6	101.2	100.0
黑 龙 江	Heilongjiang	100.5	100.0	101.1	100.9	101.3	100.5
上 海	Shanghai	107.1	104.0	101.3	100.0	110.9	101.1
江 苏	Jiangsu	100.9	100.2	100.4	100.4	100.5	100.7
浙 江	Zhejiang	106.3	102.9	101.4	103.4	108.1	101.3
安 徽	Anhui	104.3	98.5	100.4	101.0	105.3	101.5
福 建	Fujian	101.3	99.6	100.4	101.3	100.1	100.4
江 西	Jiangxi	100.5	99.1	101.7	101.0	103.5	100.5
山 东	Shandong	100.9	99.7	100.4	99.5	100.1	100.4
河 南	Henan	102.2	99.6	100.9	101.7	101.6	100.4
湖 北	Hubei	101.0	101.1	101.6	100.0	101.5	100.2
湖 南	Hunan	100.1	100.1	100.1	100.0	100.0	100.0
广 东	Guangdong	107.1	102.2	105.3	101.3	106.8	105.8
广 西	Guangxi	100.5	100.4	100.5	100.1	100.4	100.7
海 南	Hainan	100.3	100.0	100.0	99.2	99.5	100.0
重 庆	Chongqing	100.0	99.7	100.2	100.0	100.3	100.0
四 川	Sichuan	102.5	101.0	103.0	106.7	102.6	102.0
贵 州	Guizhou	105.9	101.1	101.2	102.5	102.8	100.3
云 南	Yunnan	101.7	100.1	99.9	100.1	99.2	99.6
西 藏	Tibet	104.8	99.6	101.3	100.0	99.0	98.6
陕 西	Shaanxi	100.6	100.0	100.2	100.2	99.9	100.3
甘 肃	Gansu	100.7	100.6	100.8	100.3	99.6	99.0
青 海	Qinghai	101.6	99.9	99.7	100.0	108.5	100.0
宁 夏	Ningxia	112.6	100.5	104.6	100.0	103.0	100.3
新 疆	Xinjiang	100.2	100.2	100.0	100.6	100.2	100.7

3-1-9 续表 15 continued 15

(上年价格=100) (Preceding Year=100)

地区 Region	八、其他用品和服务 Other Articles and Services	1.其他用品类 Other Articles	(1)首饰手表 Jewelry and Watches	(2)其他杂项用品 Other Miscellaneous Articles	2.其他服务类 Other Services
全国 National	**103.4**	**104.5**	**107.2**	**100.2**	**102.6**
北京 Beijing	103.2	106.5	107.9	96.7	101.1
天津 Tianjin	105.0	107.8	111.7	99.5	102.8
河北 Hebei	104.6	103.1	105.3	100.7	105.7
山西 Shanxi	102.5	102.8	105.3	99.5	102.3
内蒙古 Inner Mongolia	102.5	102.9	103.9	100.6	102.2
辽宁 Liaoning	102.8	104.0	106.5	100.1	101.9
吉林 Jilin	103.6	106.8	110.5	101.4	101.2
黑龙江 Heilongjiang	102.9	103.7	105.8	100.0	102.3
上海 Shanghai	103.3	105.8	109.1	100.0	101.8
江苏 Jiangsu	104.2	104.6	106.6	101.1	103.9
浙江 Zhejiang	103.2	104.8	107.3	100.4	102.1
安徽 Anhui	103.0	104.0	106.0	101.1	102.1
福建 Fujian	103.1	105.1	108.6	100.0	101.6
江西 Jiangxi	102.9	104.5	106.7	100.6	101.4
山东 Shandong	104.1	104.8	107.2	100.5	103.5
河南 Henan	105.2	106.7	108.9	100.3	104.0
湖北 Hubei	102.6	104.2	107.0	100.7	101.3
湖南 Hunan	102.5	103.7	107.2	99.6	101.6
广东 Guangdong	103.5	104.4	107.7	98.6	102.8
广西 Guangxi	103.0	103.1	107.8	100.1	102.9
海南 Hainan	104.1	105.0	107.9	101.6	103.4
重庆 Chongqing	102.8	103.1	104.9	100.0	102.6
四川 Sichuan	103.2	104.2	106.3	101.0	102.6
贵州 Guizhou	101.9	102.7	105.4	100.6	101.2
云南 Yunnan	102.3	102.6	105.6	99.9	101.9
西藏 Tibet	102.7	103.5	105.2	100.9	102.0
陕西 Shaanxi	104.0	103.9	106.9	100.0	104.1
甘肃 Gansu	102.8	104.0	106.9	100.8	101.8
青海 Qinghai	103.5	106.4	109.9	100.9	100.6
宁夏 Ningxia	103.9	104.1	106.4	99.5	103.7
新疆 Xinjiang	103.2	102.8	105.0	99.5	103.5

3-1-9 续表 16 continued 16

(上年价格=100) (Preceding Year=100)

地 区	Region	(1)旅馆住宿 Hotel Accommo-dations	(2)美容美发洗浴 Beauty Salon, Hair Salon and Scouring Bath	(3)养老服务 Elderly Care	(4)金融保险 Finance and Insurance	(5)其他服务类 Other Services
全 国	**National**	**101.5**	**103.1**	**104.4**	**102.2**	**101.7**
北 京	Beijing	104.8	102.3	102.6	97.9	98.9
天 津	Tianjin	102.0	102.8	100.5	102.9	107.6
河 北	Hebei	101.1	102.7	100.5	107.7	100.8
山 西	Shanxi	100.5	106.4	101.0	101.0	102.1
内 蒙 古	Inner Mongolia	102.3	104.4	100.1	101.5	101.8
辽 宁	Liaoning	101.0	103.1	102.7	101.2	100.9
吉 林	Jilin	99.2	100.7	104.1	101.2	100.8
黑 龙 江	Heilongjiang	101.3	104.6	108.1	100.2	100.6
上 海	Shanghai	100.6	101.4	101.2	103.6	101.0
江 苏	Jiangsu	103.3	105.9	106.4	101.4	103.2
浙 江	Zhejiang	102.1	104.4	104.9	100.0	100.8
安 徽	Anhui	101.7	103.4	104.3	100.3	103.2
福 建	Fujian	98.6	101.3	101.8	102.4	100.3
江 西	Jiangxi	98.9	100.9	102.5	101.5	105.0
山 东	Shandong	103.3	102.9	105.3	103.7	103.9
河 南	Henan	100.8	105.2	108.5	102.0	102.4
湖 北	Hubei	100.0	102.7	102.7	99.9	101.3
湖 南	Hunan	104.1	102.2	101.0	100.9	100.0
广 东	Guangdong	102.4	101.9	107.7	101.9	100.6
广 西	Guangxi	99.9	104.6	103.8	102.6	103.8
海 南	Hainan	97.9	103.1	97.2	106.9	100.0
重 庆	Chongqing	100.3	103.1	101.9	102.6	104.2
四 川	Sichuan	100.0	102.4	102.6	104.0	101.3
贵 州	Guizhou	96.8	101.6	103.2	102.0	102.3
云 南	Yunnan	100.7	102.9	101.6	101.2	103.7
西 藏	Tibet	103.4	103.6	100.0	100.0	100.0
陕 西	Shaanxi	101.4	103.9	101.8	106.1	102.3
甘 肃	Gansu	100.1	102.0	100.3	102.6	101.7
青 海	Qinghai	101.5	100.0	101.9	100.6	100.0
宁 夏	Ningxia	107.0	102.5	99.8	104.7	100.3
新 疆	Xinjiang	101.2	103.1	114.2	101.1	100.4

3-1-10 各地区城市居民消费价格分类指数(2019年)

Urban Consumer Price Indices by Category and Region (2019)

(上年价格=100) (Preceding Year=100)

地 区	Region	居民消费价格总指数 Consumer Price Index	一、食品烟酒 Food, Tobacco and Liquor	1.食品 Food	(1)粮食 Grain	(2)薯类 Tubers	(3)豆类 Beans
全 国	**National**	**102.8**	**106.7**	**108.8**	**100.6**	**102.5**	**101.8**
北 京	Beijing	102.3	105.2	106.2	99.6	101.8	102.1
天 津	Tianjin	102.7	104.6	106.0	101.8	91.6	102.2
河 北	Hebei	102.8	105.9	107.6	100.7	100.4	100.6
山 西	Shanxi	102.6	106.1	107.7	100.0	98.7	99.5
内蒙古	Inner Mongolia	102.3	105.3	107.1	102.0	97.8	100.0
辽 宁	Liaoning	102.3	105.8	107.6	100.8	97.4	100.1
吉 林	Jilin	102.8	107.3	109.1	101.4	97.7	100.6
黑龙江	Heilongjiang	102.7	107.1	109.3	102.3	98.3	99.4
上 海	Shanghai	102.5	105.0	106.4	100.7	109.6	111.3
江 苏	Jiangsu	103.1	107.0	109.3	101.2	106.4	101.1
浙 江	Zhejiang	102.8	105.8	107.4	100.3	103.3	104.3
安 徽	Anhui	102.7	106.9	109.4	100.2	101.6	102.3
福 建	Fujian	102.6	107.2	110.0	99.1	103.7	101.6
江 西	Jiangxi	102.9	107.4	110.3	100.8	109.1	102.1
山 东	Shandong	103.1	107.6	110.1	100.3	103.2	99.7
河 南	Henan	102.9	107.1	109.6	100.2	102.0	100.9
湖 北	Hubei	103.0	106.9	109.4	100.1	107.1	101.0
湖 南	Hunan	102.8	106.9	109.5	100.2	107.4	101.4
广 东	Guangdong	103.1	107.6	109.5	100.8	102.7	101.0
广 西	Guangxi	103.5	109.1	112.6	100.5	106.1	102.1
海 南	Hainan	103.2	107.5	109.7	100.4	112.1	101.8
重 庆	Chongqing	102.7	106.8	109.6	97.7	98.1	102.0
四 川	Sichuan	103.1	108.4	111.6	101.0	104.3	101.9
贵 州	Guizhou	102.2	106.3	108.1	99.9	102.5	101.5
云 南	Yunnan	102.4	106.4	108.7	101.7	108.2	103.2
西 藏	Tibet	102.4	102.9	103.9	102.0	104.0	107.8
陕 西	Shaanxi	102.9	105.3	106.8	100.4	100.4	100.9
甘 肃	Gansu	102.2	105.3	107.7	100.6	102.6	101.1
青 海	Qinghai	102.4	105.1	106.0	101.4	102.2	97.9
宁 夏	Ningxia	102.0	105.1	106.5	100.7	97.1	102.4
新 疆	Xinjiang	101.9	104.8	106.4	100.3	102.8	99.1

3-1-10 续表 1 continued 1

(上年价格=100) (Preceding Year=100)

地 区	Region	(4)食用油 Edible Oil and Fats	(5)菜 Vegetables	(6)畜肉类 Meat of Livestock	(7)禽肉类 Meat of Poultry	(8)水产品 Aquatic Products	(9)蛋类 Eggs
全 国	**National**	**100.9**	**103.9**	**127.9**	**110.0**	**100.1**	**105.0**
北 京	Beijing	99.6	100.6	120.9	111.2	98.4	103.8
天 津	Tianjin	100.4	100.5	124.1	108.8	96.4	105.1
河 北	Hebei	99.8	103.0	127.5	112.6	95.8	104.8
山 西	Shanxi	100.3	103.1	127.0	114.0	98.9	107.2
内 蒙 古	Inner Mongolia	102.5	99.9	123.4	114.1	99.6	106.2
辽 宁	Liaoning	100.2	103.8	125.8	112.3	101.4	103.3
吉 林	Jilin	99.0	105.6	127.9	113.9	100.1	103.1
黑 龙 江	Heilongjiang	99.6	105.9	128.9	115.6	100.5	103.1
上 海	Shanghai	100.6	103.5	118.7	111.3	100.3	105.2
江 苏	Jiangsu	101.9	104.0	127.4	111.6	99.4	106.4
浙 江	Zhejiang	101.4	104.7	125.1	107.4	98.3	104.0
安 徽	Anhui	102.2	102.3	132.9	109.1	99.0	103.0
福 建	Fujian	100.9	104.2	131.8	110.1	100.9	103.7
江 西	Jiangxi	100.2	109.6	130.9	108.4	98.5	103.7
山 东	Shandong	101.8	103.3	135.7	109.7	100.5	105.2
河 南	Henan	98.7	104.1	132.4	110.9	98.8	106.0
湖 北	Hubei	100.4	105.4	128.5	108.9	99.1	105.7
湖 南	Hunan	102.2	106.2	130.5	109.1	99.5	105.3
广 东	Guangdong	99.0	104.3	127.3	108.4	102.3	105.4
广 西	Guangxi	100.7	106.9	136.1	112.6	105.1	104.6
海 南	Hainan	99.8	106.0	124.4	110.0	102.7	104.5
重 庆	Chongqing	102.9	101.9	133.1	110.8	101.4	104.7
四 川	Sichuan	103.6	101.3	134.5	110.7	100.7	103.8
贵 州	Guizhou	104.9	101.3	123.4	107.4	101.1	104.5
云 南	Yunnan	103.7	107.2	118.6	108.3	100.3	107.3
西 藏	Tibet	99.8	101.6	107.0	116.1	99.1	102.0
陕 西	Shaanxi	99.9	100.9	127.8	112.4	98.5	106.6
甘 肃	Gansu	102.2	104.3	121.9	112.4	100.8	105.9
青 海	Qinghai	100.6	102.8	116.2	114.0	97.2	108.0
宁 夏	Ningxia	99.1	102.6	116.0	111.1	98.0	104.4
新 疆	Xinjiang	100.2	105.5	113.4	108.4	98.1	105.7

3-1-10 续表 2 continued 2

(上年价格=100) (Preceding Year=100)

地区 Region	(10)奶类 Milk	(11)干鲜瓜果类 Dried and Fresh Melons and Fruits	(12)糖果糕点类 Candy and Cake	(13)调味品 Falvoring	(14)其他食品类 Other Foods	2.茶及饮料 Tea and Beverages
全国 National	**101.6**	**109.5**	**100.7**	**101.1**	**101.4**	**101.5**
北京 Beijing	101.0	108.8	100.0	101.3	101.8	102.2
天津 Tianjin	101.6	107.5	101.3	101.4	100.3	101.5
河北 Hebei	100.4	106.7	99.5	101.8	101.4	101.8
山西 Shanxi	101.0	107.6	100.2	101.0	100.9	101.5
内蒙古 Inner Mongolia	100.2	107.0	99.4	100.2	100.5	100.3
辽宁 Liaoning	101.7	107.1	100.9	100.6	100.8	101.8
吉林 Jilin	101.4	111.6	102.1	100.8	101.8	102.1
黑龙江 Heilongjiang	100.7	109.7	100.3	100.0	100.6	103.0
上海 Shanghai	101.6	107.4	100.7	100.2	102.3	101.6
江苏 Jiangsu	104.2	110.4	101.9	103.5	104.2	101.9
浙江 Zhejiang	102.6	112.3	100.7	102.9	101.3	102.2
安徽 Anhui	100.5	110.5	101.6	101.4	101.4	102.5
福建 Fujian	101.9	116.1	100.5	100.0	100.9	100.8
江西 Jiangxi	101.1	111.8	100.9	99.6	102.0	100.1
山东 Shandong	101.0	108.8	100.4	100.5	99.1	100.3
河南 Henan	100.7	107.6	100.2	103.0	101.2	101.5
湖北 Hubei	102.8	113.5	100.5	101.6	101.7	101.3
湖南 Hunan	100.9	106.1	101.1	101.9	101.0	100.6
广东 Guangdong	101.9	111.3	100.5	99.2	101.4	101.9
广西 Guangxi	101.2	115.2	101.6	100.2	99.7	101.5
海南 Hainan	98.4	115.4	101.6	101.1	101.1	100.8
重庆 Chongqing	100.9	105.7	100.6	101.2	102.3	100.6
四川 Sichuan	101.9	108.1	100.9	100.7	102.6	100.7
贵州 Guizhou	99.7	110.5	100.0	101.1	102.2	101.8
云南 Yunnan	100.1	115.7	100.3	100.8	102.2	101.7
西藏 Tibet	101.1	105.2	100.0	103.3	105.0	103.8
陕西 Shaanxi	102.0	103.6	100.7	100.6	101.3	100.3
甘肃 Gansu	101.4	111.2	101.1	100.1	102.1	101.0
青海 Qinghai	96.8	101.9	102.1	100.9	98.1	99.9
宁夏 Ningxia	101.7	111.3	101.5	100.4	102.1	102.6
新疆 Xinjiang	105.0	108.0	101.3	102.0	101.2	103.4

3-1-10 续表 3 continued 3

(上年价格=100) (Preceding Year=100)

地区	Region	3.烟酒 Tobacco and Liquor	(1)烟草 Tabacco	(2)酒类 Liquor	4.在外餐饮 Dining Out	二、衣着 Clothing	1.服装 Garments
全国	**National**	**101.3**	**100.6**	**102.2**	**103.3**	**101.7**	**101.9**
北京	Beijing	100.5	99.9	101.1	104.3	101.9	102.7
天津	Tianjin	101.5	101.7	101.2	102.4	102.1	102.0
河北	Hebei	100.4	100.5	100.3	102.8	101.4	101.9
山西	Shanxi	101.5	100.3	103.4	103.0	100.7	101.0
内蒙古	Inner Mongolia	101.3	101.3	101.2	101.3	101.6	101.8
辽宁	Liaoning	100.6	100.5	100.8	102.2	102.0	102.0
吉林	Jilin	101.0	99.9	102.9	103.7	102.1	102.2
黑龙江	Heilongjiang	99.9	100.0	99.8	102.8	101.0	101.7
上海	Shanghai	101.0	100.1	102.7	102.8	103.2	103.6
江苏	Jiangsu	102.1	100.4	104.7	103.4	102.7	103.0
浙江	Zhejiang	101.0	100.0	103.0	104.0	101.5	101.8
安徽	Anhui	100.8	99.9	102.1	103.0	102.3	102.6
福建	Fujian	100.2	100.0	100.5	103.0	103.2	103.4
江西	Jiangxi	100.9	100.1	102.4	102.7	101.6	101.3
山东	Shandong	101.7	100.3	103.2	103.6	101.0	101.1
河南	Henan	102.0	100.9	102.7	102.9	100.8	100.7
湖北	Hubei	100.7	100.3	101.4	102.9	102.0	102.2
湖南	Hunan	102.5	104.1	100.0	101.9	101.2	101.4
广东	Guangdong	102.6	102.4	102.8	104.6	101.8	102.0
广西	Guangxi	100.6	100.0	101.4	103.9	101.8	101.7
海南	Hainan	99.8	99.9	99.6	103.6	101.4	101.3
重庆	Chongqing	99.7	100.0	99.1	102.6	100.2	100.2
四川	Sichuan	101.8	100.6	103.5	103.3	101.6	101.7
贵州	Guizhou	100.2	100.0	100.7	104.0	100.3	100.3
云南	Yunnan	100.9	100.9	101.0	102.9	100.2	100.2
西藏	Tibet	100.7	99.5	102.0	101.2	106.1	106.5
陕西	Shaanxi	100.5	100.0	101.4	104.0	102.6	103.0
甘肃	Gansu	100.7	100.0	101.7	101.4	100.9	101.2
青海	Qinghai	100.6	100.0	101.4	104.5	101.1	99.8
宁夏	Ningxia	100.1	100.1	100.0	103.5	100.3	101.3
新疆	Xinjiang	101.2	100.3	102.2	102.4	99.8	99.7

3-1-10 续表 4 continued 4

(上年价格=100) (Preceding Year=100)

地 区	Region	(1)男式服装 Men's clothing	(2)女式服装 Women's Clothing	(3)儿童服装 Children's Clothing	2.服装材料 Garments Material	3.其他衣着及配件 Other Clothing and Parts	4.衣着加工服务费 Clothing Manufacturing Service Fees
全 国	**National**	**101.8**	**102.1**	**101.5**	**101.7**	**100.0**	**104.4**
北 京	Beijing	101.9	103.2	100.4	102.8	100.5	109.1
天 津	Tianjin	100.9	102.4	102.8	102.2	98.4	110.8
河 北	Hebei	101.7	102.2	101.5	100.4	100.0	101.5
山 西	Shanxi	101.1	101.6	98.5	101.1	100.5	102.5
内蒙古	Inner Mongolia	102.2	101.8	100.9	100.5	100.6	104.0
辽 宁	Liaoning	101.8	102.1	102.1	99.7	100.1	102.3
吉 林	Jilin	101.3	102.7	102.5	101.8	101.5	104.6
黑龙江	Heilongjiang	102.2	101.9	99.7	100.1	99.9	94.5
上 海	Shanghai	101.3	104.8	102.2	102.5	98.1	107.5
江 苏	Jiangsu	103.3	102.7	103.1	102.1	101.3	104.6
浙 江	Zhejiang	103.2	101.0	100.9	102.4	101.3	104.1
安 徽	Anhui	102.9	102.4	102.4	99.6	100.0	102.3
福 建	Fujian	103.2	103.3	104.1	107.8	101.1	101.7
江 西	Jiangxi	101.1	101.7	100.4	103.0	100.0	104.6
山 东	Shandong	100.7	101.2	102.1	100.8	100.2	102.2
河 南	Henan	101.2	100.5	100.6	101.3	100.0	103.4
湖 北	Hubei	102.0	102.3	102.4	105.2	101.0	102.7
湖 南	Hunan	101.4	101.3	101.5	100.5	100.1	104.6
广 东	Guangdong	102.4	102.3	100.8	101.2	97.4	106.6
广 西	Guangxi	101.7	101.6	102.0	99.5	100.6	107.5
海 南	Hainan	99.8	102.0	101.8	96.2	98.3	100.0
重 庆	Chongqing	99.9	100.9	97.0	100.6	99.3	100.7
四 川	Sichuan	101.0	102.1	101.7	105.4	101.0	105.1
贵 州	Guizhou	100.4	100.1	100.9	102.9	100.1	106.8
云 南	Yunnan	100.3	98.8	103.2	101.7	98.0	104.7
西 藏	Tibet	103.3	105.1	113.8	100.8	104.7	111.8
陕 西	Shaanxi	102.3	104.0	101.0	102.8	101.8	100.6
甘 肃	Gansu	100.6	101.8	100.7	102.6	100.5	105.6
青 海	Qinghai	102.9	101.1	95.7	100.0	101.5	106.9
宁 夏	Ningxia	100.7	101.9	100.0	102.2	99.7	100.9
新 疆	Xinjiang	99.7	99.9	98.8	100.5	99.8	103.6

3－1－10　续表 5　continued 5

(上年价格=100)　　(Preceding Year=100)

地　区	Region	5.鞋类 Footware	(1)鞋 Shoes	(2)鞋类加工服务 Footware Manufactuing Services	三、居住 Residence	1.租赁房房租 Rent of Rental Housing	2.住房保养维修及管理 Housing Maintenance and Management
全　国	**National**	**101.0**	**100.9**	**104.7**	**101.3**	**101.8**	**101.8**
北　京	Beijing	99.4	99.4	105.3	101.3	101.7	100.8
天　津	Tianjin	102.2	102.0	110.2	102.4	103.0	103.3
河　北	Hebei	99.9	99.9	100.1	101.1	100.5	101.4
山　西	Shanxi	99.5	99.4	104.2	101.7	103.0	102.6
内 蒙 古	Inner Mongolia	101.1	101.2	100.1	101.5	103.1	101.4
辽　宁	Liaoning	102.3	102.3	101.2	100.8	100.4	102.3
吉　林	Jilin	101.4	101.3	102.4	102.1	105.2	100.4
黑 龙 江	Heilongjiang	99.4	99.3	102.4	99.4	98.9	100.2
上　海	Shanghai	102.1	102.1	103.3	101.9	101.8	102.8
江　苏	Jiangsu	101.8	101.7	104.2	101.9	102.3	103.9
浙　江	Zhejiang	99.8	99.8	102.2	100.6	100.7	102.0
安　徽	Anhui	101.8	101.8	101.5	100.9	101.9	100.9
福　建	Fujian	102.9	102.9	102.5	100.4	100.6	101.0
江　西	Jiangxi	102.7	102.7	102.5	101.1	100.5	103.8
山　东	Shandong	100.7	100.7	104.5	102.2	104.0	102.0
河　南	Henan	100.9	100.7	110.6	100.8	99.5	102.1
湖　北	Hubei	101.2	101.1	107.2	101.7	102.3	101.1
湖　南	Hunan	100.4	100.3	103.7	101.3	101.8	101.5
广　东	Guangdong	101.1	100.8	105.9	100.8	101.8	101.1
广　西	Guangxi	101.8	101.1	106.9	101.7	103.2	102.1
海　南	Hainan	102.6	102.7	100.7	101.2	103.4	101.4
重　庆	Chongqing	100.2	100.1	104.0	102.0	101.5	100.6
四　川	Sichuan	100.8	100.8	100.5	101.8	102.4	101.4
贵　州	Guizhou	99.8	99.7	103.7	100.6	101.6	101.2
云　南	Yunnan	100.4	100.4	101.7	101.5	101.9	102.5
西　藏	Tibet	103.4	103.2	108.2	102.0	108.5	103.8
陕　西	Shaanxi	101.7	101.2	110.5	102.5	103.7	102.8
甘　肃	Gansu	99.7	99.7	100.2	100.6	100.8	100.7
青　海	Qinghai	105.1	105.1	100.9	100.5	99.6	98.6
宁　夏	Ningxia	97.2	97.2	100.1	100.9	100.7	102.3
新　疆	Xinjiang	99.8	97.6	112.6	101.3	99.9	99.8

3-1-10 续表 6 continued 6

(上年价格=100) (Preceding Year=100)

地区	Region	3.水电燃料 Water, Electricity and Fuels	四、生活用品及服务 Articles for Daily Use and Services	1.家具及室内装饰品 Furniture and Interior Decorations	(1)家具 Furniture	(2)室内装饰品 Interior Decorations	2.家用器具 Home Appliances
全国	**National**	**100.5**	**100.9**	**101.0**	**101.1**	**99.7**	**99.1**
北京	Beijing	101.1	99.7	100.4	100.8	96.4	95.2
天津	Tianjin	100.4	100.9	99.4	99.4	100.0	99.5
河北	Hebei	101.9	101.2	101.8	101.9	101.5	101.0
山西	Shanxi	100.3	100.3	100.3	100.4	100.1	98.9
内蒙古	Inner Mongolia	100.9	100.9	100.1	100.1	100.0	101.3
辽宁	Liaoning	100.4	100.7	100.3	100.3	100.5	99.5
吉林	Jilin	101.2	101.4	102.4	102.5	100.9	99.4
黑龙江	Heilongjiang	100.4	100.3	99.2	99.3	98.5	98.6
上海	Shanghai	99.4	100.9	100.9	100.9	101.0	98.7
江苏	Jiangsu	101.1	102.2	103.1	103.3	101.5	100.6
浙江	Zhejiang	100.1	102.1	102.1	102.4	99.2	99.6
安徽	Anhui	100.8	101.5	101.1	101.3	100.2	100.7
福建	Fujian	100.4	100.7	99.5	99.5	99.8	99.6
江西	Jiangxi	99.9	100.3	101.3	101.4	100.6	98.5
山东	Shandong	100.7	100.8	100.8	101.0	100.0	100.3
河南	Henan	101.2	100.7	101.5	101.7	99.9	99.1
湖北	Hubei	101.4	100.3	101.3	101.6	99.0	97.0
湖南	Hunan	100.7	100.6	100.2	100.2	100.0	100.2
广东	Guangdong	99.4	100.5	100.2	100.3	99.4	97.8
广西	Guangxi	101.1	101.0	100.9	101.0	99.6	99.1
海南	Hainan	98.0	101.2	100.8	100.8	100.9	101.3
重庆	Chongqing	101.9	100.6	102.4	102.8	100.1	96.6
四川	Sichuan	102.1	100.6	101.5	101.7	100.3	98.5
贵州	Guizhou	99.8	100.0	99.7	99.6	99.9	98.3
云南	Yunnan	99.4	100.5	100.2	100.1	100.6	99.9
西藏	Tibet	98.9	101.0	100.3	100.3	100.4	99.7
陕西	Shaanxi	100.7	101.5	100.6	101.8	95.7	99.4
甘肃	Gansu	100.5	100.9	100.5	100.3	102.2	99.5
青海	Qinghai	102.2	100.2	101.8	102.0	101.0	97.8
宁夏	Ningxia	102.6	100.4	100.9	100.9	100.2	99.1
新疆	Xinjiang	100.9	101.7	100.1	100.8	96.6	98.3

3-1-10 续表 7 continued 7

(上年价格=100) (Preceding Year=100)

地 区	Region	(1)大型家用器具 Large Houshold Appliances	(2)小家电 Small Household Appliances	3.家用纺织品 Home Textiles	(1)床上用品 Bed Articles	(2)窗帘门帘 Curtains	(3)其他家用纺织品 Other Interior Textiles
全 国	**National**	**99.0**	**99.4**	**100.4**	**100.4**	**101.4**	**99.8**
北 京	Beijing	94.9	96.0	98.8	98.9	100.0	95.0
天 津	Tianjin	99.0	101.4	100.3	100.4	99.6	100.0
河 北	Hebei	100.9	101.3	100.3	100.5	99.6	99.2
山 西	Shanxi	98.8	99.8	98.0	97.5	100.3	99.6
内蒙古	Inner Mongolia	101.1	102.1	100.6	100.6	101.6	99.9
辽 宁	Liaoning	99.4	99.7	100.3	100.4	101.1	98.1
吉 林	Jilin	99.3	100.1	101.2	101.3	102.3	99.0
黑龙江	Heilongjiang	98.7	98.4	99.4	99.3	100.3	99.4
上 海	Shanghai	97.3	102.8	99.2	98.8	103.4	100.2
江 苏	Jiangsu	100.3	103.0	102.5	102.6	103.5	100.7
浙 江	Zhejiang	99.6	99.7	104.0	104.4	104.4	99.1
安 徽	Anhui	100.7	100.4	101.0	101.1	100.4	101.0
福 建	Fujian	99.6	99.3	100.2	100.0	100.3	101.5
江 西	Jiangxi	98.3	99.4	100.5	99.9	103.3	102.4
山 东	Shandong	100.3	100.1	99.6	99.3	100.9	100.9
河 南	Henan	99.4	97.5	99.3	99.3	99.3	98.8
湖 北	Hubei	97.1	96.4	99.3	99.2	100.8	98.1
湖 南	Hunan	100.1	100.9	100.4	100.5	99.8	100.0
广 东	Guangdong	97.9	97.5	99.2	99.0	99.9	100.5
广 西	Guangxi	98.8	100.2	100.6	100.3	104.1	99.8
海 南	Hainan	101.4	101.1	101.6	102.1	100.2	99.8
重 庆	Chongqing	96.5	96.9	100.8	100.6	100.3	103.1
四 川	Sichuan	98.5	98.6	100.3	100.4	100.4	99.2
贵 州	Guizhou	98.6	97.5	99.0	98.5	100.7	100.7
云 南	Yunnan	99.7	100.6	98.8	98.4	100.3	100.3
西 藏	Tibet	99.7	99.9	99.6	99.7	99.9	99.3
陕 西	Shaanxi	99.4	99.5	103.8	104.2	106.2	96.0
甘 肃	Gansu	99.4	100.1	101.8	101.7	102.6	101.0
青 海	Qinghai	97.5	99.8	99.4	99.0	102.2	98.4
宁 夏	Ningxia	99.0	99.4	101.1	101.4	100.4	101.1
新 疆	Xinjiang	98.2	98.7	100.6	99.9	103.8	98.6

3-1-10 续表 8 continued 8

(上年价格=100) (Preceding Year=100)

地区	Region	4.家庭日用杂品 Household Articles for Daily Use	(1)洗涤卫生用品 Clearing Products	(2)厨具餐具茶具 Kichenware Tableware and Teaset	(3)家用手工工具 Hand Tools for Household Use	(4)其他家庭日用杂品 Other Daily Use Household Articles	5.个人护理用品 Personal-care Supplies
全国	**National**	**100.8**	**101.3**	**100.1**	**101.0**	**100.3**	**101.2**
北京	Beijing	98.9	98.4	99.9	100.7	100.2	101.2
天津	Tianjin	101.0	102.1	99.8	101.4	99.2	100.5
河北	Hebei	99.9	100.9	98.6	99.7	99.0	102.3
山西	Shanxi	100.7	101.0	101.3	100.1	99.8	102.1
内蒙古	Inner Mongolia	101.5	101.5	101.4	102.4	101.3	100.3
辽宁	Liaoning	100.7	101.0	99.5	100.3	100.6	101.0
吉林	Jilin	101.6	102.3	100.7	101.4	101.1	101.8
黑龙江	Heilongjiang	100.7	101.3	100.1	100.2	99.9	102.2
上海	Shanghai	100.7	102.8	96.0	98.4	99.2	101.6
江苏	Jiangsu	101.0	101.6	100.3	103.9	99.9	102.9
浙江	Zhejiang	103.0	104.6	102.3	101.6	101.2	102.3
安徽	Anhui	101.1	101.2	101.0	101.4	100.8	102.0
福建	Fujian	101.2	101.3	101.6	100.4	100.5	100.9
江西	Jiangxi	100.9	101.2	99.9	99.7	100.9	100.3
山东	Shandong	100.2	100.7	99.4	100.4	99.8	100.7
河南	Henan	101.0	101.4	100.3	101.5	100.8	101.0
湖北	Hubei	100.3	100.7	99.4	99.4	100.3	101.7
湖南	Hunan	101.0	101.5	100.6	99.9	100.3	100.5
广东	Guangdong	100.0	100.0	99.4	101.0	100.2	100.4
广西	Guangxi	101.2	101.9	100.3	101.0	100.3	100.8
海南	Hainan	101.5	101.1	99.4	100.1	103.6	101.7
重庆	Chongqing	101.3	102.7	98.8	101.1	99.7	100.5
四川	Sichuan	101.0	101.2	100.4	102.3	101.0	99.7
贵州	Guizhou	100.3	100.8	99.1	100.1	99.8	100.7
云南	Yunnan	100.5	100.7	100.6	101.2	100.2	100.9
西藏	Tibet	101.1	100.8	100.2	103.9	102.0	99.9
陕西	Shaanxi	102.4	102.0	103.6	101.1	100.0	100.1
甘肃	Gansu	101.7	102.7	99.9	103.3	101.9	100.8
青海	Qinghai	100.1	100.3	100.1	101.0	99.6	101.9
宁夏	Ningxia	100.1	101.0	99.9	99.9	99.1	100.5
新疆	Xinjiang	100.4	99.8	101.1	98.4	100.5	100.6

3－1－10 续表 9 continued 9

(上年价格=100) (Preceding Year=100)

地区	Region	(1)化妆品 Cosmetics	(2)其他护理用品类 Other Nursing Materials	6.家庭服务 Household Services	五、交通和通信 Transport and Commu-nications	1.交通 Transport	(1)交通工具 Transport Facility
全　国	**National**	**101.5**	**100.7**	**104.9**	**98.2**	**98.0**	**98.3**
北　京	Beijing	102.0	98.8	105.6	97.2	97.9	97.1
天　津	Tianjin	101.0	100.0	106.1	99.3	98.7	98.9
河　北	Hebei	102.7	101.6	104.6	97.7	97.5	97.5
山　西	Shanxi	102.7	100.9	104.2	98.9	97.7	98.5
内蒙古	Inner Mongolia	100.6	99.7	102.4	98.8	98.5	97.2
辽　宁	Liaoning	101.2	100.7	105.3	98.0	97.3	96.9
吉　林	Jilin	102.6	99.9	104.4	96.2	95.4	92.7
黑龙江	Heilongjiang	103.2	99.9	100.8	99.3	100.0	102.1
上　海	Shanghai	101.5	101.9	104.2	97.8	97.5	96.4
江　苏	Jiangsu	103.3	102.1	106.4	98.7	99.0	100.7
浙　江	Zhejiang	103.0	101.3	103.6	99.0	98.5	99.1
安　徽	Anhui	101.9	102.1	105.5	97.2	96.3	96.7
福　建	Fujian	101.1	100.7	104.5	97.8	96.8	99.8
江　西	Jiangxi	100.4	100.3	102.1	97.9	97.5	97.2
山　东	Shandong	101.6	99.8	104.0	97.6	97.0	96.8
河　南	Henan	101.6	100.0	103.9	98.4	98.9	100.0
湖　北	Hubei	101.6	101.7	106.5	99.7	99.0	99.1
湖　南	Hunan	100.9	100.2	102.3	98.5	98.3	99.4
广　东	Guangdong	100.5	100.2	105.5	98.4	98.0	98.0
广　西	Guangxi	100.1	101.4	105.1	98.0	97.9	99.2
海　南	Hainan	100.0	102.7	99.6	99.2	99.0	101.3
重　庆	Chongqing	100.4	100.5	106.3	98.6	98.5	96.4
四　川	Sichuan	99.9	99.5	105.5	96.6	96.8	96.2
贵　州	Guizhou	100.4	101.3	104.3	98.4	97.6	96.3
云　南	Yunnan	100.7	101.1	105.0	98.3	98.1	98.7
西　藏	Tibet	104.7	96.1	108.7	99.6	98.8	100.0
陕　西	Shaanxi	100.1	100.0	105.0	99.1	98.7	99.1
甘　肃	Gansu	101.0	100.6	101.8	99.4	99.7	99.7
青　海	Qinghai	101.9	101.6	100.2	99.2	98.0	97.1
宁　夏	Ningxia	100.6	100.4	103.4	98.2	98.1	96.9
新　疆	Xinjiang	99.1	102.4	115.1	98.2	98.0	97.7

3-1-10 续表 10 continued 10

(上年价格=100) (Preceding Year=100)

地区 Region	(2)交通工具用燃料 Fuels for Transport Facility	(3)交通工具使用和维修 Use and Maintenance of Facility	(4)交通费 Traffic Fee	2.通信 Communications	(1)通信工具 Communication Facility	(2)通信服务 Communicaiton Service
全国 National	**93.9**	**102.5**	**100.3**	**98.7**	**98.1**	**98.8**
北京 Beijing	94.2	103.2	100.5	95.5	95.9	94.8
天津 Tianjin	94.2	107.2	100.0	100.3	107.2	97.9
河北 Hebei	93.6	103.7	100.5	98.0	92.7	100.0
山西 Shanxi	94.2	106.2	96.7	101.0	104.3	99.9
内蒙古 Inner Mongolia	94.2	102.9	104.6	99.4	98.0	100.0
辽宁 Liaoning	94.0	100.1	99.9	99.4	99.1	99.5
吉林 Jilin	94.0	103.2	98.7	97.5	98.8	96.6
黑龙江 Heilongjiang	94.6	100.1	100.6	98.0	92.4	99.8
上海 Shanghai	93.7	104.0	100.7	98.3	97.7	98.9
江苏 Jiangsu	94.1	103.2	103.0	98.1	97.8	97.9
浙江 Zhejiang	94.1	102.9	101.7	100.1	101.6	99.7
安徽 Anhui	90.8	100.7	101.3	98.8	96.3	99.4
福建 Fujian	89.3	101.5	98.0	99.5	97.5	100.0
江西 Jiangxi	94.5	100.9	101.5	98.8	95.6	99.5
山东 Shandong	94.2	101.1	100.6	98.8	99.0	98.6
河南 Henan	94.5	102.0	99.5	97.5	105.5	93.7
湖北 Hubei	94.1	103.1	102.1	100.6	102.0	100.3
湖南 Hunan	94.2	101.2	100.8	98.9	99.3	98.7
广东 Guangdong	94.1	103.9	98.7	98.9	96.4	99.5
广西 Guangxi	94.3	101.1	99.3	98.2	97.1	98.5
海南 Hainan	94.7	104.9	98.0	99.4	97.5	99.7
重庆 Chongqing	94.2	102.5	101.7	98.6	97.5	98.8
四川 Sichuan	94.6	101.1	98.9	96.3	93.4	96.8
贵州 Guizhou	94.2	101.2	102.1	99.7	97.5	100.1
云南 Yunnan	94.8	101.4	100.6	98.7	92.2	100.5
西藏 Tibet	95.6	100.6	100.1	100.7	98.6	101.4
陕西 Shaanxi	94.2	101.1	99.4	99.8	99.5	100.0
甘肃 Gansu	95.1	100.9	102.2	98.8	95.9	100.0
青海 Qinghai	94.6	101.5	100.8	101.5	104.1	100.8
宁夏 Ningxia	95.3	100.4	101.2	98.4	95.1	99.6
新疆 Xinjiang	94.7	102.4	99.0	98.5	92.0	100.4

3-1-10 续表 11 continued 11

(上年价格=100) (Preceding Year=100)

地区	Region	(3)邮递服务 Postal Serice	六、教育文化和娱乐 Education, Culture and Recreation	1.教育 Education	(1)教育用品 Education Articles	(2)教育服务 Education Services	2.文化娱乐 Cultural and Recreational Articles
全国	**National**	**99.8**	**102.3**	**103.3**	**103.1**	**103.4**	**101.1**
北京	Beijing	100.0	101.0	102.9	100.8	103.0	99.7
天津	Tianjin	103.8	104.2	104.5	101.6	104.6	104.0
河北	Hebei	100.0	103.4	104.9	102.1	105.1	101.3
山西	Shanxi	101.6	102.9	103.7	103.5	103.7	101.8
内蒙古	Inner Mongolia	100.0	101.2	100.5	103.4	100.3	102.1
辽宁	Liaoning	99.9	101.8	101.9	102.7	101.8	101.8
吉林	Jilin	100.0	102.1	101.4	104.1	101.3	103.1
黑龙江	Heilongjiang	100.0	103.1	105.0	103.3	105.1	100.1
上海	Shanghai	94.7	101.2	103.9	107.6	103.8	99.4
江苏	Jiangsu	101.3	102.8	102.8	107.2	102.7	102.7
浙江	Zhejiang	100.2	103.8	104.6	101.7	104.7	102.7
安徽	Anhui	100.4	102.4	102.9	103.3	102.9	101.7
福建	Fujian	100.4	101.3	101.8	102.6	101.7	100.7
江西	Jiangxi	100.0	102.5	102.2	102.8	102.2	102.8
山东	Shandong	100.5	102.6	102.6	105.9	102.5	102.6
河南	Henan	99.6	103.4	105.0	105.5	105.0	101.1
湖北	Hubei	100.4	102.7	103.8	100.7	104.1	101.1
湖南	Hunan	100.0	102.1	102.8	100.2	103.0	101.3
广东	Guangdong	99.8	102.3	103.9	104.0	103.9	100.0
广西	Guangxi	98.9	101.9	103.4	102.7	103.5	99.9
海南	Hainan	101.2	101.4	102.7	101.4	102.9	99.6
重庆	Chongqing	100.7	101.9	104.4	102.7	104.4	99.7
四川	Sichuan	99.0	100.8	103.7	102.3	103.8	98.4
贵州	Guizhou	100.9	100.7	103.1	101.2	103.1	98.4
云南	Yunnan	99.8	102.1	104.1	101.7	104.2	100.2
西藏	Tibet	100.3	100.1	100.1	100.3	100.1	100.1
陕西	Shaanxi	99.8	103.2	103.6	104.1	103.5	102.4
甘肃	Gansu	99.0	101.0	101.5	100.0	101.6	100.3
青海	Qinghai	99.9	104.4	107.7	101.2	107.9	99.9
宁夏	Ningxia	100.7	100.0	101.7	102.6	101.5	97.4
新疆	Xinjiang	99.9	101.0	101.2	101.2	101.2	100.6

3-1-10 续表 12 continued 12

(上年价格=100) (Preceding Year=100)

地 区 Region	(1)文娱耐用消费品 Durable Consumer Goods for Culture and Recreation	(2)其他文娱用品 Other Articles	(3)文化娱乐服务 Cultural and Recreational Services	(4)旅游 Touring and Outgoing	七、医疗保健 Health Care	1.药品及医疗器具 Medicine and Medical Instrument
全 国 National	**98.6**	**102.0**	**101.1**	**101.9**	**102.5**	**103.5**
北 京 Beijing	95.6	101.9	101.6	101.6	108.4	101.3
天 津 Tianjin	100.6	102.8	103.6	106.2	100.9	101.8
河 北 Hebei	98.1	101.4	100.2	103.7	104.5	106.2
山 西 Shanxi	100.6	102.8	100.9	102.5	102.1	104.8
内蒙古 Inner Mongolia	100.0	102.7	100.0	104.4	101.7	103.5
辽 宁 Liaoning	98.5	101.1	100.4	104.5	101.5	103.1
吉 林 Jilin	98.6	105.1	99.0	106.4	101.4	103.4
黑龙江 Heilongjiang	98.5	100.6	101.5	100.0	102.3	104.6
上 海 Shanghai	100.1	100.4	103.1	97.8	103.3	102.9
江 苏 Jiangsu	101.2	103.0	102.0	103.3	100.8	102.2
浙 江 Zhejiang	99.4	104.0	101.5	103.9	105.3	107.9
安 徽 Anhui	98.1	99.4	101.4	103.8	101.8	102.8
福 建 Fujian	99.5	101.4	100.1	101.1	101.6	103.6
江 西 Jiangxi	98.4	103.3	100.1	105.5	101.0	101.6
山 东 Shandong	99.8	101.6	101.2	104.3	101.7	103.2
河 南 Henan	100.6	102.7	100.1	101.7	101.9	103.3
湖 北 Hubei	97.1	104.3	100.3	102.4	101.0	102.5
湖 南 Hunan	100.6	100.6	100.4	102.4	101.9	104.7
广 东 Guangdong	96.7	101.6	101.2	100.2	103.9	102.7
广 西 Guangxi	99.3	101.4	101.3	98.5	101.7	104.1
海 南 Hainan	98.9	98.3	103.8	97.2	101.3	103.8
重 庆 Chongqing	95.9	102.5	100.9	100.0	100.7	101.7
四 川 Sichuan	96.7	101.1	100.0	98.1	103.5	104.1
贵 州 Guizhou	97.7	102.1	99.6	96.6	103.5	104.8
云 南 Yunnan	98.2	101.3	103.5	99.6	101.7	103.5
西 藏 Tibet	100.5	100.0	99.4	100.6	104.3	108.9
陕 西 Shaanxi	99.0	103.2	100.8	105.4	101.0	102.6
甘 肃 Gansu	99.4	100.8	99.8	100.9	102.5	105.1
青 海 Qinghai	97.0	99.5	99.3	104.5	101.6	102.0
宁 夏 Ningxia	98.1	100.6	97.4	95.0	104.1	102.1
新 疆 Xinjiang	98.2	102.5	101.9	97.9	101.2	104.4

3－1－10　续表 13　continued 13

(上年价格=100)　　(Preceding Year=100)

地　区	Region	(1)中药 Traditional chinese Medicine	(2)西药 Western Medicine	(3)滋补保健品 Health Care Articles	(4)医疗卫生器具 Medical Instrument	(5)保健器具 Health Care Appliances	2.医疗服务 Medical Services
全　国	**National**	**104.8**	**104.2**	**102.4**	**100.5**	**100.0**	**101.8**
北　京	Beijing	102.2	102.7	100.7	96.1	101.2	121.6
天　津	Tianjin	103.2	101.9	101.1	99.9	100.7	100.1
河　北	Hebei	105.2	108.7	100.8	100.5	99.6	103.2
山　西	Shanxi	105.3	105.9	102.6	102.7	99.4	100.1
内蒙古	Inner Mongolia	104.6	104.5	101.6	99.0	100.0	100.2
辽　宁	Liaoning	105.1	104.0	99.2	100.8	99.1	100.4
吉　林	Jilin	105.5	103.6	103.4	99.4	100.6	99.9
黑龙江	Heilongjiang	103.1	105.4	103.1	107.4	99.2	100.9
上　海	Shanghai	107.0	102.8	100.2	100.4	102.0	103.6
江　苏	Jiangsu	105.7	101.9	101.4	99.5	99.7	100.2
浙　江	Zhejiang	104.9	108.1	111.9	103.3	100.2	103.5
安　徽	Anhui	103.4	103.0	102.1	102.7	100.2	101.2
福　建	Fujian	104.9	104.7	101.0	101.2	100.7	100.5
江　西	Jiangxi	101.6	101.5	102.0	102.2	99.2	100.7
山　东	Shandong	105.2	104.1	101.0	100.2	99.1	100.4
河　南	Henan	106.6	103.2	103.2	100.3	100.5	101.0
湖　北	Hubei	104.0	102.8	100.6	100.3	100.1	100.2
湖　南	Hunan	109.9	102.3	104.8	100.2	100.1	100.1
广　东	Guangdong	104.2	103.7	101.6	99.3	99.9	104.7
广　西	Guangxi	105.4	105.1	103.0	100.5	101.5	100.2
海　南	Hainan	104.2	104.3	102.7	102.4	101.4	99.4
重　庆	Chongqing	102.2	101.6	101.4	101.5	100.1	100.0
四　川	Sichuan	105.7	105.5	102.6	99.4	98.2	103.0
贵　州	Guizhou	103.8	106.8	101.1	100.6	101.8	102.4
云　南	Yunnan	103.2	104.2	104.1	100.9	100.0	100.1
西　藏	Tibet	107.5	112.6	102.9	104.0	100.0	100.9
陕　西	Shaanxi	104.0	101.6	106.2	100.3	100.5	100.0
甘　肃	Gansu	104.4	106.6	102.4	100.8	104.1	100.3
青　海	Qinghai	100.5	104.0	97.3	100.6	99.7	101.3
宁　夏	Ningxia	104.7	101.8	99.4	100.5	99.9	106.3
新　疆	Xinjiang	104.4	104.2	105.0	106.1	101.7	100.0

3-1-10 续表 14 continued 14

(上年价格=100) (Preceding Year=100)

地 区	Region	(1)综合医疗类 General Practice	(2)诊断类 Diagnostic Medical	(3)治疗类 Medical Treatment	(4)康复类 Rehabilitation	(5)中医医疗服务类 Traditional Chinese Medical	(6)其他医疗服务 Other Health Care Services
全 国	**National**	**102.4**	**100.6**	**102.5**	**102.3**	**102.6**	**101.0**
北 京	Beijing	100.0	99.1	157.5	137.4	103.7	100.0
天 津	Tianjin	100.3	100.0	100.0	100.0	99.8	100.0
河 北	Hebei	108.4	100.1	99.6	98.6	101.4	100.1
山 西	Shanxi	100.1	100.0	100.0	100.1	101.4	100.0
内蒙古	Inner Mongolia	100.3	99.9	100.5	99.2	101.1	100.0
辽 宁	Liaoning	100.5	100.0	100.5	101.3	100.5	99.8
吉 林	Jilin	100.1	100.0	99.6	101.6	100.4	100.0
黑龙江	Heilongjiang	100.9	100.0	101.5	100.9	101.8	100.2
上 海	Shanghai	107.1	104.0	101.3	100.0	110.9	101.1
江 苏	Jiangsu	100.4	100.1	100.2	100.3	100.2	100.4
浙 江	Zhejiang	106.2	102.7	102.0	104.5	107.7	100.7
安 徽	Anhui	104.0	99.8	100.4	100.1	106.7	100.6
福 建	Fujian	101.2	100.0	100.5	102.0	99.9	100.5
江 西	Jiangxi	100.2	98.6	102.5	101.6	102.1	100.5
山 东	Shandong	101.2	99.9	100.4	100.5	100.3	100.6
河 南	Henan	102.0	99.5	101.4	101.6	101.4	100.7
湖 北	Hubei	100.2	100.0	100.2	100.1	100.9	100.0
湖 南	Hunan	100.3	100.1	100.0	100.0	100.0	100.0
广 东	Guangdong	107.1	102.3	105.3	101.4	106.8	106.7
广 西	Guangxi	100.5	100.1	100.2	100.1	100.1	101.0
海 南	Hainan	98.8	100.0	99.2	98.5	99.0	100.0
重 庆	Chongqing	100.0	99.7	100.2	100.0	100.3	100.0
四 川	Sichuan	102.2	102.0	103.6	109.8	102.1	102.5
贵 州	Guizhou	105.5	101.7	100.6	101.1	102.4	100.6
云 南	Yunnan	101.6	99.9	99.8	100.2	97.9	98.8
西 藏	Tibet	103.6	99.7	102.0	100.0	98.2	98.1
陕 西	Shaanxi	100.0	100.0	100.0	100.0	100.0	100.0
甘 肃	Gansu	100.1	100.7	100.5	100.5	99.9	98.3
青 海	Qinghai	101.8	100.0	100.0	100.0	110.6	100.0
宁 夏	Ningxia	115.3	100.7	104.3	100.0	103.8	100.7
新 疆	Xinjiang	99.6	100.6	100.0	100.2	100.3	100.3

3－1－10 续表 15 continued 15

(上年价格=100) (Preceding Year=100)

地 区	Region	八、其他用品和服务 Other Articles and Services	1.其他用品类 Other Articles	(1)首饰手表 Jewelry and Watches	(2)其他杂项用品 Other Miscellaneous Articles	2.其他服务类 Other Services
全 国	**National**	**103.5**	**104.8**	**107.5**	**100.1**	**102.5**
北 京	Beijing	103.2	106.5	107.9	96.7	101.1
天 津	Tianjin	105.0	107.8	111.7	99.5	102.8
河 北	Hebei	104.6	103.9	106.3	101.0	105.0
山 西	Shanxi	102.3	102.7	104.9	99.5	102.0
内 蒙 古	Inner Mongolia	102.6	103.0	103.7	100.7	102.4
辽 宁	Liaoning	102.8	104.1	106.6	100.0	101.8
吉 林	Jilin	103.6	106.8	110.6	100.8	101.0
黑 龙 江	Heilongjiang	103.3	104.0	106.3	100.0	102.7
上 海	Shanghai	103.3	105.8	109.1	100.0	101.8
江 苏	Jiangsu	104.3	104.8	106.5	101.3	104.0
浙 江	Zhejiang	103.2	104.7	107.3	100.2	102.1
安 徽	Anhui	103.0	104.2	106.2	100.7	102.0
福 建	Fujian	103.0	105.4	108.5	100.2	101.2
江 西	Jiangxi	103.5	104.9	107.0	100.5	102.4
山 东	Shandong	104.4	105.4	107.7	100.6	103.6
河 南	Henan	105.7	107.7	109.9	99.5	104.4
湖 北	Hubei	102.7	104.8	107.6	100.5	101.0
湖 南	Hunan	103.4	105.2	108.1	100.3	101.9
广 东	Guangdong	103.4	104.5	108.1	98.4	102.6
广 西	Guangxi	103.2	103.4	108.3	100.1	103.1
海 南	Hainan	104.6	105.9	108.5	102.3	103.7
重 庆	Chongqing	102.8	103.1	104.9	100.0	102.6
四 川	Sichuan	103.3	104.7	106.7	101.5	102.5
贵 州	Guizhou	101.6	103.6	106.4	100.7	100.1
云 南	Yunnan	102.5	103.0	106.3	99.6	101.9
西 藏	Tibet	103.1	103.5	105.9	99.8	102.6
陕 西	Shaanxi	103.7	103.9	107.2	99.9	103.6
甘 肃	Gansu	102.9	104.8	107.2	101.3	101.4
青 海	Qinghai	103.0	106.0	109.1	101.1	100.2
宁 夏	Ningxia	102.5	102.7	104.4	99.5	102.2
新 疆	Xinjiang	103.6	103.1	105.6	99.1	103.9

3-1-10 续表 16 continued 16

(上年价格=100) (Preceding Year=100)

地 区 Region	(1)旅馆住宿 Hotel Accommodations	(2)美容美发洗浴 Beauty Salon, Hair Salon and Scouring Bath	(3)养老服务 Elderly Care	(4)金融保险 Finance and Insurance	(5)其他服务类 Other Miscellaneous Services
全 国 National	**101.6**	**103.1**	**104.8**	**102.0**	**101.5**
北 京 Beijing	104.8	102.3	102.6	97.9	98.9
天 津 Tianjin	102.0	102.8	100.5	102.9	107.6
河 北 Hebei	101.2	103.1	100.8	106.6	101.1
山 西 Shanxi	99.3	107.4	100.4	100.3	102.8
内蒙古 Inner Mongolia	102.1	105.0	100.2	101.5	101.5
辽 宁 Liaoning	101.1	102.9	102.2	101.1	101.0
吉 林 Jilin	98.9	100.8	105.0	100.6	100.2
黑龙江 Heilongjiang	101.4	105.1	109.8	100.1	100.8
上 海 Shanghai	100.6	101.4	101.2	103.6	101.0
江 苏 Jiangsu	103.5	106.1	107.2	101.4	102.6
浙 江 Zhejiang	101.8	104.6	105.3	100.0	100.9
安 徽 Anhui	101.9	103.0	104.7	100.3	103.1
福 建 Fujian	98.2	100.7	101.5	102.1	100.5
江 西 Jiangxi	99.5	102.5	102.8	101.9	107.6
山 东 Shandong	103.7	102.6	105.5	103.8	104.8
河 南 Henan	100.7	105.7	109.9	101.7	102.1
湖 北 Hubei	100.2	102.0	102.7	99.9	100.2
湖 南 Hunan	105.4	101.7	101.3	101.4	100.0
广 东 Guangdong	102.1	101.1	108.3	101.8	100.4
广 西 Guangxi	99.1	105.9	104.4	102.4	104.1
海 南 Hainan	98.2	102.7	95.3	108.2	100.0
重 庆 Chongqing	100.3	103.1	101.9	102.6	104.2
四 川 Sichuan	100.0	102.4	102.3	103.8	100.8
贵 州 Guizhou	94.8	102.0	104.6	100.9	96.0
云 南 Yunnan	100.6	103.1	101.7	101.4	102.3
西 藏 Tibet	101.6	106.5	100.0	100.0	100.0
陕 西 Shaanxi	101.2	103.8	100.3	105.9	101.7
甘 肃 Gansu	100.0	102.1	100.5	101.9	100.0
青 海 Qinghai	100.2	99.4	102.0	100.5	100.0
宁 夏 Ningxia	108.0	100.7	100.0	101.1	100.5
新 疆 Xinjiang	100.9	102.6	117.6	101.2	100.3

3—1—11 各地区农村居民消费价格分类指数(2019年)
Rural Consumer Price Indices by Category and Region (2019)

(上年价格=100) (Preceding Year=100)

地 区	Region	居民消费价格总指数 Consumer Price Index	一、食品烟酒 Food, Tobacco and Liquor	1.食品 Food	(1)粮食 Grain	(2)薯类 Tubers	(3)豆类 Beans
全 国	**National**	**103.2**	**107.9**	**110.3**	**100.5**	**102.7**	**101.6**
北 京	Beijing						
天 津	Tianjin						
河 北	Hebei	103.2	105.9	107.6	101.0	92.2	100.2
山 西	Shanxi	103.0	106.8	108.7	100.8	103.1	103.1
内蒙古	Inner Mongolia	102.8	105.7	107.1	101.2	106.7	102.1
辽 宁	Liaoning	102.6	107.2	109.2	100.8	103.5	100.7
吉 林	Jilin	103.4	107.9	110.2	99.1	97.4	100.8
黑龙江	Heilongjiang	103.2	108.2	110.4	99.3	96.2	100.9
上 海	Shanghai						
江 苏	Jiangsu	103.4	107.4	109.9	100.8	105.6	101.0
浙 江	Zhejiang	103.2	107.3	109.6	99.9	101.7	106.5
安 徽	Anhui	102.8	107.4	110.1	100.8	100.3	100.3
福 建	Fujian	102.7	107.6	110.2	100.2	101.0	100.7
江 西	Jiangxi	102.8	108.4	111.1	101.2	105.2	105.4
山 东	Shandong	103.6	108.9	111.9	99.7	101.8	100.7
河 南	Henan	103.1	108.0	110.7	99.7	103.2	100.4
湖 北	Hubei	103.2	107.2	109.3	100.9	103.3	106.3
湖 南	Hunan	103.1	108.1	110.8	100.8	101.7	98.6
广 东	Guangdong	104.6	110.8	113.6	101.1	101.3	101.0
广 西	Guangxi	104.1	110.3	113.5	100.4	106.5	101.4
海 南	Hainan	104.0	109.8	112.6	99.5	106.7	102.0
重 庆	Chongqing						
四 川	Sichuan	103.3	109.7	112.9	99.6	95.8	101.7
贵 州	Guizhou	102.6	106.5	108.6	99.7	106.3	99.2
云 南	Yunnan	102.7	107.1	109.7	101.4	111.4	102.1
西 藏	Tibet	102.3	103.8	103.8	102.6	100.5	102.2
陕 西	Shaanxi	102.9	106.6	108.1	101.2	103.0	99.7
甘 肃	Gansu	102.4	105.4	107.0	100.8	104.5	99.7
青 海	Qinghai	102.5	105.7	107.0	100.5	102.0	102.0
宁 夏	Ningxia	102.1	104.2	104.9	100.3	102.7	97.6
新 疆	Xinjiang	102.1	105.1	106.1	101.0	101.8	104.0

3-1-11 续表 1 continued 1

(上年价格=100) (Preceding Year=100)

地区 Region	(4)食用油 Edible Oil and Fats	(5)菜 Vegetables	(6)畜肉类 Meat of Livestock	(7)禽肉类 Meat of Poultry	(8)水产品 Aquatic Products	(9)蛋类 Eggs
全国 National	**102.1**	**104.0**	**131.9**	**110.1**	**100.9**	**105.4**
北京 Beijing						
天津 Tianjin						
河北 Hebei	98.2	100.5	131.8	114.4	98.9	103.1
山西 Shanxi	98.5	103.1	132.6	113.8	100.5	107.4
内蒙古 Inner Mongolia	98.4	104.5	123.9	110.0	99.7	107.2
辽宁 Liaoning	100.9	105.5	133.5	112.7	102.1	107.2
吉林 Jilin	100.5	105.4	137.4	111.5	99.1	103.8
黑龙江 Heilongjiang	100.4	107.3	135.8	113.8	104.4	104.6
上海 Shanghai						
江苏 Jiangsu	101.5	102.0	129.9	110.3	97.8	104.1
浙江 Zhejiang	103.6	105.1	129.4	107.1	100.1	103.5
安徽 Anhui	106.5	103.0	132.7	112.9	100.3	102.5
福建 Fujian	103.3	103.2	132.3	106.0	99.5	104.5
江西 Jiangxi	101.3	107.9	132.3	105.6	99.0	109.5
山东 Shandong	99.5	104.3	139.6	109.9	101.0	105.5
河南 Henan	100.0	101.7	136.4	109.5	100.5	106.3
湖北 Hubei	102.2	104.6	126.6	112.7	100.5	106.1
湖南 Hunan	104.4	104.3	132.4	113.3	96.8	107.9
广东 Guangdong	101.1	104.8	133.7	108.6	105.4	106.6
广西 Guangxi	99.9	107.7	142.0	112.2	104.0	104.9
海南 Hainan	120.4	103.3	131.2	112.9	103.6	104.3
重庆 Chongqing						
四川 Sichuan	107.0	104.1	141.4	109.2	100.9	103.1
贵州 Guizhou	107.5	103.6	121.6	107.5	99.1	105.9
云南 Yunnan	104.8	108.1	119.7	113.2	101.9	107.3
西藏 Tibet	103.3	99.0	106.1	102.7	102.6	103.2
陕西 Shaanxi	101.9	101.2	128.9	111.5	99.1	106.9
甘肃 Gansu	101.5	102.0	123.0	108.0	99.9	104.7
青海 Qinghai	102.4	103.8	117.1	106.2	99.6	104.1
宁夏 Ningxia	99.0	97.4	116.9	109.3	97.2	102.2
新疆 Xinjiang	102.2	104.8	113.3	106.7	99.5	106.7

3－1－11 续表 2 continued 2

(上年价格=100) (Preceding Year=100)

地区	Region	(10)奶类 Milk	(11)干鲜瓜果类 Dried and Fresh Melons and Fruits	(12)糖果糕点类 Candy and Cake	(13)调味品 Falvoring	(14)其他食品类 Other Foods	2.茶及饮料 Tea and Beverages
全国	**National**	**101.5**	**110.8**	**100.7**	**101.4**	**101.3**	**101.5**
北京	Beijing						
天津	Tianjin						
河北	Hebei	100.4	106.2	100.2	100.9	101.2	103.1
山西	Shanxi	100.7	111.8	99.3	101.4	101.6	100.5
内蒙古	Inner Mongolia	100.1	108.5	101.7	101.7	101.0	101.6
辽宁	Liaoning	100.6	109.1	100.4	101.0	101.3	100.9
吉林	Jilin	102.1	116.2	100.9	101.5	100.1	101.5
黑龙江	Heilongjiang	99.6	117.5	101.2	104.7	101.2	101.1
上海	Shanghai						
江苏	Jiangsu	103.2	110.3	101.4	103.0	102.0	102.4
浙江	Zhejiang	102.3	112.3	101.6	102.4	101.0	102.3
安徽	Anhui	101.3	114.0	101.7	100.6	101.5	102.9
福建	Fujian	103.8	118.6	101.1	100.1	101.3	100.1
江西	Jiangxi	101.5	112.0	100.8	101.9	99.7	102.0
山东	Shandong	100.9	112.5	100.9	101.5	101.3	101.4
河南	Henan	100.5	105.5	99.7	102.8	102.3	102.0
湖北	Hubei	101.2	112.0	101.2	100.9	99.9	100.2
湖南	Hunan	100.9	110.5	99.6	100.6	100.3	100.2
广东	Guangdong	101.6	113.0	100.9	101.5	101.1	101.1
广西	Guangxi	101.5	108.7	102.3	100.9	103.2	100.7
海南	Hainan	102.2	119.0	94.2	98.6	102.1	103.6
重庆	Chongqing						
四川	Sichuan	101.7	108.3	99.7	100.0	101.7	101.6
贵州	Guizhou	100.7	112.3	100.0	99.7	102.0	99.7
云南	Yunnan	100.8	116.8	102.0	104.0	102.1	100.5
西藏	Tibet	103.5	112.8	103.2	103.7	100.8	101.4
陕西	Shaanxi	105.7	109.3	100.1	101.3	100.5	104.1
甘肃	Gansu	101.2	106.7	99.5	100.9	100.8	100.5
青海	Qinghai	100.2	103.0	100.2	103.9	101.6	102.3
宁夏	Ningxia	101.1	108.2	100.0	102.3	100.2	100.5
新疆	Xinjiang	101.8	103.3	101.9	100.4	102.8	101.8

3-1-11 续表 3 continued 3

(上年价格=100) (Preceding Year=100)

地区 Region	3.烟酒 Tobacco and Liquor	(1)烟草 Tabacco	(2)酒类 Liquor	4.在外餐饮 Dining Out	二、衣着 Clothing	1.服装 Garments
全 国 National	**100.9**	**100.4**	**101.8**	**103.3**	**101.2**	**101.3**
北 京 Beijing						
天 津 Tianjin						
河 北 Hebei	100.7	100.8	100.5	102.3	100.9	101.1
山 西 Shanxi	100.7	100.8	100.5	102.6	102.5	102.8
内蒙古 Inner Mongolia	101.1	101.3	100.9	103.0	102.3	102.7
辽 宁 Liaoning	100.8	101.2	100.1	102.6	100.9	100.9
吉 林 Jilin	100.7	100.4	101.3	103.2	102.2	102.4
黑龙江 Heilongjiang	100.5	100.0	101.1	104.2	100.6	100.6
上 海 Shanghai						
江 苏 Jiangsu	101.6	100.0	104.3	103.6	103.1	103.7
浙 江 Zhejiang	101.0	100.1	102.7	103.9	102.8	103.1
安 徽 Anhui	99.8	99.7	99.9	102.8	101.5	102.0
福 建 Fujian	100.5	100.6	100.2	103.7	101.1	101.2
江 西 Jiangxi	100.0	99.9	100.2	105.1	99.2	99.3
山 东 Shandong	100.5	100.1	101.0	104.4	101.7	101.4
河 南 Henan	101.6	100.8	102.9	102.4	100.5	100.8
湖 北 Hubei	100.6	100.2	101.4	104.2	100.5	100.5
湖 南 Hunan	101.2	100.3	102.8	100.9	100.8	100.8
广 东 Guangdong	101.9	101.4	103.2	102.2	103.7	104.3
广 西 Guangxi	101.1	100.0	102.5	104.7	101.4	101.4
海 南 Hainan	98.6	98.1	100.2	104.3	104.0	105.4
重 庆 Chongqing						
四 川 Sichuan	101.4	100.0	103.4	104.5	100.4	100.2
贵 州 Guizhou	100.6	100.0	101.8	103.6	99.9	99.7
云 南 Yunnan	101.2	100.9	101.9	102.9	99.3	99.3
西 藏 Tibet	100.6	101.9	99.3	107.4	101.7	100.5
陕 西 Shaanxi	101.5	100.8	102.6	104.2	100.6	100.3
甘 肃 Gansu	100.0	100.0	100.0	102.4	100.2	99.8
青 海 Qinghai	100.8	100.0	101.7	104.2	99.1	98.3
宁 夏 Ningxia	100.5	100.1	101.9	102.6	100.8	100.5
新 疆 Xinjiang	101.2	100.2	102.4	102.0	100.3	99.9

3-1-11 续表 4 continued 4

(上年价格=100) (Preceding Year=100)

地 区	Region	(1)男式服装 Men's clothing	(2)女式服装 Women's Clothing	(3)儿童服装 Children's Clothing	2.服装材料 Garments materials	3.其他衣着及配件 Other Clothing and Parts	4.衣着加工服务费 Clothing Manufacturing Service Fees
全 国	**National**	**101.1**	**101.4**	**101.5**	**101.9**	**101.1**	**102.9**
北 京	Beijing						
天 津	Tianjin						
河 北	Hebei	100.5	101.2	102.1	100.1	101.3	100.7
山 西	Shanxi	103.0	101.8	105.3	100.4	101.0	106.4
内蒙古	Inner Mongolia	102.4	102.6	103.6	100.9	100.1	103.6
辽 宁	Liaoning	101.4	100.2	101.5	100.1	99.5	102.3
吉 林	Jilin	102.4	102.3	102.5	100.4	103.7	102.6
黑龙江	Heilongjiang	100.7	101.2	98.7	100.4	99.6	100.5
上 海	Shanghai						
江 苏	Jiangsu	103.4	103.8	103.9	102.1	101.6	103.8
浙 江	Zhejiang	100.5	104.7	104.1	102.0	100.3	105.4
安 徽	Anhui	102.5	101.7	102.2	102.9	99.9	104.4
福 建	Fujian	101.0	101.4	101.0	107.8	99.4	100.9
江 西	Jiangxi	99.2	100.8	93.4	103.5	102.2	101.6
山 东	Shandong	101.9	100.8	102.3	101.6	103.3	102.3
河 南	Henan	100.6	100.9	100.6	100.9	102.4	102.2
湖 北	Hubei	101.2	100.4	99.7	103.2	98.2	102.2
湖 南	Hunan	100.3	100.9	101.8	104.4	99.9	103.3
广 东	Guangdong	104.7	104.5	103.6	101.0	101.7	101.5
广 西	Guangxi	101.0	101.8	100.9	102.0	100.3	104.8
海 南	Hainan	101.8	106.3	108.6	100.6	100.8	102.1
重 庆	Chongqing						
四 川	Sichuan	100.1	100.1	100.5	101.8	101.0	107.7
贵 州	Guizhou	100.2	99.6	98.9	103.5	100.3	100.6
云 南	Yunnan	99.0	99.1	100.4	100.3	99.7	103.1
西 藏	Tibet	101.6	100.1	99.8	102.1	101.1	112.0
陕 西	Shaanxi	100.5	99.9	101.5	102.8	101.9	100.7
甘 肃	Gansu	99.7	99.2	103.0	98.7	106.4	101.9
青 海	Qinghai	98.3	98.5	97.8	101.6	99.9	106.2
宁 夏	Ningxia	101.2	100.2	99.6	103.2	100.5	101.9
新 疆	Xinjiang	100.2	99.9	99.4	99.5	100.0	102.5

3-1-11 续表 5 continued 5

(上年价格=100) (Preceding Year=100)

地区 Region	5.鞋类 Footware	(1)鞋 Shoes	(2)鞋类加工服务 Footware Manufactuing Services	三、居住 Residence	1.租赁房房租 Rent of Rental Housing	2.住房保养维修及管理 Housing Maintenance and Management
全国 National	**100.8**	**100.7**	**103.2**	**101.5**	**101.8**	**101.7**
北京 Beijing						
天津 Tianjin						
河北 Hebei	100.6	100.6	100.4	102.7	102.3	101.3
山西 Shanxi	102.0	102.0	100.3	101.8	104.3	104.0
内蒙古 Inner Mongolia	101.6	101.6	102.0	102.4	102.2	102.0
辽宁 Liaoning	101.2	101.0	108.6	100.1	99.3	100.9
吉林 Jilin	101.7	101.7	100.0	102.8	104.4	102.0
黑龙江 Heilongjiang	100.9	100.9	101.9	100.1	99.1	99.8
上海 Shanghai						
江苏 Jiangsu	101.7	101.7	101.0	101.7	101.4	102.5
浙江 Zhejiang	101.8	101.8	102.3	100.8	100.6	103.0
安徽 Anhui	99.6	99.4	104.9	100.7	100.9	102.0
福建 Fujian	100.9	100.9	102.5	100.6	100.6	100.4
江西 Jiangxi	98.0	98.0	99.9	100.9	101.7	102.0
山东 Shandong	102.3	102.3	102.7	102.2	104.6	102.3
河南 Henan	99.6	99.5	102.8	100.9	102.2	100.2
湖北 Hubei	100.5	100.4	103.7	102.4	104.1	102.9
湖南 Hunan	100.5	100.4	101.0	101.7	101.3	101.7
广东 Guangdong	102.2	102.2	102.3	101.2	100.2	101.0
广西 Guangxi	100.9	100.4	105.2	101.7	101.9	102.1
海南 Hainan	100.4	100.5	100.0	100.6	100.8	100.8
重庆 Chongqing						
四川 Sichuan	101.0	100.8	104.1	100.8	102.3	100.4
贵州 Guizhou	100.2	100.1	104.9	102.0	101.9	101.7
云南 Yunnan	99.0	98.9	103.6	101.5	100.4	103.5
西藏 Tibet	101.5	101.3	107.6	101.8	104.3	104.4
陕西 Shaanxi	100.8	100.8	101.3	102.2	102.4	102.8
甘肃 Gansu	100.0	99.5	106.2	103.7	104.8	104.4
青海 Qinghai	100.8	100.8	100.0	101.4	104.4	102.3
宁夏 Ningxia	101.5	101.5	101.3	101.4	100.3	99.9
新疆 Xinjiang	101.2	100.5	105.8	102.5	104.2	102.4

3-1-11 续表 6 continued 6

(上年价格=100) (Preceding Year=100)

地 区	Region	3.水电燃料 Water, Electricity and Fuels	四、生活用品及服务 Articles for Daily Use and Services	1.家具及室内装饰品 Furniture and Interior Decorations	(1)家具 Furniture	(2)室内装饰品 Interior Decorations	2.家用器具 Home Appliances
全 国	**National**	**100.7**	**100.8**	**100.6**	**100.7**	**100.2**	**100.0**
北 京	Beijing						
天 津	Tianjin						
河 北	Hebei	103.5	101.3	101.9	101.9	101.3	100.0
山 西	Shanxi	100.4	100.5	100.8	100.8	100.5	100.3
内蒙古	Inner Mongolia	102.8	100.4	100.4	100.1	103.4	100.2
辽 宁	Liaoning	100.3	100.4	100.1	100.1	100.8	99.9
吉 林	Jilin	101.5	101.7	102.2	102.4	100.4	101.4
黑龙江	Heilongjiang	101.9	100.5	99.1	98.9	100.8	98.9
上 海	Shanghai						
江 苏	Jiangsu	100.6	102.5	100.8	100.4	103.6	103.4
浙 江	Zhejiang	100.3	101.0	100.6	100.8	99.6	100.7
安 徽	Anhui	99.9	100.9	101.5	101.6	100.7	100.3
福 建	Fujian	100.2	100.4	100.0	100.0	99.8	99.7
江 西	Jiangxi	97.9	100.2	100.9	100.9	101.2	97.9
山 东	Shandong	99.9	101.2	100.7	100.5	101.8	101.4
河 南	Henan	100.0	100.6	101.5	101.6	99.5	99.3
湖 北	Hubei	100.5	100.5	100.2	100.2	100.1	99.2
湖 南	Hunan	100.4	100.1	100.2	100.2	100.3	99.7
广 东	Guangdong	99.9	100.9	99.7	99.6	100.5	100.3
广 西	Guangxi	100.4	101.3	100.5	100.4	100.9	100.4
海 南	Hainan	100.5	100.4	100.3	100.2	102.0	101.8
重 庆	Chongqing						
四 川	Sichuan	101.1	99.6	100.0	100.4	97.5	97.6
贵 州	Guizhou	102.6	100.2	99.0	99.0	98.9	99.4
云 南	Yunnan	100.8	100.8	100.9	101.1	99.8	100.7
西 藏	Tibet	100.4	106.4	106.3	106.7	102.2	103.9
陕 西	Shaanxi	102.0	100.6	102.0	102.3	100.4	98.2
甘 肃	Gansu	100.6	100.6	100.4	100.4	100.1	98.3
青 海	Qinghai	100.6	101.0	100.2	100.1	101.2	99.3
宁 夏	Ningxia	102.3	98.8	96.9	96.3	100.2	99.2
新 疆	Xinjiang	100.1	100.5	100.4	100.7	98.4	98.0

3-1-11 续表 7 continued 7

(上年价格=100) (Preceding Year=100)

地 区	Region	(1)大型家用器具 Large Houshold Appliances	(2)小家电 Small Household Appliances	3.家用纺织品 Home Textiles	(1)床上用品 Bed Articles	(2)窗帘门帘 Curtains	(3)其他家用纺织品 Other Interior Textiles
全 国	**National**	**100.0**	**100.2**	**100.6**	**100.6**	**101.5**	**100.0**
北 京	Beijing						
天 津	Tianjin						
河 北	Hebei	100.0	99.9	100.6	100.4	101.7	99.9
山 西	Shanxi	100.3	99.9	101.1	100.8	102.4	100.9
内 蒙 古	Inner Mongolia	100.2	100.2	99.6	99.1	100.7	101.2
辽 宁	Liaoning	100.0	99.3	100.9	100.9	101.2	99.9
吉 林	Jilin	101.6	99.5	100.4	100.9	98.4	100.3
黑 龙 江	Heilongjiang	98.8	99.7	100.4	100.4	100.4	100.0
上 海	Shanghai						
江 苏	Jiangsu	103.4	104.3	103.8	103.7	105.3	102.8
浙 江	Zhejiang	100.2	103.6	100.5	99.8	105.4	101.2
安 徽	Anhui	100.3	100.5	101.2	101.4	99.9	100.5
福 建	Fujian	99.5	100.5	101.4	101.6	100.9	99.9
江 西	Jiangxi	97.9	97.5	101.0	100.9	100.8	103.1
山 东	Shandong	101.5	101.2	99.1	98.4	102.2	100.6
河 南	Henan	99.3	99.6	101.3	101.5	100.3	99.9
湖 北	Hubei	99.1	100.2	101.3	101.3	101.9	99.8
湖 南	Hunan	99.7	100.1	99.9	100.1	100.2	96.7
广 东	Guangdong	100.2	101.0	99.6	99.3	101.7	99.6
广 西	Guangxi	100.5	100.2	100.6	100.7	101.6	97.9
海 南	Hainan	102.1	100.1	96.3	95.3	100.0	100.0
重 庆	Chongqing						
四 川	Sichuan	97.5	97.9	99.7	99.8	100.4	97.7
贵 州	Guizhou	99.3	99.7	100.7	100.5	103.5	100.0
云 南	Yunnan	100.7	100.7	100.5	100.1	102.9	100.2
西 藏	Tibet	104.5	100.7	100.5	100.5	101.2	100.0
陕 西	Shaanxi	97.6	101.1	100.9	100.7	101.0	101.7
甘 肃	Gansu	98.2	99.0	99.9	99.7	101.5	98.2
青 海	Qinghai	99.3	99.7	100.9	100.4	102.8	100.2
宁 夏	Ningxia	99.1	100.1	100.9	101.3	100.2	100.4
新 疆	Xinjiang	97.6	99.2	100.9	100.7	100.5	101.9

3-1-11 续表 8 continued 8

(上年价格=100) (Preceding Year=100)

地 区	Region	4.家庭日用杂品 Household Articles for Daily Use	(1)洗涤卫生用品 Clearing Products	(2)厨具餐具茶具 Kichenware Tableware and Teaset	(3)家用手工工具 Hand Tools for Household Use	(4)其他家庭日用杂品 Other Daily Use Household Articles	5.个人护理用品 Personal-care Supplies
全 国	**National**	**101.0**	**101.3**	**100.6**	**101.8**	**100.6**	**100.9**
北 京	Beijing						
天 津	Tianjin						
河 北	Hebei	101.6	100.9	100.9	100.1	103.3	101.2
山 西	Shanxi	100.6	99.5	101.5	104.5	101.6	99.1
内蒙古	Inner Mongolia	100.0	100.2	100.6	97.7	99.1	101.3
辽 宁	Liaoning	100.4	100.8	100.1	100.5	100.0	100.7
吉 林	Jilin	102.3	102.3	101.6	100.3	103.0	101.2
黑龙江	Heilongjiang	100.6	100.4	100.4	100.0	101.1	100.3
上 海	Shanghai						
江 苏	Jiangsu	101.5	102.1	100.5	103.7	100.7	102.0
浙 江	Zhejiang	100.7	100.6	100.6	102.2	100.8	102.0
安 徽	Anhui	100.5	100.4	100.1	100.1	100.9	101.6
福 建	Fujian	100.9	101.0	100.3	100.5	100.8	100.2
江 西	Jiangxi	101.6	101.7	101.3	101.1	101.5	100.2
山 东	Shandong	101.2	101.5	101.5	102.2	100.5	101.7
河 南	Henan	100.8	101.0	100.4	104.1	101.1	100.7
湖 北	Hubei	100.9	101.5	100.4	100.4	100.4	101.3
湖 南	Hunan	100.1	101.2	100.1	100.0	99.2	100.5
广 东	Guangdong	100.5	101.6	100.0	99.1	98.5	101.0
广 西	Guangxi	102.4	102.3	101.7	105.1	101.9	100.6
海 南	Hainan	100.4	99.7	97.9	101.4	102.8	99.2
重 庆	Chongqing						
四 川	Sichuan	100.8	101.3	100.1	100.1	100.3	100.2
贵 州	Guizhou	101.4	102.0	99.6	101.7	100.8	99.9
云 南	Yunnan	100.7	101.3	99.5	98.8	100.1	100.9
西 藏	Tibet	112.8	116.4	100.9	100.3	114.6	103.7
陕 西	Shaanxi	101.3	100.8	101.6	102.4	100.5	100.3
甘 肃	Gansu	100.7	100.3	102.0	100.0	100.3	101.3
青 海	Qinghai	100.2	100.3	100.2	100.0	100.2	100.4
宁 夏	Ningxia	100.3	100.6	100.1	102.7	100.1	97.9
新 疆	Xinjiang	100.6	101.5	99.9	101.1	100.2	100.7

3-1-11 续表 9 continued 9

(上年价格=100) (Preceding Year=100)

地 区 Region	(1)化妆品 Cosmetics	(2)其他护理用品类 Other Nursing Materials	6.家庭服务 Household Services	五、交通和通信 Transport and Communications	1.交通 Transport	(1)交通工具 Transport Facility
全 国 National	**101.0**	**100.8**	**103.9**	**98.6**	**98.2**	**98.8**
北 京 Beijing						
天 津 Tianjin						
河 北 Hebei	101.5	100.8	104.8	98.2	97.8	98.1
山 西 Shanxi	98.4	99.8	101.7	98.4	98.3	99.7
内 蒙 古 Inner Mongolia	100.7	102.1	102.8	99.0	98.8	98.5
辽 宁 Liaoning	100.4	101.2	101.5	98.7	98.5	99.4
吉 林 Jilin	100.7	102.1	101.2	97.6	96.9	94.5
黑 龙 江 Heilongjiang	100.6	100.0	107.6	99.3	99.9	101.8
上 海 Shanghai						
江 苏 Jiangsu	102.2	101.7	105.8	99.8	99.8	101.4
浙 江 Zhejiang	102.4	101.5	104.6	98.9	98.1	98.5
安 徽 Anhui	101.4	101.6	104.2	98.3	97.7	97.6
福 建 Fujian	100.2	100.2	102.2	97.7	96.6	98.5
江 西 Jiangxi	100.1	100.3	102.1	97.6	96.7	96.8
山 东 Shandong	101.6	101.7	103.0	98.3	97.4	97.6
河 南 Henan	101.0	100.3	102.4	100.0	99.1	100.2
湖 北 Hubei	101.3	101.3	104.0	98.5	98.9	99.8
湖 南 Hunan	101.7	100.3	102.5	98.9	98.2	99.5
广 东 Guangdong	101.0	101.0	106.1	98.3	97.9	99.3
广 西 Guangxi	100.8	100.5	104.8	98.4	98.4	99.5
海 南 Hainan	98.1	99.7	100.1	99.0	98.3	99.9
重 庆 Chongqing						
四 川 Sichuan	100.5	100.0	99.2	97.9	97.7	96.2
贵 州 Guizhou	100.1	99.7	101.4	98.8	99.0	97.9
云 南 Yunnan	101.0	100.8	102.8	97.8	97.9	98.9
西 藏 Tibet	107.4	101.3	105.7	97.7	98.1	100.8
陕 西 Shaanxi	100.3	100.3	104.4	98.0	98.1	98.2
甘 肃 Gansu	101.5	101.0	107.8	98.2	98.5	99.4
青 海 Qinghai	100.4	100.4	110.0	98.1	97.2	96.9
宁 夏 Ningxia	97.1	99.6	100.7	97.8	98.3	98.1
新 疆 Xinjiang	101.1	100.4	106.2	98.3	98.4	99.6

3-1-11 续表 10 continued 10

(上年价格=100) (Preceding Year=100)

地 区	Region	(2)交通工具用燃料 Fuels for Transport Facility	(3)交通工具使用和维修 Use and Maintenance of Transport Facility	(4)交通费 Traffic Fee	2.通信 Communications	(1)通信工具 Communication Facility	(2)通信服务 ommunicaiton Service
全 国	**National**	**94.1**	**101.6**	**100.7**	**99.3**	**97.9**	**99.7**
北 京	Beijing						
天 津	Tianjin						
河 北	Hebei	93.8	100.6	101.1	98.9	92.6	101.2
山 西	Shanxi	94.3	102.5	99.2	98.6	98.9	98.4
内蒙古	Inner Mongolia	94.5	102.3	101.7	99.4	97.9	99.9
辽 宁	Liaoning	94.9	101.3	100.2	99.3	95.5	100.8
吉 林	Jilin	94.4	102.9	100.2	98.9	100.8	97.8
黑龙江	Heilongjiang	94.9	101.0	101.0	98.4	93.9	100.0
上 海	Shanghai						
江 苏	Jiangsu	94.1	104.4	101.4	99.8	103.2	98.9
浙 江	Zhejiang	94.1	101.1	101.5	100.6	101.9	100.3
安 徽	Anhui	93.1	101.2	101.2	99.3	96.3	100.0
福 建	Fujian	90.2	100.4	98.9	99.8	98.8	100.0
江 西	Jiangxi	94.1	99.6	100.3	99.3	96.4	99.9
山 东	Shandong	94.1	102.2	100.8	99.8	98.7	100.1
河 南	Henan	94.1	101.4	100.4	101.6	104.7	100.1
湖 北	Hubei	94.1	101.5	103.0	97.9	96.1	98.2
湖 南	Hunan	94.2	101.1	100.0	100.3	99.5	100.5
广 东	Guangdong	94.2	102.9	99.7	98.9	95.9	99.5
广 西	Guangxi	94.2	100.9	101.9	98.4	92.3	100.2
海 南	Hainan	94.8	101.0	99.9	100.1	103.4	99.1
重 庆	Chongqing						
四 川	Sichuan	94.6	102.3	100.6	98.4	93.2	99.8
贵 州	Guizhou	94.2	101.3	105.1	98.5	93.7	99.9
云 南	Yunnan	94.2	101.0	99.5	97.8	100.1	96.8
西 藏	Tibet	96.5	102.6	93.0	97.2	95.2	97.7
陕 西	Shaanxi	93.9	101.0	100.2	97.8	93.2	99.5
甘 肃	Gansu	94.2	100.2	100.2	97.7	95.2	98.7
青 海	Qinghai	94.4	100.4	100.7	100.9	101.9	100.5
宁 夏	Ningxia	95.5	98.9	101.2	96.9	93.5	98.8
新 疆	Xinjiang	95.1	100.5	98.6	97.9	95.3	98.5

3-1-11 续表 11 continued 11

(上年价格=100) (Preceding Year=100)

地 区 Region	(3)邮递服务 Postal Serice	六、教育文化和娱乐 Education, Culture and Recreation	1.教育 Education	(1)教育用品 Education Articles	(2)教育服务 Education Services	2.文化娱乐 Cultural and Recreational Articles
全 国 National	**100.0**	**101.9**	**102.5**	**102.1**	**102.5**	**100.5**
北 京 Beijing						
天 津 Tianjin						
河 北 Hebei	100.0	103.4	104.3	105.9	104.2	100.6
山 西 Shanxi	100.6	102.7	103.2	101.7	103.3	101.2
内蒙古 Inner Mongolia	100.0	101.3	101.5	103.0	100.7	100.6
辽 宁 Liaoning	100.5	101.0	101.2	103.4	101.1	100.0
吉 林 Jilin	100.4	102.0	102.2	103.6	102.2	101.1
黑龙江 Heilongjiang	100.0	104.7	105.5	101.0	105.7	100.3
上 海 Shanghai						
江 苏 Jiangsu	100.0	102.1	102.1	104.2	102.0	102.2
浙 江 Zhejiang	100.5	103.4	103.9	101.6	104.0	102.0
安 徽 Anhui	99.3	101.9	102.5	103.2	102.5	100.0
福 建 Fujian	101.1	101.8	102.1	102.9	102.1	100.8
江 西 Jiangxi	100.7	102.3	103.2	100.8	103.3	98.8
山 东 Shandong	100.2	102.1	102.3	103.5	102.3	101.5
河 南 Henan	100.0	101.5	101.8	100.8	101.8	100.9
湖 北 Hubei	101.3	102.0	102.7	101.7	102.8	100.7
湖 南 Hunan	100.0	101.5	102.0	100.1	102.2	100.5
广 东 Guangdong	100.3	101.4	101.9	101.8	101.9	100.3
广 西 Guangxi	97.1	102.6	103.3	103.6	103.2	101.1
海 南 Hainan	100.2	101.4	101.0	101.8	101.0	102.0
重 庆 Chongqing						
四 川 Sichuan	100.0	100.7	101.8	98.5	102.0	99.0
贵 州 Guizhou	98.6	100.4	101.5	102.0	101.4	98.8
云 南 Yunnan	101.9	101.5	101.9	100.8	102.0	100.5
西 藏 Tibet	100.0	100.3	100.4	101.8	100.1	100.3
陕 西 Shaanxi	99.1	101.8	102.7	102.6	102.7	100.5
甘 肃 Gansu	99.9	100.0	100.5	99.9	100.6	98.6
青 海 Qinghai	101.4	102.1	102.8	105.5	102.7	100.5
宁 夏 Ningxia	98.8	101.2	102.0	101.4	102.0	98.9
新 疆 Xinjiang	100.2	100.2	100.2	101.2	100.2	100.2

3－1－11 续表 12 continued 12

(上年价格=100) (Preceding Year=100)

地 区	Region	(1)文娱耐用消费品 Durable Consumer Goods for Culture and Recreation	(2)其他文娱用品 Other Articles	(3)文化娱乐服务 Cultural and Recreational Services	(4)旅游 Touring and Outing	七、医疗保健 Health Care	1.药品及医疗器具 Medicine and Medical Instrument
全 国	**National**	**99.1**	**102.2**	**100.5**	**101.0**	**102.1**	**104.0**
北 京	Beijing						
天 津	Tianjin						
河 北	Hebei	98.9	101.9	100.4	102.4	104.3	110.1
山 西	Shanxi	100.6	101.2	100.2	104.5	101.3	103.3
内蒙古	Inner Mongolia	99.6	102.9	100.7	98.6	101.5	103.0
辽 宁	Liaoning	98.8	101.6	100.3	100.9	102.1	104.8
吉 林	Jilin	99.1	102.0	100.1	107.4	102.1	105.6
黑龙江	Heilongjiang	97.6	102.0	104.3	97.8	101.1	103.3
上 海	Shanghai						
江 苏	Jiangsu	101.6	103.1	102.3	102.0	101.6	103.0
浙 江	Zhejiang	100.8	103.1	101.1	103.5	103.2	103.7
安 徽	Anhui	97.7	101.2	102.2	101.0	101.0	103.0
福 建	Fujian	99.2	101.9	100.2	102.4	100.8	103.5
江 西	Jiangxi	95.5	100.6	100.3	99.5	101.0	102.0
山 东	Shandong	100.0	103.0	100.2	103.3	102.7	106.1
河 南	Henan	101.0	104.3	99.6	99.4	101.9	103.7
湖 北	Hubei	99.2	103.2	100.8	99.6	103.6	103.9
湖 南	Hunan	100.5	100.5	100.0	101.1	100.6	101.5
广 东	Guangdong	97.3	100.9	100.6	103.5	104.1	103.3
广 西	Guangxi	99.4	103.2	100.3	101.6	101.9	104.2
海 南	Hainan	100.4	101.0	102.0	107.3	101.9	102.1
重 庆	Chongqing						
四 川	Sichuan	95.3	103.0	100.8	98.6	101.7	102.6
贵 州	Guizhou	97.8	101.4	100.2	97.4	102.0	101.5
云 南	Yunnan	99.9	102.4	97.8	102.0	102.4	104.6
西 藏	Tibet	100.6	100.0	100.6	100.0	101.4	101.8
陕 西	Shaanxi	97.4	102.6	99.8	103.8	102.3	103.8
甘 肃	Gansu	97.6	100.3	98.9	97.9	101.3	102.0
青 海	Qinghai	99.4	103.6	101.0	98.8	103.2	107.7
宁 夏	Ningxia	98.0	100.5	101.1	96.6	104.0	105.1
新 疆	Xinjiang	99.8	102.0	99.5	100.6	100.8	102.4

3-1-11 续表 13 continued 13

(上年价格=100) (Preceding Year=100)

地 区	Region	(1)中药 Traditional chinese Medicine	(2)西药 Western Medicine	(3)滋补保健品 Health Care Articles	(4)医疗卫生器具 Medical Instrument	(5)保健器具 Health Care Appliances	2.医疗服务 Medical Services
全 国	**National**	**104.7**	**104.7**	**101.9**	**100.7**	**100.2**	**101.1**
北 京	Beijing						
天 津	Tianjin						
河 北	Hebei	107.0	113.4	102.2	100.7	100.4	100.9
山 西	Shanxi	103.5	104.1	100.5	100.5	100.4	100.2
内蒙古	Inner Mongolia	101.5	104.8	99.5	99.6	99.3	100.9
辽 宁	Liaoning	102.5	106.0	101.0	108.4	102.3	100.7
吉 林	Jilin	107.1	105.8	99.7	100.6	100.4	100.1
黑龙江	Heilongjiang	105.5	103.0	102.8	98.8	100.5	99.9
上 海	Shanghai						
江 苏	Jiangsu	106.0	103.3	100.2	100.9	103.0	101.1
浙 江	Zhejiang	104.2	104.0	103.3	102.5	98.9	102.9
安 徽	Anhui	103.3	103.7	101.3	100.3	100.3	100.2
福 建	Fujian	105.0	104.1	100.6	100.7	100.1	99.9
江 西	Jiangxi	104.5	102.6	97.7	100.8	99.2	100.7
山 东	Shandong	103.8	108.2	103.9	97.7	101.3	99.8
河 南	Henan	104.8	104.3	101.4	102.7	101.3	100.8
湖 北	Hubei	106.2	103.0	104.3	100.0	101.1	103.5
湖 南	Hunan	102.8	101.0	100.8	99.2	100.0	100.1
广 东	Guangdong	103.8	104.1	101.9	100.0	100.2	104.5
广 西	Guangxi	105.8	104.3	103.9	101.4	100.5	100.7
海 南	Hainan	103.9	101.9	100.3	100.8	100.2	101.8
重 庆	Chongqing						
四 川	Sichuan	104.5	102.1	102.4	99.6	99.9	101.0
贵 州	Guizhou	101.7	101.7	100.2	102.5	100.0	102.3
云 南	Yunnan	108.8	104.0	104.4	102.1	99.5	100.6
西 藏	Tibet	101.3	102.7	100.0	100.0	100.0	101.1
陕 西	Shaanxi	107.2	103.1	99.8	102.2	100.4	100.9
甘 肃	Gansu	105.4	101.7	101.3	96.5	100.0	100.9
青 海	Qinghai	107.0	108.8	104.6	99.9	99.6	100.1
宁 夏	Ningxia	106.2	105.7	101.5	100.0	100.0	102.9
新 疆	Xinjiang	100.5	103.6	101.7	100.9	96.6	100.2

3-1-11 续表 14 continued 14

(上年价格=100) (Preceding Year=100)

地 区	Region	(1)综合医疗类 General Practice	(2)诊断类 Diagnostic Medical	(3)治疗类 Medical Treatment	(4)康复类 Rehabilitation	(5)中医医疗服务类 Traditional Chinese Medical	(6)其他医疗服务 Other Health Care Services
全 国	**National**	**102.2**	**100.2**	**101.1**	**100.7**	**102.4**	**100.7**
北 京	Beijing						
天 津	Tianjin						
河 北	Hebei	101.7	100.4	100.8	101.5	102.1	99.9
山 西	Shanxi	100.0	100.2	100.2	101.3	102.8	100.2
内 蒙 古	Inner Mongolia	101.8	100.0	101.3	99.5	99.6	100.0
辽 宁	Liaoning	101.5	99.5	101.0	101.6	100.6	101.2
吉 林	Jilin	99.9	100.0	100.0	101.5	102.2	99.9
黑 龙 江	Heilongjiang	99.5	100.0	100.0	101.1	100.0	100.6
上 海	Shanghai						
江 苏	Jiangsu	102.3	100.5	101.0	101.1	101.5	101.7
浙 江	Zhejiang	106.5	103.2	99.7	100.7	109.1	102.5
安 徽	Anhui	104.8	96.5	100.3	102.8	102.8	103.1
福 建	Fujian	101.7	98.8	100.1	99.9	100.5	100.0
江 西	Jiangxi	101.1	99.8	100.7	99.7	106.1	100.5
山 东	Shandong	100.2	99.3	100.4	97.2	99.7	99.8
河 南	Henan	102.6	99.7	100.3	101.7	102.0	100.0
湖 北	Hubei	103.4	103.1	105.0	99.8	103.0	100.7
湖 南	Hunan	100.0	100.0	100.1	100.2	100.0	100.0
广 东	Guangdong	107.2	102.1	105.4	100.8	106.8	101.5
广 西	Guangxi	100.5	100.8	100.9	100.1	100.8	100.4
海 南	Hainan	104.8	100.0	102.2	100.8	100.8	100.0
重 庆	Chongqing						
四 川	Sichuan	102.9	99.5	102.0	101.0	103.4	101.3
贵 州	Guizhou	106.7	100.2	102.7	105.1	103.4	100.0
云 南	Yunnan	102.0	100.4	100.0	100.0	101.0	100.0
西 藏	Tibet	106.1	99.4	100.4	100.0	100.0	99.3
陕 西	Shaanxi	102.9	100.1	100.6	100.8	99.8	100.8
甘 肃	Gansu	101.8	100.6	101.2	100.0	99.3	100.0
青 海	Qinghai	101.2	99.6	99.2	100.0	103.1	100.0
宁 夏	Ningxia	105.8	100.2	105.1	100.0	100.0	100.0
新 疆	Xinjiang	101.3	99.5	99.9	101.2	100.0	101.4

3-1-11 续表 15 continued 15

(上年价格=100) (Preceding Year=100)

地 区 Region	八、其他用品和服务 Other Articles and Services	1.其他用品类 Other Articles	(1)首饰手表 Jewelry and Watches	(2)其他杂项用品 Other Miscellaneous Articles	2.其他服务类 Other Services
全 国 National	**103.1**	**103.3**	**105.9**	**100.3**	**102.9**
北 京 Beijing					
天 津 Tianjin					
河 北 Hebei	104.7	101.6	103.2	100.1	107.0
山 西 Shanxi	103.2	103.1	106.4	99.7	103.2
内蒙古 Inner Mongolia	101.9	102.5	105.0	100.4	101.4
辽 宁 Liaoning	102.8	103.3	106.0	100.5	102.4
吉 林 Jilin	103.6	106.6	110.1	103.1	101.7
黑龙江 Heilongjiang	101.6	102.4	103.6	100.3	101.2
上 海 Shanghai					
江 苏 Jiangsu	103.6	103.8	106.9	100.5	103.3
浙 江 Zhejiang	103.3	105.1	107.4	101.2	102.1
安 徽 Anhui	103.0	103.6	105.5	101.8	102.5
福 建 Fujian	103.6	104.3	109.1	99.5	103.0
江 西 Jiangxi	101.2	103.7	105.9	100.9	98.6
山 东 Shandong	103.0	102.7	104.9	100.3	103.2
河 南 Henan	104.3	105.3	107.4	101.0	103.0
湖 北 Hubei	102.3	102.6	104.9	100.9	102.0
湖 南 Hunan	100.9	100.9	104.6	98.9	100.9
广 东 Guangdong	103.9	103.9	105.7	99.8	103.9
广 西 Guangxi	102.6	102.5	106.5	100.1	102.6
海 南 Hainan	102.4	102.5	105.8	100.4	102.2
重 庆 Chongqing					
四 川 Sichuan	103.1	103.0	105.5	99.8	103.1
贵 州 Guizhou	102.4	101.1	102.4	100.5	103.6
云 南 Yunnan	101.8	101.8	104.0	100.3	101.8
西 藏 Tibet	102.3	103.5	104.2	102.4	101.2
陕 西 Shaanxi	104.8	104.0	106.2	100.2	105.7
甘 肃 Gansu	102.7	102.5	106.1	100.1	102.9
青 海 Qinghai	104.4	107.1	111.2	100.6	101.3
宁 夏 Ningxia	108.1	108.2	112.0	99.3	108.1
新 疆 Xinjiang	102.2	102.1	103.3	100.3	102.3

3-1-11 续表 16 continued 16

(上年价格=100) (Preceding Year=100)

地 区	Region	(1)旅馆住宿 Hotel Accommodations	(2)美容美发洗浴 Beauty Salon, Hair Salon and Scouring Bath	(3)养老服务 Elderly Care	(4)金融保险 Finance and Insurance	(5)其他服务类 Other Miscellaneous Services
全 国	**National**	**101.3**	**103.3**	**102.6**	**103.1**	**102.3**
北 京	Beijing					
天 津	Tianjin					
河 北	Hebei	100.2	101.6	100.1	110.0	100.3
山 西	Shanxi	105.9	104.1	102.3	103.0	100.0
内 蒙 古	Inner Mongolia	104.3	100.6	100.0	101.4	102.9
辽 宁	Liaoning	98.8	104.4	104.8	101.5	100.7
吉 林	Jilin	101.5	100.3	101.5	102.3	103.1
黑 龙 江	Heilongjiang	101.0	102.5	102.3	100.5	100.0
上 海	Shanghai					
江 苏	Jiangsu	99.7	105.1	101.3	100.7	105.0
浙 江	Zhejiang	103.0	103.7	102.7	100.0	99.9
安 徽	Anhui	100.8	104.4	103.1	100.4	103.7
福 建	Fujian	101.0	103.0	102.9	103.6	100.0
江 西	Jiangxi	96.4	96.8	101.4	100.3	99.7
山 东	Shandong	100.4	103.7	104.8	103.1	100.4
河 南	Henan	102.2	103.2	104.0	102.6	102.9
湖 北	Hubei	99.2	104.6	102.7	99.9	103.3
湖 南	Hunan	99.0	102.7	100.0	100.0	100.0
广 东	Guangdong	103.2	108.2	102.3	102.2	102.5
广 西	Guangxi	101.5	101.8	102.6	103.1	103.2
海 南	Hainan	96.7	104.0	104.3	102.5	100.0
重 庆	Chongqing					
四 川	Sichuan	100.1	102.5	103.5	104.5	102.1
贵 州	Guizhou	100.7	100.6	100.6	105.1	108.3
云 南	Yunnan	101.8	102.0	100.7	100.3	108.3
西 藏	Tibet	105.4	100.0	100.0	100.0	100.0
陕 西	Shaanxi	102.5	104.4	110.0	106.9	104.5
甘 肃	Gansu	100.2	101.4	100.0	104.4	104.7
青 海	Qinghai	102.8	102.0	101.2	100.8	100.0
宁 夏	Ningxia	99.9	106.6	98.6	113.2	100.0
新 疆	Xinjiang	102.1	104.5	104.1	101.1	100.7

3-2-1 全国商品零售价格分类指数（2019年）
Retail Price by Category (2019)

(上年价格=100) (Precding Year=100)

项目	Item	全国 National Indices	城市 Urban Indices	农村 Rural Indices
商品零售价格指数	**Retail Price Index**	**102.0**	**101.9**	**102.5**
一、食品	**Food**	**107.8**	**107.6**	**109.0**
1.粮食	Grain	100.6	100.6	100.4
2.薯类	Tubers	102.0	102.0	102.0
3.豆类	Beans	101.7	101.6	101.9
4.食用油	Edible Oil and Fats	101.1	100.9	101.7
5.菜	Vegetables	103.9	103.9	103.8
6.畜肉类	Meat of Livestock	129.2	128.5	132.7
7.禽肉类	Meat of Poultry	110.1	110.2	109.8
8.水产品	Aquatic Products	100.1	100.1	100.5
9.蛋类	Eggs	105.0	105.0	105.1
10.奶类	Milk	101.7	101.7	101.6
11.干鲜瓜果类	Dried and Fresh Melons and Fruits	109.7	109.5	110.5
12.糖果糕点类	Candy and Cake	100.7	100.7	100.8
13.调味品	Flavoring	101.3	101.2	101.6
14.其他食品类	Other Foods	101.4	101.4	101.3
15.在外餐饮	Dining Out	103.3	103.3	103.6
二、饮料、烟酒	**Beverages,Tobacco and Liquor**	**101.3**	**101.3**	**101.1**
1.茶及饮料	Tea and Beverages	101.5	101.5	101.6
2.烟草	Tobacco	100.5	100.6	100.4
3.酒类	Liquor	102.1	102.1	101.9
三、服装、鞋帽	**Garments , Shoes and Hats**	**101.6**	**101.6**	**101.3**
1.服装	Garments	101.8	101.9	101.4
2.鞋帽袜	Footgear and Hats	100.8	100.8	101.0
3.其他衣着配件	Other Clothing Accessories	100.3	100.3	100.5
四、纺织品	**Textiles**	**100.7**	**100.7**	**100.6**
1.服装材料	Clothing	102.0	102.0	101.9
2.床上用品	Bedding	100.4	100.4	100.2
五、家用电器及音像器材	**Household Appliances,Music and Video Equipment**	**98.8**	**98.7**	**99.5**
1.家庭设备	Household Facilities	99.4	99.2	100.2
2.文娱用耐用消费品	Durable Consumer Goods for Cultural and Recreational Use	97.7	97.6	98.0
3.专业音像器材	Music and Video Equipment	98.9	98.9	99.2
六、文化办公用品	**Cultural and Office Appliances**	**99.9**	**99.7**	**100.8**

3-2-1 续表 continued

(上年价格=100) (Precding Year=100)

项目	Item	全国 National Indices	城市 Urban Indices	农村 Rural Indices
七、日用品	**Articles for Daily Use**	**100.7**	**100.7**	**101.1**
1.日用百货	General Merchandise for Daily Use	100.6	100.5	101.1
2.厨具餐具茶具	Kichenware,Tableware and Tea set	100.3	100.3	100.8
3.清洗用品	Cleaning Products	102.0	102.0	101.7
4.其他日用品	Other Aritcles for Daily Use	100.0	99.9	100.6
八、体育娱乐用品	**Sports and Recreation Articles**	**100.3**	**100.3**	**100.5**
1.体育户外用品	Sports and Outdoor Articles	99.8	99.8	100.2
2.娱乐用品	Recreation Articles	100.6	100.5	100.7
九、交通、通信用品	**Transportation and Communication Appliances**	**98.4**	**98.4**	**98.5**
1.交通运输机械	Transportation Appliances	98.6	98.6	98.6
2.通信器材	Communication Appliances	98.0	98.0	98.1
十、家具	**Furniture**	**101.1**	**101.1**	**100.7**
十一、化妆品	**Cosmetics**	**101.5**	**101.5**	**101.3**
十二、金银饰品	**Gold and Silver Ornaments**	**108.3**	**108.5**	**106.4**
十三、中西药品及医疗保健用品	**Traditional Chinese and Western Medicines and Health Care Articles**	**103.9**	**103.8**	**104.3**
1.医疗卫生器具	Medical Instrument	100.6	100.7	100.0
2.中药	Traditional Chinese Medicines	104.9	104.9	104.6
3.西药	Western Medicines	104.3	104.1	105.0
4.保健器具及用品	Health Care Appliances and Articles	102.4	102.5	101.7
十四、书报杂志及电子出版物	**Books,Newspapers,Magazines and Electronic Pubblications**	**104.6**	**104.6**	**104.3**
1.教材及参考书	Teaching Materials and Reference Books	103.1	103.3	102.4
2.书报杂志	Newspapers and Maganizes	108.3	108.2	108.4
3.计算机办公软件	Office Software	99.3	99.2	100.2
十五、燃料	**Fuels**	**97.0**	**96.9**	**97.3**
1.煤炭及制品	Coal and its product	100.8	100.6	101.3
2.石油及制品	Petroleum and its product	96.4	96.4	95.9
十六、建筑材料及五金电料	**Building Materials and Hardware**	**101.0**	**101.0**	**101.2**
1.建筑装璜材料	Building Decoration Materials	101.1	101.1	101.1
2.五金水暖	Hardware	101.0	100.9	101.6

3-2-2 各地区商品零售价格分类指数(2019年)
Retail Price Index by Category and Region(2019)

(上年价格=100) (Preceding Year=100)

地区	Region	商品零售价格指数 Retail Price Index	一、食品 Food	二、饮料、烟酒 Beverages, Tobacco and Liquor	三、服装、鞋帽 Gaments, Shoes and Hats	四、纺织品 Textiles	五、家用电器及音像器材 Household Appliances, Music and Video Equipment
全国	**National**	**102.0**	**107.8**	**101.3**	**101.6**	**100.7**	**98.8**
北京	Beijing	100.5	105.6	101.1	101.7	99.5	94.8
天津	Tianjin	101.7	105.1	101.5	101.8	100.7	99.4
河北	Hebei	101.8	106.7	100.8	101.1	100.7	99.8
山西	Shanxi	101.8	106.7	101.3	100.9	98.5	99.5
内蒙古	Inner Mongolia	101.5	106.0	101.1	101.6	100.7	100.4
辽宁	Liaoning	101.7	106.9	100.9	101.9	100.1	98.6
吉林	Jilin	102.1	108.1	101.4	102.0	101.5	98.0
黑龙江	Heilongjiang	102.1	108.8	100.6	101.1	99.7	99.3
上海	Shanghai	100.4	105.2	101.0	103.1	99.1	99.5
江苏	Jiangsu	102.6	108.0	102.1	102.8	102.4	100.5
浙江	Zhejiang	102.5	106.8	101.3	101.5	103.7	99.0
安徽	Anhui	101.9	108.0	100.9	102.2	100.8	99.4
福建	Fujian	101.9	108.5	100.3	102.5	102.1	98.7
江西	Jiangxi	101.9	108.9	100.6	101.2	100.4	98.4
山东	Shandong	102.2	109.3	101.1	100.9	99.4	99.9
河南	Henan	102.4	107.2	101.9	100.8	100.3	98.3
湖北	Hubei	102.6	108.7	101.1	101.5	101.3	97.3
湖南	Hunan	102.3	108.2	101.4	101.0	100.8	100.0
广东	Guangdong	101.4	107.8	102.1	101.6	99.4	97.3
广西	Guangxi	103.2	111.5	101.0	101.8	100.4	98.9
海南	Hainan	102.5	108.6	100.0	101.7	99.8	100.4
重庆	Chongqing	101.6	107.4	99.9	100.2	100.6	95.9
四川	Sichuan	102.7	110.6	101.6	101.4	101.3	97.5
贵州	Guizhou	101.7	107.5	100.6	100.2	99.3	97.9
云南	Yunnan	101.5	107.9	101.1	100.2	98.4	98.4
西藏	Tibet	102.0	103.5	101.1	104.4	100.6	100.3
陕西	Shaanxi	102.4	106.4	101.1	102.1	104.0	98.8
甘肃	Gansu	101.9	106.1	100.8	100.9	101.0	99.1
青海	Qinghai	102.0	106.1	101.0	100.7	99.3	96.6
宁夏	Ningxia	101.1	104.7	101.0	99.8	101.6	98.2
新疆	Xinjiang	101.3	105.8	101.8	99.7	99.2	99.0

3-2-2 续表 1 continued

(上年价格=100) (Preceding Year=100)

地　区	Region	六、文化办公用品 Cultural and Office Appliances	七、日用品 Articles for Daily Use	八、体育娱乐用品 Sports and Recreation Articles	九、交通、通信用品 Transportation and Communication Appliances	十、家具 Furniture	十一、化妆品 Cosmetics
全　国	**National**	**99.9**	**100.7**	**100.3**	**98.4**	**101.1**	**101.5**
北　京	Beijing	98.3	98.3	99.6	97.0	100.8	101.6
天　津	Tianjin	100.8	100.9	102.8	100.2	99.3	100.6
河　北	Hebei	100.0	100.6	100.6	96.6	101.9	102.8
山　西	Shanxi	100.0	100.3	100.2	99.5	100.6	101.4
内蒙古	Inner Mongolia	100.3	100.9	100.0	97.6	100.3	100.4
辽　宁	Liaoning	100.2	100.2	100.5	98.2	100.2	101.5
吉　林	Jilin	99.6	101.1	101.1	96.8	102.8	102.1
黑龙江	Heilongjiang	98.6	99.6	100.4	98.6	99.6	102.8
上　海	Shanghai	97.8	101.4	99.5	95.6	100.9	101.7
江　苏	Jiangsu	101.8	101.8	100.6	100.3	102.8	103.4
浙　江	Zhejiang	100.3	102.4	101.3	99.7	102.2	102.8
安　徽	Anhui	98.6	100.7	100.1	97.0	101.2	102.0
福　建	Fujian	99.8	101.2	99.4	97.4	99.8	101.1
江　西	Jiangxi	100.2	100.7	100.0	98.2	101.4	100.9
山　东	Shandong	100.3	100.5	100.9	98.0	101.0	101.3
河　南	Henan	103.2	100.9	100.8	102.1	101.9	101.0
湖　北	Hubei	98.2	100.4	100.8	99.9	101.7	101.9
湖　南	Hunan	100.8	100.4	100.2	99.5	100.0	100.5
广　东	Guangdong	97.8	99.5	99.0	98.1	100.1	100.9
广　西	Guangxi	99.8	101.0	99.6	98.6	100.7	100.5
海　南	Hainan	99.3	101.9	98.9	99.4	100.6	100.7
重　庆	Chongqing	100.7	101.5	101.5	98.0	102.8	100.7
四　川	Sichuan	99.2	101.1	100.8	96.0	101.8	100.1
贵　州	Guizhou	99.7	100.5	100.5	99.2	99.4	101.3
云　南	Yunnan	100.1	100.3	100.2	97.7	100.9	101.1
西　藏	Tibet	100.0	101.1	100.2	99.5	101.5	100.0
陕　西	Shaanxi	100.3	101.8	100.8	99.2	101.8	99.9
甘　肃	Gansu	99.9	101.0	100.7	98.2	100.3	101.0
青　海	Qinghai	100.4	100.2	100.7	100.6	101.8	101.7
宁　夏	Ningxia	99.3	101.4	99.7	97.4	100.5	100.3
新　疆	Xinjiang	99.2	99.7	101.6	96.1	100.9	99.4

3-2-2 续表 2 continued

(上年价格=100) (Preceding Year=100)

地区	Region	十二、金银饰品 Gold and Silver Ornaments	十三、中西药品及医疗保健用品 Traditional Chinese and Western Medicines and Health Care Articles	十四、书报杂志及电子出版物 Books,Newspapers, Magazines and Electronic Publications	十五、燃料 Fuels	十六、建筑材料及五金电料 Building Materials and Hardware
全国	**National**	**108.3**	**103.9**	**104.6**	**97.0**	**101.0**
北京	Beijing	110.9	101.7	104.7	96.4	100.3
天津	Tianjin	112.6	102.0	102.4	96.3	101.5
河北	Hebei	106.6	108.2	103.0	97.6	100.2
山西	Shanxi	105.7	104.9	106.0	96.6	102.0
内蒙古	Inner Mongolia	104.4	104.2	106.2	97.7	101.4
辽宁	Liaoning	107.3	103.8	102.5	96.8	100.4
吉林	Jilin	112.3	103.9	109.4	98.8	100.6
黑龙江	Heilongjiang	106.6	104.7	102.9	98.3	100.1
上海	Shanghai	109.6	103.1	105.8	94.5	102.3
江苏	Jiangsu	107.1	102.3	109.2	97.0	102.1
浙江	Zhejiang	108.3	107.6	104.5	96.4	101.1
安徽	Anhui	107.7	102.7	101.5	98.0	100.9
福建	Fujian	110.3	104.2	104.8	94.4	100.2
江西	Jiangxi	107.6	101.7	104.2	95.7	101.0
山东	Shandong	108.6	103.5	104.9	97.1	101.2
河南	Henan	107.9	103.9	106.4	96.1	100.9
湖北	Hubei	107.7	103.5	106.8	98.2	100.8
湖南	Hunan	108.9	104.3	100.7	97.2	101.1
广东	Guangdong	108.7	103.0	103.9	95.8	101.1
广西	Guangxi	109.4	104.7	103.5	98.4	101.1
海南	Hainan	109.9	103.6	100.4	95.5	102.0
重庆	Chongqing	104.9	101.7	103.3	101.3	100.4
四川	Sichuan	107.8	103.7	102.7	99.4	100.7
贵州	Guizhou	106.8	104.6	104.3	96.7	100.6
云南	Yunnan	106.4	103.1	103.5	95.0	101.7
西藏	Tibet	106.7	107.5	99.8	98.0	101.5
陕西	Shaanxi	108.3	102.3	104.6	99.6	102.1
甘肃	Gansu	107.9	104.7	100.2	98.6	100.8
青海	Qinghai	111.3	102.4	104.8	97.8	99.9
宁夏	Ningxia	105.2	102.5	104.0	97.7	100.7
新疆	Xinjiang	106.5	104.3	104.6	97.7	99.1

3-3-1 各地区农业生产资料价格分类指数(2019年)
Price Indices of Means of Agricultural Production by Category(2019)

(上年价格=100) (Preceding Year =100)

地区	Region	农业生产资料价格指数 General Index	一、农用手工工具 Farm Handtools	二、饲料 Forage	三、仔畜幼禽及产品畜 Newborn Animals & Poultry, and Commodity Animals	四、半机械化农具 Semi-mechanized Farm Tools	五、机械化农具 Mechanized Farm Machinery	六、化学肥料 Chemical Fertilizer
全国	**National**	**104.6**	**102.6**	**101.3**	**145.8**	**100.3**	**100.9**	**101.9**
河北	Hebei	103.1	100.6	100.0	137.4	101.0	100.2	101.8
山西	Shanxi	104.7	101.7	105.0	156.9	99.5	97.7	99.7
内蒙古	Inner Mongolia	102.0	101.0	98.4	120.0	104.9	100.5	102.8
辽宁	Liaoning	103.6	100.0	101.2	141.9	100.5	101.1	103.3
吉林	Jilin	108.3	100.5	104.0	205.9	100.7	101.0	104.5
黑龙江	Heilongjiang	105.6	101.6	103.1	163.8	100.2	101.8	103.8
江苏	Jiangsu	104.2	105.4	102.1	134.2	102.8	101.5	102.3
浙江	Zhejiang	102.9	105.5	98.1	139.0	102.7	101.3	101.1
安徽	Anhui	102.3	102.4	100.8	142.7	99.8	98.9	100.5
福建	Fujian	102.2	105.8	100.5	135.4	97.7	100.8	98.2
江西	Jiangxi	105.5	100.7	98.7	177.5	101.9	101.3	102.7
山东	Shandong	107.6	101.6	105.6	171.0	104.0	100.2	102.2
河南	Henan	103.8	101.6	99.2	161.2	102.6	101.5	101.1
湖北	Hubei	103.0	95.0	99.7	141.3	96.0	102.5	102.4
湖南	Hunan	102.5	100.0	99.9	136.0	100.2	102.2	99.4
广东	Guangdong	104.1	104.8	99.3	147.0	99.1	99.8	100.3
广西	Guangxi	104.6	102.8	99.5	156.2	101.0	102.6	102.3
海南	Hainan	104.3	103.9	101.0	157.5	99.5	100.6	101.5
四川	Sichuan	109.0	105.8	100.6	150.8	98.1	99.2	103.0
贵州	Guizhou	103.2	102.9	102.7	108.4	100.1	99.8	103.9
云南	Yunnan	103.9	103.7	102.0	117.5	99.7	101.6	101.7
西藏	Tibet	100.2	100.9	100.3	100.5	100.0	100.0	100.0
陕西	Shaanxi	103.3	101.4	101.6	135.4	101.2	102.2	101.0
甘肃	Gansu	101.1	103.9	100.8	111.5	99.0	99.8	98.3
青海	Qinghai	103.5	107.3	100.8	120.3	100.8	100.7	100.5
宁夏	Ningxia	104.0	100.9	95.6	122.8	101.6	100.1	105.8
新疆	Xinjiang	102.6	100.6	99.9	131.3	99.9	100.0	101.0

3-3-1 续表 continued

(上年=100) (Precding Year =100)

地 区	Region	七、农药及农药器械 Pesticide and Its Appliances	1.化学农药 Chemical Pesticide	2.农药器械 Pesticides Appliances	八、农机用油 Oil for Farm Machinery	九、其他农用生产资料 Other Means of Agricultural Production	十、农业生产服务 Service for Agricultural Production
全 国	**National**	**102.9**	**103.2**	**100.9**	**94.6**	**100.9**	**102.3**
河 北	Hebei	103.8	104.0	101.1	94.7	100.3	102.8
山 西	Shanxi	101.3	101.3	101.3	94.2	101.2	101.8
内 蒙 古	Inner Mongolia	102.4	102.8	100.3	94.5	98.1	101.2
辽 宁	Liaoning	100.0	100.0	99.8	94.5	101.0	101.8
吉 林	Jilin	100.4	100.6	99.3	94.7	99.1	100.8
黑 龙 江	Heilongjiang	102.7	102.8	102.2	94.7	101.6	102.7
江 苏	Jiangsu	103.7	103.8	102.7	94.8	102.2	103.1
浙 江	Zhejiang	102.4	102.5	101.1	94.2	100.3	103.0
安 徽	Anhui	101.3	101.4	99.6	94.1	100.6	101.3
福 建	Fujian	102.6	102.8	100.2	91.9	100.1	101.9
江 西	Jiangxi	102.2	102.2	102.3	94.8	100.0	104.7
山 东	Shandong	108.0	108.6	101.4	94.5	100.7	104.9
河 南	Henan	104.0	104.0	103.3	94.1	101.4	101.5
湖 北	Hubei	100.7	100.8	100.0	94.7	100.6	100.8
湖 南	Hunan	101.9	102.0	99.5	95.6	101.9	103.4
广 东	Guangdong	102.7	103.1	99.9	94.9	100.3	103.6
广 西	Guangxi	102.6	103.0	100.4	94.7	101.0	101.9
海 南	Hainan	104.0	104.2	99.8	94.4	100.5	100.0
四 川	Sichuan	104.2	104.4	102.9	94.0	101.1	103.3
贵 州	Guizhou	100.5	100.6	100.0	98.3	99.9	103.3
云 南	Yunnan	102.4	102.7	100.3	96.9	102.8	101.0
西 藏	Tibet	100.0	100.0	100.0	97.9	101.1	100.0
陕 西	Shaanxi	102.9	103.1	102.4	95.3	102.3	100.5
甘 肃	Gansu	101.2	101.2	101.1	94.8	100.9	102.6
青 海	Qinghai	104.9	104.9	102.3	94.4	101.7	103.3
宁 夏	Ningxia	101.8	102.0	100.0	94.7	101.6	101.1
新 疆	Xinjiang	98.9	99.2	97.9	95.5	99.8	101.2

70个大中城市商品住宅销售价格指数

70 Large and Medium-Sized Cities Commercial Housing Price Index

4

4–1–1 2019年70个大中城市新建商品住宅销售价格指数

Housing Price Indices of Newly Constructed Commercial Residential Buildings in 70 Large and Medium-Sized Cities 2019

(以2015年价格为100) (2015=100)

城市	City	1月	2月	3月	4月	5月	6月	7月	8月	9月	10月	11月	12月
北京	Beijing	138.9	138.6	139.1	139.8	140.7	140.6	141.4	142.1	142.0	141.8	144.1	144.6
天津	Tianjin	130.7	131.1	131.6	132.5	132.8	133.3	132.9	133.1	133.3	132.8	132.8	132.6
石家庄	Shijiazhuang	143.0	144.6	146.5	147.2	148.9	150.4	150.5	152.6	154.0	154.7	154.6	155.7
太原	Taiyuan	125.6	126.6	127.3	128.1	128.6	129.3	129.4	130.5	131.1	131.0	131.2	130.1
呼和浩特	Hohhot	131.8	132.9	133.3	134.0	135.1	137.4	138.6	141.6	143.5	146.9	149.2	150.6
沈阳	Shenyang	130.0	130.6	131.7	132.6	133.9	135.2	136.0	137.1	138.4	140.0	140.9	141.5
大连	Dalian	126.2	128.5	129.8	130.7	132.5	134.0	135.4	136.1	135.7	136.0	136.3	136.7
长春	Changchun	126.9	127.7	128.0	128.8	129.4	131.1	131.3	132.4	133.7	135.4	136.8	137.8
哈尔滨	Harbin	131.1	131.9	133.2	134.3	135.2	136.6	137.2	138.4	139.6	141.5	142.4	143.1
上海	Shanghai	146.5	147.0	146.9	147.3	147.2	147.7	147.5	148.0	148.7	149.2	149.7	149.7
南京	Nanjing	148.6	148.6	148.7	149.5	150.7	150.8	152.5	152.2	153.3	153.6	153.5	153.4
杭州	Hangzhou	141.0	141.6	142.1	143.6	144.7	146.3	147.1	147.1	147.5	147.2	147.0	147.5
宁波	Ningbo	129.1	129.9	131.4	132.1	133.6	134.8	135.7	137.2	137.9	138.3	138.3	138.8
合肥	Hefei	155.7	156.9	157.9	158.6	158.8	159.5	160.5	161.7	161.5	161.0	160.5	160.8
福州	Fuzhou	139.3	139.4	140.0	140.9	142.2	142.6	143.2	144.1	144.7	145.0	145.2	145.0
厦门	Xiamen	150.8	151.1	152.0	153.0	153.5	154.7	156.9	158.2	157.8	156.6	156.3	157.2
南昌	Nanchang	136.2	136.3	137.2	138.2	139.0	139.1	139.9	140.4	141.3	141.0	140.3	140.4
济南	Jinan	141.4	142.2	143.3	144.8	145.3	145.8	146.2	145.9	145.4	143.8	142.8	141.7
青岛	Qingdao	134.2	134.7	135.3	135.9	136.8	137.1	138.0	138.7	138.9	138.6	138.6	138.9
郑州	Zhengzhou	142.7	142.7	143.3	143.9	144.3	145.0	145.4	145.8	146.1	146.1	145.3	144.7
武汉	Wuhan	145.0	146.5	147.5	148.9	150.7	152.2	153.8	155.6	156.7	158.3	159.5	160.9
长沙	Changsha	140.7	141.0	141.0	141.3	142.5	143.5	143.8	144.2	144.3	144.4	144.9	146.3
广州	Guangzhou	150.6	152.2	153.4	155.1	156.3	156.7	157.3	157.7	157.7	157.5	156.8	156.3
深圳	Shenzhen	145.6	145.6	145.2	145.8	146.4	147.1	147.2	147.5	149.3	149.9	150.2	151.2
南宁	Nanning	135.6	136.4	137.6	138.8	139.3	140.0	140.7	143.9	146.9	149.9	150.4	151.2
海口	Haikou	139.2	139.6	140.3	141.6	143.2	144.8	146.2	146.2	147.0	148.5	148.1	148.5
重庆	Chongqing	132.8	133.6	134.4	135.9	138.4	139.4	140.7	140.3	141.1	141.3	142.1	142.7
成都	Chengdu	140.0	141.0	142.0	143.1	143.7	145.6	147.4	148.5	149.5	151.7	152.9	153.7
贵阳	Guiyang	139.5	141.4	142.5	143.8	145.1	146.3	147.9	148.6	148.1	147.8	147.0	146.4
昆明	Kunming	133.4	134.4	135.5	137.1	138.1	139.8	141.2	142.8	144.6	146.8	147.7	147.3
西安	Xi'an	150.7	152.4	153.9	155.6	158.8	161.5	163.8	164.6	165.8	167.4	168.5	169.6
兰州	Lanzhou	121.7	122.1	122.2	122.3	123.1	123.4	124.3	124.2	124.5	124.9	126.3	126.8
西宁	Xining	119.6	122.4	123.6	124.2	124.7	125.4	126.8	127.8	129.4	133.0	134.7	136.1
银川	Yinchuan	115.2	116.0	116.7	117.4	118.1	119.2	119.6	121.8	123.8	124.8	127.2	128.7
乌鲁木齐	Urumqi	115.3	116.0	116.5	117.1	117.2	118.2	118.3	117.8	118.0	117.8	116.7	116.7

4−1−1 续表 Continued

(以2015年价格为100) (2015=100)

城市	City	1月	2月	3月	4月	5月	6月	7月	8月	9月	10月	11月	12月
唐山	Tangshan	123.3	123.9	125.1	125.7	126.8	128.5	129.3	131.8	132.5	134.8	137.3	138.4
秦皇岛	Qinhuangdao	134.1	135.3	137.2	139.8	140.9	142.5	143.4	144.6	144.7	146.0	147.5	148.0
包头	Baotou	116.9	117.5	118.4	119.3	120.0	119.7	119.8	121.1	121.8	122.5	122.6	123.6
丹东	Dandong	119.6	120.3	122.6	123.3	123.8	123.5	124.0	124.7	126.0	127.0	127.6	128.3
锦州	Jinzhou	111.7	111.5	113.1	113.7	114.5	114.8	114.9	114.7	115.3	116.4	118.2	119.6
吉林	Jilin	124.4	125.0	125.7	126.5	127.4	127.9	128.7	130.1	131.4	132.6	133.7	134.6
牡丹江	Mudanjiang	118.4	119.0	119.3	119.8	120.9	121.1	122.2	122.8	122.6	123.2	123.2	123.6
无锡	Wuxi	141.4	141.0	142.4	142.6	144.5	145.8	146.9	148.1	150.3	151.4	152.2	153.0
扬州	Yangzhou	137.3	137.9	139.1	139.9	140.6	141.8	143.2	145.6	147.3	148.3	149.2	151.1
徐州	Xuzhou	142.4	144.0	144.6	145.8	147.6	149.1	150.9	152.2	153.9	154.9	155.5	157.4
温州	Wenzhou	115.9	116.2	117.3	117.3	118.1	118.2	118.2	118.6	119.3	120.3	120.7	120.7
金华	Jinhua	125.0	125.6	126.0	127.2	129.1	129.8	131.4	132.5	132.8	132.8	133.9	134.4
蚌埠	Bengbu	126.4	125.9	126.3	127.0	127.8	128.5	129.2	129.4	129.9	130.1	130.0	129.7
安庆	Anqing	123.4	123.7	125.0	125.1	125.8	126.2	126.2	126.2	127.0	127.4	126.8	126.5
泉州	Quanzhou	112.2	111.8	111.9	112.3	112.4	112.5	113.1	113.7	113.9	115.0	115.1	115.7
九江	Jiujiang	132.7	133.3	134.2	135.2	135.9	137.1	137.8	138.9	140.0	141.1	141.5	142.5
赣州	Ganzhou	125.4	125.4	125.1	124.9	125.2	125.1	126.2	126.3	127.2	127.8	128.1	128.7
烟台	Yantai	130.2	130.8	131.5	132.4	133.5	135.0	136.4	137.5	139.1	140.2	141.0	142.2
济宁	Jining	123.8	125.4	126.1	127.0	128.2	129.7	130.3	131.8	133.3	134.2	134.9	135.0
洛阳	Luoyang	128.0	128.6	128.8	130.2	132.3	135.6	136.3	137.1	139.8	142.1	143.1	143.7
平顶山	Pingdingshan	120.0	121.3	122.8	123.5	124.2	125.5	127.5	127.9	127.9	128.7	129.3	129.9
宜昌	Yichang	129.4	130.4	131.2	132.0	132.5	132.0	132.4	131.8	131.5	131.1	130.5	130.1
襄阳	Xiangyang	123.8	124.7	125.2	126.1	126.9	127.8	128.7	130.3	131.6	133.1	134.1	135.3
岳阳	Yueyang	122.9	122.4	122.6	122.8	122.7	122.9	123.0	122.8	122.2	121.7	121.3	120.6
常德	Changde	123.4	123.3	125.1	126.2	126.6	127.2	127.2	128.1	127.7	128.3	128.0	127.9
惠州	Huizhou	135.4	135.1	135.2	135.5	136.0	136.8	137.3	138.1	138.5	139.3	140.0	141.2
湛江	Zhanjiang	125.2	126.0	126.6	127.1	127.8	128.5	129.0	129.7	129.6	130.5	129.9	130.9
韶关	Shaoguan	123.3	123.2	122.8	122.7	124.1	124.6	125.5	124.4	124.2	124.0	123.5	123.0
桂林	Guilin	122.7	123.4	124.1	124.0	125.0	126.4	127.8	128.1	129.4	129.7	130.2	130.5
北海	Beihai	132.0	132.8	134.3	135.8	137.2	138.1	139.1	140.5	140.5	140.8	140.9	141.6
三亚	Sanya	145.3	145.4	145.9	147.1	147.8	148.9	149.6	150.5	150.9	151.5	152.0	153.1
泸州	Luzhou	123.4	123.9	124.2	124.5	124.6	124.3	124.3	123.7	123.5	122.2	121.7	121.2
南充	Nanchong	125.5	126.0	127.3	128.5	129.4	129.5	129.2	129.2	129.9	129.6	129.3	128.7
遵义	Zunyi	123.9	125.4	126.1	126.9	127.4	128.0	127.9	128.6	129.2	128.9	128.3	128.9
大理	Dali	130.8	133.2	135.0	135.7	138.2	140.6	142.6	143.8	144.9	145.9	147.1	148.1

4-1-2 2019年70个大中城市90㎡及以下新建商品住宅销售价格指数

Housing Price Indices of 90㎡ and below Newly Constructed Commercial Residential Buildings in 70 Large and Medium-Sized Cities 2019

(以2015年价格为100) (2015=100)

城市	City	1月	2月	3月	4月	5月	6月	7月	8月	9月	10月	11月	12月
北京	Beijing	125.1	124.9	125.0	125.6	126.0	126.0	126.4	126.7	126.5	126.0	127.0	127.8
天津	Tianjin	137.8	138.7	139.2	139.8	140.2	140.6	140.1	139.9	140.1	139.1	139.1	138.6
石家庄	Shijiazhuang	139.2	142.0	142.9	144.0	146.2	148.3	148.2	148.4	150.6	151.3	151.6	152.9
太原	Taiyuan	129.6	131.0	132.1	133.2	133.9	135.3	135.7	137.1	137.5	137.2	137.2	136.7
呼和浩特	Hohhot	125.6	127.7	127.8	128.9	128.9	131.0	131.1	134.3	135.6	138.6	141.0	142.5
沈阳	Shenyang	131.2	131.8	132.3	133.0	134.2	135.1	135.7	136.5	137.8	139.2	140.4	141.1
大连	Dalian	125.7	128.5	129.6	131.0	132.7	135.0	135.8	136.9	136.4	136.7	136.2	136.5
长春	Changchun	132.3	133.1	134.0	134.9	135.8	137.5	138.5	140.0	141.2	142.5	143.7	144.8
哈尔滨	Harbin	129.4	130.2	131.5	132.0	133.2	135.3	135.2	136.5	137.5	139.3	139.8	140.5
上海	Shanghai	148.8	149.2	150.0	150.2	150.1	150.2	150.2	151.6	152.0	153.1	153.1	153.1
南京	Nanjing	153.6	153.5	152.3	152.9	154.2	153.9	155.2	154.8	157.3	158.1	159.0	158.4
杭州	Hangzhou	146.7	148.1	148.6	150.7	151.6	153.1	154.6	154.8	155.3	155.2	155.2	155.7
宁波	Ningbo	136.7	137.4	138.6	139.0	140.2	140.9	141.2	142.9	143.8	144.4	144.3	145.6
合肥	Hefei	154.5	154.6	155.5	156.0	156.1	156.8	157.8	158.9	158.5	157.6	157.4	159.4
福州	Fuzhou	135.6	135.4	136.7	137.4	137.7	138.2	139.1	139.6	140.8	141.2	141.5	141.5
厦门	Xiamen	149.7	149.7	149.9	150.6	150.9	152.2	153.9	154.3	153.3	151.4	150.3	151.3
南昌	Nanchang	139.5	138.8	139.5	139.6	139.8	139.6	141.1	141.3	142.4	142.7	142.2	142.5
济南	Jinan	140.4	140.3	140.9	141.6	142.3	142.3	142.9	143.4	143.4	142.3	142.4	142.8
青岛	Qingdao	134.3	135.3	136.5	137.4	138.8	139.0	140.1	140.7	141.1	140.8	141.0	141.0
郑州	Zhengzhou	144.9	145.2	145.8	146.7	146.8	147.9	148.5	148.6	149.1	149.4	148.9	148.0
武汉	Wuhan	146.7	148.2	149.5	151.3	152.8	154.9	156.6	158.9	160.8	163.3	164.5	165.6
长沙	Changsha	139.6	140.0	140.0	140.7	141.6	142.3	142.5	142.9	142.7	142.1	142.5	144.5
广州	Guangzhou	152.4	154.2	155.8	157.6	159.0	160.6	162.3	162.1	163.4	162.9	161.4	161.0
深圳	Shenzhen	145.0	144.9	144.6	144.8	145.5	146.3	146.3	146.7	148.3	149.5	149.7	151.2
南宁	Nanning	138.4	138.9	139.8	140.7	141.1	141.8	142.9	145.3	148.3	150.8	151.5	152.4
海口	Haikou	135.6	135.8	137.4	138.0	139.3	140.4	141.6	142.0	142.6	143.9	142.7	143.1
重庆	Chongqing	137.5	138.3	139.6	141.8	144.5	146.0	147.6	147.7	148.4	148.6	149.0	150.5
成都	Chengdu	141.2	142.0	143.0	144.1	144.6	145.8	147.6	148.6	150.3	153.0	154.3	154.8
贵阳	Guiyang	143.5	144.9	145.6	146.8	148.3	149.3	150.5	150.9	150.6	150.6	149.5	149.1
昆明	Kunming	132.7	133.4	135.0	136.9	137.6	139.1	140.8	142.3	143.4	145.4	147.8	146.4
西安	Xi'an	153.0	154.5	155.9	157.1	160.1	164.5	167.5	167.1	167.5	170.1	173.0	175.3
兰州	Lanzhou	125.7	125.4	125.7	126.4	127.8	128.3	129.6	128.9	128.9	129.5	131.1	131.6
西宁	Xining	122.0	124.7	124.8	124.0	125.5	126.1	127.7	128.8	129.4	131.9	133.3	134.1
银川	Yinchuan	114.1	114.8	115.7	116.9	117.2	118.7	119.5	121.3	123.6	124.3	126.9	128.3
乌鲁木齐	Urumqi	115.2	115.7	115.8	117.3	118.3	118.9	120.0	119.2	118.9	118.7	116.7	117.5

4–1–2 续表 Continued

(以2015年价格为100) (2015=100)

城 市	City	1月	2月	3月	4月	5月	6月	7月	8月	9月	10月	11月	12月
唐 山	Tangshan	121.2	121.4	122.3	123.1	124.3	125.1	125.1	127.5	127.7	129.6	131.6	132.4
秦皇岛	Qinhuangdao	133.9	136.2	138.5	140.8	141.3	142.3	144.7	146.2	144.5	145.1	146.8	147.6
包 头	Baotou	122.4	122.8	123.8	124.8	125.4	124.7	124.8	125.9	126.5	126.5	126.9	128.0
丹 东	Dandong	120.6	121.7	123.9	124.8	125.3	125.2	126.7	125.9	127.6	127.9	128.8	129.2
锦 州	Jinzhou	109.1	108.5	110.2	110.7	111.7	111.8	113.1	112.6	113.4	114.8	116.7	118.7
吉 林	Jilin	125.0	125.5	126.0	126.5	127.5	128.3	128.9	130.7	132.4	133.6	135.1	135.6
牡丹江	Mudanjiang	115.8	117.4	117.3	117.3	118.3	118.1	119.1	120.4	120.2	120.7	120.9	121.0
无 锡	Wuxi	148.6	147.7	150.5	150.7	153.6	155.3	156.8	157.9	160.4	161.5	162.3	163.0
扬 州	Yangzhou	136.7	138.6	140.6	141.1	142.2	143.6	145.9	148.6	150.1	151.2	152.8	154.8
徐 州	Xuzhou	144.3	145.9	147.0	147.8	150.1	151.3	154.1	155.6	157.7	159.2	159.1	161.1
温 州	Wenzhou	115.6	117.1	117.6	117.6	119.0	118.1	118.0	118.6	118.9	119.4	119.0	117.9
金 华	Jinhua	128.6	129.0	129.5	131.0	132.2	132.7	134.6	135.9	136.5	136.6	138.3	139.9
蚌 埠	Bengbu	126.9	125.9	126.2	127.0	127.4	128.9	129.5	128.8	129.0	129.4	130.1	130.3
安 庆	Anqing	124.2	124.2	124.8	124.9	124.2	124.9	125.4	125.2	125.2	124.9	124.1	125.2
泉 州	Quanzhou	114.5	113.4	113.1	114.2	114.3	113.9	114.7	115.1	114.4	116.0	116.2	118.1
九 江	Jiujiang	136.4	137.9	137.9	138.5	139.1	140.0	141.6	142.0	142.7	144.1	144.8	145.8
赣 州	Ganzhou	123.2	124.1	124.2	124.0	124.1	123.2	124.0	124.7	127.2	128.8	128.5	128.6
烟 台	Yantai	127.3	127.8	128.7	129.5	130.3	131.6	133.2	134.6	136.0	137.1	138.2	139.7
济 宁	Jining	125.1	126.3	126.4	126.4	126.6	127.8	127.9	129.8	132.7	133.0	134.0	134.3
洛 阳	Luoyang	133.9	135.3	135.9	138.0	139.9	143.8	144.8	145.4	148.0	150.9	152.0	152.8
平顶山	Pingdingshan	117.8	119.7	121.7	122.5	122.2	123.2	124.6	125.7	126.2	127.5	127.7	128.4
宜 昌	Yichang	133.1	133.7	133.7	134.4	135.1	135.0	136.0	136.2	135.8	135.5	134.3	134.3
襄 阳	Xiangyang	129.8	130.8	131.6	132.9	133.9	134.8	135.5	137.2	139.5	141.0	141.5	142.7
岳 阳	Yueyang	124.6	123.3	122.6	123.6	123.4	123.1	122.8	122.3	121.0	121.7	121.1	120.2
常 德	Changde	128.8	128.5	130.7	132.1	131.8	133.1	133.1	133.3	132.4	133.0	133.0	132.7
惠 州	Huizhou	138.4	138.5	138.7	138.4	138.3	139.4	139.5	140.1	140.6	140.7	140.8	141.2
湛 江	Zhanjiang	124.0	124.9	125.8	126.1	126.6	127.5	128.4	129.3	129.6	130.8	130.4	131.6
韶 关	Shaoguan	123.6	123.8	123.6	124.0	124.8	125.7	126.7	124.8	123.7	124.5	123.5	124.3
桂 林	Guilin	121.7	122.7	122.9	122.9	124.4	125.3	127.2	127.5	127.8	127.2	127.1	127.2
北 海	Beihai	131.8	132.7	134.1	135.5	137.4	138.5	139.7	141.3	141.2	141.5	141.6	142.5
三 亚	Sanya	145.9	145.3	145.7	147.1	147.5	148.6	149.3	151.7	151.9	152.3	153.2	154.0
泸 州	Luzhou	124.9	124.3	124.5	125.3	125.6	125.6	125.6	124.8	124.5	123.1	122.1	121.7
南 充	Nanchong	124.6	125.2	126.8	128.6	129.5	128.5	128.6	128.9	129.9	129.2	129.7	129.5
遵 义	Zunyi	125.9	127.0	127.5	128.0	129.0	129.1	130.1	132.5	133.2	132.6	132.3	134.0
大 理	Dali	132.6	135.7	136.2	137.9	141.0	144.2	145.3	146.7	147.3	148.6	149.7	150.5

4-1-3　2019年70个大中城市90㎡~144㎡新建商品住宅销售价格指数
Housing Price Indices of 90㎡~144㎡ Newly Constructed Commercial Residential Buildings in 70 Large and Medium-Sized Cities 2019

(以2015年价格为100)　　(2015=100)

城　市	City	1月	2月	3月	4月	5月	6月	7月	8月	9月	10月	11月	12月
北　京	Beijing	141.6	141.5	141.6	142.1	142.5	142.5	143.3	143.2	143.4	142.9	144.5	145.2
天　津	Tianjin	130.0	130.3	131.0	132.0	132.1	132.5	132.3	132.6	132.6	132.4	132.1	131.6
石家庄	Shijiazhuang	144.5	145.7	147.7	148.4	150.6	152.0	152.0	154.8	155.7	156.8	156.9	157.9
太　原	Taiyuan	126.5	127.9	128.4	128.7	129.3	130.0	130.2	131.3	131.7	131.9	132.1	130.5
呼和浩特	Hohhot	132.8	133.7	134.1	134.5	135.6	137.8	139.0	141.2	142.8	146.2	148.1	150.1
沈　阳	Shenyang	130.1	130.5	131.6	132.9	134.2	135.8	137.0	138.1	139.0	140.5	141.1	141.4
大　连	Dalian	130.0	131.8	133.3	133.9	135.7	136.8	139.3	139.9	139.6	139.8	140.5	140.8
长　春	Changchun	123.7	124.5	124.6	125.2	125.7	127.4	127.2	128.4	129.8	131.7	132.8	133.4
哈尔滨	Harbin	131.5	132.2	132.9	134.5	135.0	135.9	137.4	138.4	139.4	141.0	141.5	142.1
上　海	Shanghai	146.8	147.5	147.8	148.1	147.8	148.2	148.2	148.2	148.7	149.1	149.2	149.7
南　京	Nanjing	148.6	148.7	149.1	149.6	151.1	150.8	152.2	151.9	152.8	153.3	152.5	152.7
杭　州	Hangzhou	139.3	139.7	140.4	141.5	143.0	144.7	145.2	145.1	145.4	145.0	144.5	144.8
宁　波	Ningbo	128.6	130.0	131.5	132.4	133.8	135.4	136.8	138.1	138.7	139.3	139.4	140.1
合　肥	Hefei	155.8	157.4	158.2	158.9	159.4	160.3	161.1	162.4	162.2	161.9	161.2	161.0
福　州	Fuzhou	137.6	137.7	138.0	138.7	140.1	140.5	141.3	141.7	142.2	142.7	142.8	142.3
厦　门	Xiamen	152.7	153.1	154.2	155.3	155.9	157.3	160.2	161.5	161.5	160.5	160.4	161.9
南　昌	Nanchang	135.7	135.9	136.9	137.8	138.7	138.6	139.2	139.6	140.1	139.6	138.5	138.7
济　南	Jinan	141.5	142.4	143.6	145.2	145.8	146.4	146.8	146.2	145.4	143.6	142.1	140.6
青　岛	Qingdao	135.1	135.1	135.5	136.1	136.9	137.0	137.7	138.6	138.5	138.1	137.9	138.6
郑　州	Zhengzhou	142.0	141.8	142.3	142.8	143.3	143.9	144.1	144.6	144.4	143.9	143.0	142.3
武　汉	Wuhan	145.1	146.6	147.3	148.8	150.7	151.9	153.6	155.3	156.3	157.4	158.6	159.9
长　沙	Changsha	140.6	140.8	141.0	141.2	142.2	143.2	143.7	144.1	144.3	144.4	144.8	145.8
广　州	Guangzhou	149.4	150.0	151.3	153.3	154.6	155.0	155.8	156.4	155.5	155.2	155.2	154.3
深　圳	Shenzhen	145.7	145.5	145.3	146.5	146.2	146.1	145.8	146.2	147.2	147.5	148.0	148.7
南　宁	Nanning	133.2	134.3	135.3	136.6	137.1	137.5	137.9	142.4	145.7	149.1	149.5	149.9
海　口	Haikou	142.2	142.4	142.4	143.4	145.4	146.8	148.0	147.4	148.1	149.6	149.1	149.4
重　庆	Chongqing	129.9	130.7	131.3	132.9	135.6	136.0	137.4	137.0	137.5	137.7	138.5	138.7
成　都	Chengdu	138.5	139.8	140.5	141.6	142.3	144.5	145.9	147.0	147.3	148.9	150.1	150.5
贵　阳	Guiyang	139.1	141.2	142.4	143.7	144.9	146.2	148.1	148.9	148.8	148.2	147.6	147.0
昆　明	Kunming	134.2	135.0	136.4	137.9	138.9	141.3	142.5	145.0	146.9	148.7	148.8	149.1
西　安	Xi'an	150.2	151.9	153.6	155.9	158.9	161.0	163.0	165.1	167.4	168.3	168.7	169.4
兰　州	Lanzhou	120.4	121.0	120.9	120.8	121.5	121.9	122.7	123.0	123.4	123.6	125.1	125.5
西　宁	Xining	119.5	122.5	124.0	124.8	125.3	125.6	127.4	128.5	130.3	133.9	135.7	137.0
银　川	Yinchuan	114.8	115.8	116.7	116.9	117.9	118.9	119.6	121.7	123.8	124.9	127.3	128.5
乌鲁木齐	Urumqi	117.9	118.7	119.0	119.8	119.8	120.9	120.9	120.5	120.5	120.3	119.3	118.9

4-1-3 续表 Continued

(以2015年价格为100) (2015=100)

城市	City	1月	2月	3月	4月	5月	6月	7月	8月	9月	10月	11月	12月
唐山	Tangshan	124.5	125.0	126.3	126.8	127.8	130.1	131.5	134.0	134.7	136.9	139.7	140.9
秦皇岛	Qinhuangdao	135.6	136.3	138.3	140.9	142.6	144.6	144.9	146.0	146.8	148.4	150.0	150.3
包头	Baotou	116.0	116.5	117.2	118.0	118.9	118.7	119.0	120.4	121.3	122.2	122.2	123.3
丹东	Dandong	119.6	120.1	122.6	123.0	123.8	123.4	123.3	125.1	126.2	127.6	128.1	129.1
锦州	Jinzhou	112.7	112.6	114.2	114.9	115.6	116.0	115.6	115.4	115.9	116.8	118.6	119.7
吉林	Jilin	123.4	124.0	125.0	126.0	126.6	127.0	128.0	128.9	130.3	131.5	132.6	134.0
牡丹江	Mudanjiang	120.2	120.2	120.8	121.3	122.4	122.9	123.9	124.1	124.0	124.6	124.6	125.2
无锡	Wuxi	142.5	142.5	143.3	143.5	145.4	146.4	147.5	148.7	150.6	151.6	152.6	153.2
扬州	Yangzhou	138.2	138.4	139.2	140.2	140.7	142.0	143.2	145.5	147.2	148.5	148.9	150.7
徐州	Xuzhou	141.7	143.5	144.1	145.2	147.3	149.1	150.8	152.1	153.9	154.6	155.4	157.3
温州	Wenzhou	116.8	116.9	117.8	118.0	119.0	119.3	119.7	119.8	120.0	121.2	121.6	122.3
金华	Jinhua	125.9	126.9	128.0	128.8	130.8	131.2	132.2	133.4	133.4	134.0	134.4	134.4
蚌埠	Bengbu	126.6	126.5	126.9	127.6	128.5	128.9	129.6	130.2	130.8	130.9	130.7	130.1
安庆	Anqing	123.8	124.2	125.8	125.7	126.8	127.2	126.9	127.3	128.4	128.8	128.3	127.7
泉州	Quanzhou	110.8	110.7	110.7	110.4	110.8	111.3	111.9	113.1	113.3	114.3	114.2	114.5
九江	Jiujiang	131.4	131.9	133.0	134.2	135.2	136.5	137.3	138.5	139.4	140.3	140.4	141.2
赣州	Ganzhou	125.0	124.7	124.2	123.9	124.4	124.5	125.5	125.6	126.0	126.3	126.9	127.5
烟台	Yantai	133.5	134.1	134.9	135.9	137.2	139.0	140.1	141.1	142.7	143.7	144.3	145.3
济宁	Jining	124.6	126.6	127.2	128.5	130.0	131.5	132.1	133.7	134.9	136.0	136.7	137.0
洛阳	Luoyang	127.6	127.8	128.2	129.6	132.1	134.7	135.4	136.3	138.9	141.1	142.2	142.6
平顶山	Pingdingshan	120.7	121.9	123.1	123.9	124.8	126.2	128.8	129.1	129.2	129.7	130.1	130.8
宜昌	Yichang	128.2	129.3	130.5	131.2	131.7	131.1	131.4	130.5	130.3	129.8	129.4	129.1
襄阳	Xiangyang	123.1	124.0	124.4	125.0	125.9	127.0	127.9	129.7	130.6	132.0	133.1	134.4
岳阳	Yueyang	120.3	120.6	121.1	121.0	120.9	120.8	120.9	120.9	120.7	119.7	119.1	118.2
常德	Changde	121.7	121.9	123.6	124.6	125.3	125.7	125.9	127.1	126.7	127.3	126.9	126.8
惠州	Huizhou	134.4	134.0	133.9	134.1	134.7	135.5	136.6	137.4	137.9	139.3	139.9	141.0
湛江	Zhanjiang	125.9	126.7	127.1	127.3	128.5	129.1	129.1	130.1	129.9	130.5	129.8	130.8
韶关	Shaoguan	123.4	122.8	122.8	122.5	123.8	124.2	124.9	124.6	125.1	124.9	123.7	122.9
桂林	Guilin	122.4	122.8	123.8	123.9	124.5	125.7	127.2	127.4	128.7	129.6	130.2	130.9
北海	Beihai	132.5	133.2	135.0	136.9	137.3	138.1	138.8	139.6	139.7	140.0	140.0	140.2
三亚	Sanya	146.6	147.7	148.2	149.4	149.9	150.9	151.1	151.2	151.8	152.6	152.9	153.7
泸州	Luzhou	122.8	123.9	124.3	124.2	124.3	123.9	124.0	123.5	123.1	121.9	121.6	121.0
南充	Nanchong	126.2	126.6	127.7	128.7	129.6	130.3	129.8	129.8	130.1	130.0	129.4	128.5
遵义	Zunyi	122.7	124.3	125.1	126.0	126.7	127.4	126.9	127.2	127.7	127.5	127.0	127.3
大理	Dali	132.9	134.9	137.2	137.0	139.8	141.6	144.3	146.2	147.8	149.0	150.7	151.9

4-1-4 2019年70个大中城市144㎡以上新建商品住宅销售价格指数

Housing Price Indices of Above 144㎡ Newly Constructed Commercial Residential Buildings in 70 Large and Medium-Sized Cities 2019

(以2015年价格为100) (2015=100)

城 市	City	1月	2月	3月	4月	5月	6月	7月	8月	9月	10月	11月	12月
北 京	Beijing	147.2	146.7	147.9	148.6	150.2	150.0	151.3	152.8	152.7	152.8	156.9	157.1
天 津	Tianjin	126.8	127.3	127.2	128.4	128.9	129.5	128.9	129.1	129.8	129.1	129.5	130.4
石家庄	Shijiazhuang	141.7	143.4	145.5	146.2	146.4	147.7	148.2	149.9	151.7	151.5	151.0	151.9
太 原	Taiyuan	123.0	123.4	124.1	125.5	125.7	126.2	126.2	127.3	127.9	127.8	127.8	127.4
呼和浩特	Hohhot	133.2	134.2	134.6	135.6	137.4	140.4	141.9	146.4	149.1	152.7	155.5	155.9
沈 阳	Shenyang	127.6	128.6	130.8	131.4	132.9	134.4	135.2	136.8	138.7	140.8	141.5	142.5
大 连	Dalian	119.9	122.2	123.5	124.0	126.2	127.2	127.2	127.7	127.0	127.9	128.6	129.3
长 春	Changchun	125.2	126.3	126.2	126.9	127.4	128.8	128.8	129.5	130.9	132.8	134.5	136.0
哈尔滨	Harbin	131.9	133.1	135.2	136.4	137.6	139.3	138.8	140.2	142.1	144.8	146.6	147.4
上 海	Shanghai	145.5	145.9	145.0	145.7	145.8	146.3	145.9	146.6	147.5	148.0	148.9	148.5
南 京	Nanjing	144.3	144.1	145.0	146.5	146.9	148.1	150.8	150.6	151.0	150.3	150.6	150.6
杭 州	Hangzhou	135.9	136.0	136.3	137.3	138.3	140.0	140.2	140.2	140.4	140.0	140.0	140.5
宁 波	Ningbo	126.6	126.7	128.3	129.1	130.8	131.4	132.0	133.6	134.4	134.5	134.5	134.2
合 肥	Hefei	157.4	158.9	160.7	161.6	161.2	160.8	162.6	163.5	163.7	162.6	162.3	162.5
福 州	Fuzhou	143.7	143.9	144.5	145.9	147.4	147.7	148.2	149.8	150.4	150.2	150.5	150.6
厦 门	Xiamen	148.6	148.8	150.0	150.9	151.4	152.4	153.7	155.6	154.8	154.1	153.7	153.6
南 昌	Nanchang	135.9	136.4	136.7	139.0	139.6	140.6	141.4	142.3	144.4	144.8	144.9	144.8
济 南	Jinan	141.8	142.6	143.9	145.0	145.4	146.0	146.4	146.4	146.4	145.6	145.5	144.5
青 岛	Qingdao	132.0	132.5	132.6	132.7	132.9	133.6	134.5	135.0	135.5	135.5	135.3	135.6
郑 州	Zhengzhou	138.1	137.8	138.4	138.8	139.6	139.8	140.0	141.0	141.6	142.1	141.5	141.6
武 汉	Wuhan	142.0	144.0	145.7	146.1	147.8	149.1	150.6	151.8	152.6	154.2	155.6	157.5
长 沙	Changsha	141.7	142.0	141.8	141.7	143.7	144.7	144.9	145.1	145.2	145.8	146.5	148.3
广 州	Guangzhou	151.3	154.3	155.2	156.3	157.3	157.3	156.9	157.3	158.0	158.1	156.9	156.9
深 圳	Shenzhen	146.9	147.0	146.2	147.0	148.3	149.6	149.9	150.2	152.8	152.5	152.7	153.1
南 宁	Nanning	135.1	136.3	138.4	140.1	141.0	142.5	142.8	144.7	146.8	149.8	150.1	151.8
海 口	Haikou	135.5	136.3	137.7	140.2	141.5	144.1	146.2	147.2	148.5	150.0	150.6	151.4
重 庆	Chongqing	130.1	131.3	131.6	131.8	133.5	134.8	135.7	134.4	135.6	136.2	137.3	137.4
成 都	Chengdu	140.2	140.9	142.1	143.7	144.0	146.9	149.8	150.6	151.2	153.3	154.5	156.6
贵 阳	Guiyang	135.3	137.0	138.2	139.8	141.1	142.1	144.0	144.2	142.5	142.6	141.7	140.8
昆 明	Kunming	132.5	134.1	134.2	135.9	136.9	137.5	139.0	139.2	141.3	144.6	145.6	144.9
西 安	Xi'an	149.3	151.1	152.6	153.6	157.4	159.6	161.6	161.2	161.3	163.1	163.6	164.3
兰 州	Lanzhou	118.8	119.5	119.6	119.5	119.5	119.5	119.7	119.8	120.6	120.9	121.7	122.5
西 宁	Xining	118.9	121.3	121.7	122.2	122.4	124.3	124.3	125.1	126.6	130.6	132.5	134.1
银 川	Yinchuan	117.0	117.2	117.6	118.9	118.9	120.4	119.9	122.5	124.0	125.0	127.3	129.3
乌鲁木齐	Urumqi	108.3	109.0	110.0	109.8	109.1	110.1	110.0	109.6	110.5	110.1	109.5	110.2

4-1-4 续表 Continued

(以2015年价格为100) (2015=100)

城 市	City	1月	2月	3月	4月	5月	6月	7月	8月	9月	10月	11月	12月
唐 山	Tangshan	122.6	124.3	125.5	126.2	127.4	128.5	129.0	131.3	132.8	135.6	138.5	139.7
秦皇岛	Qinhuangdao	129.2	130.5	131.7	134.1	134.2	135.2	136.6	137.7	137.7	138.7	139.3	140.7
包 头	Baotou	115.6	116.8	118.1	119.3	119.3	119.1	118.8	120.1	120.2	121.0	121.0	121.7
丹 东	Dandong	117.4	118.3	119.8	121.4	121.1	121.0	121.7	121.2	122.4	123.1	123.9	123.7
锦 州	Jinzhou	113.8	114.1	115.5	115.8	116.9	116.7	116.6	116.5	118.6	120.0	122.6	123.7
吉 林	Jilin	126.4	127.1	127.8	128.5	129.7	129.8	130.4	132.1	132.8	133.3	133.5	133.7
牡丹江	Mudanjiang	116.7	117.3	117.4	119.5	121.4	121.1	123.1	124.0	123.7	123.9	122.8	122.8
无 锡	Wuxi	134.3	133.1	134.6	134.8	136.3	137.8	138.9	140.0	142.2	143.6	144.2	145.3
扬 州	Yangzhou	135.2	135.7	138.0	138.1	139.4	140.2	141.8	144.0	145.9	145.6	148.1	150.3
徐 州	Xuzhou	143.3	144.8	144.6	146.7	146.9	146.9	148.4	149.5	150.1	151.8	152.6	154.2
温 州	Wenzhou	114.8	114.6	116.4	116.3	116.4	116.7	116.5	117.2	118.6	119.9	120.7	120.8
金 华	Jinhua	120.2	120.3	119.9	121.2	123.5	124.8	127.1	127.7	128.0	127.3	128.8	128.8
蚌 埠	Bengbu	120.1	118.8	119.0	119.7	120.9	121.6	122.6	121.7	121.7	121.8	121.3	121.5
安 庆	Anqing	120.2	120.4	120.7	122.1	123.3	123.2	123.2	122.0	122.7	123.6	122.9	121.8
泉 州	Quanzhou	113.1	112.5	113.1	114.1	113.8	113.4	114.0	113.8	114.6	115.5	115.9	116.2
九 江	Jiujiang	136.0	136.5	137.0	137.1	137.1	137.6	137.6	138.6	140.6	142.9	144.2	146.3
赣 州	Ganzhou	129.3	130.2	129.6	130.1	129.7	129.9	131.5	131.0	132.5	133.1	132.7	134.0
烟 台	Yantai	125.5	126.2	126.4	127.1	127.9	128.3	130.3	131.2	134.0	135.1	135.5	136.6
济 宁	Jining	121.9	122.6	123.3	123.5	124.6	126.0	126.6	128.0	129.7	130.2	130.9	130.6
洛 阳	Luoyang	124.7	125.9	125.5	126.0	127.4	131.9	132.3	132.9	136.5	138.3	139.0	139.8
平顶山	Pingdingshan	120.3	121.2	123.0	123.5	125.0	125.8	126.8	126.8	125.8	126.6	128.4	128.9
宜 昌	Yichang	131.0	132.1	132.2	132.9	133.4	132.8	133.4	132.9	132.2	131.7	131.3	130.3
襄 阳	Xiangyang	119.7	120.3	121.4	122.7	123.0	123.2	124.2	124.7	126.3	128.3	129.6	130.4
岳 阳	Yueyang	127.3	125.7	126.0	126.1	126.2	127.4	127.8	127.7	126.7	126.4	126.5	126.5
常 德	Changde	118.1	117.8	119.1	119.8	120.9	121.0	120.3	121.2	121.9	122.5	122.2	122.2
惠 州	Huizhou	135.1	134.8	135.1	135.9	136.8	137.2	137.1	138.0	137.9	138.2	139.6	141.5
湛 江	Zhanjiang	124.7	125.6	126.6	128.3	127.6	128.2	129.7	128.7	128.2	129.9	129.4	129.7
韶 关	Shaoguan	123.0	123.6	122.7	122.6	124.4	124.9	126.3	123.9	123.0	122.5	123.0	122.7
桂 林	Guilin	124.4	125.8	125.9	125.3	127.0	129.7	130.2	131.0	133.2	132.5	133.0	132.2
北 海	Beihai	131.0	131.4	131.9	133.1	133.2	134.2	134.5	136.5	137.4	138.0	138.9	140.3
三 亚	Sanya	142.5	142.5	142.7	144.0	145.3	146.5	147.7	147.6	148.2	148.5	148.7	150.8
泸 州	Luzhou	123.1	122.5	122.4	123.0	122.4	121.9	121.2	120.9	121.7	120.7	120.5	120.4
南 充	Nanchong	121.5	121.1	123.5	124.3	125.6	124.7	123.9	124.0	126.2	127.1	126.1	125.6
遵 义	Zunyi	127.4	129.5	130.0	130.2	129.5	129.2	130.1	130.3	130.7	130.6	128.8	129.5
大 理	Dali	128.1	130.5	132.3	133.4	135.3	138.0	139.9	140.3	141.1	141.8	142.7	143.5

4−1−5　2019年70个大中城市二手住宅销售价格指数
Housing Price Indices of Second-Hand Residential Buildings in 70 Large and Medium-Sized Cities 2019

(以2015年价格为100)　　(2015=100)

城　市	City	1月	2月	3月	4月	5月	6月	7月	8月	9月	10月	11月	12月
北　京	Beijing	145.2	145.4	146.0	146.9	146.9	146.9	146.5	145.9	145.2	144.3	143.7	144.6
天　津	Tianjin	134.6	135.4	135.4	136.6	137.2	137.2	136.6	136.0	135.8	135.1	135.0	134.3
石家庄	Shijiazhuang	125.3	126.1	126.8	127.2	127.8	128.0	127.7	127.9	127.2	126.9	126.6	126.3
太　原	Taiyuan	124.9	125.4	125.5	127.0	127.8	128.2	129.6	130.1	130.9	130.5	129.9	129.5
呼和浩特	Hohhot	121.6	123.4	124.5	126.4	128.7	130.3	131.2	131.9	132.7	133.4	133.5	133.1
沈　阳	Shenyang	118.4	119.4	120.2	121.2	121.9	122.9	123.7	125.6	126.6	127.2	128.8	129.5
大　连	Dalian	115.9	116.7	118.0	118.9	120.1	120.7	120.9	121.5	121.6	121.6	121.6	121.8
长　春	Changchun	117.6	117.8	119.1	120.3	121.0	121.6	122.1	122.9	124.1	124.6	125.1	125.7
哈尔滨	Harbin	121.2	121.7	122.3	123.4	124.4	125.2	126.2	127.7	129.6	131.9	133.8	134.8
上　海	Shanghai	137.5	137.4	137.9	138.5	138.6	138.5	139.1	139.0	139.8	139.6	139.5	139.3
南　京	Nanjing	138.3	138.6	139.8	140.0	140.2	140.5	141.8	142.9	145.2	145.7	145.9	145.9
杭　州	Hangzhou	140.4	140.3	141.3	142.5	144.3	145.0	145.1	144.9	144.6	144.4	144.3	144.6
宁　波	Ningbo	123.5	123.6	124.4	125.3	126.4	127.5	129.3	131.1	132.2	133.0	133.4	133.5
合　肥	Hefei	156.8	156.9	157.2	158.1	158.4	158.7	160.3	160.8	160.9	160.9	160.5	161.2
福　州	Fuzhou	125.0	125.2	125.9	126.5	127.3	127.1	127.1	125.9	125.9	127.8	128.8	130.1
厦　门	Xiamen	134.5	134.9	137.0	138.7	139.3	139.7	141.6	141.8	141.7	141.1	140.8	142.0
南　昌	Nanchang	130.7	131.2	131.9	132.5	132.9	132.5	132.1	132.3	132.5	132.1	131.7	132.5
济　南	Jinan	132.7	133.2	133.9	133.4	133.2	132.9	132.8	131.6	131.2	130.4	129.5	129.2
青　岛	Qingdao	133.5	133.1	132.7	132.4	131.8	131.0	130.2	129.6	128.7	127.9	126.9	126.3
郑　州	Zhengzhou	132.2	131.7	131.4	131.6	131.7	131.3	131.1	130.6	130.2	129.9	129.2	128.3
武　汉	Wuhan	147.7	147.6	147.8	147.5	147.0	146.6	146.3	147.0	145.8	145.4	145.1	145.0
长　沙	Changsha	135.8	135.8	135.7	136.1	135.9	135.7	135.4	135.3	134.9	134.7	134.6	134.5
广　州	Guangzhou	149.5	149.2	148.4	147.8	147.4	147.4	148.0	148.1	147.7	147.4	147.2	147.1
深　圳	Shenzhen	150.5	151.3	152.4	154.0	154.1	153.9	154.9	155.2	157.2	158.9	161.1	162.7
南　宁	Nanning	126.1	127.6	128.8	130.6	132.2	133.1	133.9	134.5	135.5	135.7	135.9	136.5
海　口	Haikou	115.2	115.2	115.0	115.9	115.6	115.6	115.5	114.8	113.9	114.2	113.7	113.5
重　庆	Chongqing	126.7	127.1	127.2	128.3	128.6	129.4	129.6	129.1	128.3	128.0	128.7	128.3
成　都	Chengdu	117.2	117.8	117.7	117.5	118.1	118.2	119.2	118.1	117.7	117.7	117.5	118.0
贵　阳	Guiyang	122.3	122.7	122.6	122.8	123.2	122.7	122.4	121.7	121.0	120.5	119.8	119.0
昆　明	Kunming	126.1	127.1	127.5	127.6	128.6	129.4	130.1	131.4	132.4	132.8	133.5	133.6
西　安	Xi'an	120.7	120.5	121.9	122.9	123.6	124.3	124.5	124.5	123.8	123.0	122.0	121.3
兰　州	Lanzhou	115.9	116.1	117.3	117.5	118.9	119.6	120.3	121.3	122.0	123.1	123.9	124.6
西　宁	Xining	109.6	110.9	112.7	114.9	116.2	117.2	118.5	119.5	120.9	121.9	123.1	123.6
银　川	Yinchuan	106.2	106.5	107.6	108.0	108.3	108.9	109.7	111.3	112.0	112.6	113.6	114.1
乌鲁木齐	Urumqi	122.6	123.5	123.1	124.7	125.6	126.5	126.3	124.9	124.9	125.5	124.9	124.5

4－1－5 续表 Continued

(以2015年价格为100) (2015=100)

城 市	City	1月	2月	3月	4月	5月	6月	7月	8月	9月	10月	11月	12月
唐 山	Tangshan	114.6	114.7	116.1	117.8	119.0	120.3	121.0	123.1	126.4	128.0	130.3	131.7
秦皇岛	Qinhuangdao	120.5	121.3	122.7	124.6	125.4	126.5	127.2	128.7	129.4	130.3	131.3	131.6
包 头	Baotou	107.2	107.9	108.7	109.5	110.0	110.9	112.3	112.7	113.0	112.4	113.0	113.5
丹 东	Dandong	108.3	109.1	109.7	110.7	111.8	112.5	113.0	113.6	114.5	115.2	116.4	117.5
锦 州	Jinzhou	100.6	100.8	100.9	101.2	101.2	101.0	101.9	102.1	103.1	103.0	103.5	103.5
吉 林	Jilin	114.7	115.1	116.4	117.3	117.7	118.0	117.8	118.5	120.1	121.7	122.5	123.4
牡丹江	Mudanjiang	109.8	110.6	110.6	111.1	111.1	111.0	110.8	110.4	109.7	109.5	109.0	109.4
无 锡	Wuxi	135.7	135.6	135.9	136.4	137.9	139.8	141.6	144.0	145.7	147.1	147.6	147.8
扬 州	Yangzhou	123.2	123.6	123.8	124.7	125.0	125.9	126.5	127.3	127.7	128.0	128.6	129.2
徐 州	Xuzhou	121.9	121.8	122.6	122.6	123.0	123.9	124.1	124.9	126.0	126.7	127.2	127.1
温 州	Wenzhou	112.6	112.8	113.0	113.9	114.3	114.7	114.6	115.3	116.0	116.1	116.8	116.4
金 华	Jinhua	118.9	118.8	119.0	119.5	120.0	120.9	121.6	122.0	121.5	121.3	120.7	120.8
蚌 埠	Bengbu	120.3	120.4	120.9	121.5	121.9	122.8	123.8	124.8	125.1	124.6	125.0	125.3
安 庆	Anqing	121.9	121.8	121.7	120.7	120.6	120.3	120.0	119.0	118.5	118.3	118.0	117.6
泉 州	Quanzhou	114.3	114.1	114.6	114.5	114.7	114.9	115.5	116.2	116.0	116.2	116.6	116.7
九 江	Jiujiang	122.2	122.4	122.9	123.6	124.4	124.9	125.7	126.2	127.5	128.8	129.4	130.6
赣 州	Ganzhou	123.4	123.9	124.5	125.0	125.4	125.6	126.1	126.5	127.2	127.7	128.6	129.6
烟 台	Yantai	122.0	122.4	123.6	124.5	125.7	126.7	127.7	128.5	128.7	128.4	127.9	126.8
济 宁	Jining	127.4	128.1	128.8	130.0	130.9	131.5	132.4	133.9	135.2	136.0	136.5	137.3
洛 阳	Luoyang	117.4	117.4	117.2	118.5	119.4	120.4	122.2	123.0	125.5	126.1	127.0	128.0
平顶山	Pingdingshan	115.1	115.8	116.1	116.9	117.5	118.0	118.5	118.5	119.5	120.3	121.2	122.4
宜 昌	Yichang	122.9	123.1	123.2	123.0	123.0	122.0	121.7	120.4	119.9	119.4	119.1	118.8
襄 阳	Xiangyang	116.8	117.8	118.7	119.9	120.8	121.6	122.0	122.4	122.6	122.9	122.5	122.4
岳 阳	Yueyang	114.2	114.1	114.1	114.2	114.7	114.8	115.3	114.6	114.3	113.4	112.7	112.7
常 德	Changde	115.3	115.2	115.5	115.3	115.1	114.6	114.8	114.6	114.3	114.0	114.1	113.5
惠 州	Huizhou	131.0	130.9	131.3	131.6	131.8	131.8	132.8	133.8	133.9	133.9	134.3	134.9
湛 江	Zhanjiang	113.3	113.2	113.3	113.1	112.9	112.6	112.7	112.6	112.1	112.0	111.5	110.8
韶 关	Shaoguan	115.8	115.9	116.2	116.5	116.7	117.1	117.9	118.3	117.7	117.2	116.1	116.3
桂 林	Guilin	107.0	107.0	107.9	108.5	109.1	109.6	110.0	110.6	111.4	112.3	112.1	111.8
北 海	Beihai	120.8	121.4	122.6	123.4	124.0	123.8	124.2	124.7	123.9	123.8	123.3	123.2
三 亚	Sanya	120.4	121.3	122.4	123.5	123.8	123.0	122.5	121.6	121.0	120.3	120.0	120.0
泸 州	Luzhou	120.1	120.2	120.2	119.7	119.8	119.1	119.0	119.0	119.8	119.8	119.5	120.3
南 充	Nanchong	120.9	120.8	120.1	119.9	120.3	121.2	121.4	121.4	121.6	121.3	120.8	120.9
遵 义	Zunyi	117.6	118.0	118.0	117.9	117.7	117.4	116.7	116.4	115.7	115.1	114.7	114.2
大 理	Dali	118.4	120.0	122.1	123.1	124.5	125.2	126.1	126.8	128.1	128.6	129.3	130.1

4-1-6 2019年70个大中城市90㎡及以下二手住宅销售价格指数

Housing Price Indices of 90㎡ and below Second-Hand Residential Buildings in 70 Large and Medium-Sized Cities 2019

(以2015年价格为100) (2015=100)

城 市	City	1月	2月	3月	4月	5月	6月	7月	8月	9月	10月	11月	12月
北 京	Beijing	146.3	146.6	147.5	148.1	148.3	147.6	147.5	146.9	145.7	144.8	144.1	144.8
天 津	Tianjin	137.3	137.7	137.8	139.4	139.5	139.4	138.6	138.5	137.7	136.3	135.6	134.6
石家庄	Shijiazhuang	126.1	126.6	127.0	127.1	127.7	127.7	127.7	128.0	127.4	127.0	127.0	126.6
太 原	Taiyuan	125.8	126.0	125.7	128.0	129.2	129.6	131.2	131.3	132.5	131.5	131.3	131.2
呼和浩特	Hohhot	122.0	123.8	124.4	126.4	129.0	130.4	131.3	132.1	132.9	133.7	133.9	133.6
沈 阳	Shenyang	118.3	119.3	119.9	120.8	121.4	122.1	122.9	124.8	125.6	125.9	127.4	128.3
大 连	Dalian	115.4	116.2	117.6	118.8	119.6	120.6	120.9	121.4	121.0	120.6	120.7	120.5
长 春	Changchun	119.1	119.0	120.5	121.4	122.0	122.6	123.3	124.3	125.8	126.5	127.1	127.9
哈尔滨	Harbin	121.0	121.4	121.8	123.2	123.8	124.4	124.4	126.1	127.7	130.1	131.0	133.2
上 海	Shanghai	137.5	136.7	137.3	138.4	139.0	138.7	139.1	139.4	140.1	139.9	139.7	139.7
南 京	Nanjing	128.9	129.3	130.3	130.4	130.7	130.7	131.7	132.7	134.8	135.0	135.2	135.0
杭 州	Hangzhou	141.1	141.5	142.8	144.3	146.3	147.3	147.3	146.8	146.5	146.3	146.2	146.7
宁 波	Ningbo	123.9	124.1	125.1	126.2	127.4	128.9	130.5	132.6	133.9	135.0	135.7	135.8
合 肥	Hefei	157.1	156.9	158.5	160.2	160.2	160.8	161.9	162.2	162.8	162.3	161.8	162.3
福 州	Fuzhou	123.4	123.4	124.3	125.0	125.9	126.0	126.0	124.8	125.0	127.7	128.8	129.9
厦 门	Xiamen	137.2	137.8	140.1	142.2	143.2	143.3	144.5	144.2	143.7	142.8	142.9	144.3
南 昌	Nanchang	135.0	135.8	136.0	137.1	137.3	136.1	135.6	136.2	136.0	135.6	135.3	135.7
济 南	Jinan	133.4	133.8	134.7	134.6	134.8	134.8	134.9	133.0	131.9	131.2	130.5	129.9
青 岛	Qingdao	133.2	132.2	131.7	131.4	130.7	129.8	128.9	128.6	128.5	127.7	127.5	127.5
郑 州	Zhengzhou	133.5	133.0	132.7	132.7	132.5	131.5	131.6	131.6	130.6	129.5	128.6	128.0
武 汉	Wuhan	150.2	150.2	150.4	150.5	150.1	150.5	150.2	151.2	150.3	149.5	150.2	150.5
长 沙	Changsha	134.9	135.2	135.1	135.2	135.2	134.3	133.3	133.2	133.0	132.7	132.3	132.0
广 州	Guangzhou	149.6	148.9	147.9	147.6	147.3	146.9	147.4	147.6	147.4	147.2	146.8	146.6
深 圳	Shenzhen	152.0	153.0	153.9	155.3	155.9	155.8	157.3	157.8	160.0	161.8	164.5	166.2
南 宁	Nanning	123.5	125.1	126.5	128.6	131.1	132.3	133.4	133.9	134.8	134.8	134.9	134.6
海 口	Haikou	114.4	114.4	114.2	115.3	114.5	114.3	113.8	113.0	112.2	112.3	111.8	111.6
重 庆	Chongqing	126.3	126.7	127.3	128.5	128.5	128.8	129.3	129.0	128.4	128.2	128.8	128.4
成 都	Chengdu	118.1	118.6	118.5	118.4	119.3	119.0	120.1	120.0	119.2	119.5	119.6	119.9
贵 阳	Guiyang	121.9	122.5	122.4	122.3	122.3	121.7	121.5	119.7	119.0	118.4	117.7	117.0
昆 明	Kunming	124.9	125.9	126.4	127.2	128.4	128.9	129.8	130.6	131.2	131.6	132.1	131.7
西 安	Xi'an	123.7	123.4	125.0	125.8	126.3	127.1	127.3	127.6	127.3	127.3	127.0	126.1
兰 州	Lanzhou	117.3	117.5	118.5	118.7	119.4	119.1	120.1	120.2	120.5	121.9	123.2	123.8
西 宁	Xining	109.2	110.2	111.7	113.8	115.4	115.8	116.6	117.1	118.3	118.5	119.8	120.9
银 川	Yinchuan	106.6	106.8	108.0	108.2	108.8	109.4	109.9	111.4	112.3	112.6	113.6	113.8
乌鲁木齐	Urumqi	121.9	123.0	122.5	123.8	124.5	125.7	126.1	124.8	124.7	125.2	124.2	124.0

4−1−6 续表 Continued

(以2015年价格为100) (2015=100)

城 市	City	1月	2月	3月	4月	5月	6月	7月	8月	9月	10月	11月	12月
唐 山	Tangshan	115.9	116.0	117.7	119.5	120.7	121.8	122.6	125.2	128.5	130.0	132.3	133.7
秦皇岛	Qinhuangdao	122.4	123.1	124.2	126.5	127.6	128.5	128.7	129.5	129.8	130.5	131.6	131.6
包 头	Baotou	105.5	106.4	107.2	107.9	108.8	110.2	111.9	112.3	112.6	111.8	112.3	112.3
丹 东	Dandong	106.9	108.0	108.6	109.4	110.8	111.3	111.6	112.0	113.1	113.9	115.3	116.4
锦 州	Jinzhou	102.2	102.8	103.1	103.2	103.3	103.0	103.9	104.2	105.3	104.3	104.6	105.0
吉 林	Jilin	115.0	115.3	117.0	118.0	118.6	118.7	118.6	119.1	120.8	122.3	123.2	124.0
牡丹江	Mudanjiang	110.8	111.4	111.4	111.8	111.7	111.6	111.4	111.1	110.3	110.3	109.7	110.2
无 锡	Wuxi	136.2	136.5	137.2	137.7	140.2	142.0	143.9	145.8	147.3	148.2	148.7	148.8
扬 州	Yangzhou	125.2	125.5	125.9	127.6	128.2	128.7	129.5	129.7	130.2	130.5	131.0	131.5
徐 州	Xuzhou	122.9	122.7	123.8	123.6	124.3	124.7	124.7	125.2	127.2	128.3	128.9	128.8
温 州	Wenzhou	117.3	118.2	118.7	120.7	121.9	122.6	122.7	123.2	124.3	124.8	125.1	125.6
金 华	Jinhua	121.8	121.6	121.8	122.6	123.0	124.3	125.2	125.4	125.5	125.5	124.7	125.2
蚌 埠	Bengbu	121.3	121.4	122.0	122.6	123.5	124.3	125.3	126.3	126.4	126.2	126.9	127.0
安 庆	Anqing	121.5	121.4	121.4	120.5	119.8	119.4	119.0	117.6	117.3	117.2	117.2	116.9
泉 州	Quanzhou	114.4	114.3	114.3	114.1	114.7	114.5	115.5	115.6	115.0	115.2	115.0	115.7
九 江	Jiujiang	124.9	125.0	125.6	126.0	126.7	127.6	128.5	129.0	129.7	131.1	131.8	133.0
赣 州	Ganzhou	124.1	125.3	125.1	125.5	126.1	126.1	127.1	127.5	127.6	128.6	129.8	130.6
烟 台	Yantai	124.9	125.6	126.5	127.3	128.0	129.1	130.7	130.9	130.9	130.7	130.2	128.9
济 宁	Jining	125.7	126.2	127.2	128.2	129.4	129.8	130.7	131.1	133.6	133.8	134.4	134.5
洛 阳	Luoyang	119.8	119.6	120.2	121.2	122.4	123.7	125.9	127.6	130.6	131.8	132.5	133.3
平顶山	Pingdingshan	112.2	112.7	112.9	113.6	113.9	114.6	114.8	115.3	115.9	116.9	118.1	118.9
宜 昌	Yichang	123.9	124.0	124.2	124.2	124.3	123.1	123.0	122.5	121.9	121.4	121.2	120.5
襄 阳	Xiangyang	116.6	117.4	118.4	119.2	120.2	121.2	121.6	122.2	122.6	123.4	122.7	122.5
岳 阳	Yueyang	115.4	115.3	115.3	115.3	115.5	115.7	115.8	116.0	115.8	115.3	114.5	114.6
常 德	Changde	115.7	115.6	115.6	115.4	115.1	114.6	115.5	115.3	115.8	114.9	114.1	113.7
惠 州	Huizhou	133.4	133.4	133.9	134.1	134.3	134.6	135.1	135.9	136.1	136.4	136.8	137.2
湛 江	Zhanjiang	112.9	112.7	112.5	112.9	112.1	111.6	111.2	109.9	109.4	109.3	109.1	108.4
韶 关	Shaoguan	114.3	113.9	113.6	114.6	114.3	114.0	114.2	114.6	113.9	113.3	112.7	112.1
桂 林	Guilin	108.6	108.5	109.5	110.0	110.1	110.7	111.6	112.4	113.5	113.9	113.8	113.6
北 海	Beihai	120.4	120.9	122.3	123.2	123.5	123.3	123.7	124.1	123.0	122.9	122.6	122.4
三 亚	Sanya	120.8	122.3	123.6	125.1	125.6	124.5	124.0	122.8	121.6	120.7	120.4	120.4
泸 州	Luzhou	119.8	119.9	119.5	119.5	119.6	119.3	119.3	120.1	121.2	120.5	120.6	121.4
南 充	Nanchong	122.2	121.7	121.1	119.9	120.4	121.3	121.5	121.9	122.3	121.2	120.7	121.0
遵 义	Zunyi	119.2	119.5	119.6	119.3	118.6	118.8	118.1	117.9	117.2	116.6	116.3	115.5
大 理	Dali	119.6	121.3	123.2	124.1	125.0	125.7	126.7	127.3	128.3	128.7	129.4	130.2

4-1-7 2019年70个大中城市90㎡~144㎡二手住宅销售价格指数

Housing Price Indices of 90㎡~144㎡ Second-Hand Residential Buildings in 70 Large and Medium-Sized Cities 2019

(以2015年价格为100) (2015=100)

城　市	City	1月	2月	3月	4月	5月	6月	7月	8月	9月	10月	11月	12月
北　京	Beijing	143.2	143.3	143.8	144.6	144.1	144.8	144.6	143.7	143.7	143.3	142.8	143.6
天　津	Tianjin	134.5	135.5	135.5	136.2	137.4	137.5	137.3	136.1	136.6	136.7	137.1	136.5
石家庄	Shijiazhuang	124.8	125.9	126.4	126.8	127.2	127.6	127.2	127.1	126.5	126.2	125.8	125.6
太　原	Taiyuan	126.1	126.4	126.8	127.7	128.3	128.8	130.7	131.4	131.9	131.7	130.9	130.2
呼和浩特	Hohhot	121.3	122.8	124.5	126.4	128.4	129.8	131.2	131.7	132.4	133.4	133.2	132.9
沈　阳	Shenyang	119.0	120.2	121.6	122.7	123.6	125.5	126.3	128.1	129.6	130.8	132.7	133.1
大　连	Dalian	116.3	117.0	118.2	118.8	120.6	120.6	120.6	121.3	121.9	122.5	122.6	123.5
长　春	Changchun	116.4	116.8	117.9	119.6	120.0	120.5	121.0	121.6	122.4	122.8	123.2	123.6
哈尔滨	Harbin	120.1	120.6	121.3	122.5	124.0	124.8	126.4	128.2	129.8	132.3	135.0	135.2
上　海	Shanghai	136.6	137.8	137.9	138.1	138.3	138.5	139.6	139.3	140.1	140.3	140.0	139.5
南　京	Nanjing	141.4	141.3	142.3	142.6	142.1	142.8	144.3	145.1	147.5	148.5	148.6	149.0
杭　州	Hangzhou	141.7	141.5	142.4	143.7	145.4	146.0	146.2	146.4	145.8	145.4	145.3	145.4
宁　波	Ningbo	124.0	124.0	124.7	125.7	127.3	128.2	130.2	131.9	132.8	133.7	134.0	134.1
合　肥	Hefei	155.9	156.3	155.6	156.4	156.9	157.3	159.0	159.6	159.4	159.4	159.3	160.2
福　州	Fuzhou	124.1	124.3	125.1	125.5	126.4	125.6	125.5	124.5	124.0	125.7	126.5	128.2
厦　门	Xiamen	132.8	133.2	135.5	137.2	137.0	137.9	139.7	140.0	140.0	139.4	138.7	139.5
南　昌	Nanchang	127.2	127.7	128.9	129.0	129.6	129.8	129.8	129.3	130.0	129.4	128.7	130.4
济　南	Jinan	132.6	133.2	133.7	132.8	132.0	131.7	131.4	130.7	130.8	129.6	128.6	128.5
青　岛	Qingdao	135.5	136.0	135.8	135.8	135.6	134.4	133.4	132.3	130.1	129.3	127.3	126.1
郑　州	Zhengzhou	131.7	131.3	130.9	131.3	131.6	131.2	131.0	130.0	130.1	130.6	130.3	128.7
武　汉	Wuhan	147.1	146.8	146.4	145.5	144.8	143.5	143.6	144.2	142.4	142.4	141.2	140.9
长　沙	Changsha	134.9	134.7	134.6	135.0	135.1	135.4	135.0	135.0	134.3	134.2	134.2	134.4
广　州	Guangzhou	149.4	149.7	149.2	148.4	147.8	148.2	149.0	148.9	148.3	148.3	148.1	148.3
深　圳	Shenzhen	147.6	147.5	148.4	149.8	148.8	148.6	149.0	149.1	150.7	151.8	153.8	155.3
南　宁	Nanning	124.9	126.4	127.6	129.7	130.3	130.9	131.7	131.7	132.7	133.0	133.3	134.7
海　口	Haikou	116.3	116.3	116.1	117.2	117.5	117.8	118.2	117.8	117.0	117.4	117.1	116.7
重　庆	Chongqing	129.4	129.7	129.4	130.2	130.4	131.6	131.7	131.4	130.5	130.4	130.9	130.6
成　都	Chengdu	115.9	116.2	116.0	115.8	116.2	116.5	117.3	115.9	115.8	115.7	115.4	116.0
贵　阳	Guiyang	120.7	121.2	121.1	121.2	121.8	121.0	121.0	121.0	120.3	119.7	119.2	118.2
昆　明	Kunming	125.6	126.8	126.7	126.5	127.8	128.9	129.4	131.1	132.4	132.5	133.4	133.1
西　安	Xi'an	120.1	120.0	121.6	122.4	122.7	122.9	123.0	122.5	121.4	120.2	118.7	118.0
兰　州	Lanzhou	115.6	115.8	116.8	117.0	119.4	120.8	121.3	123.0	123.8	124.9	125.7	126.5
西　宁	Xining	109.5	110.8	112.9	115.2	116.5	117.4	119.1	120.6	121.9	123.3	124.6	124.8
银　川	Yinchuan	106.0	106.3	107.3	107.7	107.7	108.3	109.4	111.1	111.7	112.5	113.5	114.3
乌鲁木齐	Urumqi	124.0	124.8	124.4	126.1	127.4	127.7	127.0	125.6	125.8	126.4	126.3	125.6

4-1-7 续表 Continued

(以2015年价格为100) (2015=100)

城 市	City	1月	2月	3月	4月	5月	6月	7月	8月	9月	10月	11月	12月
唐 山	Tangshan	113.4	113.9	114.8	116.8	117.9	119.6	120.4	122.0	125.3	127.1	129.6	131.0
秦皇岛	Qinhuangdao	120.3	121.4	123.1	124.9	125.5	126.8	127.8	129.9	131.1	131.9	133.1	133.6
包 头	Baotou	109.5	110.1	110.9	111.8	112.3	112.7	113.9	114.3	114.6	114.0	114.6	115.8
丹 东	Dandong	111.4	112.1	113.0	114.2	114.6	115.3	116.0	117.0	117.8	118.2	119.3	120.5
锦 州	Jinzhou	98.6	98.4	98.2	98.5	98.4	98.5	99.4	99.4	100.4	101.4	102.1	102.0
吉 林	Jilin	115.2	115.5	116.5	117.3	117.6	118.1	117.9	119.0	120.2	121.9	122.6	123.5
牡丹江	Mudanjiang	107.8	109.6	109.8	110.5	111.0	110.7	110.3	109.7	109.4	108.6	108.4	108.2
无 锡	Wuxi	134.8	134.9	135.1	135.7	136.9	138.6	140.4	142.8	144.4	146.1	146.2	146.6
扬 州	Yangzhou	121.3	121.7	121.8	121.8	121.8	123.3	124.0	125.2	125.4	125.8	126.4	127.0
徐 州	Xuzhou	120.0	119.9	120.5	120.7	121.4	122.5	122.7	123.4	124.4	124.9	125.3	125.1
温 州	Wenzhou	112.8	112.6	112.9	113.6	113.9	114.2	114.0	115.0	115.5	115.6	116.5	115.7
金 华	Jinhua	117.0	117.0	117.3	117.7	118.2	118.8	119.2	120.0	119.3	119.0	118.8	118.3
蚌 埠	Bengbu	118.8	118.8	119.4	119.8	119.8	120.6	121.9	122.8	123.5	122.7	122.6	123.1
安 庆	Anqing	122.6	122.4	122.4	121.3	121.8	121.6	121.3	120.6	119.7	119.5	119.0	118.5
泉 州	Quanzhou	114.2	114.0	115.0	115.2	115.6	115.9	116.5	117.0	116.9	116.7	117.3	117.3
九 江	Jiujiang	120.2	120.5	121.0	121.9	122.6	122.6	123.6	124.1	126.0	127.0	127.5	128.8
赣 州	Ganzhou	124.4	124.7	125.4	126.1	126.4	126.9	127.2	127.4	128.5	128.6	130.1	130.5
烟 台	Yantai	120.5	120.5	121.8	122.8	124.7	125.5	125.5	126.5	127.3	126.9	126.3	125.4
济 宁	Jining	128.6	129.4	130.1	131.7	132.4	133.1	133.9	136.3	136.6	137.7	137.9	139.3
洛 阳	Luoyang	116.9	116.9	116.3	117.3	118.3	119.4	121.0	121.0	122.8	123.2	124.5	125.6
平顶山	Pingdingshan	115.3	116.0	116.7	117.4	118.5	118.9	119.5	119.4	120.5	121.6	122.3	124.1
宜 昌	Yichang	123.3	123.4	123.5	123.3	123.2	122.3	121.9	120.3	119.8	119.3	119.1	118.9
襄 阳	Xiangyang	118.5	119.7	120.7	122.2	123.1	123.8	124.2	124.5	124.4	124.2	124.0	124.1
岳 阳	Yueyang	112.6	112.6	112.7	112.9	113.7	113.7	114.4	113.4	112.8	111.6	111.1	111.1
常 德	Changde	114.9	114.9	115.3	115.2	115.0	114.3	113.9	114.0	113.0	113.4	114.1	113.4
惠 州	Huizhou	130.0	129.9	130.1	130.5	130.6	130.5	131.8	132.8	133.0	132.8	133.0	133.6
湛 江	Zhanjiang	113.2	113.1	113.3	112.4	112.5	112.3	112.5	113.8	113.2	113.3	112.4	111.6
韶 关	Shaoguan	117.9	118.3	118.8	118.8	118.9	119.8	121.0	121.4	120.6	119.8	118.7	119.2
桂 林	Guilin	105.4	105.5	106.3	106.8	107.9	108.4	108.5	109.0	109.6	110.8	110.5	110.4
北 海	Beihai	121.2	121.9	122.8	123.3	124.4	124.5	125.4	126.0	125.8	125.8	125.1	125.0
三 亚	Sanya	122.2	123.0	123.4	124.5	124.5	124.0	123.7	122.4	121.9	121.1	120.8	120.5
泸 州	Luzhou	120.8	120.9	121.3	120.4	120.4	119.5	119.3	118.9	119.7	119.9	119.4	120.2
南 充	Nanchong	119.7	119.9	119.4	120.1	120.4	121.2	121.4	121.2	121.1	121.4	120.8	120.7
遵 义	Zunyi	117.2	117.6	117.7	117.6	117.9	117.5	116.9	116.6	115.6	115.1	114.6	114.4
大 理	Dali	119.1	120.7	123.1	123.7	125.5	125.6	127.1	127.6	128.9	130.1	130.8	131.8

4-1-8　2019年70个大中城市144㎡以上二手住宅销售价格指数

Housing Price Indices of Above 144㎡ Second-Hand Residential Buildings in 70 Large and Medium-Sized Cities 2019

(以2015年价格为100)　　(2015=100)

城　市	City	1月	2月	3月	4月	5月	6月	7月	8月	9月	10月	11月	12月
北　京	Beijing	145.8	145.7	146.0	147.6	148.1	149.0	147.2	146.8	146.4	144.9	144.4	145.8
天　津	Tianjin	127.1	127.8	128.1	129.4	129.7	130.0	128.8	128.2	128.2	127.3	127.6	127.7
石家庄	Shijiazhuang	124.1	125.1	127.2	128.1	129.3	129.5	128.9	129.4	128.5	128.1	127.8	127.2
太　原	Taiyuan	121.1	122.3	122.8	123.8	124.2	124.2	124.8	125.4	125.8	126.3	125.4	124.8
呼和浩特	Hohhot	121.2	123.4	124.9	126.1	128.3	131.1	131.0	131.4	133.0	132.7	132.9	131.8
沈　阳	Shenyang	116.8	118.0	118.9	119.9	121.1	122.2	122.2	124.1	125.3	126.3	128.0	127.9
大　连	Dalian	117.2	118.0	119.1	119.9	120.9	121.1	121.8	122.4	123.9	123.9	123.5	122.7
长　春	Changchun	114.9	115.5	116.7	117.8	119.9	120.0	120.2	121.0	121.4	121.6	121.7	122.1
哈尔滨	Harbin	124.3	125.3	125.7	126.3	126.7	128.1	129.7	130.0	132.8	134.9	137.2	137.6
上　海	Shanghai	139.3	138.5	139.2	139.5	138.3	137.8	137.9	137.5	138.6	137.6	138.3	137.8
南　京	Nanjing	150.5	151.7	153.6	153.9	155.5	155.7	157.3	159.1	161.5	161.2	161.8	161.4
杭　州	Hangzhou	136.7	136.1	136.4	137.0	138.7	138.7	138.8	138.8	138.6	138.9	139.1	138.9
宁　波	Ningbo	121.7	121.7	122.3	122.6	122.8	123.3	125.0	126.5	127.6	128.0	128.0	128.0
合　肥	Hefei	159.4	158.7	159.2	158.5	158.6	158.3	160.4	161.4	161.0	161.8	160.9	161.5
福　州	Fuzhou	128.4	128.8	129.0	129.9	130.2	130.9	130.9	129.5	130.0	131.4	132.5	133.5
厦　门	Xiamen	133.9	134.2	135.8	137.0	138.6	138.4	141.2	141.7	142.1	142.0	141.9	143.1
南　昌	Nanchang	126.4	125.7	126.9	127.7	127.5	128.3	127.0	127.8	128.1	128.0	128.1	127.8
济　南	Jinan	130.8	131.4	131.9	131.8	131.7	130.4	130.4	130.1	130.5	130.0	129.3	129.0
青　岛	Qingdao	129.7	128.8	128.2	127.3	125.7	126.1	126.1	126.0	125.9	125.3	124.5	123.6
郑　州	Zhengzhou	130.3	130.0	129.9	130.2	130.4	131.0	130.2	129.9	129.4	129.3	128.2	128.0
武　汉	Wuhan	144.4	144.6	146.2	146.5	146.4	146.4	145.5	145.5	145.4	144.7	144.7	144.4
长　沙	Changsha	138.3	138.2	138.0	138.6	137.7	137.6	138.2	138.1	137.9	137.5	137.5	137.1
广　州	Guangzhou	149.4	149.0	148.1	147.3	147.0	147.1	147.2	147.4	146.7	145.7	145.7	145.2
深　圳	Shenzhen	151.6	153.3	154.9	157.4	157.8	157.6	158.6	158.7	161.0	163.1	164.8	166.0
南　宁	Nanning	133.8	135.1	135.7	136.7	138.0	139.1	139.2	141.5	142.7	142.7	143.3	144.1
海　口	Haikou	114.8	114.7	114.5	114.6	114.0	114.1	114.3	112.4	111.2	111.5	111.0	111.1
重　庆	Chongqing	120.7	121.4	121.3	122.7	124.4	125.2	125.1	123.1	122.0	121.3	122.4	122.1
成　都	Chengdu	118.0	119.2	119.4	118.6	119.1	119.7	120.7	117.9	117.7	117.0	116.5	117.1
贵　阳	Guiyang	126.9	126.9	126.8	127.6	128.1	128.5	127.5	126.6	125.7	125.7	124.6	124.2
昆　明	Kunming	128.8	129.4	130.4	130.0	130.0	131.0	131.6	133.2	134.2	135.0	135.9	137.4
西　安	Xi'an	117.1	116.8	117.5	119.2	121.3	123.1	123.4	123.9	123.5	122.0	121.4	121.0
兰　州	Lanzhou	114.1	114.4	115.8	116.3	117.6	118.5	119.3	120.8	122.0	122.4	122.4	123.1
西　宁	Xining	110.2	111.7	113.4	115.5	116.4	118.2	119.2	119.4	120.8	121.6	122.6	123.1
银　川	Yinchuan	105.7	105.9	107.4	108.0	107.9	109.0	110.2	111.6	112.1	112.8	113.9	114.4
乌鲁木齐	Urumqi	119.4	120.3	119.7	122.3	123.0	124.8	123.6	122.6	121.9	123.1	122.2	122.1

4-1-8 续表 Continued

(以2015年价格为100) (2015=100)

城 市	City	1月	2月	3月	4月	5月	6月	7月	8月	9月	10月	11月	12月
唐 山	Tangshan	111.6	111.5	112.5	113.7	114.5	115.5	115.5	116.8	119.9	121.3	123.0	124.6
秦皇岛	Qinhuangdao	114.8	114.8	115.3	116.3	117.2	118.1	119.3	120.7	120.6	122.0	121.9	121.9
包 头	Baotou	104.1	104.8	105.6	106.2	106.0	107.2	108.1	108.7	109.0	108.2	109.4	109.4
丹 东	Dandong	104.9	105.0	104.9	105.6	107.3	109.3	110.4	110.9	111.6	112.3	112.6	113.1
锦 州	Jinzhou	99.7	99.4	99.2	100.4	100.2	100.0	101.0	100.7	101.1	101.3	101.6	101.3
吉 林	Jilin	112.2	112.4	113.7	114.5	114.6	114.8	114.4	114.8	116.7	118.6	119.3	120.8
牡丹江	Mudanjiang	102.0	102.1	101.9	102.2	102.4	102.1	102.1	101.5	101.1	101.1	100.5	100.5
无 锡	Wuxi	137.0	135.6	135.8	135.3	135.6	138.6	140.1	143.4	146.2	147.8	149.3	149.2
扬 州	Yangzhou	122.9	123.3	123.4	124.3	124.9	124.9	123.8	125.6	127.0	126.5	127.1	129.0
徐 州	Xuzhou	125.8	125.8	126.5	126.1	125.2	126.3	127.3	129.0	128.7	129.1	129.5	129.1
温 州	Wenzhou	108.1	108.1	108.1	108.1	108.0	108.3	108.1	108.4	109.1	108.7	109.7	109.1
金 华	Jinhua	117.1	116.9	116.9	117.3	117.9	118.6	119.4	119.6	118.6	118.0	117.3	117.4
蚌 埠	Bengbu	121.4	121.4	121.4	122.0	121.9	122.9	122.9	124.3	124.5	123.1	123.2	123.9
安 庆	Anqing	121.2	121.0	120.9	119.7	119.8	119.9	120.0	119.3	119.0	118.2	117.9	117.6
泉 州	Quanzhou	114.3	114.4	114.4	114.2	113.5	114.1	114.2	116.0	116.1	117.0	117.7	117.1
九 江	Jiujiang	119.4	119.7	120.0	120.7	122.2	123.2	122.7	122.9	124.2	125.9	127.1	128.1
赣 州	Ganzhou	121.0	121.4	122.3	122.4	122.7	122.5	123.3	123.9	124.4	125.0	124.9	126.8
烟 台	Yantai	114.8	114.9	116.5	117.9	119.0	120.4	121.6	123.9	124.0	123.4	122.8	122.2
济 宁	Jining	128.8	129.1	129.2	129.5	129.8	131.1	132.3	133.3	135.0	136.3	137.9	139.0
洛 阳	Luoyang	115.8	115.7	115.3	117.5	117.9	118.6	120.4	121.4	124.5	125.0	125.4	126.3
平顶山	Pingdingshan	119.5	120.6	120.3	121.3	121.6	122.0	122.7	122.3	123.7	123.8	124.6	125.5
宜 昌	Yichang	118.6	118.9	118.8	118.9	118.3	117.7	117.2	115.4	115.3	114.5	113.8	113.4
襄 阳	Xiangyang	110.6	111.9	112.7	113.6	114.2	114.6	115.2	115.7	116.2	117.2	116.7	116.2
岳 阳	Yueyang	116.3	116.2	116.2	116.3	116.5	116.3	117.0	115.5	115.4	115.0	114.1	113.7
常 德	Changde	115.1	115.1	115.7	115.5	115.6	115.1	115.6	114.8	114.4	113.4	114.0	113.3
惠 州	Huizhou	130.1	130.1	130.9	130.9	131.3	131.4	132.4	133.5	133.4	133.1	134.2	134.9
湛 江	Zhanjiang	115.1	114.9	116.0	116.2	117.2	117.2	117.6	117.5	116.9	116.5	116.1	115.9
韶 关	Shaoguan	114.0	114.4	114.6	115.0	115.8	115.9	116.9	117.4	116.9	117.3	115.8	116.0
桂 林	Guilin	106.8	106.8	108.0	109.3	109.6	110.1	109.8	110.5	110.2	112.0	111.9	110.9
北 海	Beihai	121.1	122.8	123.9	124.6	124.7	123.5	122.9	122.8	121.4	121.5	120.9	120.9
三 亚	Sanya	117.1	117.2	119.1	119.5	119.8	118.9	118.3	118.6	118.9	118.3	118.0	118.5
泸 州	Luzhou	115.6	114.7	113.9	113.5	114.9	115.0	114.7	115.0	114.9	115.0	115.1	115.3
南 充	Nanchong	122.2	121.2	119.8	118.7	119.2	119.4	120.4	119.9	121.4	122.0	121.4	121.1
遵 义	Zunyi	115.7	115.6	115.6	115.6	115.1	114.0	112.9	112.5	112.3	111.2	110.9	110.5
大 理	Dali	115.3	116.6	118.8	120.3	122.0	123.4	123.7	124.7	126.5	126.5	127.0	127.5

4-2-1 2019年70个大中城市新建商品住宅销售价格指数

Housing Price Indices of Newly Constructed Commercial Residential Buildings in 70 Large and Medium-Sized Cities 2019

(以上年同月价格为100) (Same Month of Preceding Year=100)

城 市	City	1月	2月	3月	4月	5月	6月	7月	8月	9月	10月	11月	12月
北 京	Beijing	102.8	102.9	103.2	103.5	103.9	103.9	104.3	104.8	104.7	104.3	105.4	104.8
天 津	Tianjin	101.1	101.4	101.8	102.4	102.1	102.2	101.9	101.8	101.7	101.3	101.6	101.4
石家庄	Shijiazhuang	115.5	116.6	117.3	117.6	117.5	118.3	116.0	116.6	116.3	113.1	111.5	109.5
太 原	Taiyuan	111.7	112.6	112.4	111.6	111.2	111.2	110.0	108.9	108.3	107.7	106.4	104.6
呼和浩特	Hohhot	122.6	123.0	122.8	122.3	121.4	122.2	120.3	119.5	117.8	118.7	117.1	115.9
沈 阳	Shenyang	112.2	112.3	112.7	112.5	111.7	111.3	110.5	110.1	109.7	109.4	109.3	109.3
大 连	Dalian	112.5	113.3	113.7	113.2	112.9	112.2	112.2	111.7	110.7	110.2	108.9	108.2
长 春	Changchun	111.9	112.7	111.8	111.4	110.6	110.2	109.4	109.5	110.3	110.7	109.8	109.4
哈尔滨	Harbin	115.3	115.2	115.2	114.6	114.0	113.7	111.7	111.6	111.2	110.5	110.2	110.1
上 海	Shanghai	100.9	101.5	101.2	101.5	101.7	102.0	101.9	102.2	102.7	103.0	102.8	102.3
南 京	Nanjing	101.7	101.8	102.3	103.0	104.0	104.3	105.7	105.4	105.8	105.7	104.0	104.1
杭 州	Hangzhou	106.0	106.6	106.6	107.7	108.5	109.1	108.8	108.2	108.2	106.7	105.8	105.0
宁 波	Ningbo	106.2	106.7	107.6	107.1	107.8	108.4	108.2	107.2	107.5	107.8	107.8	108.3
合 肥	Hefei	104.8	106.0	106.7	107.4	107.4	107.7	107.8	106.9	105.7	104.8	104.1	103.9
福 州	Fuzhou	108.7	108.9	109.8	110.6	112.9	110.8	109.9	108.1	107.4	106.6	104.7	104.2
厦 门	Xiamen	99.7	100.0	100.7	101.1	100.4	101.2	102.6	103.6	103.3	102.7	102.9	103.9
南 昌	Nanchang	109.9	110.3	110.3	110.9	110.7	109.2	107.8	106.6	106.4	105.9	103.9	103.5
济 南	Jinan	115.7	116.4	117.2	118.2	118.3	114.5	111.6	108.2	106.4	104.6	102.1	100.5
青 岛	Qingdao	113.9	114.2	114.3	114.7	113.2	110.8	109.3	108.1	107.8	107.0	105.1	104.2
郑 州	Zhengzhou	110.0	109.9	110.5	110.4	108.9	107.5	106.4	105.1	104.8	103.8	102.4	101.7
武 汉	Wuhan	111.2	112.5	113.4	114.8	114.8	114.6	114.6	114.3	114.9	113.2	112.2	111.8
长 沙	Changsha	111.3	111.3	111.0	110.9	110.2	108.8	106.1	104.3	103.8	103.8	103.9	104.5
广 州	Guangzhou	109.7	111.3	111.9	113.3	112.2	110.5	110.2	109.4	109.0	108.7	108.1	104.7
深 圳	Shenzhen	99.9	100.5	100.3	100.7	101.2	101.3	100.9	100.6	102.0	102.9	103.3	103.6
南 宁	Nanning	110.0	110.4	110.8	111.5	111.6	110.1	109.7	110.3	112.2	114.1	113.9	112.7
海 口	Haikou	120.7	118.8	116.9	115.7	114.7	111.6	110.1	109.1	109.4	109.8	109.2	108.0
重 庆	Chongqing	111.8	112.2	112.1	112.2	113.3	112.1	111.7	110.3	109.7	109.0	108.4	108.1
成 都	Chengdu	113.4	114.2	114.7	115.4	113.4	113.0	113.3	112.8	112.8	112.5	111.5	110.6
贵 阳	Guiyang	119.4	120.5	120.6	120.1	120.5	120.1	119.4	117.7	115.0	110.2	107.5	106.5
昆 明	Kunming	115.7	116.2	116.2	116.8	116.5	115.7	113.5	113.2	112.3	112.5	112.4	111.1
西 安	Xi'an	123.5	124.2	124.4	123.8	124.4	125.2	125.3	122.3	116.0	115.6	114.7	114.2
兰 州	Lanzhou	111.2	110.9	110.6	110.2	110.1	109.1	109.0	107.7	106.7	105.2	105.5	104.9
西 宁	Xining	111.8	113.5	114.6	115.3	115.7	113.3	114.0	113.2	112.3	114.3	114.2	113.8
银 川	Yinchuan	109.3	109.5	109.4	109.4	109.6	109.1	108.5	108.6	109.5	110.1	111.9	112.3
乌鲁木齐	Urumqi	109.7	108.9	108.4	107.9	106.5	106.5	106.4	104.5	104.2	103.7	101.8	101.5

4-2-1 续表 Continued

(以上年同月价格为100) (Same Month of Preceding Year=100)

城市	City	1月	2月	3月	4月	5月	6月	7月	8月	9月	10月	11月	12月
唐山	Tangshan	112.9	113.2	113.3	113.2	113.8	113.9	112.7	111.7	110.8	111.3	111.9	112.9
秦皇岛	Qinhuangdao	118.4	118.7	118.8	120.1	120.3	120.3	120.0	117.6	115.5	114.1	113.6	112.2
包头	Baotou	111.0	111.1	111.3	111.5	111.2	109.9	108.0	106.6	106.6	105.8	105.5	106.3
丹东	Dandong	117.5	118.4	120.2	118.5	113.0	109.2	109.1	109.3	109.3	109.7	109.2	107.7
锦州	Jinzhou	114.0	112.8	113.5	113.3	113.7	113.4	113.0	112.1	110.7	110.2	110.1	108.9
吉林	Jilin	114.1	114.3	114.7	114.7	115.0	114.0	113.0	111.6	111.5	110.8	110.2	110.2
牡丹江	Mudanjiang	113.1	113.5	113.2	112.8	113.9	111.8	111.1	110.3	108.5	107.2	106.7	106.0
无锡	Wuxi	106.1	106.1	107.3	107.7	109.3	110.4	109.7	106.9	108.0	108.3	107.9	108.7
扬州	Yangzhou	113.4	113.3	113.7	113.3	113.3	113.6	111.7	112.2	112.0	111.3	110.2	111.1
徐州	Xuzhou	118.0	118.2	117.8	117.8	117.7	118.2	116.9	114.1	114.1	112.7	111.4	111.6
温州	Wenzhou	101.5	101.8	102.8	102.9	103.5	103.0	102.9	102.6	102.9	103.8	104.5	104.2
金华	Jinhua	105.2	105.6	105.7	105.3	106.2	106.4	106.6	106.3	106.6	106.6	107.7	108.4
蚌埠	Bengbu	107.9	107.6	108.2	108.8	109.3	110.2	108.6	106.8	105.3	104.8	103.6	102.7
安庆	Anqing	109.0	108.9	110.0	110.4	111.2	110.3	109.7	107.7	106.7	104.7	103.7	102.9
泉州	Quanzhou	101.6	101.1	101.1	101.4	101.6	101.3	101.9	101.5	101.7	102.5	102.3	103.0
九江	Jiujiang	110.0	110.0	110.1	110.7	110.5	110.7	110.1	109.3	109.3	109.6	108.3	108.1
赣州	Ganzhou	107.7	107.8	107.2	106.9	106.7	106.0	106.3	104.3	104.0	103.8	103.5	103.0
烟台	Yantai	113.3	113.5	113.7	113.1	113.2	113.4	111.4	110.9	111.5	111.0	110.8	110.0
济宁	Jining	113.2	114.1	114.3	114.4	114.7	114.5	113.4	112.8	113.4	112.1	110.8	109.8
洛阳	Luoyang	112.1	112.7	112.4	112.7	114.1	116.7	116.1	115.9	116.2	116.4	114.7	114.0
平顶山	Pingdingshan	107.6	108.2	109.5	108.8	108.5	109.9	110.8	110.4	109.0	109.3	108.7	108.5
宜昌	Yichang	112.8	113.0	112.7	112.9	112.5	110.6	107.8	106.0	104.4	103.7	102.7	101.3
襄阳	Xiangyang	113.7	114.7	115.1	115.2	115.8	115.7	114.0	112.2	112.6	111.2	110.8	110.2
岳阳	Yueyang	108.0	107.2	106.6	106.5	105.4	104.9	104.0	101.6	99.9	98.8	98.2	97.8
常德	Changde	110.7	110.8	112.4	112.9	112.4	112.3	112.3	110.1	108.3	106.5	105.2	104.0
惠州	Huizhou	103.5	102.9	103.0	103.0	103.2	103.2	103.2	103.1	103.0	103.0	103.2	103.9
湛江	Zhanjiang	107.4	108.0	108.2	108.4	108.8	109.0	108.4	106.9	106.0	105.1	104.3	104.3
韶关	Shaoguan	106.3	105.9	105.0	104.4	105.1	104.8	105.2	102.8	102.1	101.5	100.5	100.2
桂林	Guilin	109.5	110.1	110.0	109.2	109.5	110.0	110.6	110.3	110.3	109.7	107.6	107.4
北海	Beihai	112.5	112.8	113.2	113.6	113.4	112.8	113.1	110.8	109.9	108.9	107.8	107.6
三亚	Sanya	114.6	113.6	113.1	112.0	109.8	107.2	103.8	104.3	104.3	104.8	104.8	105.4
泸州	Luzhou	111.9	111.9	111.8	111.6	110.9	109.2	108.7	106.2	103.3	100.6	99.7	99.1
南充	Nanchong	113.8	112.3	112.8	112.7	112.0	110.9	109.7	107.0	105.6	103.7	103.2	102.6
遵义	Zunyi	113.1	113.7	113.3	113.1	112.8	112.2	111.1	110.0	109.3	107.1	104.7	104.5
大理	Dali	120.3	121.4	121.9	121.0	122.2	122.9	122.7	121.5	120.6	118.9	116.7	115.4

4-2-2 2019年70个大中城市90㎡及以下新建商品住宅销售价格指数

Housing Price Indices of 90㎡ and below Newly Constructed Commercial Residential Buildings in 70 Large and Medium-Sized Cities 2019

(以上年同月价格为100) (Same Month of Preceding Year=100)

城 市	City	1月	2月	3月	4月	5月	6月	7月	8月	9月	10月	11月	12月
北 京	Beijing	101.9	101.8	101.9	102.2	102.5	102.4	102.5	102.8	102.7	102.0	102.4	102.3
天 津	Tianjin	101.8	102.2	102.1	102.4	102.2	102.3	101.5	101.6	101.7	100.5	101.0	100.7
石家庄	Shijiazhuang	115.2	116.7	117.1	118.2	118.4	119.7	117.0	116.4	117.0	114.3	113.2	110.7
太 原	Taiyuan	113.2	114.5	115.2	114.9	114.6	114.7	113.6	112.8	111.2	110.1	108.8	107.1
呼和浩特	Hohhot	121.0	121.9	121.1	120.5	119.4	119.2	117.5	117.4	115.9	117.0	115.8	115.3
沈 阳	Shenyang	110.9	110.9	110.6	110.5	109.8	109.3	108.2	108.0	107.9	107.4	107.6	107.5
大 连	Dalian	112.3	113.5	113.9	113.5	113.0	112.7	112.0	111.7	110.7	110.6	108.9	108.2
长 春	Changchun	112.0	112.5	112.1	111.4	110.5	109.8	109.6	109.9	110.3	110.5	110.3	110.4
哈尔滨	Harbin	114.6	114.1	114.2	113.4	113.0	113.4	110.8	111.2	110.6	109.3	108.8	109.1
上 海	Shanghai	100.5	100.5	101.0	101.4	101.5	101.1	101.2	102.4	102.9	103.6	103.0	102.7
南 京	Nanjing	101.5	101.3	100.9	101.6	102.5	103.1	103.7	103.3	104.6	105.2	104.3	103.6
杭 州	Hangzhou	106.7	107.7	107.5	108.9	109.6	110.1	110.0	109.4	109.7	108.2	107.7	106.5
宁 波	Ningbo	108.8	108.7	109.3	108.6	108.7	109.3	108.2	107.1	106.8	107.2	107.2	108.2
合 肥	Hefei	105.3	105.6	106.0	106.2	105.6	106.2	106.7	105.8	104.5	103.4	103.4	103.8
福 州	Fuzhou	106.5	106.6	107.9	108.9	111.6	109.8	109.1	107.4	107.4	106.1	104.6	104.5
厦 门	Xiamen	98.2	98.5	98.8	99.3	98.0	98.9	100.0	100.2	99.4	98.7	98.6	100.2
南 昌	Nanchang	109.3	108.6	108.7	108.8	107.7	106.1	105.6	104.6	103.8	103.8	102.1	102.3
济 南	Jinan	117.2	117.1	117.5	117.9	118.1	113.5	110.2	107.3	106.5	104.7	103.0	102.4
青 岛	Qingdao	114.2	115.0	115.6	116.5	115.1	112.7	110.7	109.4	109.2	108.2	106.5	105.6
郑 州	Zhengzhou	109.9	110.1	110.6	110.6	109.5	108.3	107.4	105.7	105.4	104.8	103.5	102.5
武 汉	Wuhan	112.2	113.6	114.9	116.8	115.8	116.3	116.4	116.8	117.8	116.1	115.2	113.9
长 沙	Changsha	112.5	111.9	111.5	112.0	111.7	110.1	107.3	105.2	104.6	103.7	103.6	104.4
广 州	Guangzhou	109.0	110.6	111.8	113.1	111.9	110.8	111.8	110.7	110.8	110.2	109.1	106.2
深 圳	Shenzhen	100.4	100.9	100.6	100.7	101.1	101.5	101.1	100.7	101.9	103.2	103.8	104.5
南 宁	Nanning	110.8	111.1	111.0	111.8	111.6	109.8	110.0	109.8	111.7	112.5	112.5	111.6
海 口	Haikou	119.2	117.9	116.7	115.5	114.4	110.8	109.5	108.7	108.7	109.0	107.6	106.6
重 庆	Chongqing	114.1	114.2	114.3	114.4	115.3	114.6	114.4	113.4	112.4	111.3	110.1	109.8
成 都	Chengdu	115.2	115.7	116.1	116.9	114.7	113.7	113.8	113.1	113.2	113.3	111.8	110.6
贵 阳	Guiyang	122.2	123.1	123.0	122.1	122.0	120.8	119.6	117.0	114.3	109.1	106.5	105.8
昆 明	Kunming	114.4	114.9	114.8	115.9	116.0	115.4	112.8	111.7	110.5	110.6	111.9	110.1
西 安	Xi'an	124.8	125.8	125.8	125.3	125.7	127.3	127.3	123.1	115.6	116.0	115.8	116.0
兰 州	Lanzhou	113.5	112.7	112.3	112.1	113.1	111.6	112.1	110.5	108.8	106.8	106.7	105.7
西 宁	Xining	112.3	113.8	113.6	112.9	113.8	110.3	110.9	110.3	109.3	110.7	111.2	110.4
银 川	Yinchuan	108.0	108.0	108.7	109.1	109.2	109.5	108.8	108.6	109.6	110.4	112.5	112.1
乌鲁木齐	Urumqi	110.1	108.8	107.9	107.4	107.7	108.3	109.3	106.5	105.5	105.1	102.4	102.9

4-2-2 续表 Continued

(以上年同月价格为100) (Same Month of Preceding Year=100)

城 市	City	1月	2月	3月	4月	5月	6月	7月	8月	9月	10月	11月	12月
唐 山	Tangshan	111.4	111.0	111.7	111.4	112.3	112.6	110.2	109.2	108.5	108.3	108.0	109.2
秦皇岛	Qinhuangdao	117.3	118.3	118.1	119.5	119.4	118.1	119.5	117.7	114.5	112.7	112.5	111.5
包 头	Baotou	113.5	113.6	113.3	113.5	112.8	111.6	110.0	107.8	107.8	105.9	105.3	105.2
丹 东	Dandong	116.4	117.1	118.8	117.8	112.5	108.5	109.4	108.6	108.8	109.8	108.7	107.7
锦 州	Jinzhou	114.4	112.4	113.1	112.6	113.3	112.6	112.9	110.9	110.1	110.0	110.5	110.1
吉 林	Jilin	114.4	114.4	114.7	114.2	114.4	113.4	112.4	111.4	111.3	110.5	110.3	110.1
牡丹江	Mudanjiang	111.0	112.5	111.8	111.3	112.6	110.0	110.1	110.5	109.0	107.3	106.9	106.3
无 锡	Wuxi	108.7	107.7	109.9	110.5	112.6	113.6	112.4	109.3	109.8	110.3	109.8	110.4
扬 州	Yangzhou	112.5	113.7	114.9	114.7	114.5	114.8	113.2	114.0	113.9	113.2	112.3	114.2
徐 州	Xuzhou	119.5	119.7	119.3	119.1	119.3	120.2	119.5	117.0	116.8	116.3	113.9	113.3
温 州	Wenzhou	103.2	104.5	105.1	106.0	106.9	105.3	104.8	104.3	103.9	104.4	104.1	102.5
金 华	Jinhua	106.8	107.0	107.1	106.7	107.2	106.9	107.3	106.7	107.3	107.2	108.5	110.0
蚌 埠	Bengbu	108.9	108.1	108.4	109.1	109.4	111.1	108.6	106.0	104.6	104.6	103.4	102.9
安 庆	Anqing	108.5	108.0	108.2	109.2	108.5	108.2	107.9	105.4	104.0	101.0	100.2	100.9
泉 州	Quanzhou	103.3	101.7	101.4	102.1	102.4	101.9	102.4	101.3	101.1	102.1	101.9	103.8
九 江	Jiujiang	110.2	111.7	111.3	111.3	111.1	111.1	111.0	109.7	108.9	109.5	107.5	107.6
赣 州	Ganzhou	104.4	105.0	105.3	105.4	105.8	104.7	105.1	103.7	104.6	105.7	104.5	103.8
烟 台	Yantai	113.0	113.3	113.6	112.9	112.8	113.0	111.2	110.9	111.3	111.0	111.0	110.5
济 宁	Jining	112.9	113.6	112.7	111.6	110.9	111.2	109.6	109.1	110.9	109.6	108.3	107.9
洛 阳	Luoyang	111.2	112.4	112.5	112.3	113.2	115.9	116.2	115.2	116.1	117.3	115.2	114.7
平顶山	Pingdingshan	109.4	110.6	112.5	111.8	111.3	111.7	112.3	112.0	111.1	111.9	110.8	110.0
宜 昌	Yichang	116.9	115.7	113.9	114.0	113.9	113.2	110.4	108.9	107.4	106.4	104.3	102.5
襄 阳	Xiangyang	114.3	115.6	116.2	117.1	117.9	117.8	115.1	112.8	113.8	111.9	110.7	110.3
岳 阳	Yueyang	110.3	108.5	107.1	107.8	106.8	105.4	104.6	101.2	98.3	98.5	97.2	96.1
常 德	Changde	112.4	112.1	113.9	114.7	113.6	113.5	113.7	110.2	108.4	106.5	104.9	103.1
惠 州	Huizhou	105.1	104.6	104.6	104.1	103.8	104.2	103.1	103.0	103.1	102.6	102.4	102.4
湛 江	Zhanjiang	106.4	107.8	108.5	108.6	109.1	109.6	109.2	107.6	107.0	106.3	105.5	105.6
韶 关	Shaoguan	108.0	107.3	106.3	106.3	105.9	106.2	106.9	103.5	102.0	102.1	100.1	100.8
桂 林	Guilin	109.9	110.5	110.6	109.9	110.5	110.5	111.2	110.5	110.1	107.9	105.5	105.1
北 海	Beihai	111.8	112.1	112.5	113.1	113.3	112.7	113.4	111.2	110.4	109.5	108.4	108.3
三 亚	Sanya	115.4	113.5	113.7	112.6	110.0	108.3	103.7	105.0	104.2	104.5	105.2	105.7
泸 州	Luzhou	113.2	112.3	111.5	111.7	111.3	110.3	109.7	106.2	103.1	100.4	98.9	98.5
南 充	Nanchong	113.1	111.9	112.4	113.1	111.4	110.3	109.5	107.0	106.0	103.8	104.0	103.9
遵 义	Zunyi	113.0	113.3	113.7	112.7	112.8	111.9	112.2	112.7	111.6	109.0	106.8	106.7
大 理	Dali	119.2	120.3	119.6	119.5	121.5	123.3	122.4	121.4	120.0	119.6	117.4	116.1

4-2-3 2019年70个大中城市90㎡~144㎡新建商品住宅销售价格指数

Housing Price Indices of 90㎡~144㎡ Newly Constructed Commercial Residential Buildings in 70 Large and Medium-Sized Cities 2019

(以上年同月价格为100) (Same Month of Preceding Year=100)

城市	City	1月	2月	3月	4月	5月	6月	7月	8月	9月	10月	11月	12月
北京	Beijing	101.7	101.9	101.9	101.9	101.8	102.0	102.4	102.3	102.3	101.7	102.7	102.4
天津	Tianjin	100.9	101.2	101.8	102.4	102.0	101.8	101.8	101.9	101.7	101.6	101.6	101.2
石家庄	Shijiazhuang	115.6	116.5	117.0	117.1	117.3	118.2	116.0	116.8	116.1	113.0	111.6	109.5
太原	Taiyuan	111.1	111.9	111.3	109.6	109.7	109.7	108.6	107.6	107.4	107.5	106.3	104.0
呼和浩特	Hohhot	122.4	122.8	122.8	122.1	120.6	121.6	119.6	117.9	115.9	116.9	115.0	114.2
沈阳	Shenyang	112.8	113.0	113.0	113.1	112.3	112.1	111.6	110.9	110.1	109.5	109.3	109.3
大连	Dalian	112.9	113.5	113.7	113.1	112.8	111.7	113.0	112.6	111.4	110.4	109.4	108.4
长春	Changchun	110.7	111.6	110.2	110.4	109.7	109.5	108.3	108.5	109.9	110.8	109.1	108.5
哈尔滨	Harbin	115.0	114.8	114.7	114.6	114.1	113.0	112.0	111.5	111.0	110.3	109.5	109.4
上海	Shanghai	100.5	101.3	101.8	101.8	102.1	102.3	102.5	102.0	102.7	102.9	102.8	102.6
南京	Nanjing	102.1	102.1	102.9	103.4	104.5	104.4	105.6	105.4	105.7	105.8	103.7	103.7
杭州	Hangzhou	105.6	105.8	106.2	107.2	108.3	109.1	108.9	108.3	108.3	106.6	105.2	104.5
宁波	Ningbo	106.0	106.8	107.7	107.0	107.6	108.6	109.0	107.8	108.1	108.7	108.8	109.3
合肥	Hefei	104.5	106.0	106.7	107.6	107.9	108.3	108.0	107.4	106.3	105.5	104.3	103.9
福州	Fuzhou	107.0	107.3	108.2	108.8	111.6	109.5	109.0	107.0	106.5	106.0	104.2	103.5
厦门	Xiamen	100.2	100.4	101.1	101.2	100.8	101.9	103.6	104.6	104.5	104.0	104.9	106.0
南昌	Nanchang	109.6	109.9	110.0	110.6	110.5	108.7	107.2	106.1	105.8	105.1	102.9	102.4
济南	Jinan	115.4	116.3	117.1	118.3	118.3	114.9	112.0	108.4	106.1	104.2	101.5	99.7
青岛	Qingdao	113.6	113.4	113.5	113.6	112.5	110.0	108.7	107.4	106.9	106.2	104.2	103.3
郑州	Zhengzhou	109.8	109.6	110.2	110.2	108.7	107.2	105.8	104.7	104.3	102.7	101.1	100.4
武汉	Wuhan	110.4	111.5	112.1	113.3	113.8	113.7	113.6	113.3	113.7	111.9	111.0	110.7
长沙	Changsha	111.1	111.2	111.1	111.0	109.2	108.2	105.7	104.1	103.5	103.5	103.6	104.0
广州	Guangzhou	109.4	110.2	111.0	112.6	111.2	109.8	110.0	109.3	108.2	107.8	107.7	104.1
深圳	Shenzhen	100.0	100.5	100.4	101.4	101.4	101.2	100.6	100.0	100.7	101.1	101.2	101.5
南宁	Nanning	109.1	109.5	109.9	110.5	110.8	109.2	108.6	110.3	112.5	115.2	114.8	113.4
海口	Haikou	121.7	119.9	117.4	115.5	114.5	111.2	109.2	107.9	108.0	108.5	107.7	106.4
重庆	Chongqing	110.2	110.5	110.3	110.8	112.2	110.6	110.2	108.8	108.0	107.5	107.2	107.1
成都	Chengdu	111.3	112.6	113.2	113.5	111.8	111.9	111.8	111.8	111.8	110.9	110.2	109.1
贵阳	Guiyang	118.3	119.3	119.4	118.9	119.5	119.5	119.2	118.1	115.7	110.9	108.2	107.1
昆明	Kunming	115.5	115.8	116.0	116.3	115.6	115.4	113.5	114.1	113.6	113.3	112.5	112.1
西安	Xi'an	122.9	123.8	124.0	123.9	124.1	124.6	124.9	122.6	117.2	115.9	114.8	114.5
兰州	Lanzhou	110.1	110.2	109.7	109.2	108.7	108.1	108.2	106.8	106.1	104.7	105.4	104.7
西宁	Xining	111.5	113.5	114.9	115.8	116.2	113.6	114.9	114.1	113.0	114.9	114.7	114.5
银川	Yinchuan	109.5	109.9	109.7	109.1	109.5	108.6	108.4	108.4	109.8	110.5	112.3	112.7
乌鲁木齐	Urumqi	110.1	109.2	108.7	108.3	106.4	106.2	106.0	104.1	103.8	103.3	101.7	101.1

4-2-3 续表 Continued

(以上年同月价格为100) (Same Month of Preceding Year=100)

城市	City	1月	2月	3月	4月	5月	6月	7月	8月	9月	10月	11月	12月
唐山	Tangshan	113.8	114.2	113.8	113.9	114.3	114.3	113.7	112.4	111.6	112.4	113.4	114.1
秦皇岛	Qinhuangdao	118.9	118.9	119.0	120.4	120.8	121.6	120.6	118.1	116.6	115.3	114.5	112.9
包头	Baotou	110.5	110.7	110.7	110.8	110.8	109.4	107.8	106.5	106.8	106.0	105.7	106.9
丹东	Dandong	117.7	118.9	120.9	118.5	113.2	109.5	108.8	109.9	109.7	110.0	109.8	108.2
锦州	Jinzhou	113.9	113.0	113.8	113.7	114.0	113.9	113.2	112.8	111.0	110.3	109.8	108.3
吉林	Jilin	113.2	113.6	114.0	114.6	115.1	114.5	113.2	111.3	111.5	110.9	110.4	111.0
牡丹江	Mudanjiang	114.3	114.0	113.9	113.2	114.2	112.5	111.4	109.7	107.7	106.7	106.3	105.7
无锡	Wuxi	104.5	105.4	105.8	106.1	107.8	109.1	108.3	105.6	107.0	107.5	107.2	108.0
扬州	Yangzhou	114.0	113.7	113.6	113.4	113.3	113.7	111.8	112.3	111.9	111.6	109.8	110.5
徐州	Xuzhou	117.6	117.8	117.4	117.2	117.2	117.8	116.6	113.7	113.7	112.3	111.1	111.7
温州	Wenzhou	101.1	101.1	101.8	101.8	102.6	102.4	102.4	102.4	102.5	103.7	104.3	104.7
金华	Jinhua	104.5	105.3	105.9	105.3	106.3	106.5	105.8	105.5	105.7	106.1	106.9	107.1
蚌埠	Bengbu	107.5	107.5	108.1	108.7	109.3	109.9	108.6	107.3	105.8	105.1	103.8	102.7
安庆	Anqing	109.4	109.4	110.9	110.9	112.0	111.0	110.3	108.6	107.9	105.9	104.9	103.8
泉州	Quanzhou	100.4	100.5	100.6	100.5	100.8	100.8	101.4	101.9	102.4	103.2	103.0	103.2
九江	Jiujiang	109.5	109.4	109.7	110.6	110.5	111.0	110.6	109.9	109.9	110.0	108.7	108.2
赣州	Ganzhou	108.2	108.2	107.5	107.0	106.9	106.1	106.4	104.3	103.4	103.1	103.0	102.5
烟台	Yantai	113.6	113.7	113.9	113.3	113.5	113.9	111.5	111.0	111.6	111.0	110.7	109.8
济宁	Jining	113.2	114.8	115.0	115.6	115.6	115.2	113.7	113.3	113.8	112.7	111.4	110.6
洛阳	Luoyang	112.5	112.8	112.7	113.3	115.0	117.3	116.3	116.4	116.3	116.3	114.7	113.9
平顶山	Pingdingshan	106.6	107.2	108.1	107.6	107.3	109.0	110.2	109.9	108.7	108.9	108.3	108.4
宜昌	Yichang	111.6	112.1	112.2	112.6	112.0	109.8	107.0	105.1	103.6	103.1	102.3	101.1
襄阳	Xiangyang	113.6	114.7	114.9	114.7	115.3	115.4	113.9	112.5	112.7	111.2	110.8	110.5
岳阳	Yueyang	106.5	106.4	106.2	106.0	104.7	104.1	103.4	101.3	100.2	98.9	98.4	98.0
常德	Changde	110.2	110.6	111.9	112.1	111.8	111.8	111.9	110.4	108.1	106.5	105.4	104.3
惠州	Huizhou	102.2	101.5	101.6	101.7	102.0	102.2	102.8	102.7	102.8	103.4	103.8	104.5
湛江	Zhanjiang	107.5	107.8	107.7	107.7	108.7	108.7	107.8	106.9	105.8	104.8	103.5	103.7
韶关	Shaoguan	105.7	104.8	104.2	103.6	104.3	104.1	104.2	103.0	103.1	102.7	101.0	100.6
桂林	Guilin	109.0	109.5	109.6	108.8	108.9	109.2	110.1	109.8	109.9	110.1	108.1	108.2
北海	Beihai	113.7	114.1	114.5	114.6	113.8	113.1	113.2	110.5	109.5	108.1	106.8	106.5
三亚	Sanya	116.3	115.6	114.0	112.5	110.5	107.2	103.8	103.7	104.3	105.0	104.5	104.5
泸州	Luzhou	111.2	111.8	112.0	111.5	110.8	108.7	108.3	106.3	103.4	100.7	100.1	99.4
南充	Nanchong	114.4	112.7	113.1	112.7	112.4	111.2	109.9	107.1	105.4	103.6	102.8	102.1
遵义	Zunyi	113.0	113.7	113.2	113.3	113.1	112.9	111.1	109.7	109.1	106.8	104.4	104.3
大理	Dali	121.7	122.9	123.6	121.8	123.6	123.2	122.6	121.6	120.8	119.1	117.0	116.2

4-2-4 2019年70个大中城市144㎡以上新建商品住宅销售价格指数

Housing Price Indices of Above 144㎡ Newly Constructed Commercial Residential Buildings in 70 Large and Medium-Sized Cities 2019

(以上年同月价格为100) (Same Month of Preceding Year=100)

城市	City	1月	2月	3月	4月	5月	6月	7月	8月	9月	10月	11月	12月
北京	Beijing	104.2	104.5	105.1	105.6	106.7	106.4	107.0	108.1	108.0	108.0	109.7	108.4
天津	Tianjin	100.9	101.2	101.3	102.3	102.2	102.7	102.3	101.9	101.7	101.4	101.9	102.2
石家庄	Shijiazhuang	115.3	116.5	118.1	118.3	117.3	117.7	115.3	116.0	116.2	112.4	110.2	108.5
太原	Taiyuan	112.0	112.9	113.1	113.3	112.3	112.1	110.9	109.5	108.5	107.2	105.7	104.5
呼和浩特	Hohhot	123.8	124.0	123.7	123.6	123.8	124.7	123.1	123.6	122.2	122.9	121.8	119.6
沈阳	Shenyang	113.7	114.4	116.2	115.8	114.6	113.8	113.2	112.9	112.9	112.9	112.3	112.5
大连	Dalian	112.1	112.9	113.4	112.8	113.1	112.3	110.8	109.8	109.2	108.9	107.7	107.8
长春	Changchun	113.5	114.6	114.0	113.1	112.2	111.7	110.9	110.5	111.1	111.0	110.1	109.7
哈尔滨	Harbin	116.7	116.9	117.2	115.9	114.8	115.2	112.1	112.2	112.3	112.1	112.7	112.2
上海	Shanghai	101.4	101.9	100.6	101.4	101.4	102.0	101.6	102.2	102.7	103.0	102.7	101.8
南京	Nanjing	101.2	101.7	102.3	103.6	104.3	105.2	107.5	107.4	107.0	105.9	104.5	105.2
杭州	Hangzhou	105.6	105.9	105.9	106.5	107.3	107.8	107.3	106.4	106.2	104.9	104.1	103.7
宁波	Ningbo	105.4	105.6	106.7	106.6	107.7	107.6	107.1	106.5	106.8	106.7	106.5	107.0
合肥	Hefei	105.7	106.6	107.8	108.4	108.0	107.8	108.4	106.6	105.4	104.3	104.0	104.2
福州	Fuzhou	112.3	112.5	113.1	114.2	115.5	113.1	111.6	110.0	108.9	107.7	105.4	105.0
厦门	Xiamen	99.9	100.4	101.6	102.2	101.5	101.8	103.0	104.4	104.2	103.2	102.6	103.2
南昌	Nanchang	111.4	112.5	112.3	113.1	113.4	112.6	111.3	109.8	110.3	109.8	108.6	108.0
济南	Jinan	115.8	116.4	117.3	118.0	118.1	113.9	110.9	108.3	107.4	105.7	103.7	102.4
青岛	Qingdao	114.0	114.5	113.9	113.7	111.2	109.1	107.9	107.4	107.1	106.3	104.4	103.4
郑州	Zhengzhou	110.8	110.3	110.7	110.2	107.6	106.1	104.9	104.2	104.3	104.0	102.8	102.7
武汉	Wuhan	112.8	114.4	116.2	117.3	116.9	115.4	115.5	114.6	114.8	113.3	112.5	112.6
长沙	Changsha	110.9	111.0	110.5	110.2	110.7	108.8	106.0	104.1	103.7	104.4	104.5	105.4
广州	Guangzhou	110.5	113.2	113.4	114.4	113.5	111.2	109.8	109.1	109.3	109.1	108.3	104.9
深圳	Shenzhen	99.1	99.9	99.7	100.1	101.2	101.2	100.8	101.0	103.1	103.7	103.9	103.7
南宁	Nanning	110.4	110.9	112.4	113.7	114.1	112.8	111.8	111.7	112.5	115.1	114.8	113.6
海口	Haikou	119.4	117.1	115.8	116.6	115.5	113.3	113.1	112.4	113.4	113.6	114.1	113.1
重庆	Chongqing	111.1	112.0	111.8	111.1	111.8	110.4	109.9	107.7	107.9	108.0	107.8	106.8
成都	Chengdu	113.1	113.7	114.5	115.5	113.3	113.6	114.8	113.7	113.7	113.8	112.9	113.0
贵阳	Guiyang	118.8	120.4	120.5	120.9	121.3	120.7	119.5	117.8	114.0	109.4	106.6	105.6
昆明	Kunming	117.4	118.3	117.9	118.7	118.7	116.7	114.4	112.7	111.8	112.6	112.5	110.2
西安	Xi'an	123.4	123.6	123.8	122.2	123.5	124.2	124.2	120.9	114.0	114.5	113.5	111.8
兰州	Lanzhou	110.0	109.9	110.1	109.3	108.8	107.4	106.2	105.3	105.1	104.1	103.7	103.9
西宁	Xining	112.3	113.5	114.2	115.2	114.9	113.8	112.9	112.0	111.4	114.0	114.1	113.1
银川	Yinchuan	109.8	109.4	109.1	110.3	110.0	110.4	108.6	109.4	108.7	109.1	110.6	111.3
乌鲁木齐	Urumqi	108.2	108.3	108.1	107.0	105.9	106.1	105.4	104.0	104.4	103.7	101.8	101.5

4－2－4 续表 Continued

(以上年同月价格为100)　　(Same Month of Preceding Year=100)

城　市	City	1月	2月	3月	4月	5月	6月	7月	8月	9月	10月	11月	12月
唐　山	Tangshan	112.3	113.6	114.2	113.5	114.5	114.7	113.4	112.8	111.6	112.0	113.1	114.5
秦皇岛	Qinhuangdao	118.3	118.8	118.7	119.7	119.5	118.6	118.3	115.6	113.1	112.0	111.6	110.9
包　头	Baotou	110.7	110.7	111.7	112.1	111.4	110.1	107.4	105.9	105.6	105.2	104.9	105.4
丹　东	Dandong	118.4	119.0	120.2	119.7	113.3	109.3	109.5	108.2	108.3	108.6	107.7	106.1
锦　州	Jinzhou	113.3	112.8	112.9	111.3	112.2	112.0	110.4	109.5	110.1	109.6	110.9	110.2
吉　林	Jilin	116.6	116.5	117.1	116.9	116.8	114.5	113.9	113.2	112.4	111.6	109.3	107.8
牡丹江	Mudanjiang	114.1	114.7	114.7	116.6	117.3	113.9	113.7	113.5	111.7	110.1	107.9	107.3
无　锡	Wuxi	107.4	106.4	108.2	108.8	109.7	110.8	110.6	107.9	108.6	108.4	107.9	108.5
扬　州	Yangzhou	112.1	111.9	113.2	112.3	112.4	112.7	110.5	110.7	110.9	109.1	109.9	111.3
徐　州	Xuzhou	118.5	118.6	118.2	119.2	118.8	118.1	115.9	113.2	112.7	111.2	109.9	109.1
温　州	Wenzhou	100.9	100.8	102.3	102.2	102.2	102.2	102.0	101.6	102.6	103.6	105.0	104.9
金　华	Jinhua	104.3	104.6	104.0	103.9	105.0	105.8	107.0	106.9	107.1	106.5	108.2	108.4
蚌　埠	Bengbu	107.6	106.2	107.2	108.8	108.8	109.0	107.8	104.7	102.9	101.9	101.5	101.2
安　庆	Anqing	107.7	107.4	107.9	109.7	111.0	109.8	109.4	106.3	104.6	103.8	102.5	101.5
泉　州	Quanzhou	102.4	101.5	101.7	102.3	102.3	101.5	102.3	100.9	101.0	101.7	101.6	102.1
九　江	Jiujiang	111.8	111.6	111.3	110.8	109.6	109.3	107.4	106.6	107.4	108.1	107.6	108.4
赣　州	Ganzhou	108.9	108.8	108.0	107.9	106.9	106.6	107.4	105.3	105.8	105.1	104.0	104.2
烟　台	Yantai	112.9	113.3	113.4	113.0	112.8	112.3	111.3	110.6	111.8	111.1	110.3	109.5
济　宁	Jining	113.0	112.7	112.9	112.2	113.1	113.6	113.5	112.4	113.1	111.2	109.9	108.1
洛　阳	Luoyang	111.7	112.6	111.5	111.4	112.3	115.8	115.5	115.3	116.2	116.2	114.0	113.6
平顶山	Pingdingshan	108.9	108.6	110.3	108.9	109.4	110.4	110.7	110.0	107.1	106.8	107.7	107.1
宜　昌	Yichang	113.6	114.1	113.5	113.4	112.8	111.6	108.9	106.7	104.9	103.7	103.0	100.8
襄　阳	Xiangyang	113.0	113.8	114.5	115.0	115.1	114.8	112.8	110.1	111.0	110.3	110.7	109.2
岳　阳	Yueyang	109.6	107.8	107.2	106.7	105.8	106.0	105.1	102.6	100.6	98.9	98.5	98.8
常　德	Changde	109.0	109.1	110.9	111.6	112.0	111.7	110.9	109.0	108.7	106.6	105.1	104.7
惠　州	Huizhou	104.8	104.3	104.7	104.8	105.1	104.6	104.2	103.9	103.2	102.5	102.8	103.7
湛　江	Zhanjiang	108.9	109.4	109.6	110.1	108.9	109.1	109.1	105.7	104.8	104.4	104.5	104.3
韶　关	Shaoguan	106.8	107.2	106.0	105.3	106.3	105.5	106.3	102.3	100.5	99.5	99.7	99.4
桂　林	Guilin	110.7	111.2	110.8	109.8	110.1	112.1	111.6	111.5	111.4	110.4	108.4	107.3
北　海	Beihai	113.5	112.4	112.7	112.8	112.2	111.3	109.9	107.9	107.4	107.2	107.1	107.5
三　亚	Sanya	111.2	110.9	111.1	110.3	108.6	105.6	103.9	104.2	104.8	105.0	104.7	106.1
泸　州	Luzhou	113.2	111.8	112.1	112.9	110.9	109.4	108.2	105.7	103.8	100.7	100.3	99.0
南　充	Nanchong	110.7	108.3	110.3	110.5	110.3	109.2	108.3	105.3	105.0	104.9	104.1	103.1
遵　义	Zunyi	113.6	114.4	113.6	112.8	110.9	109.2	109.2	107.7	106.6	105.5	102.9	102.2
大　理	Dali	119.4	120.5	121.3	120.9	121.2	122.3	122.9	121.4	120.7	118.5	116.1	114.3

4-2-5 2019年70个大中城市二手住宅销售价格指数

Housing Price Indices of Second-Hand Residential Buildings in 70 Large and Medium-Sized Cities 2019

(以上年同月价格为100) (Same Month of Preceding Year=100)

城 市	City	1月	2月	3月	4月	5月	6月	7月	8月	9月	10月	11月	12月
北 京	Beijing	98.6	99.3	99.9	100.6	100.2	100.1	99.5	99.1	98.8	98.5	98.7	99.5
天 津	Tianjin	105.6	105.5	105.4	104.5	103.5	102.1	101.9	100.5	100.5	100.1	100.4	100.0
石家庄	Shijiazhuang	105.5	105.9	106.4	106.4	105.7	105.1	103.3	102.3	101.5	101.5	101.5	101.3
太 原	Taiyuan	109.2	109.8	108.2	108.2	107.9	107.6	107.6	107.0	106.5	106.0	104.5	104.0
呼和浩特	Hohhot	119.1	120.3	120.8	122.1	123.3	123.7	121.7	119.4	117.7	116.4	112.8	110.9
沈 阳	Shenyang	108.4	109.2	109.8	110.4	110.4	109.8	109.0	109.7	109.4	109.6	110.1	110.1
大 连	Dalian	107.9	108.0	108.8	109.1	109.3	108.7	108.0	107.2	106.4	106.2	105.2	105.1
长 春	Changchun	110.0	110.0	110.6	111.0	110.5	108.9	108.9	108.5	108.7	108.0	107.4	107.3
哈尔滨	Harbin	111.0	111.0	110.4	110.5	110.5	110.2	108.9	108.6	108.9	110.3	111.4	111.6
上 海	Shanghai	97.2	97.5	98.4	99.0	99.4	99.7	100.2	100.3	101.0	101.1	101.2	101.3
南 京	Nanjing	101.4	101.8	102.2	101.6	101.9	102.2	103.2	103.7	105.1	105.3	105.3	105.5
杭 州	Hangzhou	104.5	104.0	104.0	104.1	104.5	104.1	103.2	102.4	102.1	102.4	102.9	103.0
宁 波	Ningbo	104.3	104.0	103.8	103.9	104.2	104.6	105.1	105.4	105.7	106.7	107.5	107.9
合 肥	Hefei	103.6	103.7	103.8	104.2	104.4	104.0	104.8	104.2	103.5	103.1	103.0	103.3
福 州	Fuzhou	99.5	99.9	100.6	101.2	102.4	102.4	101.4	99.9	99.9	100.9	102.1	103.7
厦 门	Xiamen	95.6	96.5	98.4	100.1	100.7	101.1	102.9	103.4	103.6	104.1	104.6	106.1
南 昌	Nanchang	110.5	111.2	111.4	111.0	110.1	108.6	106.3	104.6	104.1	103.1	101.3	101.3
济 南	Jinan	111.2	111.6	111.8	111.3	110.5	109.3	106.5	102.6	101.1	99.9	98.7	98.0
青 岛	Qingdao	111.0	110.3	108.4	106.8	105.5	104.2	101.3	98.9	97.5	96.0	94.6	94.6
郑 州	Zhengzhou	101.3	101.1	101.1	101.4	101.5	100.6	99.4	98.2	97.7	97.5	97.4	96.9
武 汉	Wuhan	108.0	107.8	108.0	107.8	105.6	104.9	103.4	102.6	101.4	100.3	99.2	98.5
长 沙	Changsha	107.7	106.7	106.6	106.2	105.8	104.6	102.1	100.5	99.9	99.3	99.0	98.8
广 州	Guangzhou	102.1	101.6	100.9	100.0	98.7	98.5	98.6	98.0	97.6	97.6	97.7	98.1
深 圳	Shenzhen	103.6	102.9	102.9	103.8	103.0	102.6	102.6	101.7	103.0	104.7	106.4	107.8
南 宁	Nanning	108.0	109.5	110.1	111.7	113.0	113.0	113.4	112.2	112.6	112.1	111.6	109.8
海 口	Haikou	111.1	110.3	108.4	108.2	106.6	104.9	101.7	99.1	98.6	99.0	98.8	98.6
重 庆	Chongqing	109.5	109.7	109.4	109.3	108.6	107.8	106.8	104.6	103.1	102.4	102.5	101.7
成 都	Chengdu	106.1	106.5	106.8	106.9	106.9	106.5	105.7	103.3	102.2	101.8	101.1	100.6
贵 阳	Guiyang	112.5	112.6	112.1	111.6	111.8	110.3	108.2	105.9	102.5	100.4	99.1	97.9
昆 明	Kunming	115.1	115.4	115.3	115.0	114.1	114.0	112.0	110.9	108.9	107.8	107.8	106.3
西 安	Xi'an	114.8	114.8	114.7	113.1	112.1	111.0	110.1	107.5	104.4	102.1	100.6	100.4
兰 州	Lanzhou	109.9	109.8	110.7	110.6	111.5	111.4	111.4	110.4	109.0	108.2	107.4	107.7
西 宁	Xining	107.0	108.2	110.0	112.2	113.5	113.5	114.5	114.1	113.3	113.4	113.7	112.8
银 川	Yinchuan	105.4	105.8	106.8	106.9	107.2	107.0	106.9	107.4	106.6	107.0	107.4	107.6
乌鲁木齐	Urumqi	112.9	112.4	109.7	109.6	108.4	108.8	108.4	105.6	104.3	103.8	102.8	102.0

4-2-5 续表 Continued

(以上年同月价格为100) (Same Month of Preceding Year=100)

城市	City	1月	2月	3月	4月	5月	6月	7月	8月	9月	10月	11月	12月
唐山	Tangshan	108.3	108.3	109.3	111.0	111.7	112.0	111.3	112.1	114.0	114.2	114.7	115.2
秦皇岛	Qinhuangdao	110.9	111.1	111.6	112.5	112.7	112.9	112.5	111.4	110.5	110.4	110.0	109.8
包头	Baotou	106.0	106.7	107.3	107.6	107.7	107.9	108.3	107.0	106.8	106.0	105.8	106.0
丹东	Dandong	107.3	108.0	108.3	107.7	107.4	107.4	107.4	107.4	107.8	108.5	109.0	109.5
锦州	Jinzhou	107.5	107.6	107.2	107.0	106.4	105.7	106.3	106.4	105.9	105.4	104.6	102.9
吉林	Jilin	108.6	108.8	109.7	110.1	109.8	109.2	107.8	107.1	107.4	108.4	107.4	107.9
牡丹江	Mudanjiang	105.6	106.4	106.3	106.6	106.0	105.2	104.3	102.9	101.6	100.7	100.1	100.2
无锡	Wuxi	104.6	104.6	104.8	104.9	105.7	106.7	107.0	106.6	106.3	107.2	108.2	108.6
扬州	Yangzhou	109.4	109.5	109.3	109.3	109.1	109.6	108.1	107.0	105.9	104.7	104.6	105.0
徐州	Xuzhou	109.8	109.1	109.5	108.6	108.3	108.5	107.4	105.9	106.0	105.6	105.4	105.0
温州	Wenzhou	101.0	101.4	101.5	102.1	101.9	101.9	101.6	101.8	102.5	102.7	103.7	103.5
金华	Jinhua	104.5	103.8	103.5	103.3	102.9	103.2	102.6	101.7	101.5	101.2	101.1	101.5
蚌埠	Bengbu	107.3	107.2	107.6	107.9	108.0	108.6	107.8	106.4	105.8	104.6	104.4	104.1
安庆	Anqing	107.6	106.9	106.9	106.2	106.0	105.0	104.0	100.8	99.0	97.0	96.4	96.2
泉州	Quanzhou	101.6	101.3	101.5	101.4	101.3	101.0	100.8	100.8	100.7	100.9	101.5	102.0
九江	Jiujiang	106.8	106.8	107.1	107.6	107.8	107.7	107.3	106.2	106.5	106.8	106.3	107.0
赣州	Ganzhou	108.5	108.4	108.7	108.9	108.6	107.7	107.2	105.8	105.3	105.0	105.3	105.6
烟台	Yantai	111.5	111.6	112.3	112.5	112.8	112.7	111.4	109.8	108.6	107.2	106.1	104.5
济宁	Jining	117.1	117.4	116.7	116.7	116.1	115.7	113.5	112.0	111.1	110.2	109.3	108.4
洛阳	Luoyang	110.2	110.0	109.6	110.1	110.7	111.1	111.1	109.9	110.4	110.4	109.2	109.0
平顶山	Pingdingshan	108.6	108.8	108.8	108.6	108.5	108.9	108.2	107.2	106.6	106.7	106.8	107.3
宜昌	Yichang	110.4	110.0	109.4	108.8	108.0	106.7	104.3	101.0	98.8	97.9	97.3	96.8
襄阳	Xiangyang	110.0	111.0	111.8	112.1	112.5	112.8	111.4	109.3	108.1	107.9	106.5	105.4
岳阳	Yueyang	106.4	106.1	106.0	105.6	105.6	104.8	104.6	101.6	100.0	99.0	98.4	98.5
常德	Changde	107.9	107.8	107.9	107.3	106.7	105.6	105.3	101.9	100.3	99.5	99.2	98.5
惠州	Huizhou	106.6	106.1	105.9	105.7	105.8	105.4	105.0	104.6	103.9	103.3	102.8	103.0
湛江	Zhanjiang	103.6	103.4	103.4	103.1	102.6	101.8	100.8	99.5	98.6	98.3	97.8	97.4
韶关	Shaoguan	108.2	108.2	108.4	108.2	107.6	107.1	106.9	105.9	104.0	103.3	101.4	100.9
桂林	Guilin	106.6	106.6	107.3	107.7	108.1	107.8	107.6	107.5	106.7	106.8	105.3	104.6
北海	Beihai	107.7	108.5	109.4	109.6	109.6	108.5	108.4	106.4	103.7	103.2	102.2	101.8
三亚	Sanya	113.8	114.5	114.5	114.1	112.7	110.0	106.4	103.5	102.4	101.9	101.6	100.4
泸州	Luzhou	109.8	109.7	109.3	108.5	106.8	105.7	104.2	102.6	101.2	100.3	99.5	99.9
南充	Nanchong	109.5	108.6	107.3	106.4	105.9	105.8	104.9	102.5	101.0	100.4	99.9	100.0
遵义	Zunyi	109.8	109.7	109.2	108.7	108.1	106.9	104.6	102.6	101.1	99.9	98.1	97.1
大理	Dali	115.6	116.5	118.3	118.6	119.3	119.0	118.3	116.6	116.4	114.9	112.6	111.7

4-2-6　2019年70个大中城市90㎡及以下二手住宅销售价格指数

Housing Price Indices of 90㎡ and below Second-Hand Residential Buildings in 70 Large and Medium-Sized Cities 2019

(以上年同月价格为100)　　(Same Month of Preceding Year=100)

城　市	City	1月	2月	3月	4月	5月	6月	7月	8月	9月	10月	11月	12月
北　京	Beijing	99.4	100.2	100.9	101.4	101.0	100.3	99.7	99.4	98.8	98.3	98.4	99.1
天　津	Tianjin	105.9	105.2	105.1	105.2	103.4	100.8	100.5	100.1	99.0	98.3	98.2	98.1
石家庄	Shijiazhuang	104.0	104.3	104.6	104.5	104.0	103.4	101.8	101.2	100.6	100.9	101.3	100.9
太　原	Taiyuan	110.1	110.0	108.0	108.6	108.7	108.4	108.5	107.6	107.3	106.1	105.0	104.9
呼和浩特	Hohhot	119.6	120.7	120.6	122.0	123.5	123.6	121.7	119.6	117.9	116.9	113.6	111.6
沈　阳	Shenyang	108.6	109.4	109.8	110.2	110.1	109.2	108.6	109.2	108.7	108.6	109.0	109.4
大　连	Dalian	107.7	108.1	109.1	109.7	109.4	109.3	108.8	108.2	106.8	105.9	105.2	104.9
长　春	Changchun	110.4	110.3	110.9	110.9	110.0	108.4	108.4	108.0	108.7	108.3	107.6	107.7
哈尔滨	Harbin	110.3	110.2	109.6	109.6	109.3	108.8	106.5	106.8	107.4	108.7	109.1	110.3
上　海	Shanghai	96.7	96.2	97.4	98.3	99.0	99.1	99.9	100.1	100.9	101.4	101.5	101.5
南　京	Nanjing	98.6	98.9	99.4	99.3	99.9	100.8	102.1	102.9	104.5	104.5	104.9	105.0
杭　州	Hangzhou	104.1	104.1	104.6	104.8	105.2	105.0	103.9	103.0	102.9	103.0	103.9	104.1
宁　波	Ningbo	104.8	104.6	104.3	104.6	105.0	105.7	105.8	106.7	106.9	108.1	109.1	109.5
合　肥	Hefei	102.9	102.8	103.9	104.7	104.8	104.7	106.0	105.1	104.6	103.8	103.5	103.7
福　州	Fuzhou	98.5	98.7	99.7	100.4	101.3	101.7	100.6	99.3	99.7	101.8	103.3	104.7
厦　门	Xiamen	95.0	96.1	98.3	100.0	101.0	101.2	102.6	102.8	102.7	103.1	103.9	105.6
南　昌	Nanchang	111.5	112.3	112.0	111.8	111.0	108.5	106.1	104.6	103.5	102.5	101.1	100.6
济　南	Jinan	110.6	111.2	111.7	111.2	111.1	109.9	107.5	103.5	101.8	100.7	99.2	98.2
青　岛	Qingdao	110.5	109.3	107.2	105.5	104.1	102.7	99.6	98.0	97.3	96.0	95.0	95.3
郑　州	Zhengzhou	101.8	101.5	101.5	101.7	101.6	100.0	99.1	98.2	97.2	96.3	95.9	95.7
武　汉	Wuhan	108.0	108.0	108.2	108.3	105.6	105.3	103.8	103.4	102.4	101.0	100.6	100.3
长　沙	Changsha	107.4	107.0	106.5	106.1	105.9	103.9	101.0	99.6	99.1	98.6	98.0	97.8
广　州	Guangzhou	100.7	100.3	99.7	98.7	97.8	97.8	97.9	97.3	96.6	96.8	96.9	97.4
深　圳	Shenzhen	101.8	102.2	101.7	102.3	102.0	101.6	102.1	100.8	102.4	104.5	106.6	108.8
南　宁	Nanning	107.9	110.2	111.2	113.0	114.7	114.6	115.5	114.1	114.7	114.0	113.4	111.1
海　口	Haikou	110.9	110.1	107.9	108.1	106.1	104.5	101.2	98.3	97.8	98.1	97.7	97.6
重　庆	Chongqing	109.2	109.6	109.5	109.7	108.8	108.0	107.3	105.3	103.8	102.7	102.6	101.6
成　都	Chengdu	105.6	105.6	105.7	106.1	106.2	105.4	104.7	103.4	102.3	102.3	101.6	101.4
贵　阳	Guiyang	112.2	112.5	112.1	111.6	111.6	109.9	108.1	104.8	101.2	99.1	97.7	96.5
昆　明	Kunming	114.4	114.6	115.0	115.1	114.5	114.0	112.3	110.6	108.2	107.5	107.3	105.9
西　安	Xi'an	115.9	115.3	115.1	112.7	111.1	110.5	109.6	107.3	104.5	103.1	102.1	101.9
兰　州	Lanzhou	110.1	109.8	110.4	110.0	110.3	109.4	109.7	107.7	106.2	105.6	105.2	105.3
西　宁	Xining	107.1	108.1	109.4	111.4	112.9	112.3	112.8	112.1	110.9	110.4	111.3	111.2
银　川	Yinchuan	105.4	105.7	106.8	106.9	107.5	107.2	106.7	107.3	106.8	106.7	106.9	106.8
乌鲁木齐	Urumqi	112.6	112.8	110.0	109.6	108.1	108.7	108.8	105.5	104.0	103.5	102.6	102.0

4-2-6 续表 Continued

(以上年同月价格为100) (Same Month of Preceding Year=100)

城 市	City	1月	2月	3月	4月	5月	6月	7月	8月	9月	10月	11月	12月
唐 山	Tangshan	108.6	108.6	109.8	111.3	112.3	111.9	111.1	112.3	113.9	114.2	115.0	115.5
秦皇岛	Qinhuangdao	110.6	110.7	111.4	112.6	112.8	113.1	112.2	110.6	109.9	109.9	109.1	108.3
包 头	Baotou	105.8	106.9	107.7	107.8	108.4	109.1	109.7	108.4	108.3	107.5	107.3	106.9
丹 东	Dandong	106.8	107.9	108.2	107.3	107.5	107.3	107.4	107.1	107.8	108.5	109.2	110.0
锦 州	Jinzhou	108.8	109.4	109.0	108.5	107.8	107.2	107.6	107.9	107.0	106.0	104.8	102.9
吉 林	Jilin	108.6	108.8	110.1	110.6	110.5	109.7	108.5	107.7	108.0	108.8	107.7	108.1
牡丹江	Mudanjiang	105.5	106.1	105.9	106.1	105.3	104.5	103.8	102.4	101.0	100.3	99.7	100.1
无 锡	Wuxi	104.1	104.5	104.9	105.1	106.5	107.2	107.5	106.7	106.4	107.1	108.1	108.7
扬 州	Yangzhou	110.6	110.5	110.5	111.0	111.1	111.2	109.8	108.1	106.8	105.6	105.2	105.1
徐 州	Xuzhou	110.0	109.1	109.9	108.8	108.6	108.5	107.4	105.3	106.0	106.0	106.0	105.6
温 州	Wenzhou	103.2	104.3	104.6	106.0	105.4	105.6	105.4	105.3	105.8	106.5	107.3	107.7
金 华	Jinhua	105.1	104.3	103.9	103.8	103.2	103.8	103.7	102.5	102.7	102.7	102.2	102.8
蚌 埠	Bengbu	107.8	107.5	107.9	108.1	108.8	109.4	108.4	106.9	106.1	105.2	105.2	104.8
安 庆	Anqing	107.3	106.8	106.7	106.2	105.5	104.4	103.4	100.0	98.5	96.7	96.1	96.0
泉 州	Quanzhou	102.0	101.6	101.3	101.0	101.3	100.8	100.9	100.5	100.1	100.3	100.4	101.3
九 江	Jiujiang	106.7	106.6	107.0	107.2	107.6	107.7	107.3	106.1	105.9	106.0	105.7	106.3
赣 州	Ganzhou	109.7	110.0	109.4	110.3	110.3	109.0	108.8	107.8	106.9	106.7	106.7	106.4
烟 台	Yantai	112.1	112.4	112.9	112.8	112.5	112.5	111.3	109.2	107.6	106.5	105.5	103.7
济 宁	Jining	115.8	115.9	115.3	115.7	116.2	115.6	113.6	111.2	111.1	109.8	109.1	107.6
洛 阳	Luoyang	111.1	110.6	110.8	110.7	111.3	111.8	112.4	112.0	112.7	113.0	111.6	110.9
平顶山	Pingdingshan	110.0	110.1	110.3	110.2	109.9	109.9	108.7	107.9	106.6	106.6	106.9	106.8
宜 昌	Yichang	110.1	109.5	109.0	108.4	107.9	106.3	104.3	102.1	99.9	99.1	98.4	97.6
襄 阳	Xiangyang	109.9	110.6	111.4	111.6	112.0	112.4	111.4	109.4	108.6	108.7	107.0	105.8
岳 阳	Yueyang	106.9	106.4	106.2	105.7	105.3	104.8	104.1	101.6	100.3	99.5	98.9	99.1
常 德	Changde	107.9	107.7	107.6	107.2	106.4	105.1	105.3	101.8	101.1	99.6	98.5	98.2
惠 州	Huizhou	107.9	107.4	106.8	106.9	106.9	106.9	105.3	104.8	104.1	103.9	102.8	102.9
湛 江	Zhanjiang	103.4	103.4	103.0	103.0	102.1	101.1	99.9	97.3	96.5	96.2	96.0	95.7
韶 关	Shaoguan	106.9	106.6	106.4	106.8	105.9	105.1	104.5	103.1	101.1	100.0	98.4	98.0
桂 林	Guilin	107.9	107.6	107.7	108.1	107.8	107.7	108.2	107.9	107.2	106.6	105.5	104.8
北 海	Beihai	107.3	107.9	109.0	109.4	109.2	108.0	107.6	105.7	103.1	102.6	101.7	101.2
三 亚	Sanya	113.7	115.0	115.1	115.6	114.1	111.0	106.7	103.4	102.0	101.6	101.2	100.7
泸 州	Luzhou	110.7	110.5	109.8	109.0	108.1	107.2	105.1	104.1	102.7	101.4	100.7	101.2
南 充	Nanchong	109.9	108.8	107.6	105.8	105.5	105.5	104.5	102.3	100.8	99.3	98.9	99.2
遵 义	Zunyi	110.4	110.4	109.9	109.3	108.2	107.0	104.5	102.6	101.0	99.8	98.3	97.0
大 理	Dali	117.2	118.3	119.9	120.3	120.4	120.0	118.8	117.0	116.3	114.0	111.4	110.6

4-2-7 2019年70个大中城市90㎡~144㎡二手住宅销售价格指数

Housing Price Indices of 90㎡~144㎡ Second-Hand Residential Buildings in 70 Large and Medium-Sized Cities 2019

(以上年同月价格为100) (Same Month of Preceding Year=100)

城市	City	1月	2月	3月	4月	5月	6月	7月	8月	9月	10月	11月	12月
北京	Beijing	97.9	98.5	99.0	99.6	99.0	99.5	99.1	98.6	98.8	98.9	99.2	100.1
天津	Tianjin	105.2	105.5	105.3	103.5	103.4	102.3	102.7	100.4	101.6	101.8	102.4	101.9
石家庄	Shijiazhuang	105.8	106.5	106.9	106.5	105.3	104.9	103.2	101.9	101.4	101.1	101.1	101.1
太原	Taiyuan	108.5	109.4	108.5	107.4	106.9	106.5	106.7	106.3	105.8	105.7	104.1	103.4
呼和浩特	Hohhot	118.3	119.4	120.7	121.9	122.7	123.0	121.3	119.1	117.3	116.2	112.0	110.5
沈阳	Shenyang	108.0	108.8	110.0	110.8	111.2	111.3	110.3	111.2	111.4	112.1	113.0	112.5
大连	Dalian	107.8	107.2	107.9	107.7	108.5	107.4	106.1	105.1	104.9	106.2	105.0	105.6
长春	Changchun	110.0	110.0	110.6	111.5	111.1	109.6	109.7	109.1	108.7	107.7	107.3	106.8
哈尔滨	Harbin	110.4	110.4	110.0	110.6	111.2	110.8	110.3	109.8	109.8	111.6	113.3	113.0
上海	Shanghai	97.1	98.5	99.2	99.6	100.3	100.6	100.8	100.8	101.3	101.5	101.5	101.9
南京	Nanjing	101.7	101.7	102.0	101.3	101.2	101.5	102.2	102.5	104.2	105.0	105.1	105.3
杭州	Hangzhou	104.9	104.1	103.8	104.0	104.1	103.8	103.0	102.3	102.0	102.2	102.7	102.7
宁波	Ningbo	104.0	103.7	103.4	103.5	104.2	104.5	105.4	105.6	105.8	106.7	107.4	107.9
合肥	Hefei	104.0	104.4	103.8	104.2	104.5	104.0	104.3	103.9	103.0	102.8	102.9	103.2
福州	Fuzhou	99.5	99.7	100.5	101.0	102.4	101.9	100.9	99.4	99.1	100.1	101.1	102.9
厦门	Xiamen	95.1	95.9	98.0	99.7	99.9	100.7	102.5	103.1	103.4	103.9	104.3	105.6
南昌	Nanchang	109.2	110.1	110.8	110.1	109.3	108.6	106.7	104.6	104.7	103.7	101.5	102.4
济南	Jinan	111.6	111.9	111.8	111.1	109.8	108.5	105.2	101.5	100.0	98.5	97.7	97.3
青岛	Qingdao	111.9	111.9	110.3	108.8	108.0	106.2	103.1	99.9	97.4	95.8	93.8	93.4
郑州	Zhengzhou	100.7	100.6	100.5	101.0	101.4	100.6	99.4	97.8	97.7	98.4	98.5	97.5
武汉	Wuhan	107.3	107.0	106.8	106.1	104.0	103.0	101.5	100.8	99.0	98.5	96.9	96.2
长沙	Changsha	107.7	105.9	106.0	105.2	105.1	104.7	102.0	100.5	99.8	99.7	99.4	99.5
广州	Guangzhou	103.2	102.5	102.1	101.4	99.8	99.1	99.3	99.0	98.6	98.8	99.0	99.3
深圳	Shenzhen	104.9	103.1	103.3	104.0	102.6	102.2	101.2	100.8	101.7	102.8	104.2	105.0
南宁	Nanning	107.9	109.1	110.0	111.5	112.1	112.2	112.3	110.7	110.8	110.5	110.3	109.1
海口	Haikou	111.4	110.6	108.9	108.7	107.7	105.6	102.8	100.7	100.2	100.7	100.6	100.4
重庆	Chongqing	109.9	109.9	109.6	108.9	107.9	107.1	105.9	103.9	102.6	102.2	102.4	101.6
成都	Chengdu	106.2	106.6	106.7	106.9	106.8	106.9	106.1	103.3	102.1	101.2	100.8	100.3
贵阳	Guiyang	111.9	112.1	111.4	110.9	111.2	109.5	107.5	106.0	102.8	100.6	99.8	98.5
昆明	Kunming	115.4	115.7	115.2	115.0	114.5	114.5	112.3	111.6	109.5	108.0	108.4	106.5
西安	Xi'an	113.8	114.0	114.3	112.9	111.5	109.9	108.8	105.9	102.6	100.2	98.3	98.1
兰州	Lanzhou	109.9	109.8	110.6	110.7	112.6	113.1	112.7	112.3	111.1	110.5	109.7	110.1
西宁	Xining	106.6	107.7	109.7	112.0	113.3	113.4	114.6	114.8	114.2	114.8	115.0	114.0
银川	Yinchuan	105.3	105.8	106.6	106.7	106.7	106.5	106.7	107.3	106.4	107.1	107.8	108.4
乌鲁木齐	Urumqi	113.4	112.1	109.6	109.7	108.8	108.9	108.3	105.7	104.8	104.2	103.0	102.0

4-2-7 续表 Continued

(以上年同月价格为100) (Same Month of Preceding Year=100)

城 市	City	1月	2月	3月	4月	5月	6月	7月	8月	9月	10月	11月	12月
唐 山	Tangshan	108.1	108.3	109.0	111.1	111.5	112.6	112.2	112.7	115.1	115.4	115.4	116.1
秦皇岛	Qinhuangdao	111.3	111.7	112.2	113.2	113.3	113.5	113.4	112.8	111.6	111.4	111.4	111.6
包 头	Baotou	106.0	106.3	106.7	107.2	107.2	106.9	107.3	105.8	105.7	104.9	104.7	105.4
丹 东	Dandong	108.2	108.7	109.1	108.9	107.6	107.7	107.3	107.9	107.9	108.2	108.8	109.1
锦 州	Jinzhou	105.9	105.4	105.2	105.1	104.6	104.0	104.8	104.8	104.9	104.9	104.8	103.4
吉 林	Jilin	108.8	108.9	109.1	109.5	108.9	108.5	107.0	106.5	106.7	107.9	107.1	107.5
牡丹江	Mudanjiang	105.4	107.3	107.6	108.0	108.1	107.2	105.9	104.7	103.7	102.1	101.6	100.4
无 锡	Wuxi	104.6	104.6	104.6	104.8	105.4	106.6	107.0	106.8	106.1	107.3	107.9	108.7
扬 州	Yangzhou	108.1	108.3	107.9	107.4	106.9	107.8	106.5	105.9	105.0	103.9	104.1	104.8
徐 州	Xuzhou	109.0	108.6	108.6	107.8	107.9	108.5	107.4	106.2	106.3	105.7	105.4	105.1
温 州	Wenzhou	100.7	100.6	100.7	101.2	101.3	101.1	100.6	101.2	101.8	102.1	103.2	102.5
金 华	Jinhua	103.9	103.5	103.5	103.3	102.9	103.1	101.8	101.2	100.7	100.6	101.0	101.1
蚌 埠	Bengbu	106.4	106.4	106.9	107.3	106.8	107.4	106.9	105.6	105.4	104.1	103.6	103.6
安 庆	Anqing	107.7	106.9	107.0	106.3	106.5	105.6	104.5	101.5	99.3	97.2	96.6	96.4
泉 州	Quanzhou	101.2	100.9	101.6	101.8	102.0	101.7	101.5	101.2	101.3	101.2	101.9	102.2
九 江	Jiujiang	106.6	106.7	106.9	107.5	107.7	107.2	107.1	106.0	107.0	107.4	106.7	107.5
赣 州	Ganzhou	108.4	108.0	108.3	108.3	107.9	107.3	106.6	105.0	104.5	104.1	105.1	105.3
烟 台	Yantai	111.4	111.2	112.1	112.4	113.5	113.3	111.3	109.9	109.2	107.6	106.4	104.9
济 宁	Jining	117.5	118.1	117.6	117.4	116.1	115.9	113.6	112.9	111.4	110.7	109.6	109.1
洛 阳	Luoyang	109.8	109.8	109.1	109.3	110.0	110.5	110.7	108.6	108.4	108.2	107.4	107.5
平顶山	Pingdingshan	107.0	107.1	107.2	107.0	107.5	108.2	107.7	106.7	106.4	107.0	106.9	108.5
宜 昌	Yichang	110.8	110.3	109.8	109.0	108.2	107.0	104.4	100.6	98.4	97.4	97.0	96.7
襄 阳	Xiangyang	110.4	111.4	112.0	112.5	112.9	113.3	111.5	109.3	107.8	107.3	106.1	105.2
岳 阳	Yueyang	105.6	105.5	105.4	105.3	105.5	104.6	104.6	101.7	99.9	98.6	98.2	98.4
常 德	Changde	108.0	108.0	108.1	107.4	106.9	105.9	105.2	102.0	99.8	99.7	99.8	98.7
惠 州	Huizhou	105.8	105.2	105.0	104.7	104.9	104.3	104.4	104.1	103.7	103.2	102.6	102.7
湛 江	Zhanjiang	103.4	103.2	103.3	102.6	102.2	101.6	100.7	100.7	99.8	99.5	98.7	98.1
韶 关	Shaoguan	109.3	109.3	109.9	109.4	108.5	108.7	108.4	107.5	105.4	104.2	102.3	101.9
桂 林	Guilin	105.7	106.0	106.8	107.1	108.2	107.7	107.2	107.2	106.7	107.2	105.1	104.7
北 海	Beihai	108.0	108.8	109.4	109.3	109.9	109.0	109.6	107.7	105.1	104.5	103.2	103.1
三 亚	Sanya	115.3	115.9	115.0	114.3	112.6	110.0	106.5	103.5	102.1	101.7	101.4	98.8
泸 州	Luzhou	109.6	109.7	109.5	108.6	106.3	105.0	103.7	101.9	100.5	99.9	99.0	99.2
南 充	Nanchong	108.8	108.3	107.0	106.9	106.3	106.2	105.3	102.9	101.3	101.4	100.9	100.9
遵 义	Zunyi	109.4	109.3	108.8	108.3	108.1	107.1	105.0	103.0	101.4	100.3	98.5	97.6
大 理	Dali	114.3	115.2	117.1	117.2	118.4	117.7	117.7	116.1	116.1	115.6	113.6	112.4

4-2-8 2019年70个大中城市144㎡以上二手住宅销售价格指数

Housing Price Indices of Above 144㎡ Second-Hand Residential Buildings in 70 Large and Medium-Sized Cities 2019

(以上年同月价格为100) (Same Month of Preceding Year=100)

城市	City	1月	2月	3月	4月	5月	6月	7月	8月	9月	10月	11月	12月
北京	Beijing	97.9	98.4	98.9	100.0	100.3	100.9	99.4	99.2	99.1	98.3	98.7	99.8
天津	Tianjin	106.1	106.4	106.6	105.2	104.2	105.7	104.0	102.5	102.3	100.8	101.6	100.9
石家庄	Shijiazhuang	108.8	109.2	110.6	111.6	111.5	110.7	107.8	106.6	104.7	104.1	103.3	102.8
太原	Taiyuan	108.6	110.0	108.3	108.6	108.2	108.1	107.5	107.0	106.2	106.4	104.0	103.1
呼和浩特	Hohhot	119.6	121.2	122.3	123.0	124.2	125.9	123.0	119.6	118.2	115.5	112.2	109.1
沈阳	Shenyang	108.7	108.9	109.9	110.6	111.3	110.6	108.9	109.6	109.6	110.5	110.7	109.6
大连	Dalian	109.7	110.2	110.6	111.3	111.5	110.4	110.1	109.1	108.9	108.3	105.9	104.3
长春	Changchun	108.5	108.7	109.6	110.1	111.3	109.2	109.3	108.9	108.9	108.0	107.0	106.9
哈尔滨	Harbin	114.3	114.5	113.1	112.3	111.4	111.9	111.0	109.6	110.0	110.8	111.8	111.0
上海	Shanghai	98.5	99.0	99.4	99.8	99.0	99.2	99.9	99.8	100.5	99.5	99.7	99.6
南京	Nanjing	106.2	107.5	107.8	106.7	107.4	106.4	107.6	107.9	108.4	107.6	106.5	106.8
杭州	Hangzhou	104.5	103.7	103.2	102.9	103.5	102.6	102.0	101.0	100.7	101.3	101.3	101.3
宁波	Ningbo	104.2	103.6	103.7	103.6	102.8	102.7	103.1	102.8	103.4	104.1	104.6	105.0
合肥	Hefei	103.9	103.5	103.6	103.0	102.9	102.1	103.3	102.9	102.0	102.3	101.9	102.0
福州	Fuzhou	100.7	101.6	101.9	102.5	103.5	104.0	103.0	101.6	101.4	101.3	102.5	103.7
厦门	Xiamen	97.2	97.9	99.3	100.7	101.7	101.6	103.9	104.5	105.0	105.6	106.1	107.5
南昌	Nanchang	111.6	110.8	111.6	110.7	109.7	109.0	106.0	104.4	104.1	103.0	101.6	100.7
济南	Jinan	111.5	112.1	112.1	112.0	111.2	109.5	107.1	103.4	102.3	101.5	100.4	99.4
青岛	Qingdao	110.2	109.2	107.2	105.5	103.4	103.1	101.2	99.1	98.2	96.5	95.6	95.5
郑州	Zhengzhou	101.5	101.4	101.3	101.6	101.7	101.8	100.1	99.2	98.6	98.4	98.0	98.2
武汉	Wuhan	109.6	109.6	111.0	111.4	109.6	109.2	107.1	105.7	105.2	103.7	102.1	100.8
长沙	Changsha	107.9	107.6	107.7	107.9	106.7	105.3	103.5	101.4	100.7	99.5	99.4	98.8
广州	Guangzhou	104.0	104.2	101.5	100.4	98.8	99.2	99.1	98.2	98.0	97.0	97.0	96.9
深圳	Shenzhen	105.6	103.8	104.9	106.6	105.7	105.2	105.8	104.8	106.0	108.0	109.3	109.8
南宁	Nanning	108.3	108.9	108.1	109.6	111.0	111.4	111.5	111.0	111.8	111.3	110.4	108.7
海口	Haikou	110.7	110.6	108.5	107.2	105.0	103.9	100.7	97.2	96.7	97.3	97.0	97.2
重庆	Chongqing	109.0	109.4	108.9	109.5	109.7	109.4	107.8	104.3	102.7	102.1	102.9	102.1
成都	Chengdu	107.5	108.4	109.6	109.1	108.6	108.7	107.2	102.8	102.3	101.5	100.5	99.4
贵阳	Guiyang	114.5	114.2	113.8	113.4	113.6	112.8	109.9	107.4	103.7	101.5	99.3	98.5
昆明	Kunming	115.6	116.1	115.9	114.9	112.8	113.2	110.8	110.2	108.8	108.1	107.4	106.9
西安	Xi'an	115.3	115.8	114.8	114.5	115.4	114.7	114.0	111.7	108.3	104.8	103.4	103.1
兰州	Lanzhou	109.7	109.9	111.2	111.5	112.0	112.3	112.4	112.2	110.9	109.3	107.6	108.1
西宁	Xining	108.2	109.7	111.3	113.6	114.4	115.2	115.9	114.4	113.6	113.1	112.9	111.5
银川	Yinchuan	105.9	106.3	107.7	108.3	108.3	108.4	108.7	108.5	107.3	107.9	108.2	108.2
乌鲁木齐	Urumqi	112.1	112.0	109.0	109.5	108.2	109.0	107.6	105.3	103.7	103.9	102.8	102.6

4-2-8 续表 Continued

(以上年同月价格为100) (Same Month of Preceding Year=100)

城 市	City	1月	2月	3月	4月	5月	6月	7月	8月	9月	10月	11月	12月
唐 山	Tangshan	107.3	106.9	107.8	109.4	109.6	110.6	109.5	109.3	111.3	110.7	111.1	111.5
秦皇岛	Qinhuangdao	109.9	109.6	108.8	109.3	109.1	109.2	109.5	108.3	106.9	107.3	106.0	106.2
包 头	Baotou	106.4	107.1	107.8	108.1	107.4	107.5	107.3	106.7	106.2	105.2	105.3	104.8
丹 东	Dandong	107.1	106.6	106.5	105.9	106.5	107.6	108.1	107.5	107.9	110.0	109.0	108.4
锦 州	Jinzhou	106.1	105.4	104.6	105.5	104.7	103.8	104.4	104.1	103.1	103.9	102.3	100.9
吉 林	Jilin	108.6	108.8	109.9	110.5	109.9	109.0	107.5	106.5	107.0	108.0	106.9	107.9
牡丹江	Mudanjiang	107.7	107.9	107.7	107.7	107.3	105.8	104.6	102.7	101.2	100.5	99.6	99.5
无 锡	Wuxi	105.9	104.9	105.0	104.5	104.5	105.9	106.1	105.8	106.4	106.9	109.0	108.4
扬 州	Yangzhou	110.2	110.3	109.8	109.8	110.4	110.1	107.2	106.8	105.8	104.1	104.2	105.9
徐 州	Xuzhou	111.9	111.0	111.4	110.4	108.7	108.7	107.6	106.6	104.9	104.0	103.9	103.4
温 州	Wenzhou	99.3	99.5	99.5	99.4	99.2	99.3	99.1	99.1	100.0	100.0	100.9	100.6
金 华	Jinhua	104.3	103.3	103.0	102.4	102.5	102.3	101.8	101.2	100.4	99.8	99.4	100.0
蚌 埠	Bengbu	108.7	108.6	108.5	108.9	108.9	109.8	108.0	106.0	105.2	103.0	101.8	102.0
安 庆	Anqing	108.3	107.4	107.1	106.3	106.3	105.5	104.9	102.0	100.3	97.7	96.9	96.8
泉 州	Quanzhou	101.8	101.8	101.7	101.5	100.2	100.3	99.6	100.6	100.6	101.4	102.3	102.6
九 江	Jiujiang	108.0	108.2	108.5	109.3	109.9	109.9	108.1	107.2	107.5	107.9	107.5	107.8
赣 州	Ganzhou	107.7	107.9	108.8	108.7	108.6	107.4	106.9	105.9	105.1	105.1	104.4	105.4
烟 台	Yantai	109.4	109.3	110.5	111.5	111.8	112.4	111.7	112.4	110.9	109.0	108.1	106.9
济 宁	Jining	120.7	120.2	118.4	117.4	116.0	115.3	112.9	110.8	110.3	109.7	109.0	108.4
洛 阳	Luoyang	109.8	109.5	108.9	111.0	111.2	111.1	110.5	110.1	111.4	111.2	109.7	109.4
平顶山	Pingdingshan	108.9	109.6	108.9	108.6	108.0	108.6	108.1	106.8	106.8	106.4	106.3	106.1
宜 昌	Yichang	109.2	109.2	108.7	108.4	107.3	106.1	103.9	100.2	97.9	97.2	96.1	95.7
襄 阳	Xiangyang	108.8	110.5	111.7	111.6	111.9	112.1	111.2	108.7	107.9	108.3	106.8	105.6
岳 阳	Yueyang	108.0	107.5	107.3	107.0	106.5	105.9	105.9	101.4	99.6	98.8	97.9	97.5
常 德	Changde	107.5	107.4	107.9	107.6	107.2	106.2	105.9	101.7	99.9	98.6	99.0	98.5
惠 州	Huizhou	106.7	106.4	106.8	106.2	106.3	106.2	105.8	105.5	104.0	102.8	103.2	103.8
湛 江	Zhanjiang	104.6	104.2	105.0	105.0	105.5	104.9	104.2	102.5	101.4	101.1	100.4	100.3
韶 关	Shaoguan	107.9	108.0	108.0	107.6	107.7	106.8	106.9	106.4	104.9	105.4	103.4	102.6
桂 林	Guilin	105.2	105.6	107.3	108.4	108.5	108.2	107.1	107.0	105.0	106.4	105.2	103.9
北 海	Beihai	109.3	110.9	111.6	112.2	111.3	109.2	108.0	105.8	102.5	102.1	100.4	99.6
三 亚	Sanya	111.8	111.7	112.8	111.5	110.4	108.5	105.6	103.6	103.4	102.9	102.6	102.3
泸 州	Luzhou	106.9	105.9	104.9	104.5	105.7	105.1	103.4	101.8	99.5	99.1	98.8	99.0
南 充	Nanchong	111.7	110.1	107.9	105.9	105.4	104.7	104.1	101.0	100.1	99.8	99.3	99.1
遵 义	Zunyi	109.8	109.2	108.8	108.6	107.8	106.2	103.3	100.9	100.0	98.6	96.4	95.5
大 理	Dali	114.7	115.5	117.2	117.7	118.7	119.3	118.1	116.8	117.0	115.3	113.3	112.6

4-3-1 2019年70个大中城市新建商品住宅销售价格指数

Housing Price Indices of Newly Constructed Commercial Residential Buildings in 70 Large and Medium-Sized Cities 2019

(以上月价格为100) (Last Month=100)

城 市	City	1月	2月	3月	4月	5月	6月	7月	8月	9月	10月	11月	12月
北 京	Beijing	100.6	99.8	100.4	100.5	100.6	99.9	100.6	100.5	100.0	99.8	101.7	100.4
天 津	Tianjin	99.9	100.4	100.3	100.7	100.2	100.4	99.7	100.1	100.2	99.6	100.0	99.9
石家庄	Shijiazhuang	100.6	101.1	101.3	100.5	101.2	101.0	100.0	101.4	100.9	100.5	100.0	100.7
太 原	Taiyuan	101.0	100.8	100.5	100.6	100.4	100.6	100.1	100.9	100.4	100.0	100.1	99.2
呼和浩特	Hohhot	101.5	100.8	100.3	100.5	100.8	101.8	100.8	102.2	101.3	102.4	101.5	100.9
沈 阳	Shenyang	100.4	100.5	100.8	100.7	100.9	101.0	100.6	100.8	101.0	101.2	100.6	100.5
大 连	Dalian	99.9	101.8	101.0	100.7	101.4	101.2	101.0	100.6	99.7	100.3	100.2	100.3
长 春	Changchun	100.8	100.7	100.3	100.6	100.5	101.3	100.2	100.9	101.0	101.3	101.0	100.8
哈尔滨	Harbin	100.9	100.6	101.0	100.9	100.7	101.1	100.4	100.8	100.9	101.4	100.6	100.5
上 海	Shanghai	100.1	100.3	99.9	100.3	99.9	100.3	99.9	100.3	100.5	100.4	100.3	100.0
南 京	Nanjing	100.8	100.0	100.1	100.5	100.8	100.1	101.2	99.8	100.8	100.2	99.9	100.0
杭 州	Hangzhou	100.4	100.5	100.4	101.0	100.8	101.1	100.5	100.0	100.2	99.8	99.9	100.3
宁 波	Ningbo	100.7	100.6	101.1	100.6	101.1	100.8	100.7	101.1	100.5	100.3	100.0	100.4
合 肥	Hefei	100.6	100.8	100.6	100.4	100.1	100.4	100.6	100.8	99.9	99.7	99.7	100.2
福 州	Fuzhou	100.1	100.1	100.4	100.7	100.9	100.3	100.5	100.6	100.4	100.2	100.1	99.8
厦 门	Xiamen	99.7	100.2	100.6	100.6	100.3	100.8	101.4	100.8	99.7	99.3	99.8	100.6
南 昌	Nanchang	100.4	100.1	100.6	100.8	100.5	100.1	100.5	100.4	100.6	99.9	99.4	100.1
济 南	Jinan	100.4	100.6	100.8	101.0	100.4	100.3	100.3	99.8	99.6	99.0	99.3	99.2
青 岛	Qingdao	100.6	100.3	100.5	100.4	100.7	100.2	100.7	100.5	100.1	99.8	100.0	100.3
郑 州	Zhengzhou	100.3	100.0	100.4	100.5	100.3	100.5	100.3	100.3	100.2	100.0	99.5	99.6
武 汉	Wuhan	100.7	101.1	100.7	101.0	101.2	101.0	101.1	101.1	100.8	101.0	100.8	100.9
长 沙	Changsha	100.5	100.2	100.0	100.2	100.9	100.7	100.2	100.3	100.0	100.1	100.4	101.0
广 州	Guangzhou	100.9	101.1	100.8	101.1	100.8	100.3	100.3	100.2	100.0	99.9	99.5	99.7
深 圳	Shenzhen	99.9	100.0	99.7	100.4	100.4	100.5	100.0	100.2	101.2	100.4	100.2	100.7
南 宁	Nanning	101.0	100.6	100.8	100.9	100.4	100.5	100.5	102.3	102.1	102.0	100.3	100.6
海 口	Haikou	101.2	100.3	100.5	100.9	101.2	101.1	101.0	100.0	100.5	101.0	99.7	100.3
重 庆	Chongqing	100.5	100.7	100.6	101.2	101.8	100.7	101.0	99.7	100.5	100.2	100.5	100.5
成 都	Chengdu	100.8	100.7	100.7	100.8	100.4	101.3	101.3	100.7	100.7	101.5	100.8	100.5
贵 阳	Guiyang	101.5	101.3	100.8	100.9	100.9	100.8	101.1	100.4	99.7	99.8	99.5	99.6
昆 明	Kunming	100.6	100.8	100.8	101.2	100.7	101.2	101.0	101.2	101.3	101.5	100.6	99.7
西 安	Xi'an	101.5	101.1	101.0	101.1	102.0	101.7	101.4	100.5	100.7	100.9	100.7	100.7
兰 州	Lanzhou	100.7	100.3	100.1	100.1	100.6	100.3	100.7	99.9	100.3	100.3	101.1	100.4
西 宁	Xining	100.0	102.3	100.9	100.5	100.4	100.5	101.1	100.8	101.3	102.8	101.3	101.0
银 川	Yinchuan	100.5	100.7	100.7	100.5	100.6	101.0	100.3	101.8	101.7	100.8	101.9	101.2
乌鲁木齐	Urumqi	100.3	100.6	100.4	100.6	100.0	100.8	100.2	99.6	100.2	99.8	99.1	100.0

4-3-1 续表 Continued

(以上月价格为100) (Last Month=100)

城 市	City	1月	2月	3月	4月	5月	6月	7月	8月	9月	10月	11月	12月
唐 山	Tangshan	100.5	100.5	100.9	100.5	100.9	101.3	100.7	101.9	100.6	101.7	101.9	100.8
秦皇岛	Qinhuangdao	101.7	100.9	101.4	101.8	100.8	101.1	100.7	100.8	100.1	100.9	101.0	100.4
包 头	Baotou	100.5	100.6	100.8	100.7	100.5	99.7	100.1	101.1	100.6	100.6	100.1	100.8
丹 东	Dandong	100.4	100.6	101.9	100.6	100.5	99.8	100.4	100.6	101.0	100.8	100.5	100.5
锦 州	Jinzhou	101.7	99.7	101.5	100.5	100.7	100.2	100.1	99.8	100.6	101.0	101.6	101.2
吉 林	Jilin	101.8	100.5	100.6	100.6	100.7	100.4	100.6	101.1	101.0	100.9	100.8	100.7
牡丹江	Mudanjiang	101.6	100.5	100.2	100.4	100.9	100.2	100.9	100.6	99.8	100.5	99.9	100.3
无 锡	Wuxi	100.5	99.7	101.0	100.1	101.3	100.9	100.8	100.8	101.4	100.8	100.5	100.5
扬 州	Yangzhou	101.0	100.4	100.9	100.5	100.5	100.9	101.0	101.7	101.2	100.6	100.6	101.3
徐 州	Xuzhou	100.9	101.2	100.4	100.8	101.3	101.0	101.2	100.9	101.1	100.7	100.4	101.2
温 州	Wenzhou	100.0	100.3	100.9	100.1	100.7	100.0	100.0	100.4	100.5	100.9	100.3	100.0
金 华	Jinhua	100.8	100.4	100.4	100.9	101.4	100.5	101.3	100.8	100.2	100.0	100.8	100.4
蚌 埠	Bengbu	100.0	99.7	100.3	100.6	100.6	100.5	100.6	100.1	100.4	100.2	100.0	99.8
安 庆	Anqing	100.4	100.2	101.0	100.1	100.6	100.3	100.0	100.0	100.6	100.3	99.5	99.8
泉 州	Quanzhou	99.8	99.6	100.1	100.3	100.1	100.1	100.6	100.5	100.2	101.0	100.1	100.6
九 江	Jiujiang	100.7	100.5	100.6	100.7	100.6	100.8	100.5	100.8	100.7	100.8	100.3	100.7
赣 州	Ganzhou	100.4	100.0	99.7	99.9	100.2	100.0	100.9	100.0	100.8	100.4	100.3	100.5
烟 台	Yantai	100.8	100.5	100.6	100.7	100.8	101.1	101.0	100.8	101.2	100.8	100.6	100.9
济 宁	Jining	100.7	101.3	100.5	100.7	101.0	101.2	100.4	101.2	101.1	100.7	100.5	100.1
洛 阳	Luoyang	101.5	100.5	100.2	101.0	101.7	102.5	100.5	100.6	102.0	101.6	100.7	100.4
平顶山	Pingdingshan	100.2	101.1	101.3	100.6	100.6	101.0	101.6	100.3	100.0	100.6	100.5	100.5
宜 昌	Yichang	100.8	100.8	100.6	100.6	100.4	99.6	100.3	99.5	99.8	99.7	99.6	99.7
襄 阳	Xiangyang	100.8	100.7	100.4	100.7	100.6	100.7	100.7	101.3	101.0	101.2	100.8	100.9
岳 阳	Yueyang	99.6	99.6	100.2	100.2	99.9	100.2	100.1	99.9	99.5	99.6	99.7	99.5
常 德	Changde	100.3	99.9	101.5	100.9	100.3	100.5	100.0	100.7	99.7	100.4	99.8	99.9
惠 州	Huizhou	99.6	99.8	100.1	100.2	100.4	100.5	100.4	100.6	100.2	100.6	100.5	100.9
湛 江	Zhanjiang	99.8	100.7	100.5	100.4	100.6	100.5	100.4	100.5	99.9	100.7	99.5	100.8
韶 关	Shaoguan	100.5	99.9	99.7	99.9	101.2	100.4	100.8	99.1	99.9	99.8	99.6	99.6
桂 林	Guilin	101.0	100.6	100.6	100.0	100.8	101.2	101.1	100.3	101.0	100.2	100.3	100.2
北 海	Beihai	100.4	100.6	101.1	101.2	101.0	100.7	100.7	101.0	100.0	100.2	100.1	100.5
三 亚	Sanya	100.0	100.1	100.3	100.9	100.4	100.8	100.4	100.6	100.3	100.3	100.4	100.7
泸 州	Luzhou	100.9	100.4	100.2	100.2	100.1	99.8	100.0	99.5	99.8	99.0	99.6	99.6
南 充	Nanchong	100.2	100.3	101.0	100.9	100.7	100.1	99.7	100.0	100.5	99.8	99.7	99.5
遵 义	Zunyi	100.5	101.2	100.5	100.6	100.4	100.4	100.0	100.5	100.4	99.8	99.5	100.5
大 理	Dali	102.0	101.8	101.3	100.5	101.8	101.8	101.5	100.8	100.8	100.7	100.8	100.6

4-3-2 2019年70个大中城市90㎡及以下新建商品住宅销售价格指数

Housing Price Indices of 90㎡ and below Newly Constructed Commercial Residential Buildings in 70 Large and Medium-Sized Cities 2019

(以上月价格为100)　　(Last Month=100)

城市	City	1月	2月	3月	4月	5月	6月	7月	8月	9月	10月	11月	12月
北京	Beijing	100.1	99.8	100.1	100.5	100.4	100.0	100.3	100.3	99.9	99.6	100.8	100.6
天津	Tianjin	100.1	100.7	100.4	100.4	100.3	100.3	99.7	99.9	100.1	99.3	100.0	99.6
石家庄	Shijiazhuang	100.8	102.0	100.6	100.8	101.5	101.4	99.9	100.1	101.5	100.4	100.2	100.9
太原	Taiyuan	101.6	101.0	100.8	100.8	100.6	101.0	100.3	101.0	100.3	99.8	99.9	99.6
呼和浩特	Hohhot	101.6	101.7	100.1	100.8	100.0	101.6	100.1	102.4	101.0	102.2	101.7	101.1
沈阳	Shenyang	100.0	100.4	100.4	100.6	100.8	100.7	100.5	100.6	100.9	101.0	100.9	100.5
大连	Dalian	99.7	102.2	100.8	101.1	101.3	101.7	100.6	100.8	99.6	100.2	99.7	100.2
长春	Changchun	100.9	100.6	100.7	100.6	100.7	101.3	100.7	101.1	100.8	100.9	100.9	100.8
哈尔滨	Harbin	100.5	100.6	101.0	100.4	101.0	101.6	99.9	100.9	100.7	101.3	100.3	100.6
上海	Shanghai	99.8	100.3	100.5	100.1	99.9	100.1	100.0	101.0	100.2	100.7	100.1	100.0
南京	Nanjing	100.5	100.0	99.2	100.4	100.9	99.8	100.8	99.7	101.6	100.5	100.5	99.6
杭州	Hangzhou	100.3	100.9	100.4	101.4	100.6	101.0	101.0	100.1	100.3	99.9	100.0	100.3
宁波	Ningbo	101.5	100.5	100.9	100.3	100.8	100.6	100.2	101.2	100.7	100.4	100.0	100.9
合肥	Hefei	100.6	100.1	100.6	100.3	100.0	100.5	100.7	100.7	99.7	99.5	99.9	101.3
福州	Fuzhou	100.1	99.9	100.9	100.5	100.2	100.4	100.6	100.4	100.8	100.3	100.2	100.0
厦门	Xiamen	99.1	100.0	100.2	100.4	100.2	100.9	101.1	100.2	99.4	98.7	99.3	100.6
南昌	Nanchang	100.2	99.5	100.5	100.1	100.1	99.8	101.1	100.1	100.8	100.2	99.6	100.2
济南	Jinan	100.6	100.0	100.5	100.5	100.5	100.0	100.4	100.4	100.0	99.2	100.1	100.3
青岛	Qingdao	100.5	100.7	100.9	100.7	101.0	100.1	100.8	100.4	100.2	99.8	100.2	100.0
郑州	Zhengzhou	100.4	100.2	100.4	100.6	100.1	100.8	100.4	100.1	100.3	100.2	99.6	99.4
武汉	Wuhan	100.8	101.0	100.9	101.2	101.0	101.4	101.1	101.5	101.2	101.6	100.7	100.7
长沙	Changsha	100.9	100.3	99.9	100.6	100.6	100.5	100.1	100.3	99.9	99.6	100.3	101.3
广州	Guangzhou	100.5	101.2	101.0	101.2	100.9	101.0	101.0	99.9	100.8	99.7	99.1	99.8
深圳	Shenzhen	100.2	100.0	99.8	100.1	100.5	100.5	100.1	100.2	101.1	100.8	100.1	101.0
南宁	Nanning	101.3	100.3	100.7	100.6	100.3	100.5	100.8	101.7	102.1	101.7	100.4	100.6
海口	Haikou	101.0	100.2	101.1	100.5	100.9	100.8	100.9	100.3	100.4	100.9	99.2	100.3
重庆	Chongqing	100.3	100.6	100.9	101.6	101.9	101.0	101.1	100.0	100.5	100.1	100.3	101.0
成都	Chengdu	100.9	100.6	100.7	100.8	100.3	100.8	101.2	100.7	101.1	101.8	100.8	100.3
贵阳	Guiyang	101.9	101.0	100.5	100.8	101.0	100.7	100.8	100.2	99.8	100.0	99.3	99.7
昆明	Kunming	99.9	100.5	101.2	101.4	100.5	101.1	101.2	101.1	100.7	101.4	101.6	99.1
西安	Xi'an	101.3	101.0	100.9	100.8	101.9	102.8	101.8	99.8	100.2	101.6	101.7	101.3
兰州	Lanzhou	100.9	99.8	100.3	100.5	101.1	100.4	101.0	99.4	100.0	100.5	101.3	100.4
西宁	Xining	100.4	102.2	100.1	99.4	101.2	100.5	101.3	100.8	100.5	102.0	101.0	100.6
银川	Yinchuan	99.7	100.5	100.8	101.0	100.3	101.3	100.7	101.6	101.9	100.6	102.0	101.1
乌鲁木齐	Urumqi	100.9	100.4	100.1	101.3	100.8	100.6	100.9	99.3	99.8	99.8	98.3	100.7

4-3-2 续表 Continued

(以上月价格为100) (Last Month=100)

城 市	City	1月	2月	3月	4月	5月	6月	7月	8月	9月	10月	11月	12月
唐 山	Tangshan	100.0	100.2	100.8	100.7	101.0	100.6	100.0	101.9	100.2	101.5	101.5	100.7
秦皇岛	Qinhuangdao	101.1	101.7	101.7	101.7	100.3	100.7	101.6	101.1	98.9	100.4	101.2	100.6
包 头	Baotou	100.6	100.3	100.9	100.8	100.5	99.4	100.1	100.9	100.6	100.0	100.3	100.9
丹 东	Dandong	100.5	100.9	101.8	100.7	100.4	99.9	101.1	99.4	101.3	100.3	100.7	100.3
锦 州	Jinzhou	101.2	99.4	101.6	100.4	100.9	100.1	101.2	99.6	100.7	101.2	101.6	101.8
吉 林	Jilin	101.4	100.4	100.4	100.4	100.8	100.6	100.5	101.4	101.2	100.9	101.1	100.4
牡丹江	Mudanjiang	101.8	101.4	99.9	100.0	100.9	99.9	100.8	101.2	99.8	100.5	100.2	100.1
无 锡	Wuxi	100.6	99.4	101.9	100.1	101.9	101.1	100.9	100.7	101.6	100.7	100.5	100.4
扬 州	Yangzhou	100.9	101.4	101.5	100.3	100.8	101.0	101.6	101.8	101.0	100.7	101.1	101.3
徐 州	Xuzhou	101.4	101.1	100.8	100.5	101.5	100.8	101.8	101.0	101.3	101.0	99.9	101.3
温 州	Wenzhou	100.4	101.3	100.5	100.0	101.2	99.3	99.9	100.5	100.3	100.4	99.7	99.1
金 华	Jinhua	101.1	100.3	100.4	101.2	100.9	100.4	101.5	100.9	100.5	100.0	101.2	101.2
蚌 埠	Bengbu	100.2	99.2	100.2	100.7	100.3	101.2	100.5	99.4	100.1	100.3	100.5	100.2
安 庆	Anqing	100.1	--	100.5	100.1	99.4	100.5	100.5	99.8	100.0	99.8	99.4	100.8
泉 州	Quanzhou	100.6	99.0	99.8	101.0	100.1	99.7	100.7	100.3	99.3	101.4	100.2	101.7
九 江	Jiujiang	100.7	101.1	100.0	100.4	100.4	100.6	101.2	100.3	100.5	101.0	100.5	100.7
赣 州	Ganzhou	99.5	100.7	100.1	99.8	100.1	99.3	100.6	100.6	102.1	101.2	99.8	100.1
烟 台	Yantai	100.7	100.4	100.7	100.6	100.7	100.9	101.3	101.1	101.0	100.8	100.8	101.1
济 宁	Jining	100.5	101.0	100.1	100.0	100.1	101.0	100.1	101.5	102.2	100.3	100.8	100.2
洛 阳	Luoyang	100.6	101.0	100.4	101.5	101.4	102.8	100.7	100.4	101.8	102.0	100.7	100.5
平顶山	Pingdingshan	100.9	101.7	101.7	100.6	99.8	100.8	101.1	100.9	100.4	101.1	100.2	100.5
宜 昌	Yichang	101.5	100.5	100.0	100.5	100.6	99.9	100.7	100.2	99.7	99.8	99.1	100.0
襄 阳	Xiangyang	100.3	100.7	100.6	101.0	100.8	100.7	100.5	101.3	101.7	101.1	100.4	100.8
岳 阳	Yueyang	99.6	99.0	99.5	100.8	99.8	99.8	99.7	99.6	99.0	100.5	99.5	99.2
常 德	Changde	100.1	99.7	101.7	101.1	99.8	101.0	100.0	100.2	99.3	100.5	100.0	99.8
惠 州	Huizhou	100.4	100.1	100.2	99.7	100.0	100.8	100.1	100.4	100.4	100.0	100.1	100.3
湛 江	Zhanjiang	99.6	100.7	100.7	100.2	100.4	100.7	100.7	100.6	100.3	100.9	99.7	100.9
韶 关	Shaoguan	100.2	100.1	99.8	100.3	100.6	100.7	100.8	98.5	99.1	100.7	99.2	100.7
桂 林	Guilin	100.6	100.8	100.2	100.0	101.2	100.7	101.5	100.2	100.3	99.5	99.9	100.1
北 海	Beihai	100.2	100.7	101.0	101.0	101.4	100.8	100.9	101.2	99.9	100.2	100.1	100.6
三 亚	Sanya	100.1	99.6	100.3	101.0	100.2	100.8	100.5	101.6	100.1	100.2	100.6	100.5
泸 州	Luzhou	101.1	99.5	100.1	100.6	100.3	100.0	100.0	99.4	99.8	98.9	99.2	99.6
南 充	Nanchong	100.0	100.5	101.3	101.4	100.7	99.3	100.1	100.2	100.7	99.5	100.3	99.9
遵 义	Zunyi	100.2	100.9	100.4	100.4	100.7	100.1	100.7	101.8	100.6	99.5	99.8	101.3
大 理	Dali	102.3	102.4	100.4	101.2	102.2	102.3	100.8	101.0	100.4	100.9	100.7	100.5

4–3–3　2019年70个大中城市90㎡~144㎡新建商品住宅销售价格指数
Housing Price Indices of 90㎡~144㎡ Newly Constructed Commercial Residential Buildings in 70 Large and Medium-Sized Cities 2019

(以上月价格为100)　　(Last Month=100)

城　市	City	1月	2月	3月	4月	5月	6月	7月	8月	9月	10月	11月	12月
北　京	Beijing	99.9	99.9	100.1	100.4	100.3	100.0	100.6	99.9	100.1	99.7	101.1	100.5
天　津	Tianjin	100.0	100.2	100.5	100.7	100.1	100.4	99.8	100.2	100.0	99.9	99.8	99.6
石家庄	Shijiazhuang	100.3	100.8	101.4	100.4	101.5	101.0	100.0	101.9	100.6	100.7	100.0	100.7
太　原	Taiyuan	100.9	101.1	100.4	100.2	100.5	100.6	100.1	100.8	100.3	100.1	100.2	98.7
呼和浩特	Hohhot	101.0	100.6	100.4	100.3	100.8	101.6	100.9	101.6	101.1	102.4	101.3	101.3
沈　阳	Shenyang	100.6	100.3	100.8	101.0	100.9	101.2	100.9	100.7	100.7	101.1	100.4	100.2
大　连	Dalian	100.2	101.3	101.2	100.4	101.3	100.8	101.8	100.4	99.8	100.1	100.5	100.2
长　春	Changchun	100.6	100.6	100.1	100.5	100.5	101.4	99.8	100.9	101.1	101.5	100.9	100.5
哈尔滨	Harbin	101.3	100.5	100.6	101.1	100.4	100.7	101.1	100.7	100.7	101.1	100.4	100.4
上　海	Shanghai	100.6	100.5	100.2	100.2	99.8	100.3	100.0	99.9	100.4	100.3	100.1	100.4
南　京	Nanjing	100.9	100.1	100.3	100.3	101.0	99.8	101.0	99.8	100.6	100.3	99.5	100.1
杭　州	Hangzhou	100.5	100.3	100.5	100.8	101.1	101.1	100.3	100.0	100.2	99.7	99.6	100.3
宁　波	Ningbo	100.4	101.1	101.1	100.7	101.1	101.2	101.0	100.9	100.4	100.4	100.1	100.5
合　肥	Hefei	100.5	101.0	100.5	100.4	100.3	100.6	100.5	100.8	99.9	99.8	99.6	99.9
福　州	Fuzhou	100.1	100.1	100.2	100.5	101.0	100.3	100.6	100.3	100.4	100.4	100.0	99.6
厦　门	Xiamen	100.0	100.2	100.7	100.7	100.4	100.9	101.8	100.9	100.0	99.3	100.0	100.9
南　昌	Nanchang	100.2	100.1	100.7	100.7	100.7	100.0	100.4	100.3	100.4	99.6	99.2	100.1
济　南	Jinan	100.3	100.6	100.9	101.1	100.4	100.4	100.3	99.6	99.5	98.8	99.0	99.0
青　岛	Qingdao	100.6	100.0	100.3	100.4	100.6	100.1	100.5	100.7	99.9	99.7	99.9	100.5
郑　州	Zhengzhou	100.2	99.9	100.3	100.3	100.3	100.4	100.1	100.3	99.9	99.6	99.4	99.5
武　汉	Wuhan	100.5	101.0	100.5	101.0	101.3	100.9	101.1	101.1	100.6	100.7	100.8	100.8
长　沙	Changsha	100.3	100.2	100.1	100.2	100.7	100.7	100.3	100.3	100.1	100.1	100.3	100.7
广　州	Guangzhou	100.8	100.4	100.8	101.3	100.8	100.3	100.5	100.4	99.5	99.8	100.0	99.4
深　圳	Shenzhen	99.4	99.9	99.8	100.9	99.8	99.9	99.8	100.3	100.7	100.2	100.4	100.5
南　宁	Nanning	100.8	100.8	100.7	101.0	100.3	100.3	100.3	103.2	102.4	102.3	100.2	100.3
海　口	Haikou	101.3	100.2	100.0	100.7	101.4	101.0	100.8	99.6	100.5	101.0	99.6	100.2
重　庆	Chongqing	100.3	100.6	100.4	101.3	102.0	100.3	101.0	99.7	100.4	100.2	100.5	100.2
成　都	Chengdu	100.4	100.9	100.5	100.8	100.5	101.5	101.0	100.8	100.2	101.1	100.8	100.3
贵　阳	Guiyang	101.3	101.5	100.9	100.9	100.9	100.9	101.3	100.6	99.9	99.6	99.6	99.6
昆　明	Kunming	100.9	100.6	101.0	101.1	100.7	101.7	100.9	101.7	101.3	101.2	100.1	100.2
西　安	Xi'an	101.6	101.1	101.1	101.5	101.9	101.4	101.2	101.3	101.4	100.5	100.3	100.4
兰　州	Lanzhou	100.5	100.5	99.9	100.0	100.5	100.3	100.7	100.2	100.3	100.2	101.2	100.3
西　宁	Xining	99.8	102.5	101.3	100.7	100.4	100.2	101.4	100.9	101.4	102.8	101.3	101.0
银　川	Yinchuan	100.6	100.9	100.8	100.2	100.8	100.8	100.6	101.8	101.7	100.9	101.9	101.0
乌鲁木齐	Urumqi	100.3	100.7	100.2	100.7	100.0	100.9	100.0	99.6	100.0	99.8	99.1	99.7

4-3-3 续表 Continued

(以上月价格为100) (Last Month=100)

城 市	City	1月	2月	3月	4月	5月	6月	7月	8月	9月	10月	11月	12月
唐 山	Tangshan	100.8	100.4	101.0	100.4	100.8	101.8	101.1	102.0	100.5	101.7	102.0	100.9
秦皇岛	Qinhuangdao	101.8	100.5	101.5	101.9	101.2	101.4	100.2	100.8	100.6	101.1	101.1	100.2
包 头	Baotou	100.6	100.4	100.6	100.6	100.8	99.8	100.3	101.2	100.8	100.7	100.0	100.9
丹 东	Dandong	100.2	100.4	102.1	100.3	100.7	99.7	99.9	101.4	100.8	101.1	100.4	100.8
锦 州	Jinzhou	102.0	99.8	101.5	100.6	100.6	100.3	99.7	99.8	100.4	100.8	101.5	100.9
吉 林	Jilin	102.2	100.5	100.8	100.8	100.4	100.3	100.8	100.7	101.0	101.0	100.8	101.1
牡丹江	Mudanjiang	101.5	100.0	100.4	100.5	100.9	100.4	100.8	100.2	99.9	100.5	99.9	100.5
无 锡	Wuxi	100.5	100.0	100.6	100.2	101.3	100.7	100.7	100.8	101.3	100.6	100.6	100.4
扬 州	Yangzhou	101.3	100.2	100.6	100.7	100.3	100.9	100.9	101.6	101.2	100.9	100.2	101.2
徐 州	Xuzhou	100.7	101.2	100.4	100.8	101.5	101.3	101.1	100.9	101.2	100.5	100.5	101.3
温 州	Wenzhou	100.0	100.1	100.7	100.2	100.8	100.3	100.3	100.1	100.2	100.9	100.4	100.5
金 华	Jinhua	100.3	100.7	100.9	100.6	101.5	100.3	100.8	100.9	100.0	100.4	100.3	100.0
蚌 埠	Bengbu	100.0	99.9	100.3	100.6	100.7	100.3	100.6	100.4	100.5	100.1	99.8	99.6
安 庆	Anqing	100.6	100.3	101.3	100.0	100.8	100.3	99.8	100.3	100.8	100.3	99.6	99.6
泉 州	Quanzhou	99.8	100.0	100.0	99.7	100.4	100.5	100.6	101.0	100.2	100.9	99.9	100.3
九 江	Jiujiang	100.6	100.4	100.8	100.9	100.7	101.0	100.6	100.9	100.6	100.6	100.1	100.6
赣 州	Ganzhou	100.6	99.7	99.6	99.7	100.4	100.1	100.9	100.0	100.4	100.2	100.5	100.4
烟 台	Yantai	100.8	100.5	100.6	100.8	101.0	101.3	100.8	100.7	101.1	100.7	100.4	100.7
济 宁	Jining	100.6	101.6	100.5	101.0	101.2	101.2	100.4	101.2	100.9	100.8	100.5	100.2
洛 阳	Luoyang	101.9	100.2	100.3	101.1	101.9	102.0	100.5	100.7	101.9	101.6	100.8	100.3
平顶山	Pingdingshan	100.0	101.0	101.0	100.6	100.8	101.1	102.0	100.2	100.1	100.4	100.3	100.6
宜 昌	Yichang	100.5	100.8	100.9	100.6	100.4	99.6	100.2	99.3	99.9	99.6	99.7	99.7
襄 阳	Xiangyang	101.1	100.8	100.3	100.6	100.7	100.9	100.7	101.5	100.7	101.1	100.9	101.0
岳 阳	Yueyang	99.7	100.2	100.4	99.9	99.9	100.0	100.1	100.0	99.8	99.2	99.5	99.3
常 德	Changde	100.1	100.1	101.4	100.9	100.6	100.3	100.2	101.0	99.7	100.4	99.7	100.0
惠 州	Huizhou	99.6	99.7	99.9	100.1	100.5	100.6	100.8	100.6	100.4	101.0	100.4	100.8
湛 江	Zhanjiang	99.8	100.6	100.3	100.2	100.9	100.5	100.0	100.8	99.8	100.5	99.4	100.8
韶 关	Shaoguan	101.0	99.5	100.0	99.8	101.1	100.3	100.5	99.8	100.4	99.8	99.1	99.3
桂 林	Guilin	101.2	100.3	100.9	100.1	100.5	101.0	101.1	100.2	101.0	100.7	100.5	100.5
北 海	Beihai	100.6	100.5	101.3	101.4	100.3	100.6	100.5	100.6	100.0	100.2	100.0	100.1
三 亚	Sanya	99.7	100.7	100.4	100.8	100.3	100.7	100.1	100.1	100.4	100.6	100.2	100.5
泸 州	Luzhou	100.9	100.9	100.3	100.0	100.1	99.7	100.1	99.6	99.7	99.0	99.8	99.5
南 充	Nanchong	100.3	100.3	100.9	100.8	100.7	100.5	99.6	100.0	100.3	99.9	99.5	99.4
遵 义	Zunyi	100.6	101.3	100.6	100.8	100.5	100.6	99.6	100.2	100.4	99.9	99.6	100.2
大 理	Dali	101.7	101.5	101.7	99.9	102.0	101.3	101.9	101.3	101.1	100.8	101.1	100.8

4-3-4 2019年70个大中城市144㎡以上新建商品住宅销售价格指数

Housing Price Indices Above 144㎡ Newly Constructed Commercial Residential Buildings in 70 Large and Medium-Sized Cities 2019

(以上月价格为100) (Last Month=100)

城市	City	1月	2月	3月	4月	5月	6月	7月	8月	9月	10月	11月	12月
北京	Beijing	101.5	99.6	100.8	100.5	101.1	99.9	100.8	101.0	99.9	100.1	102.7	100.1
天津	Tianjin	99.4	100.4	99.9	100.9	100.4	100.5	99.5	100.2	100.5	99.5	100.4	100.6
石家庄	Shijiazhuang	101.3	101.2	101.5	100.5	100.1	100.9	100.3	101.2	101.2	99.9	99.7	100.6
太原	Taiyuan	100.8	100.3	100.5	101.1	100.1	100.4	100.0	100.9	100.5	99.9	100.0	99.7
呼和浩特	Hohhot	102.2	100.8	100.3	100.8	101.3	102.1	101.1	103.2	101.8	102.5	101.8	100.2
沈阳	Shenyang	100.8	100.8	101.7	100.5	101.1	101.2	100.6	101.2	101.4	101.5	100.5	100.7
大连	Dalian	100.0	101.9	101.0	100.4	101.8	100.8	100.0	100.4	99.5	100.7	100.6	100.5
长春	Changchun	101.0	100.8	100.0	100.6	100.4	101.1	100.0	100.6	101.0	101.5	101.3	101.2
哈尔滨	Harbin	100.4	100.8	101.6	100.9	100.9	101.2	99.6	101.0	101.4	101.9	101.3	100.5
上海	Shanghai	99.7	100.3	99.4	100.5	100.1	100.4	99.7	100.5	100.6	100.3	100.6	99.7
南京	Nanjing	100.9	99.8	100.6	101.1	100.2	100.8	101.9	99.9	100.3	99.5	100.2	100.0
杭州	Hangzhou	100.3	100.1	100.2	100.8	100.7	101.2	100.1	100.0	100.1	99.8	100.0	100.4
宁波	Ningbo	100.9	100.1	101.3	100.6	101.3	100.4	100.5	101.2	100.6	100.1	99.9	99.8
合肥	Hefei	100.9	101.0	101.1	100.6	99.7	99.8	101.1	100.6	100.1	99.4	99.8	100.1
福州	Fuzhou	100.2	100.1	100.4	100.9	101.1	100.2	100.3	101.1	100.4	99.9	100.2	100.1
厦门	Xiamen	99.7	100.2	100.8	100.6	100.3	100.6	100.9	101.2	99.5	99.6	99.7	100.0
南昌	Nanchang	101.4	100.3	100.3	101.7	100.4	100.7	100.6	100.7	101.4	100.3	100.0	99.9
济南	Jinan	100.5	100.6	100.9	100.8	100.3	100.4	100.3	100.0	100.0	99.5	99.9	99.3
青岛	Qingdao	100.7	100.3	100.1	100.0	100.1	100.6	100.7	100.4	100.4	100.0	99.8	100.2
郑州	Zhengzhou	100.1	99.8	100.5	100.3	100.6	100.1	100.2	100.7	100.4	100.4	99.6	100.1
武汉	Wuhan	101.5	101.4	101.2	100.2	101.2	100.9	101.0	100.8	100.5	101.0	100.9	101.3
长沙	Changsha	100.7	100.2	99.9	99.9	101.4	100.7	100.2	100.1	100.0	100.4	100.5	101.3
广州	Guangzhou	101.2	101.9	100.6	100.7	100.6	100.0	99.8	100.3	100.4	100.1	99.2	100.0
深圳	Shenzhen	99.5	100.1	99.4	100.6	100.9	100.8	100.2	100.2	101.7	99.8	100.2	100.2
南宁	Nanning	101.1	100.9	101.5	101.2	100.7	101.0	100.2	101.3	101.5	102.1	100.2	101.1
海口	Haikou	101.3	100.6	101.0	101.8	100.9	101.8	101.5	100.7	100.9	101.0	100.4	100.5
重庆	Chongqing	101.2	100.9	100.2	100.2	101.2	101.0	100.7	99.0	100.9	100.4	100.8	100.1
成都	Chengdu	101.2	100.5	100.9	101.1	100.3	102.0	102.0	100.5	100.4	101.4	100.7	101.4
贵阳	Guiyang	101.5	101.2	100.9	101.2	101.0	100.7	101.3	100.2	98.8	100.1	99.3	99.4
昆明	Kunming	100.8	101.2	100.0	101.3	100.7	100.4	101.1	100.1	101.6	102.3	100.7	99.5
西安	Xi'an	101.6	101.2	101.0	100.7	102.5	101.4	101.3	99.8	100.1	101.1	100.3	100.4
兰州	Lanzhou	100.8	100.6	100.1	99.9	100.0	100.0	100.2	100.1	100.7	100.3	100.7	100.6
西宁	Xining	100.3	102.0	100.3	100.5	100.1	101.6	100.0	100.7	101.2	103.1	101.5	101.2
银川	Yinchuan	100.6	100.2	100.3	101.1	100.0	101.2	99.6	102.1	101.2	100.8	101.8	101.6
乌鲁木齐	Urumqi	99.7	100.7	100.9	99.8	99.4	100.9	99.9	99.6	100.8	99.7	99.4	100.7

4-3-4 续表 Continued

(以上月价格为100) (Last Month=100)

城 市	City	1月	2月	3月	4月	5月	6月	7月	8月	9月	10月	11月	12月
唐 山	Tangshan	100.5	101.4	100.9	100.6	100.9	100.9	100.4	101.8	101.2	102.1	102.1	100.8
秦皇岛	Qinhuangdao	101.9	101.0	100.9	101.8	100.1	100.8	101.0	100.8	100.0	100.7	100.5	101.0
包 头	Baotou	100.2	101.0	101.1	101.0	100.0	99.9	99.8	101.0	100.1	100.7	99.9	100.6
丹 东	Dandong	100.7	100.7	101.3	101.3	99.7	99.9	100.6	99.7	100.9	100.6	100.6	99.9
锦 州	Jinzhou	101.4	100.2	101.2	100.3	100.9	99.9	99.9	99.9	101.8	101.2	102.2	100.9
吉 林	Jilin	101.9	100.6	100.5	100.5	100.9	100.1	100.4	101.3	100.6	100.4	100.1	100.2
牡丹江	Mudanjiang	101.9	100.5	100.1	101.8	101.6	99.7	101.7	100.8	99.7	100.1	99.1	100.0
无 锡	Wuxi	100.3	99.1	101.1	100.1	101.1	101.2	100.7	100.8	101.6	101.0	100.4	100.8
扬 州	Yangzhou	100.1	100.4	101.7	100.1	100.9	100.6	101.1	101.6	101.3	99.8	101.7	101.5
徐 州	Xuzhou	101.4	101.0	99.9	101.4	100.1	100.0	101.0	100.8	100.4	101.1	100.5	101.0
温 州	Wenzhou	99.7	99.9	101.5	99.9	100.1	100.2	99.8	100.6	101.2	101.1	100.6	100.1
金 华	Jinhua	101.2	100.1	99.6	101.1	101.9	101.0	101.9	100.5	100.2	99.4	101.2	100.0
蚌 埠	Bengbu	100.0	98.9	100.1	100.6	101.0	100.6	100.8	99.3	100.0	100.0	99.6	100.1
安 庆	Anqing	100.2	100.2	100.2	101.2	101.0	99.9	100.0	99.0	100.6	100.7	99.5	99.1
泉 州	Quanzhou	99.4	99.4	100.6	100.9	99.7	99.7	100.5	99.9	100.7	100.8	100.3	100.3
九 江	Jiujiang	100.8	100.4	100.4	100.1	100.0	100.4	100.0	100.7	101.5	101.6	101.0	101.4
赣 州	Ganzhou	100.5	100.7	99.5	100.4	99.7	100.2	101.2	99.6	101.1	100.4	99.7	101.0
烟 台	Yantai	100.6	100.6	100.2	100.5	100.6	100.3	101.6	100.7	102.1	100.9	100.3	100.8
济 宁	Jining	100.8	100.6	100.6	100.2	100.9	101.1	100.5	101.1	101.3	100.4	100.5	99.8
洛 阳	Luoyang	101.4	100.9	99.7	100.4	101.1	103.5	100.3	100.5	102.7	101.3	100.5	100.6
平顶山	Pingdingshan	100.0	100.7	101.5	100.4	101.2	100.6	100.8	100.0	99.2	100.6	101.4	100.4
宜 昌	Yichang	101.3	100.9	100.1	100.5	100.4	99.5	100.5	99.6	99.5	99.7	99.7	99.3
襄 阳	Xiangyang	100.2	100.5	100.9	101.1	100.2	100.2	100.8	100.4	101.3	101.6	101.0	100.7
岳 阳	Yueyang	99.3	98.7	100.3	100.1	100.0	101.0	100.4	99.9	99.3	99.7	100.1	100.0
常 德	Changde	101.1	99.7	101.1	100.6	100.9	100.1	99.4	100.8	100.6	100.4	99.8	100.0
惠 州	Huizhou	99.1	99.7	100.3	100.6	100.6	100.3	100.0	100.6	99.9	100.2	101.0	101.4
湛 江	Zhanjiang	100.2	100.7	100.8	101.3	99.4	100.5	101.2	99.2	99.6	101.3	99.6	100.3
韶 关	Shaoguan	99.6	100.5	99.3	99.9	101.4	100.4	101.1	98.1	99.3	99.6	100.5	99.8
桂 林	Guilin	101.0	101.2	100.0	99.5	101.4	102.1	100.4	100.6	101.7	99.5	100.3	99.4
北 海	Beihai	100.3	100.3	100.4	100.9	100.1	100.7	100.2	101.5	100.7	100.5	100.6	101.0
三 亚	Sanya	100.3	100.0	100.2	100.9	100.9	100.8	100.8	99.9	100.4	100.2	100.2	101.4
泸 州	Luzhou	101.3	99.4	99.9	100.5	99.5	99.6	99.5	99.7	100.7	99.1	99.9	99.9
南 充	Nanchong	99.8	99.7	102.0	100.6	101.0	99.3	99.3	100.1	101.7	100.7	99.2	99.6
遵 义	Zunyi	100.5	101.7	100.4	100.2	99.5	99.8	100.7	100.2	100.3	99.9	98.6	100.5
大 理	Dali	102.0	101.9	101.4	100.8	101.4	102.0	101.4	100.3	100.6	100.5	100.7	100.5

4-3-5 2019年70个大中城市二手住宅销售价格指数
Housing Price Indices of Second-Hand Residential Buildings in 70 Large and Medium-Sized Cities 2019

(以上月价格为100) (Last Month=100)

城市	City	1月	2月	3月	4月	5月	6月	7月	8月	9月	10月	11月	12月
北京	Beijing	99.9	100.2	100.4	100.6	100.0	100.0	99.7	99.6	99.5	99.4	99.6	100.6
天津	Tianjin	100.3	100.5	100.0	100.9	100.4	100.0	99.6	99.5	99.9	99.5	99.9	99.5
石家庄	Shijiazhuang	100.5	100.7	100.5	100.3	100.5	100.2	99.8	100.1	99.5	99.7	99.8	99.7
太原	Taiyuan	100.3	100.4	100.1	101.2	100.7	100.3	101.1	100.3	100.6	99.7	99.6	99.7
呼和浩特	Hohhot	101.3	101.4	100.9	101.5	101.8	101.3	100.7	100.5	100.7	100.5	100.0	99.7
沈阳	Shenyang	100.7	100.9	100.7	100.8	100.6	100.8	100.6	101.5	100.8	100.5	101.3	100.6
大连	Dalian	100.0	100.6	101.1	100.8	101.0	100.5	100.2	100.5	100.1	100.0	100.0	100.1
长春	Changchun	100.4	100.2	101.1	101.0	100.6	100.5	100.5	100.7	100.9	100.4	100.4	100.5
哈尔滨	Harbin	100.3	100.4	100.4	101.0	100.8	100.7	100.8	101.2	101.5	101.8	101.5	100.8
上海	Shanghai	100.0	99.9	100.3	100.5	100.1	99.9	100.4	100.0	100.6	99.8	100.0	99.8
南京	Nanjing	100.0	100.2	100.8	100.2	100.1	100.2	100.9	100.8	101.6	100.3	100.2	100.0
杭州	Hangzhou	100.1	100.0	100.7	100.9	101.3	100.4	100.1	99.9	99.8	99.9	100.0	100.2
宁波	Ningbo	99.9	100.1	100.7	100.7	101.0	100.8	101.4	101.4	100.8	100.6	100.3	100.0
合肥	Hefei	100.4	100.0	100.2	100.6	100.2	100.2	101.0	100.4	100.1	100.0	99.8	100.4
福州	Fuzhou	99.6	100.2	100.5	100.5	100.6	99.9	100.0	99.1	100.0	101.5	100.8	101.0
厦门	Xiamen	100.5	100.3	101.6	101.3	100.4	100.3	101.3	100.1	99.9	99.6	99.8	100.8
南昌	Nanchang	99.9	100.4	100.6	100.5	100.3	99.7	99.7	100.1	100.2	99.7	99.7	100.6
济南	Jinan	100.6	100.4	100.5	99.7	99.8	99.8	99.9	99.1	99.7	99.3	99.4	99.7
青岛	Qingdao	100.0	99.7	99.7	99.8	99.6	99.4	99.4	99.6	99.3	99.4	99.2	99.5
郑州	Zhengzhou	99.8	99.7	99.8	100.2	100.1	99.6	99.9	99.7	99.6	99.8	99.4	99.3
武汉	Wuhan	100.4	100.0	100.1	99.8	99.7	99.7	99.8	100.5	99.2	99.7	99.8	99.9
长沙	Changsha	99.8	100.0	99.9	100.3	99.8	99.9	99.8	99.9	99.7	99.8	99.9	99.9
广州	Guangzhou	99.7	99.8	99.5	99.6	99.7	100.0	100.4	100.0	99.7	99.9	99.8	100.0
深圳	Shenzhen	99.7	100.5	100.7	101.1	100.0	99.9	100.7	100.2	101.3	101.0	101.4	101.0
南宁	Nanning	101.4	101.2	100.9	101.4	101.2	100.7	100.6	100.5	100.7	100.1	100.2	100.4
海口	Haikou	100.1	100.0	99.8	100.9	99.7	100.0	99.9	99.4	99.3	100.2	99.6	99.7
重庆	Chongqing	100.4	100.3	100.1	100.8	100.3	100.6	100.2	99.6	99.4	99.8	100.5	99.7
成都	Chengdu	100.0	100.5	99.9	99.8	100.5	100.1	100.8	99.1	99.6	100.0	99.8	100.4
贵阳	Guiyang	100.4	100.3	99.9	100.2	100.5	99.6	99.8	99.5	99.4	99.6	99.5	99.3
昆明	Kunming	100.4	100.7	100.3	100.1	100.8	100.7	100.5	101.0	100.8	100.3	100.6	100.1
西安	Xi'an	99.9	99.8	101.2	100.9	100.6	100.6	100.1	100.0	99.4	99.3	99.2	99.4
兰州	Lanzhou	100.2	100.2	101.0	100.2	101.2	100.5	100.6	100.9	100.6	100.9	100.6	100.5
西宁	Xining	100.1	101.1	101.7	102.0	101.1	100.8	101.2	100.9	101.1	100.8	101.0	100.4
银川	Yinchuan	100.2	100.3	101.0	100.3	100.3	100.6	100.8	101.5	100.7	100.5	100.9	100.4
乌鲁木齐	Urumqi	100.4	100.8	99.7	101.3	100.7	100.7	99.8	99.0	100.0	100.5	99.5	99.7

4-3-5 续表 Continued

(以上月价格为100) (Last Month=100)

城市	City	1月	2月	3月	4月	5月	6月	7月	8月	9月	10月	11月	12月
唐山	Tangshan	100.2	100.2	101.2	101.5	101.0	101.1	100.6	101.8	102.6	101.3	101.8	101.1
秦皇岛	Qinhuangdao	100.5	100.7	101.2	101.5	100.7	100.9	100.5	101.2	100.6	100.6	100.8	100.2
包头	Baotou	100.0	100.6	100.7	100.7	100.5	100.8	101.3	100.4	100.3	99.4	100.5	100.5
丹东	Dandong	101.0	100.8	100.6	100.8	101.0	100.7	100.4	100.5	100.8	100.6	101.0	100.9
锦州	Jinzhou	100.0	100.2	100.1	100.3	100.0	99.8	100.9	100.2	101.0	99.9	100.5	100.1
吉林	Jilin	100.3	100.3	101.2	100.8	100.4	100.2	99.9	100.6	101.3	101.4	100.6	100.8
牡丹江	Mudanjiang	100.5	100.8	100.0	100.4	100.0	99.9	99.8	99.6	99.4	99.8	99.5	100.3
无锡	Wuxi	99.7	99.9	100.3	100.3	101.1	101.4	101.3	101.7	101.2	101.0	100.3	100.2
扬州	Yangzhou	100.1	100.3	100.2	100.7	100.2	100.8	100.5	100.6	100.3	100.2	100.4	100.5
徐州	Xuzhou	100.8	99.9	100.6	100.0	100.4	100.7	100.2	100.6	100.9	100.6	100.4	99.9
温州	Wenzhou	100.1	100.2	100.2	100.8	100.4	100.3	99.9	100.6	100.7	100.0	100.6	99.7
金华	Jinhua	99.9	99.9	100.2	100.4	100.4	100.7	100.6	100.3	99.6	99.8	99.5	100.1
蚌埠	Bengbu	100.0	100.1	100.5	100.5	100.4	100.7	100.9	100.8	100.3	99.6	100.3	100.2
安庆	Anqing	99.8	99.9	100.0	99.2	99.9	99.7	99.7	99.1	99.6	99.8	99.8	99.7
泉州	Quanzhou	99.8	99.9	100.4	100.0	100.2	100.2	100.5	100.6	99.8	100.2	100.3	100.1
九江	Jiujiang	100.1	100.2	100.4	100.6	100.6	100.4	100.6	100.4	101.0	101.0	100.5	100.9
赣州	Ganzhou	100.6	100.4	100.5	100.4	100.3	100.2	100.4	100.3	100.5	100.4	100.8	100.7
烟台	Yantai	100.6	100.3	100.9	100.8	101.0	100.8	100.8	100.6	100.2	99.7	99.6	99.1
济宁	Jining	100.6	100.5	100.6	100.9	100.6	100.5	100.7	101.1	101.0	100.6	100.4	100.6
洛阳	Luoyang	100.0	100.0	99.8	101.1	100.8	100.9	101.5	100.6	102.0	100.5	100.7	100.8
平顶山	Pingdingshan	100.8	100.7	100.2	100.7	100.5	100.4	100.4	100.0	100.8	100.7	100.7	101.0
宜昌	Yichang	100.2	100.1	100.1	99.9	99.9	99.2	99.7	99.0	99.6	99.6	99.8	99.7
襄阳	Xiangyang	100.6	100.9	100.8	101.0	100.8	100.6	100.4	100.3	100.1	100.3	99.7	99.9
岳阳	Yueyang	99.8	99.9	100.1	100.0	100.5	100.0	100.4	99.4	99.7	99.3	99.4	100.0
常德	Changde	100.0	100.0	100.2	99.8	99.8	99.5	100.2	99.9	99.7	99.7	100.0	99.5
惠州	Huizhou	100.0	99.9	100.3	100.2	100.1	100.1	100.7	100.8	100.1	99.9	100.3	100.5
湛江	Zhanjiang	99.5	99.9	100.2	99.8	99.8	99.7	100.0	100.0	99.5	99.9	99.6	99.4
韶关	Shaoguan	100.5	100.1	100.2	100.3	100.2	100.3	100.7	100.4	99.4	99.6	99.1	100.1
桂林	Guilin	100.1	100.0	100.9	100.6	100.5	100.5	100.3	100.6	100.6	100.8	99.8	99.7
北海	Beihai	99.7	100.5	101.0	100.6	100.5	99.8	100.4	100.4	99.3	99.9	99.6	99.9
三亚	Sanya	100.7	100.7	100.9	100.9	100.2	99.3	99.6	99.3	99.5	99.4	99.8	100.0
泸州	Luzhou	99.8	100.0	100.1	99.5	100.1	99.5	99.9	100.0	100.7	99.9	99.8	100.6
南充	Nanchong	100.1	99.9	99.5	99.8	100.3	100.7	100.2	100.0	100.2	99.7	99.6	100.0
遵义	Zunyi	100.0	100.3	100.1	99.9	99.8	99.8	99.4	99.8	99.4	99.5	99.7	99.6
大理	Dali	101.6	101.3	101.8	100.8	101.1	100.6	100.8	100.5	101.0	100.4	100.5	100.6

4-3-6 2019年70个大中城市90㎡及以下二手住宅销售价格指数

Housing Price Indices of 90㎡ and below Second-Hand Residential Buildings in 70 Large and Medium-Sized Cities 2019

(以上月价格为100) (Last Month=100)

城　市	City	1月	2月	3月	4月	5月	6月	7月	8月	9月	10月	11月	12月
北　京	Beijing	100.1	100.3	100.6	100.4	100.1	99.5	99.9	99.6	99.2	99.4	99.5	100.5
天　津	Tianjin	100.1	100.3	100.0	101.2	100.1	100.0	99.4	99.9	99.4	99.0	99.5	99.2
石家庄	Shijiazhuang	100.5	100.4	100.3	100.1	100.5	100.0	100.0	100.2	99.5	99.7	100.0	99.7
太　原	Taiyuan	100.6	100.1	99.7	101.9	101.0	100.3	101.2	100.1	100.9	99.2	99.9	99.9
呼和浩特	Hohhot	101.9	101.5	100.5	101.6	102.0	101.1	100.7	100.6	100.6	100.6	100.2	99.8
沈　阳	Shenyang	100.8	100.8	100.5	100.8	100.5	100.6	100.6	101.6	100.7	100.2	101.2	100.7
大　连	Dalian	100.5	100.7	101.2	101.0	100.6	100.9	100.3	100.4	99.6	99.7	100.1	99.9
长　春	Changchun	100.2	100.0	101.2	100.7	100.5	100.5	100.5	100.8	101.3	100.5	100.5	100.6
哈尔滨	Harbin	100.2	100.3	100.3	101.1	100.5	100.5	100.0	101.3	101.3	101.8	100.8	101.7
上　海	Shanghai	99.9	99.5	100.5	100.8	100.4	99.8	100.3	100.2	100.5	99.9	99.8	100.0
南　京	Nanjing	100.3	100.3	100.8	100.1	100.2	100.0	100.8	100.8	101.5	100.2	100.1	99.9
杭　州	Hangzhou	100.1	100.3	101.0	101.0	101.3	100.7	100.0	99.7	99.8	99.8	99.9	100.4
宁　波	Ningbo	99.9	100.2	100.8	100.8	101.0	101.2	101.2	101.7	101.0	100.8	100.5	100.1
合　肥	Hefei	100.4	99.9	101.0	101.1	100.0	100.4	100.7	100.2	100.4	99.7	99.7	100.3
福　州	Fuzhou	99.5	100.0	100.7	100.6	100.7	100.1	99.9	99.1	100.1	102.2	100.8	100.9
厦　门	Xiamen	100.4	100.4	101.7	101.5	100.7	100.1	100.9	99.8	99.6	99.4	100.1	101.0
南　昌	Nanchang	100.1	100.6	100.2	100.7	100.2	99.1	99.6	100.5	99.8	99.7	99.8	100.3
济　南	Jinan	100.8	100.4	100.7	99.9	100.2	100.0	100.1	98.5	99.2	99.5	99.4	99.5
青　岛	Qingdao	99.6	99.2	99.6	99.8	99.5	99.3	99.4	99.7	99.9	99.4	99.8	100.0
郑　州	Zhengzhou	99.8	99.6	99.8	100.0	99.9	99.2	100.1	100.0	99.2	99.2	99.3	99.5
武　汉	Wuhan	100.1	100.0	100.1	100.1	99.8	100.3	99.8	100.7	99.4	99.5	100.5	100.2
长　沙	Changsha	100.0	100.2	99.9	100.1	100.0	99.3	99.3	99.9	99.8	99.8	99.7	99.8
广　州	Guangzhou	99.4	99.5	99.3	99.8	99.8	99.7	100.4	100.2	99.8	99.9	99.7	99.9
深　圳	Shenzhen	99.5	100.6	100.6	100.9	100.4	100.0	100.9	100.3	101.4	101.2	101.6	101.1
南　宁	Nanning	102.0	101.3	101.2	101.6	102.0	100.9	100.8	100.4	100.7	100.0	100.1	99.8
海　口	Haikou	100.1	100.0	99.8	101.0	99.3	99.8	99.5	99.3	99.3	100.1	99.6	99.7
重　庆	Chongqing	100.0	100.3	100.4	101.0	100.0	100.3	100.3	99.8	99.5	99.8	100.4	99.7
成　都	Chengdu	99.8	100.4	99.9	100.0	100.7	99.8	100.9	99.9	99.3	100.3	100.0	100.3
贵　阳	Guiyang	100.2	100.5	99.9	99.9	100.4	99.5	99.8	98.6	99.4	99.5	99.5	99.4
昆　明	Kunming	100.4	100.7	100.4	100.7	101.0	100.3	100.7	100.6	100.5	100.3	100.4	99.7
西　安	Xi'an	100.0	99.8	101.3	100.7	100.4	100.6	100.2	100.2	99.8	100.0	99.7	99.3
兰　州	Lanzhou	99.9	100.1	100.9	100.2	100.5	99.8	100.8	100.0	100.3	101.2	101.0	100.5
西　宁	Xining	100.4	101.0	101.3	101.9	101.5	100.4	100.6	100.5	101.0	100.1	101.1	100.9
银　川	Yinchuan	100.0	100.2	101.1	100.2	100.6	100.5	100.4	101.4	100.8	100.3	100.8	100.2
乌鲁木齐	Urumqi	100.2	100.9	99.6	101.1	100.6	100.9	100.4	99.0	99.9	100.4	99.2	99.9

4-3-6 续表 Continued

(以上月价格为100) (Last Month=100)

城 市	City	1月	2月	3月	4月	5月	6月	7月	8月	9月	10月	11月	12月
唐 山	Tangshan	100.1	100.1	101.4	101.5	101.0	100.9	100.7	102.2	102.6	101.2	101.8	101.1
秦皇岛	Qinhuangdao	100.7	100.6	101.0	101.8	100.8	100.7	100.1	100.6	100.3	100.5	100.8	100.0
包 头	Baotou	100.5	100.8	100.7	100.6	100.8	101.3	101.6	100.4	100.2	99.3	100.4	100.1
丹 东	Dandong	101.1	101.0	100.6	100.7	101.2	100.5	100.2	100.4	101.0	100.7	101.2	100.9
锦 州	Jinzhou	100.1	100.6	100.3	100.1	100.1	99.7	100.8	100.4	101.0	99.1	100.3	100.3
吉 林	Jilin	100.3	100.3	101.4	100.9	100.5	100.1	99.9	100.4	101.4	101.2	100.7	100.7
牡丹江	Mudanjiang	100.7	100.5	100.0	100.4	99.9	99.9	99.9	99.7	99.2	100.0	99.5	100.5
无 锡	Wuxi	99.4	100.2	100.5	100.4	101.8	101.3	101.3	101.3	101.0	100.7	100.3	100.1
扬 州	Yangzhou	100.0	100.3	100.3	101.3	100.4	100.4	100.6	100.1	100.4	100.2	100.4	100.4
徐 州	Xuzhou	100.7	99.8	100.9	99.9	100.5	100.4	100.0	100.4	101.5	100.9	100.5	100.0
温 州	Wenzhou	100.6	100.8	100.4	101.7	101.0	100.6	100.1	100.4	100.9	100.4	100.2	100.4
金 华	Jinhua	100.0	99.8	100.2	100.6	100.3	101.0	100.8	100.1	100.1	100.0	99.4	100.4
蚌 埠	Bengbu	100.1	100.1	100.5	100.5	100.8	100.7	100.8	100.8	100.0	99.8	100.6	100.1
安 庆	Anqing	99.8	99.9	100.0	99.3	99.4	99.6	99.6	98.8	99.8	99.9	100.0	99.8
泉 州	Quanzhou	100.1	99.9	100.0	99.9	100.5	99.8	100.9	100.1	99.5	100.1	99.9	100.6
九 江	Jiujiang	99.8	100.1	100.5	100.4	100.5	100.7	100.7	100.4	100.6	101.0	100.6	100.9
赣 州	Ganzhou	101.1	100.9	99.8	100.3	100.5	100.0	100.8	100.3	100.1	100.8	100.9	100.6
烟 台	Yantai	100.5	100.6	100.7	100.7	100.5	100.9	101.3	100.1	100.0	99.8	99.6	99.0
济 宁	Jining	100.5	100.4	100.8	100.8	100.9	100.3	100.7	100.2	101.9	100.2	100.4	100.1
洛 阳	Luoyang	99.7	99.9	100.5	100.8	101.0	101.0	101.8	101.4	102.3	100.9	100.6	100.6
平顶山	Pingdingshan	100.8	100.5	100.2	100.6	100.3	100.6	100.1	100.4	100.6	100.9	101.0	100.6
宜 昌	Yichang	100.3	100.1	100.1	100.0	100.1	99.1	99.9	99.6	99.5	99.6	99.9	99.4
襄 阳	Xiangyang	100.7	100.7	100.9	100.6	100.9	100.8	100.4	100.4	100.3	100.7	99.4	99.9
岳 阳	Yueyang	99.8	99.9	100.0	99.9	100.2	100.2	100.1	100.1	99.8	99.6	99.3	100.1
常 德	Changde	100.0	99.9	100.0	99.8	99.7	99.6	100.8	99.8	100.4	99.2	99.3	99.6
惠 州	Huizhou	100.0	100.0	100.4	100.1	100.2	100.2	100.3	100.6	100.1	100.3	100.3	100.3
湛 江	Zhanjiang	99.6	99.9	99.8	100.3	99.3	99.5	99.7	98.8	99.6	99.9	99.8	99.3
韶 关	Shaoguan	99.9	99.7	99.8	100.8	99.8	99.7	100.2	100.4	99.4	99.4	99.5	99.5
桂 林	Guilin	100.2	99.9	100.9	100.5	100.1	100.5	100.8	100.7	101.0	100.3	99.9	99.8
北 海	Beihai	99.6	100.4	101.2	100.7	100.3	99.8	100.3	100.4	99.1	99.9	99.8	99.9
三 亚	Sanya	101.0	101.2	101.0	101.2	100.4	99.1	99.6	99.0	99.0	99.3	99.8	100.0
泸 州	Luzhou	99.9	100.1	99.6	100.1	100.0	99.7	100.0	100.6	101.0	99.4	100.1	100.7
南 充	Nanchong	100.2	99.6	99.5	99.0	100.4	100.8	100.2	100.3	100.3	99.1	99.6	100.3
遵 义	Zunyi	100.1	100.3	100.0	99.7	99.4	100.2	99.4	99.8	99.5	99.5	99.7	99.3
大 理	Dali	101.6	101.3	101.6	100.7	100.7	100.6	100.8	100.5	100.8	100.2	100.6	100.6

4-3-7　2019年70个大中城市90㎡~144㎡二手住宅销售价格指数
Housing Price Indices of 90㎡~144㎡ Second-Hand Residential Buildings in 70 Large and Medium-Sized Cities 2019

(以上月价格为100)　　(Last Month=100)

城　市	City	1月	2月	3月	4月	5月	6月	7月	8月	9月	10月	11月	12月
北　京	Beijing	99.8	100.1	100.3	100.6	99.6	100.5	99.9	99.4	100.0	99.7	99.6	100.5
天　津	Tianjin	100.4	100.8	100.0	100.5	100.9	100.0	99.9	99.1	100.4	100.0	100.3	99.5
石家庄	Shijiazhuang	100.5	100.9	100.4	100.3	100.3	100.3	99.6	100.0	99.5	99.8	99.6	99.9
太　原	Taiyuan	100.1	100.3	100.3	100.7	100.5	100.4	101.5	100.6	100.4	99.8	99.4	99.4
呼和浩特	Hohhot	100.9	101.2	101.4	101.5	101.5	101.1	101.1	100.4	100.5	100.7	99.8	99.8
沈　阳	Shenyang	100.6	101.0	101.2	100.9	100.7	101.5	100.7	101.4	101.2	101.0	101.4	100.3
大　连	Dalian	99.4	100.6	101.0	100.5	101.5	100.0	100.0	100.5	100.5	100.5	100.1	100.7
长　春	Changchun	100.6	100.3	100.9	101.4	100.3	100.4	100.4	100.5	100.6	100.4	100.3	100.3
哈尔滨	Harbin	100.5	100.4	100.6	101.0	101.2	100.7	101.2	101.5	101.3	101.9	102.0	100.2
上　海	Shanghai	99.8	100.9	100.0	100.2	100.2	100.1	100.7	99.8	100.6	100.1	99.8	99.6
南　京	Nanjing	99.9	100.0	100.7	100.2	99.7	100.5	101.0	100.6	101.7	100.7	100.1	100.2
杭　州	Hangzhou	100.2	99.8	100.7	100.9	101.2	100.4	100.2	100.1	99.6	99.8	99.9	100.0
宁　波	Ningbo	99.8	100.0	100.6	100.8	101.3	100.7	101.5	101.3	100.7	100.6	100.2	100.0
合　肥	Hefei	100.5	100.3	99.6	100.5	100.3	100.3	101.1	100.4	99.9	100.0	99.9	100.5
福　州	Fuzhou	99.7	100.2	100.6	100.3	100.8	99.3	100.0	99.1	99.6	101.4	100.7	101.3
厦　门	Xiamen	100.5	100.3	101.7	101.3	99.8	100.7	101.3	100.2	100.0	99.6	99.5	100.6
南　昌	Nanchang	99.9	100.4	100.9	100.1	100.5	100.1	100.0	99.7	100.5	99.6	99.5	101.3
济　南	Jinan	100.3	100.5	100.3	99.3	99.4	99.8	99.7	99.5	100.1	99.1	99.3	99.9
青　岛	Qingdao	100.4	100.4	99.8	100.0	99.9	99.1	99.3	99.2	98.4	99.3	98.5	99.1
郑　州	Zhengzhou	99.8	99.7	99.7	100.3	100.2	99.7	99.8	99.3	100.1	100.4	99.7	98.8
武　汉	Wuhan	100.4	99.8	99.7	99.4	99.5	99.1	100.0	100.5	98.7	100.0	99.2	99.8
长　沙	Changsha	99.8	99.9	100.0	100.3	100.1	100.2	99.7	100.0	99.5	100.0	99.9	100.2
广　州	Guangzhou	100.0	100.2	99.6	99.4	99.6	100.3	100.6	99.9	99.6	100.0	99.9	100.1
深　圳	Shenzhen	99.8	100.0	100.6	100.9	99.4	99.8	100.3	100.0	101.1	100.7	101.4	101.0
南　宁	Nanning	101.2	101.2	101.0	101.6	100.5	100.5	100.6	100.0	100.7	100.2	100.3	101.0
海　口	Haikou	100.0	100.0	99.8	100.9	100.3	100.3	100.3	99.7	99.3	100.3	99.7	99.7
重　庆	Chongqing	100.6	100.2	99.8	100.6	100.2	100.9	100.1	99.8	99.3	99.9	100.4	99.8
成　都	Chengdu	100.1	100.3	99.8	99.8	100.3	100.2	100.7	98.8	99.9	99.9	99.7	100.6
贵　阳	Guiyang	100.5	100.4	99.9	100.1	100.6	99.3	100.0	100.0	99.4	99.5	99.6	99.1
昆　明	Kunming	100.5	100.9	99.9	99.8	101.1	100.9	100.4	101.3	101.0	100.0	100.7	99.8
西　安	Xi'an	99.8	99.9	101.3	100.7	100.2	100.2	100.0	99.6	99.1	99.1	98.7	99.4
兰　州	Lanzhou	100.6	100.2	100.9	100.2	102.0	101.1	100.4	101.5	100.6	100.9	100.6	100.6
西　宁	Xining	100.1	101.2	101.9	102.0	101.1	100.8	101.5	101.3	101.1	101.2	101.1	100.1
银　川	Yinchuan	100.5	100.3	100.9	100.4	100.0	100.5	101.0	101.5	100.6	100.7	100.9	100.6
乌鲁木齐	Urumqi	100.7	100.6	99.7	101.4	101.0	100.3	99.5	98.9	100.2	100.5	99.9	99.4

4-3-7 续表 Continued

(以上月价格为100) (Last Month=100)

城 市	City	1月	2月	3月	4月	5月	6月	7月	8月	9月	10月	11月	12月
唐 山	Tangshan	100.5	100.4	100.8	101.7	101.0	101.5	100.6	101.3	102.7	101.5	102.0	101.1
秦皇岛	Qinhuangdao	100.5	100.9	101.5	101.4	100.5	101.0	100.8	101.6	100.9	100.6	100.9	100.4
包 头	Baotou	99.7	100.5	100.8	100.8	100.4	100.3	101.1	100.3	100.3	99.5	100.5	101.0
丹 东	Dandong	100.9	100.7	100.8	101.1	100.4	100.6	100.6	100.8	100.6	100.3	101.0	101.0
锦 州	Jinzhou	100.0	99.8	99.9	100.3	99.9	100.0	100.9	100.0	101.0	101.0	100.7	99.9
吉 林	Jilin	100.3	100.3	100.9	100.7	100.3	100.4	99.8	100.9	101.0	101.5	100.5	100.8
牡丹江	Mudanjiang	100.0	101.7	100.2	100.6	100.5	99.7	99.6	99.5	99.7	99.3	99.8	99.8
无 锡	Wuxi	99.9	100.0	100.2	100.5	100.8	101.3	101.3	101.7	101.1	101.2	100.1	100.3
扬 州	Yangzhou	100.1	100.3	100.1	100.0	100.0	101.2	100.6	101.0	100.1	100.3	100.5	100.5
徐 州	Xuzhou	100.8	99.9	100.4	100.2	100.6	100.9	100.2	100.6	100.8	100.4	100.3	99.8
温 州	Wenzhou	100.0	99.9	100.2	100.7	100.3	100.3	99.8	100.9	100.4	100.1	100.8	99.3
金 华	Jinhua	100.0	100.0	100.3	100.3	100.5	100.5	100.4	100.6	99.4	99.8	99.8	99.6
蚌 埠	Bengbu	99.9	100.0	100.5	100.4	99.9	100.7	101.1	100.7	100.6	99.4	99.9	100.4
安 庆	Anqing	99.7	99.8	100.0	99.1	100.5	99.8	99.8	99.4	99.3	99.8	99.6	99.6
泉 州	Quanzhou	99.5	99.8	100.9	100.2	100.3	100.3	100.5	100.4	99.9	99.8	100.5	100.0
九 江	Jiujiang	100.4	100.3	100.4	100.7	100.6	100.1	100.7	100.5	101.5	100.8	100.3	101.0
赣 州	Ganzhou	100.3	100.2	100.6	100.5	100.3	100.4	100.2	100.2	100.8	100.1	101.1	100.3
烟 台	Yantai	100.8	100.0	101.1	100.8	101.6	100.7	100.0	100.8	100.6	99.7	99.6	99.2
济 宁	Jining	100.7	100.6	100.6	101.2	100.5	100.5	100.6	101.8	100.2	100.8	100.1	101.0
洛 阳	Luoyang	100.0	100.1	99.5	100.9	100.8	100.9	101.4	100.0	101.4	100.3	101.1	100.9
平顶山	Pingdingshan	100.7	100.7	100.6	100.6	100.9	100.4	100.5	99.9	100.9	101.0	100.5	101.5
宜 昌	Yichang	100.2	100.1	100.1	99.8	99.9	99.3	99.7	98.7	99.6	99.6	99.8	99.8
襄 阳	Xiangyang	100.5	100.9	100.8	101.3	100.7	100.6	100.3	100.2	99.9	99.9	99.8	100.0
岳 阳	Yueyang	99.8	100.0	100.1	100.1	100.8	100.0	100.6	99.1	99.5	98.9	99.5	100.0
常 德	Changde	100.0	100.0	100.4	99.9	99.8	99.4	99.6	100.1	99.2	100.4	100.6	99.4
惠 州	Huizhou	100.0	99.9	100.2	100.3	100.1	100.0	101.0	100.8	100.1	99.8	100.2	100.5
湛 江	Zhanjiang	99.5	99.9	100.2	99.2	100.0	99.8	100.2	101.1	99.5	100.1	99.3	99.3
韶 关	Shaoguan	100.8	100.3	100.4	100.0	100.1	100.8	101.0	100.3	99.4	99.3	99.1	100.4
桂 林	Guilin	99.9	100.1	100.8	100.5	101.0	100.5	100.0	100.4	100.6	101.1	99.7	99.9
北 海	Beihai	100.0	100.6	100.7	100.5	100.9	100.0	100.8	100.4	99.9	100.0	99.5	99.9
三 亚	Sanya	100.2	100.6	100.3	100.9	100.0	99.6	99.7	99.0	99.5	99.4	99.7	99.7
泸 州	Luzhou	99.7	100.1	100.4	99.3	100.0	99.3	99.8	99.7	100.6	100.2	99.6	100.7
南 充	Nanchong	100.0	100.2	99.5	100.6	100.2	100.7	100.1	99.8	99.9	100.2	99.5	99.9
遵 义	Zunyi	100.0	100.4	100.1	99.9	100.2	99.7	99.5	99.7	99.2	99.6	99.6	99.8
大 理	Dali	101.6	101.3	102.0	100.4	101.5	100.1	101.2	100.4	101.0	100.9	100.6	100.8

4-3-8 2019年70个大中城市144㎡以上二手住宅销售价格指数

Housing Price Indices of Above 144㎡ Second-Hand Residential Buildings in 70 Large and Medium-Sized Cities 2019

(以上月价格为100) (Last Month=100)

城市	City	1月	2月	3月	4月	5月	6月	7月	8月	9月	10月	11月	12月
北京	Beijing	99.7	99.9	100.2	101.1	100.4	100.6	98.8	99.8	99.7	99.0	99.7	101.0
天津	Tianjin	100.5	100.5	100.2	101.0	100.3	100.2	99.1	99.5	100.0	99.3	100.2	100.0
石家庄	Shijiazhuang	100.3	100.8	101.7	100.7	100.9	100.2	99.5	100.3	99.3	99.7	99.8	99.5
太原	Taiyuan	100.1	100.9	100.4	100.8	100.3	100.0	100.5	100.4	100.4	100.4	99.3	99.5
呼和浩特	Hohhot	100.4	101.8	101.2	101.0	101.7	102.2	100.0	100.3	101.3	99.7	100.2	99.1
沈阳	Shenyang	100.0	101.0	100.7	100.8	101.0	100.9	100.0	101.6	101.0	100.9	101.3	100.0
大连	Dalian	99.6	100.7	100.9	100.7	100.9	100.1	100.6	100.5	101.2	100.0	99.7	99.4
长春	Changchun	100.6	100.5	101.1	100.9	101.8	100.1	100.1	100.6	100.4	100.2	100.1	100.3
哈尔滨	Harbin	100.3	100.8	100.3	100.4	100.4	101.1	101.3	100.2	102.2	101.5	101.7	100.3
上海	Shanghai	100.7	99.4	100.5	100.2	99.1	99.7	100.1	99.7	100.8	99.3	100.5	99.7
南京	Nanjing	99.6	100.8	101.2	100.2	101.1	100.1	101.0	101.1	101.5	99.8	100.4	99.7
杭州	Hangzhou	99.8	99.5	100.2	100.4	101.3	100.0	100.1	100.0	99.8	100.2	100.1	99.8
宁波	Ningbo	99.9	100.0	100.5	100.2	100.1	100.4	101.4	101.1	100.9	100.3	100.0	100.0
合肥	Hefei	100.6	99.5	100.3	99.6	100.1	99.8	101.3	100.7	99.8	100.5	99.5	100.4
福州	Fuzhou	99.7	100.3	100.2	100.7	100.2	100.5	100.0	98.9	100.4	101.1	100.8	100.7
厦门	Xiamen	100.5	100.2	101.2	100.9	101.1	99.8	102.0	100.4	100.2	100.0	99.9	100.9
南昌	Nanchang	99.6	99.5	101.0	100.6	99.8	100.6	98.9	100.6	100.3	99.9	100.1	99.8
济南	Jinan	100.7	100.5	100.4	100.0	99.9	99.0	100.0	99.7	100.4	99.6	99.5	99.7
青岛	Qingdao	100.2	99.3	99.6	99.2	98.8	100.3	100.0	100.0	99.9	99.5	99.4	99.3
郑州	Zhengzhou	100.0	99.8	99.9	100.2	100.2	100.5	99.4	99.8	99.6	99.9	99.2	99.8
武汉	Wuhan	100.8	100.2	101.1	100.2	99.9	99.9	99.4	100.0	99.9	99.6	100.0	99.7
长沙	Changsha	99.7	99.9	99.9	100.4	99.3	99.9	100.5	99.9	99.9	99.7	100.0	99.7
广州	Guangzhou	99.8	99.7	99.3	99.5	99.8	100.1	100.1	100.1	99.5	99.3	100.0	99.6
深圳	Shenzhen	100.2	101.2	101.0	101.6	100.2	99.9	100.6	100.1	101.5	101.3	101.1	100.8
南宁	Nanning	100.9	101.0	100.4	100.7	101.0	100.7	100.1	101.6	100.8	100.0	100.4	100.5
海口	Haikou	100.3	99.9	99.9	100.1	99.7	100.1	100.1	98.4	98.9	100.3	99.5	100.1
重庆	Chongqing	100.9	100.6	99.9	101.2	101.3	100.7	99.9	98.4	99.1	99.5	100.9	99.8
成都	Chengdu	100.2	101.0	100.1	99.4	100.4	100.5	100.8	97.7	99.8	99.5	99.5	100.5
贵阳	Guiyang	100.4	100.0	100.0	100.6	100.7	100.3	99.2	99.3	99.2	100.0	99.1	99.7
昆明	Kunming	100.2	100.4	100.8	99.7	99.9	100.8	100.4	101.2	100.7	100.6	100.7	101.1
西安	Xi'an	99.8	99.8	100.6	101.5	101.8	101.4	100.3	100.4	99.7	98.8	99.5	99.7
兰州	Lanzhou	100.2	100.2	101.3	100.4	101.1	100.7	100.7	101.3	100.9	100.3	--	100.6
西宁	Xining	99.8	101.3	101.5	101.8	100.8	101.5	100.9	100.1	101.2	100.6	100.9	100.4
银川	Yinchuan	100.0	100.1	101.4	100.6	99.8	101.0	101.1	101.3	100.4	100.6	101.0	100.4
乌鲁木齐	Urumqi	100.3	100.7	99.5	102.2	100.5	101.5	99.0	99.3	99.4	101.0	99.3	99.9

4-3-8 续表 Continued

(以上月价格为100) (Last Month=100)

城 市	City	1月	2月	3月	4月	5月	6月	7月	8月	9月	10月	11月	12月
唐 山	Tangshan	99.9	99.9	100.9	101.1	100.7	100.9	100.0	101.2	102.6	101.2	101.5	101.3
秦皇岛	Qinhuangdao	100.0	100.0	100.4	100.8	100.8	100.8	100.9	101.2	100.0	101.1	100.0	100.0
包 头	Baotou	99.8	100.7	100.7	100.7	99.8	101.1	100.8	100.6	100.3	99.3	101.0	--
丹 东	Dandong	100.6	100.1	100.0	100.6	101.6	101.8	101.0	100.4	100.7	100.7	100.3	100.4
锦 州	Jinzhou	99.3	99.6	99.8	101.3	99.8	99.9	101.0	99.7	100.4	100.3	100.3	99.7
吉 林	Jilin	100.2	100.2	101.1	100.7	100.1	100.2	99.7	100.4	101.6	101.6	100.6	101.3
牡丹江	Mudanjiang	101.0	100.1	99.8	100.3	100.2	99.7	100.0	99.3	99.7	100.0	99.4	100.0
无 锡	Wuxi	99.6	99.0	100.1	99.7	100.2	102.2	101.1	102.4	101.9	101.1	101.0	99.9
扬 州	Yangzhou	100.9	100.4	100.0	100.8	100.5	100.0	99.1	101.5	101.1	99.7	100.4	101.5
徐 州	Xuzhou	100.7	100.0	100.5	99.7	99.3	100.8	100.8	101.3	99.8	100.3	100.3	99.7
温 州	Wenzhou	99.7	100.0	100.0	100.0	99.9	100.2	99.9	100.3	100.6	99.6	100.9	99.4
金 华	Jinhua	99.8	99.8	100.0	100.3	100.6	100.6	100.6	100.2	99.2	99.5	99.4	100.1
蚌 埠	Bengbu	99.9	100.0	100.0	100.5	99.9	100.9	99.9	101.1	100.2	98.9	100.1	100.5
安 庆	Anqing	99.8	99.8	99.9	99.0	100.1	100.1	100.1	99.4	99.7	99.3	99.8	99.7
泉 州	Quanzhou	100.1	100.1	100.0	99.8	99.4	100.6	100.1	101.6	100.0	100.8	100.6	99.5
九 江	Jiujiang	100.4	100.3	100.2	100.7	101.2	100.9	99.6	100.2	101.0	101.4	100.9	100.8
赣 州	Ganzhou	100.5	100.4	100.7	100.1	100.3	99.8	100.6	100.5	100.4	100.5	100.0	101.5
烟 台	Yantai	100.4	100.1	101.4	101.2	101.0	101.2	100.9	101.9	100.1	99.5	99.5	99.5
济 宁	Jining	100.5	100.2	100.1	100.2	100.2	101.0	101.0	100.7	101.3	100.9	101.2	100.7
洛 阳	Luoyang	100.3	99.9	99.7	101.9	100.3	100.6	101.5	100.8	102.6	100.4	100.3	100.8
平顶山	Pingdingshan	100.9	101.0	99.8	100.8	100.2	100.3	100.6	99.6	101.1	100.1	100.7	100.7
宜 昌	Yichang	100.1	100.2	100.0	100.1	99.5	99.4	99.6	98.5	99.9	99.4	99.4	99.7
襄 阳	Xiangyang	100.5	101.1	100.7	100.8	100.6	100.3	100.5	100.4	100.4	100.9	99.6	99.6
岳 阳	Yueyang	99.7	99.9	100.0	100.1	100.1	99.9	100.6	98.7	100.0	99.6	99.2	99.7
常 德	Changde	100.1	100.0	100.6	99.8	100.1	99.5	100.5	99.3	99.6	99.2	100.5	99.4
惠 州	Huizhou	100.1	100.0	100.6	100.0	100.3	100.1	100.8	100.8	99.9	99.8	100.8	100.6
湛 江	Zhanjiang	99.6	99.8	101.0	100.1	100.8	100.0	100.4	99.8	99.6	99.6	99.7	99.8
韶 关	Shaoguan	100.8	100.4	100.2	100.3	100.7	100.1	100.9	100.4	99.6	100.4	98.7	100.2
桂 林	Guilin	100.0	100.0	101.2	101.1	100.3	100.4	99.8	100.6	99.7	101.6	99.9	99.1
北 海	Beihai	99.8	101.4	100.8	100.6	100.1	99.1	99.5	99.9	98.9	100.1	99.5	100.0
三 亚	Sanya	101.1	100.1	101.6	100.3	100.3	99.2	99.5	100.2	100.3	99.5	99.8	100.4
泸 州	Luzhou	99.3	99.2	99.3	99.7	101.2	100.0	99.8	100.2	100.0	100.1	100.1	100.2
南 充	Nanchong	99.9	99.2	98.9	99.1	100.4	100.2	100.8	99.6	101.2	100.4	99.5	99.7
遵 义	Zunyi	100.0	99.9	100.0	100.0	99.6	99.0	99.0	99.7	99.8	99.0	99.8	99.6
大 理	Dali	101.8	101.2	101.8	101.3	101.4	101.1	100.2	100.9	101.4	100.0	100.4	100.4

4-4-1　2019年北京市商品住宅销售价格指数

Beijing Commercial Housing Price Indices of Residential Buildings for 2019

项　目　Item		1月	2月	3月	4月	5月	6月	7月	8月	9月	10月	11月	12月
定基价格指数	**新建商品住宅销售价格指数**	**138.9**	**138.6**	**139.1**	**139.8**	**140.7**	**140.6**	**141.4**	**142.1**	**142.0**	**141.8**	**144.1**	**144.6**
	一、90㎡及以下	125.1	124.9	125.0	125.6	126.0	126.0	126.4	126.7	126.5	126.0	127.0	127.8
	二、90㎡-144㎡	141.6	141.5	141.6	142.1	142.5	142.5	143.3	143.2	143.4	142.9	144.5	145.2
	三、144㎡以上	147.2	146.7	147.9	148.6	150.2	150.0	151.3	152.8	152.7	152.8	156.9	157.1
	二手住宅销售价格指数	**145.2**	**145.4**	**146.0**	**146.9**	**146.9**	**146.9**	**146.5**	**145.9**	**145.2**	**144.3**	**143.7**	**144.6**
	一、90㎡及以下	146.3	146.6	147.5	148.1	148.3	147.6	147.5	146.9	145.7	144.8	144.1	144.8
	二、90㎡-144㎡	143.2	143.3	143.8	144.6	144.1	144.8	144.6	143.7	143.7	143.3	142.8	143.6
	三、144㎡以上	145.8	145.7	146.0	147.6	148.1	149.0	147.2	146.8	146.4	144.9	144.4	145.8
同比价格指数	**新建商品住宅销售价格指数**	**102.8**	**102.9**	**103.2**	**103.5**	**103.9**	**103.9**	**104.3**	**104.8**	**104.7**	**104.3**	**105.4**	**104.8**
	一、90㎡及以下	101.9	101.8	101.9	102.2	102.5	102.4	102.5	102.8	102.7	102.0	102.4	102.3
	二、90㎡-144㎡	101.7	101.9	101.9	101.9	101.8	102.0	102.4	102.3	102.3	101.7	102.7	102.4
	三、144㎡以上	104.2	104.5	105.1	105.6	106.7	106.4	107.0	108.1	108.0	108.0	109.7	108.4
	二手住宅销售价格指数	**98.6**	**99.3**	**99.9**	**100.6**	**100.2**	**100.1**	**99.5**	**99.1**	**98.8**	**98.5**	**98.7**	**99.5**
	一、90㎡及以下	99.4	100.2	100.9	101.4	101.0	100.3	99.7	99.4	98.8	98.3	98.4	99.1
	二、90㎡-144㎡	97.9	98.5	99.0	99.6	99.0	99.5	99.1	98.6	98.8	98.9	99.2	100.1
	三、144㎡以上	97.9	98.4	98.9	100.0	100.3	100.9	99.4	99.2	99.1	98.3	98.7	99.8
环比价格指数	**新建商品住宅销售价格指数**	**100.6**	**99.8**	**100.4**	**100.5**	**100.6**	**99.9**	**100.6**	**100.5**	**100.0**	**99.8**	**101.7**	**100.4**
	一、90㎡及以下	100.1	99.8	100.1	100.5	100.4	100.0	100.3	100.3	99.9	99.6	100.8	100.6
	二、90㎡-144㎡	99.9	99.9	100.1	100.4	100.3	100.0	100.6	99.9	100.1	99.7	101.1	100.5
	三、144㎡以上	101.5	99.6	100.8	100.5	101.1	99.9	100.8	101.0	99.9	100.1	102.7	100.1
	二手住宅销售价格指数	**99.9**	**100.2**	**100.4**	**100.6**	**100.0**	**100.0**	**99.7**	**99.6**	**99.5**	**99.4**	**99.6**	**100.6**
	一、90㎡及以下	100.1	100.3	100.6	100.4	100.1	99.5	99.9	99.6	99.2	99.4	99.5	100.5
	二、90㎡-144㎡	99.8	100.1	100.3	100.6	99.6	100.5	99.9	99.4	100.0	99.7	99.6	100.5
	三、144㎡以上	99.7	99.9	100.2	101.1	100.4	100.6	98.8	99.8	99.7	99.0	99.7	101.0

注：表4-4-1至4-4-70，定基价格指数以2015年价格为100，同比价格指数以上年同月价格为100，环比价格指数以上月价格为100。

Note: Table 4-4-1 to 4-4-70, Fixed base price index:2015=100; year-on-year price index: Same month of preceding year=100; Month-on-month price index: Last month=100.

4-4-2　2019年天津市商品住宅销售价格指数
Tianjin Commercial Housing Price Indices of Residential Buildings for 2019

项　目　Item		1月	2月	3月	4月	5月	6月	7月	8月	9月	10月	11月	12月
定基价格指数	**新建商品住宅销售价格指数**	**130.7**	**131.1**	**131.6**	**132.5**	**132.8**	**133.3**	**132.9**	**133.1**	**133.3**	**132.8**	**132.8**	**132.6**
	一、90m²及以下	137.8	138.7	139.2	139.8	140.2	140.6	140.1	139.9	140.1	139.1	139.1	138.6
	二、90m²-144m²	130.0	130.3	131.0	132.0	132.1	132.5	132.3	132.6	132.6	132.4	132.1	131.6
	三、144m²以上	126.8	127.3	127.2	128.4	128.9	129.5	128.9	129.1	129.8	129.1	129.5	130.4
	二手住宅销售价格指数	**134.6**	**135.4**	**135.4**	**136.6**	**137.2**	**137.2**	**136.6**	**136.0**	**135.8**	**135.1**	**135.0**	**134.3**
	一、90m²及以下	137.3	137.7	137.8	139.4	139.5	139.4	138.6	138.5	137.7	136.3	135.6	134.6
	二、90m²-144m²	134.5	135.5	135.5	136.2	137.4	137.5	137.3	136.1	136.6	136.7	137.1	136.5
	三、144m²以上	127.1	127.8	128.1	129.4	129.7	130.0	128.8	128.2	128.2	127.3	127.6	127.7
同比价格指数	**新建商品住宅销售价格指数**	**101.1**	**101.4**	**101.8**	**102.4**	**102.1**	**102.2**	**101.9**	**101.8**	**101.7**	**101.3**	**101.6**	**101.4**
	一、90m²及以下	101.8	102.2	102.1	102.4	102.2	102.3	101.5	101.6	101.7	100.5	101.0	100.7
	二、90m²-144m²	100.9	101.2	101.8	102.4	102.0	101.8	101.8	101.9	101.7	101.6	101.6	101.2
	三、144m²以上	100.9	101.2	101.3	102.3	102.2	102.7	102.3	101.9	101.7	101.4	101.9	102.2
	二手住宅销售价格指数	**105.6**	**105.5**	**105.4**	**104.5**	**103.5**	**102.1**	**101.9**	**100.5**	**100.5**	**100.1**	**100.4**	**100.0**
	一、90m²及以下	105.9	105.2	105.1	105.2	103.4	100.8	100.5	100.1	99.0	98.3	98.2	98.1
	二、90m²-144m²	105.2	105.5	105.3	103.5	103.4	102.3	102.7	100.4	101.6	101.8	102.4	101.9
	三、144m²以上	106.1	106.4	106.6	105.2	104.2	105.7	104.0	102.5	102.3	100.8	101.6	100.9
环比价格指数	**新建商品住宅销售价格指数**	**99.9**	**100.4**	**100.3**	**100.7**	**100.2**	**100.4**	**99.7**	**100.1**	**100.2**	**99.6**	**100.0**	**99.9**
	一、90m²及以下	100.1	100.7	100.4	100.4	100.3	100.3	99.7	99.9	100.1	99.3	100.0	99.6
	二、90m²-144m²	100.0	100.2	100.5	100.7	100.1	100.4	99.8	100.2	100.0	99.9	99.8	99.6
	三、144m²以上	99.4	100.4	99.9	100.9	100.4	100.5	99.5	100.2	100.5	99.5	100.4	100.6
	二手住宅销售价格指数	**100.3**	**100.5**	**100.0**	**100.9**	**100.4**	**100.0**	**99.6**	**99.5**	**99.9**	**99.5**	**99.9**	**99.5**
	一、90m²及以下	100.1	100.3	100.0	101.2	100.1	100.0	99.4	99.9	99.4	99.0	99.5	99.2
	二、90m²-144m²	100.4	100.8	100.0	100.5	100.9	100.0	99.9	99.1	100.4	100.0	100.3	99.5
	三、144m²以上	100.5	100.5	100.2	101.0	100.3	100.2	99.1	99.5	100.0	99.3	100.2	100.0

4-4-3　2019年石家庄市商品住宅销售价格指数
Shijiazhuang Commercial Housing Price Indices of Residential Buildings for 2019

项　目　Item		1月	2月	3月	4月	5月	6月	7月	8月	9月	10月	11月	12月
定基价格指数	**新建商品住宅销售价格指数**	**143.0**	**144.6**	**146.5**	**147.2**	**148.9**	**150.4**	**150.5**	**152.6**	**154.0**	**154.7**	**154.6**	**155.7**
	一、90m²及以下	139.2	142.0	142.9	144.0	146.2	148.3	148.2	148.4	150.6	151.3	151.6	152.9
	二、90m²-144m²	144.5	145.7	147.7	148.4	150.6	152.0	152.0	154.8	155.7	156.8	156.9	157.9
	三、144m²以上	141.7	143.4	145.5	146.2	146.4	147.7	148.2	149.9	151.7	151.5	151.0	151.9
	二手住宅销售价格指数	**125.3**	**126.1**	**126.8**	**127.2**	**127.8**	**128.0**	**127.7**	**127.9**	**127.2**	**126.9**	**126.6**	**126.3**
	一、90m²及以下	126.1	126.6	127.0	127.1	127.7	127.7	127.7	128.0	127.4	127.0	127.0	126.6
	二、90m²-144m²	124.8	125.9	126.4	126.8	127.2	127.6	127.2	127.1	126.5	126.2	125.8	125.6
	三、144m²以上	124.1	125.1	127.2	128.1	129.3	129.5	128.9	129.4	128.5	128.1	127.8	127.2
同比价格指数	**新建商品住宅销售价格指数**	**115.5**	**116.6**	**117.3**	**117.6**	**117.5**	**118.3**	**116.0**	**116.6**	**116.3**	**113.1**	**111.5**	**109.5**
	一、90m²及以下	115.2	116.7	117.1	118.2	118.4	119.7	117.0	116.4	117.0	114.3	113.2	110.7
	二、90m²-144m²	115.6	116.5	117.0	117.1	117.3	118.2	116.0	116.8	116.1	113.0	111.6	109.5
	三、144m²以上	115.3	116.5	118.1	118.3	117.3	117.7	115.3	116.0	116.2	112.4	110.2	108.5
	二手住宅销售价格指数	**105.5**	**105.9**	**106.4**	**106.4**	**105.7**	**105.1**	**103.3**	**102.3**	**101.5**	**101.5**	**101.5**	**101.3**
	一、90m²及以下	104.0	104.3	104.6	104.5	104.0	103.4	101.8	101.2	100.6	100.9	101.3	100.9
	二、90m²-144m²	105.8	106.5	106.9	106.5	105.3	104.9	103.2	101.9	101.4	101.1	101.1	101.1
	三、144m²以上	108.8	109.2	110.6	111.6	111.5	110.7	107.8	106.6	104.7	104.1	103.3	102.8
环比价格指数	**新建商品住宅销售价格指数**	**100.6**	**101.1**	**101.3**	**100.5**	**101.2**	**101.0**	**100.0**	**101.4**	**100.9**	**100.5**	**100.0**	**100.7**
	一、90m²及以下	100.8	102.0	100.6	100.8	101.5	101.4	99.9	100.1	101.5	100.4	100.2	100.9
	二、90m²-144m²	100.3	100.8	101.4	100.4	101.5	101.0	100.0	101.9	100.6	100.7	100.0	100.7
	三、144m²以上	101.3	101.2	101.5	100.5	100.1	100.9	100.3	101.2	101.2	99.9	99.7	100.6
	二手住宅销售价格指数	**100.5**	**100.7**	**100.5**	**100.3**	**100.5**	**100.2**	**99.8**	**100.1**	**99.5**	**99.7**	**99.8**	**99.7**
	一、90m²及以下	100.5	100.4	100.3	100.1	100.5	100.0	100.0	100.2	99.5	99.7	100.0	99.7
	二、90m²-144m²	100.5	100.9	100.4	100.3	100.3	100.3	99.6	100.0	99.5	99.8	99.6	99.9
	三、144m²以上	100.3	100.8	101.7	100.7	100.9	100.2	99.5	100.3	99.3	99.7	99.8	99.5

4-4-4　2019年太原市商品住宅销售价格指数
Taiyuan Commercial Housing Price Indices of Residential Buildings for 2019

项　目　Item		1月	2月	3月	4月	5月	6月	7月	8月	9月	10月	11月	12月
定基价格指数	**新建商品住宅销售价格指数**	**125.6**	**126.6**	**127.3**	**128.1**	**128.6**	**129.3**	**129.4**	**130.5**	**131.1**	**131.0**	**131.2**	**130.1**
	一、90m²及以下	129.6	131.0	132.1	133.2	133.9	135.3	135.7	137.1	137.5	137.2	137.2	136.7
	二、90m²-144m²	126.5	127.9	128.4	128.7	129.3	130.0	130.2	131.3	131.7	131.9	132.1	130.5
	三、144m²以上	123.0	123.4	124.1	125.5	125.7	126.2	126.2	127.3	127.9	127.8	127.8	127.4
	二手住宅销售价格指数	**124.9**	**125.4**	**125.5**	**127.0**	**127.8**	**128.2**	**129.6**	**130.1**	**130.9**	**130.5**	**129.9**	**129.5**
	一、90m²及以下	125.8	126.0	125.7	128.0	129.2	129.6	131.2	131.3	132.5	131.5	131.3	131.2
	二、90m²-144m²	126.1	126.4	126.8	127.7	128.3	128.8	130.7	131.4	131.9	131.7	130.9	130.2
	三、144m²以上	121.1	122.3	122.8	123.8	124.2	124.2	124.8	125.4	125.8	126.3	125.4	124.8
同比价格指数	**新建商品住宅销售价格指数**	**111.7**	**112.6**	**112.4**	**111.6**	**111.2**	**111.2**	**110.0**	**108.9**	**108.3**	**107.7**	**106.4**	**104.6**
	一、90m²及以下	113.2	114.5	115.2	114.9	114.6	114.7	113.6	112.8	111.2	110.1	108.8	107.1
	二、90m²-144m²	111.1	111.9	111.3	109.6	109.7	109.7	108.6	107.6	107.4	107.5	106.3	104.0
	三、144m²以上	112.0	112.9	113.1	113.3	112.3	112.1	110.9	109.5	108.5	107.2	105.7	104.5
	二手住宅销售价格指数	**109.2**	**109.8**	**108.2**	**108.2**	**107.9**	**107.6**	**107.6**	**107.0**	**106.5**	**106.0**	**104.5**	**104.0**
	一、90m²及以下	110.1	110.0	108.0	108.6	108.7	108.4	108.5	107.6	107.3	106.1	105.0	104.9
	二、90m²-144m²	108.5	109.4	108.5	107.4	106.9	106.5	106.7	106.3	105.8	105.7	104.1	103.4
	三、144m²以上	108.6	110.0	108.3	108.6	108.2	108.1	107.5	107.0	106.2	106.4	104.0	103.1
环比价格指数	**新建商品住宅销售价格指数**	**101.0**	**100.8**	**100.5**	**100.6**	**100.4**	**100.6**	**100.1**	**100.9**	**100.4**	**100.0**	**100.1**	**99.2**
	一、90m²及以下	101.6	101.0	100.8	100.8	100.6	101.0	100.3	101.0	100.3	99.8	99.9	99.6
	二、90m²-144m²	100.9	101.1	100.4	100.2	100.5	100.6	100.1	100.8	100.3	100.1	100.2	98.7
	三、144m²以上	100.8	100.3	100.5	101.1	100.1	100.4	100.0	100.9	100.5	99.9	100.0	99.7
	二手住宅销售价格指数	**100.3**	**100.4**	**100.1**	**101.2**	**100.7**	**100.3**	**101.1**	**100.3**	**100.6**	**99.7**	**99.6**	**99.7**
	一、90m²及以下	100.6	100.1	99.7	101.9	101.0	100.3	101.2	100.1	100.9	99.2	99.9	99.9
	二、90m²-144m²	100.1	100.3	100.3	100.7	100.5	100.4	101.5	100.6	100.4	99.8	99.4	99.4
	三、144m²以上	100.1	100.9	100.4	100.8	100.3	100.0	100.5	100.4	100.4	100.4	99.3	99.5

4-4-5 2019年呼和浩特市商品住宅销售价格指数
Hohhot Commercial Housing Price Indices of Residential Buildings for 2019

项 目 Item		1月	2月	3月	4月	5月	6月	7月	8月	9月	10月	11月	12月
定基价格指数	**新建商品住宅销售价格指数**	**131.8**	**132.9**	**133.3**	**134.0**	**135.1**	**137.4**	**138.6**	**141.6**	**143.5**	**146.9**	**149.2**	**150.6**
	一、90m²及以下	125.6	127.7	127.8	128.9	128.9	131.0	131.1	134.3	135.6	138.6	141.0	142.5
	二、90m²-144m²	132.8	133.7	134.1	134.5	135.6	137.8	139.0	141.2	142.8	146.2	148.1	150.1
	三、144m²以上	133.2	134.2	134.6	135.6	137.4	140.4	141.9	146.4	149.1	152.7	155.5	155.9
	二手住宅销售价格指数	**121.6**	**123.4**	**124.5**	**126.4**	**128.7**	**130.3**	**131.2**	**131.9**	**132.7**	**133.4**	**133.5**	**133.1**
	一、90m²及以下	122.0	123.8	124.4	126.4	129.0	130.4	131.3	132.1	132.9	133.7	133.9	133.6
	二、90m²-144m²	121.3	122.8	124.5	126.4	128.4	129.8	131.2	131.7	132.4	133.4	133.2	132.9
	三、144m²以上	121.2	123.4	124.9	126.1	128.3	131.1	131.0	131.4	133.0	132.7	132.9	131.8
同比价格指数	**新建商品住宅销售价格指数**	**122.6**	**123.0**	**122.8**	**122.3**	**121.4**	**122.2**	**120.3**	**119.5**	**117.8**	**118.7**	**117.1**	**115.9**
	一、90m²及以下	121.0	121.9	121.1	120.5	119.4	119.2	117.5	117.4	115.9	117.0	115.8	115.3
	二、90m²-144m²	122.4	122.8	122.8	122.1	120.6	121.6	119.6	117.9	115.9	116.9	115.0	114.2
	三、144m²以上	123.8	124.0	123.7	123.6	123.8	124.7	123.1	123.6	122.2	122.9	121.8	119.6
	二手住宅销售价格指数	**119.1**	**120.3**	**120.8**	**122.1**	**123.3**	**123.7**	**121.7**	**119.4**	**117.7**	**116.4**	**112.8**	**110.9**
	一、90m²及以下	119.6	120.7	120.6	122.0	123.5	123.6	121.7	119.6	117.9	116.9	113.6	111.6
	二、90m²-144m²	118.3	119.4	120.7	121.9	122.7	123.0	121.3	119.1	117.3	116.2	112.0	110.5
	三、144m²以上	119.6	121.2	122.3	123.0	124.2	125.9	123.0	119.6	118.2	115.5	112.2	109.1
环比价格指数	**新建商品住宅销售价格指数**	**101.5**	**100.8**	**100.3**	**100.5**	**100.8**	**101.8**	**100.8**	**102.2**	**101.3**	**102.4**	**101.5**	**100.9**
	一、90m²及以下	101.6	101.7	100.1	100.8	100.0	101.6	100.1	102.4	101.0	102.2	101.7	101.1
	二、90m²-144m²	101.0	100.6	100.4	100.3	100.8	101.6	100.9	101.6	101.1	102.4	101.3	101.3
	三、144m²以上	102.2	100.8	100.3	100.8	101.3	102.1	101.1	103.2	101.8	102.5	101.8	100.2
	二手住宅销售价格指数	**101.3**	**101.4**	**100.9**	**101.5**	**101.8**	**101.3**	**100.7**	**100.5**	**100.7**	**100.5**	**100.0**	**99.7**
	一、90m²及以下	101.9	101.5	100.5	101.6	102.0	101.1	100.7	100.6	100.6	100.6	100.2	99.8
	二、90m²-144m²	100.9	101.2	101.4	101.5	101.5	101.1	101.1	100.4	100.5	100.7	99.8	99.8
	三、144m²以上	100.4	101.8	101.2	101.0	101.7	102.2	100.0	100.3	101.3	99.7	100.2	99.1

4-4-6 2019年沈阳市商品住宅销售价格指数

Shenyang Commercial Housing Price Indices of Residential Buildings for 2019

项 目 Item		1月	2月	3月	4月	5月	6月	7月	8月	9月	10月	11月	12月
定基价格指数	**新建商品住宅销售价格指数**	**130.0**	**130.6**	**131.7**	**132.6**	**133.9**	**135.2**	**136.0**	**137.1**	**138.4**	**140.0**	**140.9**	**141.5**
	一、90m²及以下	131.2	131.8	132.3	133.0	134.2	135.1	135.7	136.5	137.8	139.2	140.4	141.1
	二、90m²-144m²	130.1	130.5	131.6	132.9	134.2	135.8	137.0	138.1	139.0	140.5	141.1	141.4
	三、144m²以上	127.6	128.6	130.8	131.4	132.9	134.4	135.2	136.8	138.7	140.8	141.5	142.5
	二手住宅销售价格指数	**118.4**	**119.4**	**120.2**	**121.2**	**121.9**	**122.9**	**123.7**	**125.6**	**126.6**	**127.2**	**128.8**	**129.5**
	一、90m²及以下	118.3	119.3	119.9	120.8	121.4	122.1	122.9	124.8	125.6	125.9	127.4	128.3
	二、90m²-144m²	119.0	120.2	121.6	122.7	123.6	125.5	126.3	128.1	129.6	130.8	132.7	133.1
	三、144m²以上	116.8	118.0	118.9	119.9	121.1	122.2	122.2	124.1	125.3	126.3	128.0	127.9
同比价格指数	**新建商品住宅销售价格指数**	**112.2**	**112.3**	**112.7**	**112.5**	**111.7**	**111.3**	**110.5**	**110.1**	**109.7**	**109.4**	**109.3**	**109.3**
	一、90m²及以下	110.9	110.9	110.6	110.5	109.8	109.3	108.2	108.0	107.9	107.4	107.6	107.5
	二、90m²-144m²	112.8	113.0	113.0	113.1	112.3	112.1	111.6	110.9	110.1	109.5	109.3	109.3
	三、144m²以上	113.7	114.4	116.2	115.8	114.6	113.8	113.2	112.9	112.9	112.9	112.3	112.5
	二手住宅销售价格指数	**108.4**	**109.2**	**109.8**	**110.4**	**110.4**	**109.8**	**109.0**	**109.7**	**109.4**	**109.6**	**110.1**	**110.1**
	一、90m²及以下	108.6	109.4	109.8	110.2	110.1	109.2	108.6	109.2	108.7	108.6	109.0	109.4
	二、90m²-144m²	108.0	108.8	110.0	110.8	111.2	111.3	110.3	111.2	111.4	112.1	113.0	112.5
	三、144m²以上	108.7	108.9	109.9	110.6	111.3	110.6	108.9	109.6	109.6	110.5	110.7	109.6
环比价格指数	**新建商品住宅销售价格指数**	**100.4**	**100.5**	**100.8**	**100.7**	**100.9**	**101.0**	**100.6**	**100.8**	**101.0**	**101.2**	**100.6**	**100.5**
	一、90m²及以下	100.0	100.4	100.4	100.6	100.8	100.7	100.5	100.6	100.9	101.0	100.9	100.5
	二、90m²-144m²	100.6	100.3	100.8	101.0	100.9	101.2	100.9	100.7	100.7	101.1	100.4	100.2
	三、144m²以上	100.8	100.8	101.7	100.5	101.1	101.2	100.6	101.2	101.4	101.5	100.5	100.7
	二手住宅销售价格指数	**100.7**	**100.9**	**100.7**	**100.8**	**100.6**	**100.8**	**100.6**	**101.5**	**100.8**	**100.5**	**101.3**	**100.6**
	一、90m²及以下	100.8	100.8	100.5	100.8	100.5	100.6	100.6	101.6	100.7	100.2	101.2	100.7
	二、90m²-144m²	100.6	101.0	101.2	100.9	100.7	101.5	100.7	101.4	101.2	101.0	101.4	100.3
	三、144m²以上	100.0	101.0	100.7	100.8	101.0	100.9	100.0	101.6	101.0	100.9	101.3	100.0

4-4-7　2019年大连市商品住宅销售价格指数
Dalian Commercial Housing Price Indices of Residential Buildings for 2019

项　目　Item		1月	2月	3月	4月	5月	6月	7月	8月	9月	10月	11月	12月
定基价格指数	**新建商品住宅销售价格指数**	**126.2**	**128.5**	**129.8**	**130.7**	**132.5**	**134.0**	**135.4**	**136.1**	**135.7**	**136.0**	**136.3**	**136.7**
	一、90㎡及以下	125.7	128.5	129.6	131.0	132.7	135.0	135.8	136.9	136.4	136.7	136.2	136.5
	二、90㎡-144㎡	130.0	131.8	133.3	133.9	135.7	136.8	139.3	139.9	139.6	139.8	140.5	140.8
	三、144㎡以上	119.9	122.2	123.5	124.0	126.2	127.2	127.2	127.7	127.0	127.9	128.6	129.3
	二手住宅销售价格指数	**115.9**	**116.7**	**118.0**	**118.9**	**120.1**	**120.7**	**120.9**	**121.5**	**121.6**	**121.6**	**121.6**	**121.8**
	一、90㎡及以下	115.4	116.2	117.6	118.8	119.6	120.6	120.9	121.4	121.0	120.6	120.7	120.5
	二、90㎡-144㎡	116.3	117.0	118.2	118.8	120.6	120.6	120.6	121.3	121.9	122.5	122.6	123.5
	三、144㎡以上	117.2	118.0	119.1	119.9	120.9	121.1	121.8	122.4	123.9	123.9	123.5	122.7
同比价格指数	**新建商品住宅销售价格指数**	**112.5**	**113.3**	**113.7**	**113.2**	**112.9**	**112.2**	**112.2**	**111.7**	**110.7**	**110.2**	**108.9**	**108.2**
	一、90㎡及以下	112.3	113.5	113.9	113.5	113.0	112.7	112.0	111.7	110.7	110.6	108.9	108.2
	二、90㎡-144㎡	112.9	113.5	113.7	113.1	112.8	111.7	113.0	112.6	111.4	110.4	109.4	108.4
	三、144㎡以上	112.1	112.9	113.4	112.8	113.1	112.3	110.8	109.8	109.2	108.9	107.7	107.8
	二手住宅销售价格指数	**107.9**	**108.0**	**108.8**	**109.1**	**109.3**	**108.7**	**108.0**	**107.2**	**106.4**	**106.2**	**105.2**	**105.1**
	一、90㎡及以下	107.7	108.1	109.1	109.7	109.4	109.3	108.8	108.2	106.8	105.9	105.2	104.9
	二、90㎡-144㎡	107.8	107.2	107.9	107.7	108.5	107.4	106.1	105.1	104.9	106.2	105.0	105.6
	三、144㎡以上	109.7	110.2	110.6	111.3	111.5	110.4	110.1	109.1	108.9	108.3	105.9	104.3
环比价格指数	**新建商品住宅销售价格指数**	**99.9**	**101.8**	**101.0**	**100.7**	**101.4**	**101.2**	**101.0**	**100.6**	**99.7**	**100.3**	**100.2**	**100.3**
	一、90㎡及以下	99.7	102.2	100.8	101.1	101.3	101.7	100.6	100.8	99.6	100.2	99.7	100.2
	二、90㎡-144㎡	100.2	101.3	101.2	100.4	101.3	100.8	101.8	100.4	99.8	100.1	100.5	100.2
	三、144㎡以上	100.0	101.9	101.0	100.4	101.8	100.8	100.0	100.4	99.5	100.7	100.6	100.5
	二手住宅销售价格指数	**100.0**	**100.6**	**101.1**	**100.8**	**101.0**	**100.5**	**100.2**	**100.5**	**100.1**	**100.0**	**100.0**	**100.1**
	一、90㎡及以下	100.5	100.7	101.2	101.0	100.6	100.9	100.3	100.4	99.6	99.7	100.1	99.9
	二、90㎡-144㎡	99.4	100.6	101.0	100.5	101.5	100.0	100.0	100.5	100.5	100.5	100.1	100.7
	三、144㎡以上	99.6	100.7	100.9	100.7	100.9	100.1	100.6	100.5	101.2	100.0	99.7	99.4

4-4-8 2019年长春市商品住宅销售价格指数
Changchun Commercial Housing Price Indices of Residential Buildings for 2019

项 目 Item		1月	2月	3月	4月	5月	6月	7月	8月	9月	10月	11月	12月
定基价格指数	**新建商品住宅销售价格指数**	**126.9**	**127.7**	**128.0**	**128.8**	**129.4**	**131.1**	**131.3**	**132.4**	**133.7**	**135.4**	**136.8**	**137.8**
	一、90m²及以下	132.3	133.1	134.0	134.9	135.8	137.5	138.5	140.0	141.2	142.5	143.7	144.8
	二、90m²-144m²	123.7	124.5	124.6	125.2	125.7	127.4	127.2	128.4	129.8	131.7	132.8	133.4
	三、144m²以上	125.2	126.3	126.2	126.9	127.4	128.8	128.8	129.5	130.9	132.8	134.5	136.0
	二手住宅销售价格指数	**117.6**	**117.8**	**119.1**	**120.3**	**121.0**	**121.6**	**122.1**	**122.9**	**124.1**	**124.6**	**125.1**	**125.7**
	一、90m²及以下	119.1	119.0	120.5	121.4	122.0	122.6	123.3	124.3	125.8	126.5	127.1	127.9
	二、90m²-144m²	116.4	116.8	117.9	119.6	120.0	120.5	121.0	121.6	122.4	122.8	123.2	123.6
	三、144m²以上	114.9	115.5	116.7	117.8	119.9	120.0	120.2	121.0	121.4	121.6	121.7	122.1
同比价格指数	**新建商品住宅销售价格指数**	**111.9**	**112.7**	**111.8**	**111.4**	**110.6**	**110.2**	**109.4**	**109.5**	**110.3**	**110.7**	**109.8**	**109.4**
	一、90m²及以下	112.0	112.5	112.1	111.4	110.5	109.8	109.6	109.9	110.3	110.5	110.3	110.4
	二、90m²-144m²	110.7	111.6	110.2	110.4	109.7	109.5	108.3	108.5	109.9	110.8	109.1	108.5
	三、144m²以上	113.5	114.6	114.0	113.1	112.2	111.7	110.9	110.5	111.1	111.0	110.1	109.7
	二手住宅销售价格指数	**110.0**	**110.0**	**110.6**	**111.0**	**110.5**	**108.9**	**108.9**	**108.5**	**108.7**	**108.0**	**107.4**	**107.3**
	一、90m²及以下	110.4	110.3	110.9	110.9	110.0	108.4	108.4	108.0	108.7	108.3	107.6	107.7
	二、90m²-144m²	110.0	110.0	110.6	111.5	111.1	109.6	109.7	109.1	108.7	107.7	107.3	106.8
	三、144m²以上	108.5	108.7	109.6	110.1	111.3	109.2	109.3	108.9	108.9	108.0	107.0	106.9
环比价格指数	**新建商品住宅销售价格指数**	**100.8**	**100.7**	**100.3**	**100.6**	**100.5**	**101.3**	**100.2**	**100.9**	**101.0**	**101.3**	**101.0**	**100.8**
	一、90m²及以下	100.9	100.6	100.7	100.6	100.7	101.3	100.7	101.1	100.8	100.9	100.9	100.8
	二、90m²-144m²	100.6	100.6	100.1	100.5	100.5	101.4	99.8	100.9	101.1	101.5	100.9	100.5
	三、144m²以上	101.0	100.8	100.0	100.6	100.4	101.1	100.0	100.6	101.0	101.5	101.3	101.2
	二手住宅销售价格指数	**100.4**	**100.2**	**101.1**	**101.0**	**100.6**	**100.5**	**100.5**	**100.7**	**100.9**	**100.4**	**100.4**	**100.5**
	一、90m²及以下	100.2	100.0	101.2	100.7	100.5	100.5	100.5	100.8	101.3	100.5	100.5	100.6
	二、90m²-144m²	100.6	100.3	100.9	101.4	100.3	100.4	100.4	100.5	100.6	100.4	100.3	100.3
	三、144m²以上	100.6	100.5	101.1	100.9	101.8	100.1	100.1	100.6	100.4	100.2	100.1	100.3

4-4-9 2019年哈尔滨市商品住宅销售价格指数
Harbin Commercial Housing Price Indices of Residential Buildings for 2019

项 目 Item		1月	2月	3月	4月	5月	6月	7月	8月	9月	10月	11月	12月
定基价格指数	**新建商品住宅销售价格指数**	**131.1**	**131.9**	**133.2**	**134.3**	**135.2**	**136.6**	**137.2**	**138.4**	**139.6**	**141.5**	**142.4**	**143.1**
	一、90m²及以下	129.4	130.2	131.5	132.0	133.2	135.3	135.2	136.5	137.5	139.3	139.8	140.5
	二、90m²-144m²	131.5	132.2	132.9	134.5	135.0	135.9	137.4	138.4	139.4	141.0	141.5	142.1
	三、144m²以上	131.9	133.1	135.2	136.4	137.6	139.3	138.8	140.2	142.1	144.8	146.6	147.4
	二手住宅销售价格指数	**121.2**	**121.7**	**122.3**	**123.4**	**124.4**	**125.2**	**126.2**	**127.7**	**129.6**	**131.9**	**133.8**	**134.8**
	一、90m²及以下	121.0	121.4	121.8	123.2	123.8	124.4	124.4	126.1	127.7	130.1	131.0	133.2
	二、90m²-144m²	120.1	120.6	121.3	122.5	124.0	124.8	126.4	128.2	129.8	132.3	135.0	135.2
	三、144m²以上	124.3	125.3	125.7	126.3	126.7	128.1	129.7	130.0	132.8	134.9	137.2	137.6
同比价格指数	**新建商品住宅销售价格指数**	**115.3**	**115.2**	**115.2**	**114.6**	**114.0**	**113.7**	**111.7**	**111.6**	**111.2**	**110.5**	**110.2**	**110.1**
	一、90m²及以下	114.6	114.1	114.2	113.4	113.0	113.4	110.8	111.2	110.6	109.3	108.8	109.1
	二、90m²-144m²	115.0	114.8	114.7	114.6	114.1	113.0	112.0	111.5	111.0	110.3	109.5	109.4
	三、144m²以上	116.7	116.9	117.2	115.9	114.8	115.2	112.1	112.2	112.3	112.1	112.7	112.2
	二手住宅销售价格指数	**111.0**	**111.0**	**110.4**	**110.5**	**110.5**	**110.2**	**108.9**	**108.6**	**108.9**	**110.3**	**111.4**	**111.6**
	一、90m²及以下	110.3	110.2	109.6	109.6	109.3	108.8	106.5	106.8	107.4	108.7	109.1	110.3
	二、90m²-144m²	110.4	110.4	110.0	110.6	111.2	110.8	110.3	109.8	109.8	111.6	113.3	113.0
	三、144m²以上	114.3	114.5	113.1	112.3	111.4	111.9	111.0	109.6	110.0	110.8	111.8	111.0
环比价格指数	**新建商品住宅销售价格指数**	**100.9**	**100.6**	**101.0**	**100.9**	**100.7**	**101.1**	**100.4**	**100.8**	**100.9**	**101.4**	**100.6**	**100.5**
	一、90m²及以下	100.5	100.6	101.0	100.4	101.0	101.6	99.9	100.9	100.7	101.3	100.3	100.6
	二、90m²-144m²	101.3	100.5	100.6	101.1	100.4	100.7	101.1	100.7	100.7	101.1	100.4	100.4
	三、144m²以上	100.4	100.8	101.6	100.9	100.9	101.2	99.6	101.0	101.4	101.9	101.3	100.5
	二手住宅销售价格指数	**100.3**	**100.4**	**100.4**	**101.0**	**100.8**	**100.7**	**100.8**	**101.2**	**101.5**	**101.8**	**101.5**	**100.8**
	一、90m²及以下	100.2	100.3	100.3	101.1	100.5	100.5	100.0	101.3	101.3	101.8	100.8	101.7
	二、90m²-144m²	100.5	100.4	100.6	101.0	101.2	100.7	101.2	101.5	101.3	101.9	102.0	100.2
	三、144m²以上	100.3	100.8	100.3	100.4	100.4	101.1	101.3	100.2	102.2	101.5	101.7	100.3

4-4-10 2019年上海市商品住宅销售价格指数
Shanghai Commercial Housing Price Indices of Residential Buildings for 2019

	项 目 Item	1月	2月	3月	4月	5月	6月	7月	8月	9月	10月	11月	12月
定基价格指数	**新建商品住宅销售价格指数**	**146.5**	**147.0**	**146.9**	**147.3**	**147.2**	**147.7**	**147.5**	**148.0**	**148.7**	**149.2**	**149.7**	**149.7**
	一、90m²及以下	148.8	149.2	150.0	150.2	150.1	150.2	150.2	151.6	152.0	153.1	153.1	153.1
	二、90m²-144m²	146.8	147.5	147.8	148.1	147.8	148.2	148.2	148.2	148.7	149.1	149.2	149.7
	三、144m²以上	145.5	145.9	145.0	145.7	145.8	146.3	145.9	146.6	147.5	148.0	148.9	148.5
	二手住宅销售价格指数	**137.5**	**137.4**	**137.9**	**138.5**	**138.6**	**138.5**	**139.1**	**139.0**	**139.8**	**139.6**	**139.5**	**139.3**
	一、90m²及以下	137.5	136.7	137.3	138.4	139.0	138.7	139.1	139.4	140.1	139.9	139.7	139.7
	二、90m²-144m²	136.6	137.8	137.9	138.1	138.3	138.5	139.6	139.3	140.1	140.3	140.0	139.5
	三、144m²以上	139.3	138.5	139.2	139.5	138.3	137.8	137.9	137.5	138.6	137.6	138.3	137.8
同比价格指数	**新建商品住宅销售价格指数**	**100.9**	**101.5**	**101.2**	**101.5**	**101.7**	**102.0**	**101.9**	**102.2**	**102.7**	**103.0**	**102.8**	**102.3**
	一、90m²及以下	100.5	100.5	101.0	101.4	101.5	101.1	101.2	102.4	102.9	103.6	103.0	102.7
	二、90m²-144m²	100.5	101.3	101.8	101.8	102.1	102.3	102.5	102.0	102.7	102.9	102.8	102.6
	三、144m²以上	101.4	101.9	100.6	101.4	101.4	102.0	101.6	102.2	102.7	103.0	102.7	101.8
	二手住宅销售价格指数	**97.2**	**97.5**	**98.4**	**99.0**	**99.4**	**99.7**	**100.2**	**100.3**	**101.0**	**101.1**	**101.2**	**101.3**
	一、90m²及以下	96.7	96.2	97.4	98.3	99.0	99.1	99.9	100.1	100.9	101.4	101.5	101.5
	二、90m²-144m²	97.1	98.5	99.2	99.6	100.3	100.6	100.8	100.8	101.3	101.5	101.5	101.9
	三、144m²以上	98.5	99.0	99.4	99.8	99.0	99.2	99.9	99.8	100.5	99.5	99.7	99.6
环比价格指数	**新建商品住宅销售价格指数**	**100.1**	**100.3**	**99.9**	**100.3**	**99.9**	**100.3**	**99.9**	**100.3**	**100.5**	**100.4**	**100.3**	**100.0**
	一、90m²及以下	99.8	100.3	100.5	100.1	99.9	100.1	100.0	101.0	100.2	100.7	100.1	100.0
	二、90m²-144m²	100.6	100.5	100.2	100.2	99.8	100.3	100.0	99.9	100.4	100.3	100.1	100.4
	三、144m²以上	99.7	100.3	99.4	100.5	100.1	100.4	99.7	100.5	100.6	100.3	100.6	99.7
	二手住宅销售价格指数	**100.0**	**99.9**	**100.3**	**100.5**	**100.1**	**99.9**	**100.4**	**100.0**	**100.6**	**99.8**	**100.0**	**99.8**
	一、90m²及以下	99.9	99.5	100.5	100.8	100.4	99.8	100.3	100.2	100.5	99.9	99.8	100.0
	二、90m²-144m²	99.8	100.9	100.0	100.2	100.2	100.1	100.7	99.8	100.6	100.1	99.8	99.6
	三、144m²以上	100.7	99.4	100.5	100.2	99.1	99.7	100.1	99.7	100.8	99.3	100.5	99.7

4-4-11 2019年南京市商品住宅销售价格指数
Nanjing Commercial Housing Price Indices of Residential Buildings for 2019

项 目 Item		1月	2月	3月	4月	5月	6月	7月	8月	9月	10月	11月	12月
定基价格指数	**新建商品住宅销售价格指数**	**148.6**	**148.6**	**148.7**	**149.5**	**150.7**	**150.8**	**152.5**	**152.2**	**153.3**	**153.6**	**153.5**	**153.4**
	一、90m²及以下	153.6	153.5	152.3	152.9	154.2	153.9	155.2	154.8	157.3	158.1	159.0	158.4
	二、90m²-144m²	148.6	148.7	149.1	149.6	151.1	150.8	152.2	151.9	152.8	153.3	152.5	152.7
	三、144m²以上	144.3	144.1	145.0	146.5	146.9	148.1	150.8	150.6	151.0	150.3	150.6	150.6
	二手住宅销售价格指数	**138.3**	**138.6**	**139.8**	**140.0**	**140.2**	**140.5**	**141.8**	**142.9**	**145.2**	**145.7**	**145.9**	**145.9**
	一、90m²及以下	128.9	129.3	130.3	130.4	130.7	130.7	131.7	132.7	134.8	135.0	135.2	135.0
	二、90m²-144m²	141.4	141.3	142.3	142.6	142.1	142.8	144.3	145.1	147.5	148.5	148.6	149.0
	三、144m²以上	150.5	151.7	153.6	153.9	155.5	155.7	157.3	159.1	161.5	161.2	161.8	161.4
同比价格指数	**新建商品住宅销售价格指数**	**101.7**	**101.8**	**102.3**	**103.0**	**104.0**	**104.3**	**105.7**	**105.4**	**105.8**	**105.7**	**104.0**	**104.1**
	一、90m²及以下	101.5	101.3	100.9	101.6	102.5	103.1	103.7	103.3	104.6	105.2	104.3	103.6
	二、90m²-144m²	102.1	102.1	102.9	103.4	104.5	104.4	105.6	105.4	105.7	105.8	103.7	103.7
	三、144m²以上	101.2	101.7	102.3	103.6	104.3	105.2	107.5	107.4	107.0	105.9	104.5	105.2
	二手住宅销售价格指数	**101.4**	**101.8**	**102.2**	**101.6**	**101.9**	**102.2**	**103.2**	**103.7**	**105.1**	**105.3**	**105.3**	**105.5**
	一、90m²及以下	98.6	98.9	99.4	99.3	99.9	100.8	102.1	102.9	104.5	104.5	104.9	105.0
	二、90m²-144m²	101.7	101.7	102.0	101.3	101.2	101.5	102.2	102.5	104.2	105.0	105.1	105.3
	三、144m²以上	106.2	107.5	107.8	106.7	107.4	106.4	107.6	107.9	108.4	107.6	106.5	106.8
环比价格指数	**新建商品住宅销售价格指数**	**100.8**	**100.0**	**100.1**	**100.5**	**100.8**	**100.1**	**101.2**	**99.8**	**100.8**	**100.2**	**99.9**	**100.0**
	一、90m²及以下	100.5	100.0	99.2	100.4	100.9	99.8	100.8	99.7	101.6	100.5	100.5	99.6
	二、90m²-144m²	100.9	100.1	100.3	100.3	101.0	99.8	101.0	99.8	100.6	100.3	99.5	100.1
	三、144m²以上	100.9	99.8	100.6	101.1	100.2	100.8	101.9	99.9	100.3	99.5	100.2	100.0
	二手住宅销售价格指数	**100.0**	**100.2**	**100.8**	**100.2**	**100.1**	**100.2**	**100.9**	**100.8**	**101.6**	**100.3**	**100.2**	**100.0**
	一、90m²及以下	100.3	100.3	100.8	100.1	100.2	100.0	100.8	100.8	101.5	100.2	100.1	99.9
	二、90m²-144m²	99.9	100.0	100.7	100.2	99.7	100.5	101.0	100.6	101.7	100.7	100.1	100.2
	三、144m²以上	99.6	100.8	101.2	100.2	101.1	100.1	101.0	101.1	101.5	99.8	100.4	99.7

4-4-12　2019年杭州市商品住宅销售价格指数
Hangzhou Commercial Housing Price Indices of Residential Buildings for 2019

项　目　Item		1月	2月	3月	4月	5月	6月	7月	8月	9月	10月	11月	12月
定基价格指数	**新建商品住宅销售价格指数**	**141.0**	**141.6**	**142.1**	**143.6**	**144.7**	**146.3**	**147.1**	**147.1**	**147.5**	**147.2**	**147.0**	**147.5**
	一、90m²及以下	146.7	148.1	148.6	150.7	151.6	153.1	154.6	154.8	155.3	155.2	155.2	155.7
	二、90m²-144m²	139.3	139.7	140.4	141.5	143.0	144.7	145.2	145.1	145.4	145.0	144.5	144.8
	三、144m²以上	135.9	136.0	136.3	137.3	138.3	140.0	140.2	140.2	140.4	140.0	140.0	140.5
	二手住宅销售价格指数	**140.4**	**140.3**	**141.3**	**142.5**	**144.3**	**145.0**	**145.1**	**144.9**	**144.6**	**144.4**	**144.3**	**144.6**
	一、90m²及以下	141.1	141.5	142.8	144.3	146.3	147.3	147.3	146.8	146.5	146.3	146.2	146.7
	二、90m²-144m²	141.7	141.5	142.4	143.7	145.4	146.0	146.2	146.4	145.8	145.4	145.3	145.4
	三、144m²以上	136.7	136.1	136.4	137.0	138.7	138.7	138.8	138.8	138.6	138.9	139.1	138.9
同比价格指数	**新建商品住宅销售价格指数**	**106.0**	**106.6**	**106.6**	**107.7**	**108.5**	**109.1**	**108.8**	**108.2**	**108.2**	**106.7**	**105.8**	**105.0**
	一、90m²及以下	106.7	107.7	107.5	108.9	109.6	110.1	110.0	109.4	109.7	108.2	107.7	106.5
	二、90m²-144m²	105.6	105.8	106.2	107.2	108.3	109.1	108.9	108.3	108.3	106.6	105.2	104.5
	三、144m²以上	105.6	105.9	105.9	106.5	107.3	107.8	107.3	106.4	106.2	104.9	104.1	103.7
	二手住宅销售价格指数	**104.5**	**104.0**	**104.0**	**104.1**	**104.5**	**104.1**	**103.2**	**102.4**	**102.1**	**102.4**	**102.9**	**103.0**
	一、90m²及以下	104.1	104.1	104.6	104.8	105.2	105.0	103.9	103.0	102.9	103.0	103.9	104.1
	二、90m²-144m²	104.9	104.1	103.8	104.0	104.1	103.8	103.0	102.3	102.0	102.2	102.7	102.7
	三、144m²以上	104.5	103.7	103.2	102.9	103.5	102.6	102.0	101.0	100.7	101.3	101.3	101.3
环比价格指数	**新建商品住宅销售价格指数**	**100.4**	**100.5**	**100.4**	**101.0**	**100.8**	**101.1**	**100.5**	**100.0**	**100.2**	**99.8**	**99.9**	**100.3**
	一、90m²及以下	100.3	100.9	100.4	101.4	100.6	101.0	101.0	100.1	100.3	99.9	100.0	100.3
	二、90m²-144m²	100.5	100.3	100.5	100.8	101.1	101.1	100.3	100.0	100.2	99.7	99.6	100.3
	三、144m²以上	100.3	100.1	100.2	100.8	100.7	101.2	100.1	100.0	100.1	99.8	100.0	100.4
	二手住宅销售价格指数	**100.1**	**100.0**	**100.7**	**100.9**	**101.3**	**100.4**	**100.1**	**99.9**	**99.8**	**99.9**	**100.0**	**100.2**
	一、90m²及以下	100.1	100.3	101.0	101.0	101.3	100.7	100.0	99.7	99.8	99.8	99.9	100.4
	二、90m²-144m²	100.2	99.8	100.7	100.9	101.2	100.4	100.2	100.1	99.6	99.8	99.9	100.0
	三、144m²以上	99.8	99.5	100.2	100.4	101.3	100.0	100.1	100.0	99.8	100.2	100.1	99.8

4-4-13 2019年宁波市商品住宅销售价格指数
Ningbo Commercial Housing Price Indices of Residential Buildings for 2019

项 目 Item		1月	2月	3月	4月	5月	6月	7月	8月	9月	10月	11月	12月
定基价格指数	**新建商品住宅销售价格指数**	**129.1**	**129.9**	**131.4**	**132.1**	**133.6**	**134.8**	**135.7**	**137.2**	**137.9**	**138.3**	**138.3**	**138.8**
	一、90m²及以下	136.7	137.4	138.6	139.0	140.2	140.9	141.2	142.9	143.8	144.4	144.3	145.6
	二、90m²-144m²	128.6	130.0	131.5	132.4	133.8	135.4	136.8	138.1	138.7	139.3	139.4	140.1
	三、144m²以上	126.6	126.7	128.3	129.1	130.8	131.4	132.0	133.6	134.4	134.5	134.5	134.2
	二手住宅销售价格指数	**123.5**	**123.6**	**124.4**	**125.3**	**126.4**	**127.5**	**129.3**	**131.1**	**132.2**	**133.0**	**133.4**	**133.5**
	一、90m²及以下	123.9	124.1	125.1	126.2	127.4	128.9	130.5	132.6	133.9	135.0	135.7	135.8
	二、90m²-144m²	124.0	124.0	124.7	125.7	127.3	128.2	130.2	131.9	132.8	133.7	134.0	134.1
	三、144m²以上	121.7	121.7	122.3	122.6	122.8	123.3	125.0	126.5	127.6	128.0	128.0	128.0
同比价格指数	**新建商品住宅销售价格指数**	**106.2**	**106.7**	**107.6**	**107.1**	**107.8**	**108.4**	**108.2**	**107.2**	**107.5**	**107.8**	**107.8**	**108.3**
	一、90m²及以下	108.8	108.7	109.3	108.6	108.7	109.3	108.2	107.1	106.8	107.2	107.2	108.2
	二、90m²-144m²	106.0	106.8	107.7	107.0	107.6	108.6	109.0	107.8	108.1	108.7	108.8	109.3
	三、144m²以上	105.4	105.6	106.7	106.6	107.7	107.6	107.1	106.5	106.8	106.7	106.5	107.0
	二手住宅销售价格指数	**104.3**	**104.0**	**103.8**	**103.9**	**104.2**	**104.6**	**105.1**	**105.4**	**105.7**	**106.7**	**107.5**	**107.9**
	一、90m²及以下	104.8	104.6	104.3	104.6	105.0	105.7	105.8	106.7	106.9	108.1	109.1	109.5
	二、90m²-144m²	104.0	103.7	103.4	103.5	104.2	104.5	105.4	105.6	105.8	106.7	107.4	107.9
	三、144m²以上	104.2	103.6	103.7	103.6	102.8	102.7	103.1	102.8	103.4	104.1	104.6	105.0
环比价格指数	**新建商品住宅销售价格指数**	**100.7**	**100.6**	**101.1**	**100.6**	**101.1**	**100.8**	**100.7**	**101.1**	**100.5**	**100.3**	**100.0**	**100.4**
	一、90m²及以下	101.5	100.5	100.9	100.3	100.8	100.6	100.2	101.2	100.7	100.4	100.0	100.9
	二、90m²-144m²	100.4	101.1	101.1	100.7	101.1	101.2	101.0	100.9	100.4	100.4	100.1	100.5
	三、144m²以上	100.9	100.1	101.3	100.6	101.3	100.4	100.5	101.2	100.6	100.1	99.9	99.8
	二手住宅销售价格指数	**99.9**	**100.1**	**100.7**	**100.7**	**101.0**	**100.8**	**101.4**	**101.4**	**100.8**	**100.6**	**100.3**	**100.0**
	一、90m²及以下	99.9	100.2	100.8	100.8	101.0	101.2	101.2	101.7	101.0	100.8	100.5	100.1
	二、90m²-144m²	99.8	100.0	100.6	100.8	101.3	100.7	101.5	101.3	100.7	100.6	100.2	100.0
	三、144m²以上	99.9	100.0	100.5	100.2	100.1	100.4	101.4	101.1	100.9	100.3	100.0	100.0

4-4-14 2019年合肥市商品住宅销售价格指数
Hefei Commercial Housing Price Indices of Residential Buildings for 2019

项 目 Item		1月	2月	3月	4月	5月	6月	7月	8月	9月	10月	11月	12月
定基价格指数	**新建商品住宅销售价格指数**	**155.7**	**156.9**	**157.9**	**158.6**	**158.8**	**159.5**	**160.5**	**161.7**	**161.5**	**161.0**	**160.5**	**160.8**
	一、90m^2及以下	154.5	154.6	155.5	156.0	156.1	156.8	157.8	158.9	158.5	157.6	157.4	159.4
	二、90m^2-144m^2	155.8	157.4	158.2	158.9	159.4	160.3	161.1	162.4	162.2	161.9	161.2	161.0
	三、144m^2以上	157.4	158.9	160.7	161.6	161.2	160.8	162.6	163.5	163.7	162.6	162.3	162.5
	二手住宅销售价格指数	**156.8**	**156.9**	**157.2**	**158.1**	**158.4**	**158.7**	**160.3**	**160.8**	**160.9**	**160.9**	**160.5**	**161.2**
	一、90m^2及以下	157.1	156.9	158.5	160.2	160.2	160.8	161.9	162.2	162.8	162.3	161.8	162.3
	二、90m^2-144m^2	155.9	156.3	155.6	156.4	156.9	157.3	159.0	159.6	159.4	159.4	159.3	160.2
	三、144m^2以上	159.4	158.7	159.2	158.5	158.6	158.3	160.4	161.4	161.0	161.8	160.9	161.5
同比价格指数	**新建商品住宅销售价格指数**	**104.8**	**106.0**	**106.7**	**107.4**	**107.4**	**107.7**	**107.8**	**106.9**	**105.7**	**104.8**	**104.1**	**103.9**
	一、90m^2及以下	105.3	105.6	106.0	106.2	105.6	106.2	106.7	105.8	104.5	103.4	103.4	103.8
	二、90m^2-144m^2	104.5	106.0	106.7	107.6	107.9	108.3	108.0	107.4	106.3	105.5	104.3	103.9
	三、144m^2以上	105.7	106.6	107.8	108.4	108.0	107.8	108.4	106.6	105.4	104.3	104.0	104.2
	二手住宅销售价格指数	**103.6**	**103.7**	**103.8**	**104.2**	**104.4**	**104.0**	**104.8**	**104.2**	**103.5**	**103.1**	**103.0**	**103.3**
	一、90m^2及以下	102.9	102.8	103.9	104.7	104.8	104.7	106.0	105.1	104.6	103.8	103.5	103.7
	二、90m^2-144m^2	104.0	104.4	103.8	104.2	104.5	104.0	104.3	103.9	103.0	102.8	102.9	103.2
	三、144m^2以上	103.9	103.5	103.6	103.0	102.9	102.1	103.3	102.9	102.0	102.3	101.9	102.0
环比价格指数	**新建商品住宅销售价格指数**	**100.6**	**100.8**	**100.6**	**100.4**	**100.1**	**100.4**	**100.6**	**100.8**	**99.9**	**99.7**	**99.7**	**100.2**
	一、90m^2及以下	100.6	100.1	100.6	100.3	100.0	100.5	100.7	100.7	99.7	99.5	99.9	101.3
	二、90m^2-144m^2	100.5	101.0	100.5	100.4	100.3	100.6	100.5	100.8	99.9	99.8	99.6	99.9
	三、144m^2以上	100.9	101.0	101.1	100.6	99.7	99.8	101.1	100.6	100.1	99.4	99.8	100.1
	二手住宅销售价格指数	**100.4**	**100.0**	**100.2**	**100.6**	**100.2**	**100.2**	**101.0**	**100.4**	**100.1**	**100.0**	**99.8**	**100.4**
	一、90m^2及以下	100.4	99.9	101.0	101.1	100.0	100.4	100.7	100.2	100.4	99.7	99.7	100.3
	二、90m^2-144m^2	100.5	100.3	99.6	100.5	100.3	100.3	101.1	100.4	99.9	100.0	99.9	100.5
	三、144m^2以上	100.6	99.5	100.3	99.6	100.1	99.8	101.3	100.7	99.8	100.5	99.5	100.4

4-4-15 2019年福州市商品住宅销售价格指数

Fuzhou Commercial Housing Price Indices of Residential Buildings for 2019

项 目 Item		1月	2月	3月	4月	5月	6月	7月	8月	9月	10月	11月	12月
定基价格指数	**新建商品住宅销售价格指数**	**139.3**	**139.4**	**140.0**	**140.9**	**142.2**	**142.6**	**143.2**	**144.1**	**144.7**	**145.0**	**145.2**	**145.0**
	一、90㎡及以下	135.6	135.4	136.7	137.4	137.7	138.2	139.1	139.6	140.8	141.2	141.5	141.5
	二、90㎡-144㎡	137.6	137.7	138.0	138.7	140.1	140.5	141.3	141.7	142.2	142.7	142.8	142.3
	三、144㎡以上	143.7	143.9	144.5	145.9	147.4	147.7	148.2	149.8	150.4	150.2	150.5	150.6
	二手住宅销售价格指数	**125.0**	**125.2**	**125.9**	**126.5**	**127.3**	**127.1**	**127.1**	**125.9**	**125.9**	**127.8**	**128.8**	**130.1**
	一、90㎡及以下	123.4	123.4	124.3	125.0	125.9	126.0	126.0	124.8	125.0	127.7	128.8	129.9
	二、90㎡-144㎡	124.1	124.3	125.1	125.5	126.4	125.6	125.5	124.5	124.0	125.7	126.5	128.2
	三、144㎡以上	128.4	128.8	129.0	129.9	130.2	130.9	130.9	129.5	130.0	131.4	132.5	133.5
同比价格指数	**新建商品住宅销售价格指数**	**108.7**	**108.9**	**109.8**	**110.6**	**112.9**	**110.8**	**109.9**	**108.1**	**107.4**	**106.6**	**104.7**	**104.2**
	一、90㎡及以下	106.5	106.6	107.9	108.9	111.6	109.8	109.1	107.4	107.4	106.1	104.6	104.5
	二、90㎡-144㎡	107.0	107.3	108.2	108.8	111.6	109.5	109.0	107.0	106.5	106.0	104.2	103.5
	三、144㎡以上	112.3	112.5	113.1	114.2	115.5	113.1	111.6	110.0	108.9	107.7	105.4	105.0
	二手住宅销售价格指数	**99.5**	**99.9**	**100.6**	**101.2**	**102.4**	**102.4**	**101.4**	**99.9**	**99.9**	**100.9**	**102.1**	**103.7**
	一、90㎡及以下	98.5	98.7	99.7	100.4	101.3	101.7	100.6	99.3	99.7	101.8	103.3	104.7
	二、90㎡-144㎡	99.5	99.7	100.5	101.0	102.4	101.9	100.9	99.4	99.1	100.1	101.1	102.9
	三、144㎡以上	100.7	101.6	101.9	102.5	103.5	104.0	103.0	101.6	101.4	101.3	102.5	103.7
环比价格指数	**新建商品住宅销售价格指数**	**100.1**	**100.1**	**100.4**	**100.7**	**100.9**	**100.3**	**100.5**	**100.6**	**100.4**	**100.2**	**100.1**	**99.8**
	一、90㎡及以下	100.1	99.9	100.9	100.5	100.2	100.4	100.6	100.4	100.8	100.3	100.2	100.0
	二、90㎡-144㎡	100.1	100.1	100.2	100.5	101.0	100.3	100.6	100.3	100.4	100.4	100.0	99.6
	三、144㎡以上	100.2	100.1	100.4	100.9	101.1	100.2	100.3	101.1	100.4	99.9	100.2	100.1
	二手住宅销售价格指数	**99.6**	**100.2**	**100.5**	**100.5**	**100.6**	**99.9**	**100.0**	**99.1**	**100.0**	**101.5**	**100.8**	**101.0**
	一、90㎡及以下	99.5	100.0	100.7	100.6	100.7	100.1	99.9	99.1	100.1	102.2	100.8	100.9
	二、90㎡-144㎡	99.7	100.2	100.6	100.3	100.8	99.3	100.0	99.1	99.6	101.4	100.7	101.3
	三、144㎡以上	99.7	100.3	100.2	100.7	100.2	100.5	100.0	98.9	100.4	101.1	100.8	100.7

4-4-16 2019年厦门市商品住宅销售价格指数
Xiamen Commercial Housing Price Indices of Residential Buildings for 2019

项 目 Item		1月	2月	3月	4月	5月	6月	7月	8月	9月	10月	11月	12月
定基价格指数	**新建商品住宅销售价格指数**	**150.8**	**151.1**	**152.0**	**153.0**	**153.5**	**154.7**	**156.9**	**158.2**	**157.8**	**156.6**	**156.3**	**157.2**
	一、90㎡及以下	149.7	149.7	149.9	150.6	150.9	152.2	153.9	154.3	153.3	151.4	150.3	151.3
	二、90㎡-144㎡	152.7	153.1	154.2	155.3	155.9	157.3	160.2	161.5	161.5	160.5	160.4	161.9
	三、144㎡以上	148.6	148.8	150.0	150.9	151.4	152.4	153.7	155.6	154.8	154.1	153.7	153.6
	二手住宅销售价格指数	**134.5**	**134.9**	**137.0**	**138.7**	**139.3**	**139.7**	**141.6**	**141.8**	**141.7**	**141.1**	**140.8**	**142.0**
	一、90㎡及以下	137.2	137.8	140.1	142.2	143.2	143.3	144.5	144.2	143.7	142.8	142.9	144.3
	二、90㎡-144㎡	132.8	133.2	135.5	137.2	137.0	137.9	139.7	140.0	140.0	139.4	138.7	139.5
	三、144㎡以上	133.9	134.2	135.8	137.0	138.6	138.4	141.2	141.7	142.1	142.0	141.9	143.1
同比价格指数	**新建商品住宅销售价格指数**	**99.7**	**100.0**	**100.7**	**101.1**	**100.4**	**101.2**	**102.6**	**103.6**	**103.3**	**102.7**	**102.9**	**103.9**
	一、90㎡及以下	98.2	98.5	98.8	99.3	98.0	98.9	100.0	100.2	99.4	98.7	98.6	100.2
	二、90㎡-144㎡	100.2	100.4	101.1	101.2	100.8	101.9	103.6	104.6	104.5	104.0	104.9	106.0
	三、144㎡以上	99.9	100.4	101.6	102.2	101.5	101.8	103.0	104.4	104.2	103.2	102.6	103.2
	二手住宅销售价格指数	**95.6**	**96.5**	**98.4**	**100.1**	**100.7**	**101.1**	**102.9**	**103.4**	**103.6**	**104.1**	**104.6**	**106.1**
	一、90㎡及以下	95.0	96.1	98.3	100.0	101.0	101.2	102.6	102.8	102.7	103.1	103.9	105.6
	二、90㎡-144㎡	95.1	95.9	98.0	99.7	99.9	100.7	102.5	103.1	103.4	103.9	104.3	105.6
	三、144㎡以上	97.2	97.9	99.3	100.7	101.7	101.6	103.9	104.5	105.0	105.6	106.1	107.5
环比价格指数	**新建商品住宅销售价格指数**	**99.7**	**100.2**	**100.6**	**100.6**	**100.3**	**100.8**	**101.4**	**100.8**	**99.7**	**99.3**	**99.8**	**100.6**
	一、90㎡及以下	99.1	100.0	100.2	100.4	100.2	100.9	101.1	100.2	99.4	98.7	99.3	100.6
	二、90㎡-144㎡	100.0	100.2	100.7	100.7	100.4	100.9	101.8	100.9	100.0	99.3	100.0	100.9
	三、144㎡以上	99.7	100.2	100.8	100.6	100.3	100.6	100.9	101.2	99.5	99.6	99.7	100.0
	二手住宅销售价格指数	**100.5**	**100.3**	**101.6**	**101.3**	**100.4**	**100.3**	**101.3**	**100.1**	**99.9**	**99.6**	**99.8**	**100.8**
	一、90㎡及以下	100.4	100.4	101.7	101.5	100.7	100.1	100.9	99.8	99.6	99.4	100.1	101.0
	二、90㎡-144㎡	100.5	100.3	101.7	101.3	99.8	100.7	101.3	100.2	100.0	99.6	99.5	100.6
	三、144㎡以上	100.5	100.2	101.2	100.9	101.1	99.8	102.0	100.4	100.2	100.0	99.9	100.9

4-4-17　2019年南昌市商品住宅销售价格指数

Nanchang Commercial Housing Price Indices of Residential Buildings for 2019

项　目　Item		1月	2月	3月	4月	5月	6月	7月	8月	9月	10月	11月	12月
定基价格指数	**新建商品住宅销售价格指数**	**136.2**	**136.3**	**137.2**	**138.2**	**139.0**	**139.1**	**139.9**	**140.4**	**141.3**	**141.0**	**140.3**	**140.4**
	一、90m²及以下	139.5	138.8	139.5	139.6	139.8	139.6	141.1	141.3	142.4	142.7	142.2	142.5
	二、90m²-144m²	135.7	135.9	136.9	137.8	138.7	138.6	139.2	139.6	140.1	139.6	138.5	138.7
	三、144m²以上	135.9	136.4	136.7	139.0	139.6	140.6	141.4	142.3	144.4	144.8	144.9	144.8
	二手住宅销售价格指数	**130.7**	**131.2**	**131.9**	**132.5**	**132.9**	**132.5**	**132.1**	**132.3**	**132.5**	**132.1**	**131.7**	**132.5**
	一、90m²及以下	135.0	135.8	136.0	137.1	137.3	136.1	135.6	136.2	136.0	135.6	135.3	135.7
	二、90m²-144m²	127.2	127.7	128.9	129.0	129.6	129.8	129.8	129.3	130.0	129.4	128.7	130.4
	三、144m²以上	126.4	125.7	126.9	127.7	127.5	128.3	127.0	127.8	128.1	128.0	128.1	127.8
同比价格指数	**新建商品住宅销售价格指数**	**109.9**	**110.3**	**110.3**	**110.9**	**110.7**	**109.2**	**107.8**	**106.6**	**106.4**	**105.9**	**103.9**	**103.5**
	一、90m²及以下	109.3	108.6	108.7	108.8	107.7	106.1	105.6	104.6	103.8	103.8	102.1	102.3
	二、90m²-144m²	109.6	109.9	110.0	110.6	110.5	108.7	107.2	106.1	105.8	105.1	102.9	102.4
	三、144m²以上	111.4	112.5	112.3	113.1	113.4	112.6	111.3	109.8	110.3	109.8	108.6	108.0
	二手住宅销售价格指数	**110.5**	**111.2**	**111.4**	**111.0**	**110.1**	**108.6**	**106.3**	**104.6**	**104.1**	**103.1**	**101.3**	**101.3**
	一、90m²及以下	111.5	112.3	112.0	111.8	111.0	108.5	106.1	104.6	103.5	102.5	101.1	100.6
	二、90m²-144m²	109.2	110.1	110.8	110.1	109.3	108.6	106.7	104.6	104.7	103.7	101.5	102.4
	三、144m²以上	111.6	110.8	111.6	110.7	109.7	109.0	106.0	104.4	104.1	103.0	101.6	100.7
环比价格指数	**新建商品住宅销售价格指数**	**100.4**	**100.1**	**100.6**	**100.8**	**100.5**	**100.1**	**100.5**	**100.4**	**100.6**	**99.9**	**99.4**	**100.1**
	一、90m²及以下	100.2	99.5	100.5	100.1	100.1	99.8	101.1	100.1	100.8	100.2	99.6	100.2
	二、90m²-144m²	100.2	100.1	100.7	100.7	100.7	100.0	100.4	100.3	100.4	99.6	99.2	100.1
	三、144m²以上	101.4	100.3	100.3	101.7	100.4	100.7	100.6	100.7	101.4	100.3	100.0	99.9
	二手住宅销售价格指数	**99.9**	**100.4**	**100.6**	**100.5**	**100.3**	**99.7**	**99.7**	**100.1**	**100.2**	**99.7**	**99.7**	**100.6**
	一、90m²及以下	100.1	100.6	100.2	100.7	100.2	99.1	99.6	100.5	99.8	99.7	99.8	100.3
	二、90m²-144m²	99.9	100.4	100.9	100.1	100.5	100.1	100.0	99.7	100.5	99.6	99.5	101.3
	三、144m²以上	99.6	99.5	101.0	100.6	99.8	100.6	98.9	100.6	100.3	99.9	100.1	99.8

4-4-18 2019年济南市商品住宅销售价格指数
Jinan Commercial Housing Price Indices of Residential Buildings for 2019

项 目 Item		1月	2月	3月	4月	5月	6月	7月	8月	9月	10月	11月	12月
定基价格指数	**新建商品住宅销售价格指数**	**141.4**	**142.2**	**143.3**	**144.8**	**145.3**	**145.8**	**146.2**	**145.9**	**145.4**	**143.8**	**142.8**	**141.7**
	一、90m²及以下	140.4	140.3	140.9	141.6	142.3	142.3	142.9	143.4	143.4	142.3	142.4	142.8
	二、90m²-144m²	141.5	142.4	143.6	145.2	145.8	146.4	146.8	146.2	145.4	143.6	142.1	140.6
	三、144m²以上	141.8	142.6	143.9	145.0	145.4	146.0	146.4	146.4	146.4	145.6	145.5	144.5
	二手住宅销售价格指数	**132.7**	**133.2**	**133.9**	**133.4**	**133.2**	**132.9**	**132.8**	**131.6**	**131.2**	**130.4**	**129.5**	**129.2**
	一、90m²及以下	133.4	133.8	134.7	134.6	134.8	134.8	134.9	133.0	131.9	131.2	130.5	129.9
	二、90m²-144m²	132.6	133.2	133.7	132.8	132.0	131.7	131.4	130.7	130.8	129.6	128.6	128.5
	三、144m²以上	130.8	131.4	131.9	131.8	131.7	130.4	130.4	130.1	130.5	130.0	129.3	129.0
同比价格指数	**新建商品住宅销售价格指数**	**115.7**	**116.4**	**117.2**	**118.2**	**118.3**	**114.5**	**111.6**	**108.2**	**106.4**	**104.6**	**102.1**	**100.5**
	一、90m²及以下	117.2	117.1	117.5	117.9	118.1	113.5	110.2	107.3	106.5	104.7	103.0	102.4
	二、90m²-144m²	115.4	116.3	117.1	118.3	118.3	114.9	112.0	108.4	106.1	104.2	101.5	99.7
	三、144m²以上	115.8	116.4	117.3	118.0	118.1	113.9	110.9	108.3	107.4	105.7	103.7	102.4
	二手住宅销售价格指数	**111.2**	**111.6**	**111.8**	**111.3**	**110.5**	**109.3**	**106.5**	**102.6**	**101.1**	**99.9**	**98.7**	**98.0**
	一、90m²及以下	110.6	111.2	111.7	111.2	111.1	109.9	107.5	103.5	101.8	100.7	99.2	98.2
	二、90m²-144m²	111.6	111.9	111.8	111.1	109.8	108.5	105.2	101.5	100.0	98.5	97.7	97.3
	三、144m²以上	111.5	112.1	112.1	112.0	111.2	109.5	107.1	103.4	102.3	101.5	100.4	99.4
环比价格指数	**新建商品住宅销售价格指数**	**100.4**	**100.6**	**100.8**	**101.0**	**100.4**	**100.3**	**100.3**	**99.8**	**99.6**	**99.0**	**99.3**	**99.2**
	一、90m²及以下	100.6	100.0	100.5	100.5	100.5	100.0	100.4	100.4	100.0	99.2	100.1	100.3
	二、90m²-144m²	100.3	100.6	100.9	101.1	100.4	100.4	100.3	99.6	99.5	98.8	99.0	99.0
	三、144m²以上	100.5	100.6	100.9	100.8	100.3	100.4	100.3	100.0	100.0	99.5	99.9	99.3
	二手住宅销售价格指数	**100.6**	**100.4**	**100.5**	**99.7**	**99.8**	**99.8**	**99.9**	**99.1**	**99.7**	**99.3**	**99.4**	**99.7**
	一、90m²及以下	100.8	100.4	100.7	99.9	100.2	100.0	100.1	98.5	99.2	99.5	99.4	99.5
	二、90m²-144m²	100.3	100.5	100.3	99.3	99.4	99.8	99.7	99.5	100.1	99.1	99.3	99.9
	三、144m²以上	100.7	100.5	100.4	100.0	99.9	99.0	100.0	99.7	100.4	99.6	99.5	99.7

4-4-19 2019年青岛市商品住宅销售价格指数
Qingdao Commercial Housing Price Indices of Residential Buildings for 2019

项 目 Item		1月	2月	3月	4月	5月	6月	7月	8月	9月	10月	11月	12月
定基价格指数	**新建商品住宅销售价格指数**	**134.2**	**134.7**	**135.3**	**135.9**	**136.8**	**137.1**	**138.0**	**138.7**	**138.9**	**138.6**	**138.6**	**138.9**
	一、90m²及以下	134.3	135.3	136.5	137.4	138.8	139.0	140.1	140.7	141.1	140.8	141.0	141.0
	二、90m²-144m²	135.1	135.1	135.5	136.1	136.9	137.0	137.7	138.6	138.5	138.1	137.9	138.6
	三、144m²以上	132.0	132.5	132.6	132.7	132.9	133.6	134.5	135.0	135.5	135.5	135.3	135.6
	二手住宅销售价格指数	**133.5**	**133.1**	**132.7**	**132.4**	**131.8**	**131.0**	**130.2**	**129.6**	**128.7**	**127.9**	**126.9**	**126.3**
	一、90m²及以下	133.2	132.2	131.7	131.4	130.7	129.8	128.9	128.6	128.5	127.7	127.5	127.5
	二、90m²-144m²	135.5	136.0	135.8	135.8	135.6	134.4	133.4	132.3	130.1	129.3	127.3	126.1
	三、144m²以上	129.7	128.8	128.2	127.3	125.7	126.1	126.1	126.0	125.9	125.3	124.5	123.6
同比价格指数	**新建商品住宅销售价格指数**	**113.9**	**114.2**	**114.3**	**114.7**	**113.2**	**110.8**	**109.3**	**108.1**	**107.8**	**107.0**	**105.1**	**104.2**
	一、90m²及以下	114.2	115.0	115.6	116.5	115.1	112.7	110.7	109.4	109.2	108.2	106.5	105.6
	二、90m²-144m²	113.6	113.4	113.5	113.6	112.5	110.0	108.7	107.4	106.9	106.2	104.2	103.3
	三、144m²以上	114.0	114.5	113.9	113.7	111.2	109.1	107.9	107.4	107.1	106.3	104.4	103.4
	二手住宅销售价格指数	**111.0**	**110.3**	**108.4**	**106.8**	**105.5**	**104.2**	**101.3**	**98.9**	**97.5**	**96.0**	**94.6**	**94.6**
	一、90m²及以下	110.5	109.3	107.2	105.5	104.1	102.7	99.6	98.0	97.3	96.0	95.0	95.3
	二、90m²-144m²	111.9	111.9	110.3	108.8	108.0	106.2	103.1	99.9	97.4	95.8	93.8	93.4
	三、144m²以上	110.2	109.2	107.2	105.5	103.4	103.1	101.2	99.1	98.2	96.5	95.6	95.5
环比价格指数	**新建商品住宅销售价格指数**	**100.6**	**100.3**	**100.5**	**100.4**	**100.7**	**100.2**	**100.7**	**100.5**	**100.1**	**99.8**	**100.0**	**100.3**
	一、90m²及以下	100.5	100.7	100.9	100.7	101.0	100.1	100.8	100.4	100.2	99.8	100.2	100.0
	二、90m²-144m²	100.6	100.0	100.3	100.4	100.6	100.1	100.5	100.7	99.9	99.7	99.9	100.5
	三、144m²以上	100.7	100.3	100.1	100.0	100.1	100.6	100.7	100.4	100.4	100.0	99.8	100.2
	二手住宅销售价格指数	**100.0**	**99.7**	**99.7**	**99.8**	**99.6**	**99.4**	**99.4**	**99.6**	**99.3**	**99.4**	**99.2**	**99.5**
	一、90m²及以下	99.6	99.2	99.6	99.8	99.5	99.3	99.4	99.7	99.9	99.4	99.8	100.0
	二、90m²-144m²	100.4	100.4	99.8	100.0	99.9	99.1	99.3	99.2	98.4	99.3	98.5	99.1
	三、144m²以上	100.2	99.3	99.6	99.2	98.8	100.3	100.0	100.0	99.9	99.5	99.4	99.3

4−4−20 2019年郑州市商品住宅销售价格指数
Zhengzhou Commercial Housing Price Indices of Residential Buildings for 2019

项 目 Item		1月	2月	3月	4月	5月	6月	7月	8月	9月	10月	11月	12月
定基价格指数	**新建商品住宅销售价格指数**	**142.7**	**142.7**	**143.3**	**143.9**	**144.3**	**145.0**	**145.4**	**145.8**	**146.1**	**146.1**	**145.3**	**144.7**
	一、90m²及以下	144.9	145.2	145.8	146.7	146.8	147.9	148.5	148.6	149.1	149.4	148.9	148.0
	二、90m²-144m²	142.0	141.8	142.3	142.8	143.3	143.9	144.1	144.6	144.4	143.9	143.0	142.3
	三、144m²以上	138.1	137.8	138.4	138.8	139.6	139.8	140.0	141.0	141.6	142.1	141.5	141.6
	二手住宅销售价格指数	**132.2**	**131.7**	**131.4**	**131.6**	**131.7**	**131.3**	**131.1**	**130.6**	**130.2**	**129.9**	**129.2**	**128.3**
	一、90m²及以下	133.5	133.0	132.7	132.7	132.5	131.5	131.6	131.6	130.6	129.5	128.6	128.0
	二、90m²-144m²	131.7	131.3	130.9	131.3	131.6	131.2	131.0	130.0	130.1	130.6	130.3	128.7
	三、144m²以上	130.3	130.0	129.9	130.2	130.4	131.0	130.2	129.9	129.4	129.3	128.2	128.0
同比价格指数	**新建商品住宅销售价格指数**	**110.0**	**109.9**	**110.5**	**110.4**	**108.9**	**107.5**	**106.4**	**105.1**	**104.8**	**103.8**	**102.4**	**101.7**
	一、90m²及以下	109.9	110.1	110.6	110.6	109.5	108.3	107.4	105.7	105.4	104.8	103.5	102.5
	二、90m²-144m²	109.8	109.6	110.2	110.2	108.7	107.2	105.8	104.7	104.3	102.7	101.1	100.4
	三、144m²以上	110.8	110.3	110.7	110.2	107.6	106.1	104.9	104.2	104.3	104.0	102.8	102.7
	二手住宅销售价格指数	**101.3**	**101.1**	**101.1**	**101.4**	**101.5**	**100.6**	**99.4**	**98.2**	**97.7**	**97.5**	**97.4**	**96.9**
	一、90m²及以下	101.8	101.5	101.5	101.7	101.6	100.0	99.1	98.2	97.2	96.3	95.9	95.7
	二、90m²-144m²	100.7	100.6	100.5	101.0	101.4	100.6	99.4	97.8	97.7	98.4	98.5	97.5
	三、144m²以上	101.5	101.4	101.3	101.6	101.7	101.8	100.1	99.2	98.6	98.4	98.0	98.2
环比价格指数	**新建商品住宅销售价格指数**	**100.3**	**100.0**	**100.4**	**100.5**	**100.3**	**100.5**	**100.3**	**100.3**	**100.2**	**100.0**	**99.5**	**99.6**
	一、90m²及以下	100.4	100.2	100.4	100.6	100.1	100.8	100.4	100.1	100.3	100.2	99.6	99.4
	二、90m²-144m²	100.2	99.9	100.3	100.3	100.3	100.4	100.1	100.3	99.9	99.6	99.4	99.5
	三、144m²以上	100.1	99.8	100.5	100.3	100.6	100.1	100.2	100.7	100.4	100.4	99.6	100.1
	二手住宅销售价格指数	**99.8**	**99.7**	**99.8**	**100.2**	**100.1**	**99.6**	**99.9**	**99.7**	**99.6**	**99.8**	**99.4**	**99.3**
	一、90m²及以下	99.8	99.6	99.8	100.0	99.9	99.2	100.1	100.0	99.2	99.2	99.3	99.5
	二、90m²-144m²	99.8	99.7	99.7	100.3	100.2	99.7	99.8	99.3	100.1	100.4	99.7	98.8
	三、144m²以上	100.0	99.8	99.9	100.2	100.2	100.5	99.4	99.8	99.6	99.9	99.2	99.8

4-4-21 2019年武汉市商品住宅销售价格指数
Wuhan Commercial Housing Price Indices of Residential Buildings for 2019

项 目 Item		1月	2月	3月	4月	5月	6月	7月	8月	9月	10月	11月	12月
定基价格指数	**新建商品住宅销售价格指数**	**145.0**	**146.5**	**147.5**	**148.9**	**150.7**	**152.2**	**153.8**	**155.6**	**156.7**	**158.3**	**159.5**	**160.9**
	一、90m²及以下	146.7	148.2	149.5	151.3	152.8	154.9	156.6	158.9	160.8	163.3	164.5	165.6
	二、90m²-144m²	145.1	146.6	147.3	148.8	150.7	151.9	153.6	155.3	156.3	157.4	158.6	159.9
	三、144m²以上	142.0	144.0	145.7	146.1	147.8	149.1	150.6	151.8	152.6	154.2	155.6	157.5
	二手住宅销售价格指数	**147.7**	**147.6**	**147.8**	**147.5**	**147.0**	**146.6**	**146.3**	**147.0**	**145.8**	**145.4**	**145.1**	**145.0**
	一、90m²及以下	150.2	150.2	150.4	150.5	150.1	150.5	150.2	151.2	150.3	149.5	150.2	150.5
	二、90m²-144m²	147.1	146.8	146.4	145.5	144.8	143.5	143.6	144.2	142.4	142.4	141.2	140.9
	三、144m²以上	144.4	144.6	146.2	146.5	146.4	146.4	145.5	145.5	145.4	144.7	144.7	144.4
同比价格指数	**新建商品住宅销售价格指数**	**111.2**	**112.5**	**113.4**	**114.8**	**114.8**	**114.6**	**114.6**	**114.3**	**114.9**	**113.2**	**112.2**	**111.8**
	一、90m²及以下	112.2	113.6	114.9	116.8	115.8	116.3	116.4	116.8	117.8	116.1	115.2	113.9
	二、90m²-144m²	110.4	111.5	112.1	113.3	113.8	113.7	113.6	113.3	113.7	111.9	111.0	110.7
	三、144m²以上	112.8	114.4	116.2	117.3	116.9	115.4	115.5	114.6	114.8	113.3	112.5	112.6
	二手住宅销售价格指数	**108.0**	**107.8**	**108.0**	**107.8**	**105.6**	**104.9**	**103.4**	**102.6**	**101.4**	**100.3**	**99.2**	**98.5**
	一、90m²及以下	108.0	108.0	108.2	108.3	105.6	105.3	103.8	103.4	102.4	101.0	100.6	100.3
	二、90m²-144m²	107.3	107.0	106.8	106.1	104.0	103.0	101.5	100.8	99.0	98.5	96.9	96.2
	三、144m²以上	109.6	109.6	111.0	111.4	109.6	109.2	107.1	105.7	105.2	103.7	102.1	100.8
环比价格指数	**新建商品住宅销售价格指数**	**100.7**	**101.1**	**100.7**	**101.0**	**101.2**	**101.0**	**101.1**	**101.1**	**100.8**	**101.0**	**100.8**	**100.9**
	一、90m²及以下	100.8	101.0	100.9	101.2	101.0	101.4	101.1	101.5	101.2	101.6	100.7	100.7
	二、90m²-144m²	100.5	101.0	100.5	101.0	101.3	100.9	101.1	101.1	100.6	100.7	100.8	100.8
	三、144m²以上	101.5	101.4	101.2	100.2	101.2	100.9	101.0	100.8	100.5	101.0	100.9	101.3
	二手住宅销售价格指数	**100.4**	**100.0**	**100.1**	**99.8**	**99.7**	**99.7**	**99.8**	**100.5**	**99.2**	**99.7**	**99.8**	**99.9**
	一、90m²及以下	100.1	100.0	100.1	100.1	99.8	100.3	99.8	100.7	99.4	99.5	100.5	100.2
	二、90m²-144m²	100.4	99.8	99.7	99.4	99.5	99.1	100.0	100.5	98.7	100.0	99.2	99.8
	三、144m²以上	100.8	100.2	101.1	100.2	99.9	99.9	99.4	100.0	99.9	99.6	100.0	99.7

4-4-22 2019年长沙市商品住宅销售价格指数

Changsha Commercial Housing Price Indices of Residential Buildings for 2019

项 目 Item		1月	2月	3月	4月	5月	6月	7月	8月	9月	10月	11月	12月
定基价格指数	**新建商品住宅销售价格指数**	**140.7**	**141.0**	**141.0**	**141.3**	**142.5**	**143.5**	**143.8**	**144.2**	**144.3**	**144.4**	**144.9**	**146.3**
	一、90㎡及以下	139.6	140.0	140.0	140.7	141.6	142.3	142.5	142.9	142.7	142.1	142.5	144.5
	二、90㎡-144㎡	140.6	140.8	141.0	141.2	142.2	143.2	143.7	144.1	144.3	144.4	144.8	145.8
	三、144㎡以上	141.7	142.0	141.8	141.7	143.7	144.7	144.9	145.1	145.2	145.8	146.5	148.3
	二手住宅销售价格指数	**135.8**	**135.8**	**135.7**	**136.1**	**135.9**	**135.7**	**135.4**	**135.3**	**134.9**	**134.7**	**134.6**	**134.5**
	一、90㎡及以下	134.9	135.2	135.1	135.2	135.2	134.3	133.3	133.2	133.0	132.7	132.3	132.0
	二、90㎡-144㎡	134.9	134.7	134.6	135.0	135.1	135.4	135.0	135.0	134.3	134.2	134.2	134.4
	三、144㎡以上	138.3	138.2	138.0	138.6	137.7	137.6	138.2	138.1	137.9	137.5	137.5	137.1
同比价格指数	**新建商品住宅销售价格指数**	**111.3**	**111.3**	**111.0**	**110.9**	**110.2**	**108.8**	**106.1**	**104.3**	**103.8**	**103.8**	**103.9**	**104.5**
	一、90㎡及以下	112.5	111.9	111.5	112.0	111.7	110.1	107.3	105.2	104.6	103.7	103.6	104.4
	二、90㎡-144㎡	111.1	111.2	111.1	111.0	109.2	108.2	105.7	104.1	103.5	103.5	103.6	104.0
	三、144㎡以上	110.9	111.0	110.5	110.2	110.7	108.8	106.0	104.1	103.7	104.4	104.5	105.4
	二手住宅销售价格指数	**107.7**	**106.7**	**106.6**	**106.2**	**105.8**	**104.6**	**102.1**	**100.5**	**99.9**	**99.3**	**99.0**	**98.8**
	一、90㎡及以下	107.4	107.0	106.5	106.1	105.9	103.9	101.0	99.6	99.1	98.6	98.0	97.8
	二、90㎡-144㎡	107.7	105.9	106.0	105.2	105.1	104.7	102.0	100.5	99.8	99.7	99.4	99.5
	三、144㎡以上	107.9	107.6	107.7	107.9	106.7	105.3	103.5	101.4	100.7	99.5	99.4	98.8
环比价格指数	**新建商品住宅销售价格指数**	**100.5**	**100.2**	**100.0**	**100.2**	**100.9**	**100.7**	**100.2**	**100.3**	**100.0**	**100.1**	**100.4**	**101.0**
	一、90㎡及以下	100.9	100.3	99.9	100.6	100.6	100.5	100.1	100.3	99.9	99.6	100.3	101.3
	二、90㎡-144㎡	100.3	100.2	100.1	100.2	100.7	100.7	100.3	100.3	100.1	100.1	100.3	100.7
	三、144㎡以上	100.7	100.2	99.9	99.9	101.4	100.7	100.2	100.1	100.0	100.4	100.5	101.3
	二手住宅销售价格指数	**99.8**	**100.0**	**99.9**	**100.3**	**99.8**	**99.9**	**99.8**	**99.9**	**99.7**	**99.8**	**99.9**	**99.9**
	一、90㎡及以下	100.0	100.2	99.9	100.1	100.0	99.3	99.3	99.9	99.8	99.8	99.7	99.8
	二、90㎡-144㎡	99.8	99.9	100.0	100.3	100.1	100.2	99.7	100.0	99.5	100.0	99.9	100.2
	三、144㎡以上	99.7	99.9	99.9	100.4	99.3	99.9	100.5	99.9	99.9	99.7	100.0	99.7

4-4-23 2019年广州市商品住宅销售价格指数
Guangzhou Commercial Housing Price Indices of Residential Buildings for 2019

项 目 Item		1月	2月	3月	4月	5月	6月	7月	8月	9月	10月	11月	12月
定基价格指数	**新建商品住宅销售价格指数**	**150.6**	**152.2**	**153.4**	**155.1**	**156.3**	**156.7**	**157.3**	**157.7**	**157.7**	**157.5**	**156.8**	**156.3**
	一、90㎡及以下	152.4	154.2	155.8	157.6	159.0	160.6	162.3	162.1	163.4	162.9	161.4	161.0
	二、90㎡-144㎡	149.4	150.0	151.3	153.3	154.6	155.0	155.8	156.4	155.5	155.2	155.2	154.3
	三、144㎡以上	151.3	154.3	155.2	156.3	157.3	157.3	156.9	157.3	158.0	158.1	156.9	156.9
	二手住宅销售价格指数	**149.5**	**149.2**	**148.4**	**147.8**	**147.4**	**147.4**	**148.0**	**148.1**	**147.7**	**147.4**	**147.2**	**147.1**
	一、90㎡及以下	149.6	148.9	147.9	147.6	147.3	146.9	147.4	147.6	147.4	147.2	146.8	146.6
	二、90㎡-144㎡	149.4	149.7	149.2	148.4	147.8	148.2	149.0	148.9	148.3	148.3	148.1	148.3
	三、144㎡以上	149.4	149.0	148.1	147.3	147.0	147.1	147.2	147.4	146.7	145.7	145.7	145.2
同比价格指数	**新建商品住宅销售价格指数**	**109.7**	**111.3**	**111.9**	**113.3**	**112.2**	**110.5**	**110.2**	**109.4**	**109.0**	**108.7**	**108.1**	**104.7**
	一、90㎡及以下	109.0	110.6	111.8	113.1	111.9	110.8	111.8	110.7	110.8	110.2	109.1	106.2
	二、90㎡-144㎡	109.4	110.2	111.0	112.6	111.2	109.8	110.0	109.3	108.2	107.8	107.7	104.1
	三、144㎡以上	110.5	113.2	113.4	114.4	113.5	111.2	109.8	109.1	109.3	109.1	108.3	104.9
	二手住宅销售价格指数	**102.1**	**101.6**	**100.9**	**100.0**	**98.7**	**98.5**	**98.6**	**98.0**	**97.6**	**97.6**	**97.7**	**98.1**
	一、90㎡及以下	100.7	100.3	99.7	98.7	97.8	97.8	97.9	97.3	96.6	96.8	96.9	97.4
	二、90㎡-144㎡	103.2	102.5	102.1	101.4	99.8	99.1	99.3	99.0	98.6	98.8	99.0	99.3
	三、144㎡以上	104.0	104.2	101.5	100.4	98.8	99.2	99.1	98.2	98.0	97.0	97.0	96.9
环比价格指数	**新建商品住宅销售价格指数**	**100.9**	**101.1**	**100.8**	**101.1**	**100.8**	**100.3**	**100.3**	**100.2**	**100.0**	**99.9**	**99.5**	**99.7**
	一、90㎡及以下	100.5	101.2	101.0	101.2	100.9	101.0	101.0	99.9	100.8	99.7	99.1	99.8
	二、90㎡-144㎡	100.8	100.4	100.8	101.3	100.8	100.3	100.5	100.4	99.5	99.8	100.0	99.4
	三、144㎡以上	101.2	101.9	100.6	100.7	100.6	100.0	99.8	100.3	100.4	100.1	99.2	100.0
	二手住宅销售价格指数	**99.7**	**99.8**	**99.5**	**99.6**	**99.7**	**100.0**	**100.4**	**100.0**	**99.7**	**99.9**	**99.8**	**100.0**
	一、90㎡及以下	99.4	99.5	99.3	99.8	99.8	99.7	100.4	100.2	99.8	99.9	99.7	99.9
	二、90㎡-144㎡	100.0	100.2	99.6	99.4	99.6	100.3	100.6	99.9	99.6	100.0	99.9	100.1
	三、144㎡以上	99.8	99.7	99.3	99.5	99.8	100.1	100.1	100.1	99.5	99.3	100.0	99.6

4–4–24　2019年深圳市商品住宅销售价格指数
Shenzhen Commercial Housing Price Indices of Residential Buildings for 2019

项　目　Item		1月	2月	3月	4月	5月	6月	7月	8月	9月	10月	11月	12月
定基价格指数	**新建商品住宅销售价格指数**	**145.6**	**145.6**	**145.2**	**145.8**	**146.4**	**147.1**	**147.2**	**147.5**	**149.3**	**149.9**	**150.2**	**151.2**
	一、90m²及以下	145.0	144.9	144.6	144.8	145.5	146.3	146.3	146.7	148.3	149.5	149.7	151.2
	二、90m²-144m²	145.7	145.5	145.3	146.5	146.2	146.1	145.8	146.2	147.2	147.5	148.0	148.7
	三、144m²以上	146.9	147.0	146.2	147.0	148.3	149.6	149.9	150.2	152.8	152.5	152.7	153.1
	二手住宅销售价格指数	**150.5**	**151.3**	**152.4**	**154.0**	**154.1**	**153.9**	**154.9**	**155.2**	**157.2**	**158.9**	**161.1**	**162.7**
	一、90m²及以下	152.0	153.0	153.9	155.3	155.9	155.8	157.3	157.8	160.0	161.8	164.5	166.2
	二、90m²-144m²	147.6	147.5	148.4	149.8	148.8	148.6	149.0	149.1	150.7	151.8	153.8	155.3
	三、144m²以上	151.6	153.3	154.9	157.4	157.8	157.6	158.6	158.7	161.0	163.1	164.8	166.0
同比价格指数	**新建商品住宅销售价格指数**	**99.9**	**100.5**	**100.3**	**100.7**	**101.2**	**101.3**	**100.9**	**100.6**	**102.0**	**102.9**	**103.3**	**103.6**
	一、90m²及以下	100.4	100.9	100.6	100.7	101.1	101.5	101.1	100.7	101.9	103.2	103.8	104.5
	二、90m²-144m²	100.0	100.5	100.4	101.4	101.4	101.2	100.6	100.0	100.7	101.1	101.2	101.5
	三、144m²以上	99.1	99.9	99.7	100.1	101.2	101.2	100.8	101.0	103.1	103.7	103.9	103.7
	二手住宅销售价格指数	**103.6**	**102.9**	**102.9**	**103.8**	**103.0**	**102.6**	**102.6**	**101.7**	**103.0**	**104.7**	**106.4**	**107.8**
	一、90m²及以下	101.8	102.2	101.7	102.3	102.0	101.6	102.1	100.8	102.4	104.5	106.6	108.8
	二、90m²-144m²	104.9	103.1	103.3	104.0	102.6	102.2	101.2	100.8	101.7	102.8	104.2	105.0
	三、144m²以上	105.6	103.8	104.9	106.6	105.7	105.2	105.8	104.8	106.0	108.0	109.3	109.8
环比价格指数	**新建商品住宅销售价格指数**	**99.9**	**100.0**	**99.7**	**100.4**	**100.4**	**100.5**	**100.0**	**100.2**	**101.2**	**100.4**	**100.2**	**100.7**
	一、90m²及以下	100.2	100.0	99.8	100.1	100.5	100.5	100.1	100.2	101.1	100.8	100.1	101.0
	二、90m²-144m²	99.4	99.9	99.8	100.9	99.8	99.9	99.8	100.3	100.7	100.2	100.4	100.5
	三、144m²以上	99.5	100.1	99.4	100.6	100.9	100.8	100.2	100.2	101.7	99.8	100.2	100.2
	二手住宅销售价格指数	**99.7**	**100.5**	**100.7**	**101.1**	**100.0**	**99.9**	**100.7**	**100.2**	**101.3**	**101.0**	**101.4**	**101.0**
	一、90m²及以下	99.5	100.6	100.6	100.9	100.4	100.0	100.9	100.3	101.4	101.2	101.6	101.1
	二、90m²-144m²	99.8	100.0	100.6	100.9	99.4	99.8	100.3	100.0	101.1	100.7	101.4	101.0
	三、144m²以上	100.2	101.2	101.0	101.6	100.2	99.9	100.6	100.1	101.5	101.3	101.1	100.8

4-4-25 2019年南宁市商品住宅销售价格指数

Nanning Commercial Housing Price Indices of Residential Buildings for 2019

项 目 Item		1月	2月	3月	4月	5月	6月	7月	8月	9月	10月	11月	12月
定基价格指数	**新建商品住宅销售价格指数**	**135.6**	**136.4**	**137.6**	**138.8**	**139.3**	**140.0**	**140.7**	**143.9**	**146.9**	**149.9**	**150.4**	**151.2**
	一、90m²及以下	138.4	138.9	139.8	140.7	141.1	141.8	142.9	145.3	148.3	150.8	151.5	152.4
	二、90m²-144m²	133.2	134.3	135.3	136.6	137.1	137.5	137.9	142.4	145.7	149.1	149.5	149.9
	三、144m²以上	135.1	136.3	138.4	140.1	141.0	142.5	142.8	144.7	146.8	149.8	150.1	151.8
	二手住宅销售价格指数	**126.1**	**127.6**	**128.8**	**130.6**	**132.2**	**133.1**	**133.9**	**134.5**	**135.5**	**135.7**	**135.9**	**136.5**
	一、90m²及以下	123.5	125.1	126.5	128.6	131.1	132.3	133.4	133.9	134.8	134.8	134.9	134.6
	二、90m²-144m²	124.9	126.4	127.6	129.7	130.3	130.9	131.7	131.7	132.7	133.0	133.3	134.7
	三、144m²以上	133.8	135.1	135.7	136.7	138.0	139.1	139.2	141.5	142.7	142.7	143.3	144.1
同比价格指数	**新建商品住宅销售价格指数**	**110.0**	**110.4**	**110.8**	**111.5**	**111.6**	**110.1**	**109.7**	**110.3**	**112.2**	**114.1**	**113.9**	**112.7**
	一、90m²及以下	110.8	111.1	111.0	111.8	111.6	109.8	110.0	109.8	111.7	112.5	112.5	111.6
	二、90m²-144m²	109.1	109.5	109.9	110.5	110.8	109.2	108.6	110.3	112.5	115.2	114.8	113.4
	三、144m²以上	110.4	110.9	112.4	113.7	114.1	112.8	111.8	111.7	112.5	115.1	114.8	113.6
	二手住宅销售价格指数	**108.0**	**109.5**	**110.1**	**111.7**	**113.0**	**113.0**	**113.4**	**112.2**	**112.6**	**112.1**	**111.6**	**109.8**
	一、90m²及以下	107.9	110.2	111.2	113.0	114.7	114.6	115.5	114.1	114.7	114.0	113.4	111.1
	二、90m²-144m²	107.9	109.1	110.0	111.5	112.1	112.2	112.3	110.7	110.8	110.5	110.3	109.1
	三、144m²以上	108.3	108.9	108.1	109.6	111.0	111.4	111.5	111.0	111.8	111.3	110.4	108.7
环比价格指数	**新建商品住宅销售价格指数**	**101.0**	**100.6**	**100.8**	**100.9**	**100.4**	**100.5**	**100.5**	**102.3**	**102.1**	**102.0**	**100.3**	**100.6**
	一、90m²及以下	101.3	100.3	100.7	100.6	100.3	100.5	100.8	101.7	102.1	101.7	100.4	100.6
	二、90m²-144m²	100.8	100.8	100.7	101.0	100.3	100.3	100.3	103.2	102.4	102.3	100.2	100.3
	三、144m²以上	101.1	100.9	101.5	101.2	100.7	101.0	100.2	101.3	101.5	102.1	100.2	101.1
	二手住宅销售价格指数	**101.4**	**101.2**	**100.9**	**101.4**	**101.2**	**100.7**	**100.6**	**100.5**	**100.7**	**100.1**	**100.2**	**100.4**
	一、90m²及以下	102.0	101.3	101.2	101.6	102.0	100.9	100.8	100.4	100.7	100.0	100.1	99.8
	二、90m²-144m²	101.2	101.2	101.0	101.6	100.5	100.5	100.6	100.0	100.7	100.2	100.3	101.0
	三、144m²以上	100.9	101.0	100.4	100.7	101.0	100.7	100.1	101.6	100.8	100.0	100.4	100.5

4-4-26 2019年海口市商品住宅销售价格指数
Haikou Commercial Housing Price Indices of Residential Buildings for 2019

项目 Item		1月	2月	3月	4月	5月	6月	7月	8月	9月	10月	11月	12月
定基价格指数	**新建商品住宅销售价格指数**	**139.2**	**139.6**	**140.3**	**141.6**	**143.2**	**144.8**	**146.2**	**146.2**	**147.0**	**148.5**	**148.1**	**148.5**
	一、90㎡及以下	135.6	135.8	137.4	138.0	139.3	140.4	141.6	142.0	142.6	143.9	142.7	143.1
	二、90㎡-144㎡	142.2	142.4	142.4	143.4	145.4	146.8	148.0	147.4	148.1	149.6	149.1	149.4
	三、144㎡以上	135.5	136.3	137.7	140.2	141.5	144.1	146.2	147.2	148.5	150.0	150.6	151.4
	二手住宅销售价格指数	**115.2**	**115.2**	**115.0**	**115.9**	**115.6**	**115.6**	**115.5**	**114.8**	**113.9**	**114.2**	**113.7**	**113.5**
	一、90㎡及以下	114.4	114.4	114.2	115.3	114.5	114.3	113.8	113.0	112.2	112.3	111.8	111.6
	二、90㎡-144㎡	116.3	116.3	116.1	117.2	117.5	117.8	118.2	117.8	117.0	117.4	117.1	116.7
	三、144㎡以上	114.8	114.7	114.5	114.6	114.0	114.1	114.3	112.4	111.2	111.5	111.0	111.1
同比价格指数	**新建商品住宅销售价格指数**	**120.7**	**118.8**	**116.9**	**115.7**	**114.7**	**111.6**	**110.1**	**109.1**	**109.4**	**109.8**	**109.2**	**108.0**
	一、90㎡及以下	119.2	117.9	116.7	115.5	114.4	110.8	109.5	108.7	108.7	109.0	107.6	106.6
	二、90㎡-144㎡	121.7	119.9	117.4	115.5	114.5	111.2	109.2	107.9	108.0	108.5	107.7	106.4
	三、144㎡以上	119.4	117.1	115.8	116.6	115.5	113.3	113.1	112.4	113.4	113.6	114.1	113.1
	二手住宅销售价格指数	**111.1**	**110.3**	**108.4**	**108.2**	**106.6**	**104.9**	**101.7**	**99.1**	**98.6**	**99.0**	**98.8**	**98.6**
	一、90㎡及以下	110.9	110.1	107.9	108.1	106.1	104.5	101.2	98.3	97.8	98.1	97.7	97.6
	二、90㎡-144㎡	111.4	110.6	108.9	108.7	107.7	105.6	102.8	100.7	100.2	100.7	100.6	100.4
	三、144㎡以上	110.7	110.6	108.5	107.2	105.0	103.9	100.7	97.2	96.7	97.3	97.0	97.2
环比价格指数	**新建商品住宅销售价格指数**	**101.2**	**100.3**	**100.5**	**100.9**	**101.2**	**101.1**	**101.0**	**100.0**	**100.5**	**101.0**	**99.7**	**100.3**
	一、90㎡及以下	101.0	100.2	101.1	100.5	100.9	100.8	100.9	100.3	100.4	100.9	99.2	100.3
	二、90㎡-144㎡	101.3	100.2	100.0	100.7	101.4	101.0	100.8	99.6	100.5	101.0	99.6	100.2
	三、144㎡以上	101.3	100.6	101.0	101.8	100.9	101.8	101.5	100.7	100.9	101.0	100.4	100.5
	二手住宅销售价格指数	**100.1**	**100.0**	**99.8**	**100.9**	**99.7**	**100.0**	**99.9**	**99.4**	**99.3**	**100.2**	**99.6**	**99.7**
	一、90㎡及以下	100.1	100.0	99.8	101.0	99.3	99.8	99.5	99.3	99.3	100.1	99.6	99.7
	二、90㎡-144㎡	100.0	100.0	99.8	100.9	100.3	100.3	100.3	99.7	99.3	100.3	99.7	99.7
	三、144㎡以上	100.3	99.9	99.9	100.1	99.7	100.1	100.1	98.4	98.9	100.3	99.5	100.1

4-4-27 2019年重庆市商品住宅销售价格指数
Chongqing Commercial Housing Price Indices of Residential Buildings for 2019

项 目 Item		1月	2月	3月	4月	5月	6月	7月	8月	9月	10月	11月	12月
定基价格指数	**新建商品住宅销售价格指数**	**132.8**	**133.6**	**134.4**	**135.9**	**138.4**	**139.4**	**140.7**	**140.3**	**141.1**	**141.3**	**142.1**	**142.7**
	一、90m²及以下	137.5	138.3	139.6	141.8	144.5	146.0	147.6	147.7	148.4	148.6	149.0	150.5
	二、90m²-144m²	129.9	130.7	131.3	132.9	135.6	136.0	137.4	137.0	137.5	137.7	138.5	138.7
	三、144m²以上	130.1	131.3	131.6	131.8	133.5	134.8	135.7	134.4	135.6	136.2	137.3	137.4
	二手住宅销售价格指数	**126.7**	**127.1**	**127.2**	**128.3**	**128.6**	**129.4**	**129.6**	**129.1**	**128.3**	**128.0**	**128.7**	**128.3**
	一、90m²及以下	126.3	126.7	127.3	128.5	128.5	128.8	129.3	129.0	128.4	128.2	128.8	128.4
	二、90m²-144m²	129.4	129.7	129.4	130.2	130.4	131.6	131.7	131.4	130.5	130.4	130.9	130.6
	三、144m²以上	120.7	121.4	121.3	122.7	124.4	125.2	125.1	123.1	122.0	121.3	122.4	122.1
同比价格指数	**新建商品住宅销售价格指数**	**111.8**	**112.2**	**112.1**	**112.2**	**113.3**	**112.1**	**111.7**	**110.3**	**109.7**	**109.0**	**108.4**	**108.1**
	一、90m²及以下	114.1	114.2	114.3	114.4	115.3	114.6	114.4	113.4	112.4	111.3	110.1	109.8
	二、90m²-144m²	110.2	110.5	110.3	110.8	112.2	110.6	110.2	108.8	108.0	107.5	107.2	107.1
	三、144m²以上	111.1	112.0	111.8	111.1	111.8	110.4	109.9	107.7	107.9	108.0	107.8	106.8
	二手住宅销售价格指数	**109.5**	**109.7**	**109.4**	**109.3**	**108.6**	**107.8**	**106.8**	**104.6**	**103.1**	**102.4**	**102.5**	**101.7**
	一、90m²及以下	109.2	109.6	109.5	109.7	108.8	108.0	107.3	105.3	103.8	102.7	102.6	101.6
	二、90m²-144m²	109.9	109.9	109.6	108.9	107.9	107.1	105.9	103.9	102.6	102.2	102.4	101.6
	三、144m²以上	109.0	109.4	108.9	109.5	109.7	109.4	107.8	104.3	102.7	102.1	102.9	102.1
环比价格指数	**新建商品住宅销售价格指数**	**100.5**	**100.7**	**100.6**	**101.2**	**101.8**	**100.7**	**101.0**	**99.7**	**100.5**	**100.2**	**100.5**	**100.5**
	一、90m²及以下	100.3	100.6	100.9	101.6	101.9	101.0	101.1	100.0	100.5	100.1	100.3	101.0
	二、90m²-144m²	100.3	100.6	100.4	101.3	102.0	100.3	101.0	99.7	100.4	100.2	100.5	100.2
	三、144m²以上	101.2	100.9	100.2	100.2	101.2	101.0	100.7	99.0	100.9	100.4	100.8	100.1
	二手住宅销售价格指数	**100.4**	**100.3**	**100.1**	**100.8**	**100.3**	**100.6**	**100.2**	**99.6**	**99.4**	**99.8**	**100.5**	**99.7**
	一、90m²及以下	100.0	100.3	100.4	101.0	100.0	100.3	100.3	99.8	99.5	99.8	100.4	99.7
	二、90m²-144m²	100.6	100.2	99.8	100.6	100.2	100.9	100.1	99.8	99.3	99.9	100.4	99.8
	三、144m²以上	100.9	100.6	99.9	101.2	101.3	100.7	99.9	98.4	99.1	99.5	100.9	99.8

4-4-28　2019年成都市商品住宅销售价格指数
Chengdu Commercial Housing Price Indices of Residential Buildings for 2019

项　目　Item		1月	2月	3月	4月	5月	6月	7月	8月	9月	10月	11月	12月
定基价格指数	**新建商品住宅销售价格指数**	**140.0**	**141.0**	**142.0**	**143.1**	**143.7**	**145.6**	**147.4**	**148.5**	**149.5**	**151.7**	**152.9**	**153.7**
	一、90㎡及以下	141.2	142.0	143.0	144.1	144.6	145.8	147.6	148.6	150.3	153.0	154.3	154.8
	二、90㎡-144㎡	138.5	139.8	140.5	141.6	142.3	144.5	145.9	147.0	147.3	148.9	150.1	150.5
	三、144㎡以上	140.2	140.9	142.1	143.7	144.0	146.9	149.8	150.6	151.2	153.3	154.5	156.6
	二手住宅销售价格指数	**117.2**	**117.8**	**117.7**	**117.5**	**118.1**	**118.2**	**119.2**	**118.1**	**117.7**	**117.7**	**117.5**	**118.0**
	一、90㎡及以下	118.1	118.6	118.5	118.4	119.3	119.0	120.1	120.0	119.2	119.5	119.6	119.9
	二、90㎡-144㎡	115.9	116.2	116.0	115.8	116.2	116.5	117.3	115.9	115.8	115.7	115.4	116.0
	三、144㎡以上	118.0	119.2	119.4	118.6	119.1	119.7	120.7	117.9	117.7	117.0	116.5	117.1
同比价格指数	**新建商品住宅销售价格指数**	**113.4**	**114.2**	**114.7**	**115.4**	**113.4**	**113.0**	**113.3**	**112.8**	**112.8**	**112.5**	**111.5**	**110.6**
	一、90㎡及以下	115.2	115.7	116.1	116.9	114.7	113.7	113.8	113.1	113.2	113.3	111.8	110.6
	二、90㎡-144㎡	111.3	112.6	113.2	113.5	111.8	111.9	111.8	111.8	111.8	110.9	110.2	109.1
	三、144㎡以上	113.1	113.7	114.5	115.5	113.3	113.6	114.8	113.7	113.7	113.8	112.9	113.0
	二手住宅销售价格指数	**106.1**	**106.5**	**106.8**	**106.9**	**106.9**	**106.5**	**105.7**	**103.3**	**102.2**	**101.8**	**101.1**	**100.6**
	一、90㎡及以下	105.6	105.6	105.7	106.1	106.2	105.4	104.7	103.4	102.3	102.3	101.6	101.4
	二、90㎡-144㎡	106.2	106.6	106.7	106.9	106.8	106.9	106.1	103.3	102.1	101.2	100.8	100.3
	三、144㎡以上	107.5	108.4	109.6	109.1	108.6	108.7	107.2	102.8	102.3	101.5	100.5	99.4
环比价格指数	**新建商品住宅销售价格指数**	**100.8**	**100.7**	**100.7**	**100.8**	**100.4**	**101.3**	**101.3**	**100.7**	**100.7**	**101.5**	**100.8**	**100.5**
	一、90㎡及以下	100.9	100.6	100.7	100.8	100.3	100.8	101.2	100.7	101.1	101.8	100.8	100.3
	二、90㎡-144㎡	100.4	100.9	100.5	100.8	100.5	101.5	101.0	100.8	100.2	101.1	100.8	100.3
	三、144㎡以上	101.2	100.5	100.9	101.1	100.3	102.0	102.0	100.5	100.4	101.4	100.7	101.4
	二手住宅销售价格指数	**100.0**	**100.5**	**99.9**	**99.8**	**100.5**	**100.1**	**100.8**	**99.1**	**99.6**	**100.0**	**99.8**	**100.4**
	一、90㎡及以下	99.8	100.4	99.9	100.0	100.7	99.8	100.9	99.9	99.3	100.3	100.0	100.3
	二、90㎡-144㎡	100.1	100.3	99.8	99.8	100.3	100.2	100.7	98.8	99.9	99.9	99.7	100.6
	三、144㎡以上	100.2	101.0	100.1	99.4	100.4	100.5	100.8	97.7	99.8	99.5	99.5	100.5

4-4-29　2019年贵阳市商品住宅销售价格指数
Guiyang Commercial Housing Price Indices of Residential Buildings for 2019

项　目　Item		1月	2月	3月	4月	5月	6月	7月	8月	9月	10月	11月	12月
定基价格指数	**新建商品住宅销售价格指数**	**139.5**	**141.4**	**142.5**	**143.8**	**145.1**	**146.3**	**147.9**	**148.6**	**148.1**	**147.8**	**147.0**	**146.4**
	一、90m²及以下	143.5	144.9	145.6	146.8	148.3	149.3	150.5	150.9	150.6	150.6	149.5	149.1
	二、90m²-144m²	139.1	141.2	142.4	143.7	144.9	146.2	148.1	148.9	148.8	148.2	147.6	147.0
	三、144m²以上	135.3	137.0	138.2	139.8	141.1	142.1	144.0	144.2	142.5	142.6	141.7	140.8
	二手住宅销售价格指数	**122.3**	**122.7**	**122.6**	**122.8**	**123.2**	**122.7**	**122.4**	**121.7**	**121.0**	**120.5**	**119.8**	**119.0**
	一、90m²及以下	121.9	122.5	122.4	122.3	122.3	121.7	121.5	119.7	119.0	118.4	117.7	117.0
	二、90m²-144m²	120.7	121.2	121.1	121.2	121.8	121.0	121.0	121.0	120.3	119.7	119.2	118.2
	三、144m²以上	126.9	126.9	126.8	127.6	128.1	128.5	127.5	126.6	125.7	125.7	124.6	124.2
同比价格指数	**新建商品住宅销售价格指数**	**119.4**	**120.5**	**120.6**	**120.1**	**120.5**	**120.1**	**119.4**	**117.7**	**115.0**	**110.2**	**107.5**	**106.5**
	一、90m²及以下	122.2	123.1	123.0	122.1	122.0	120.8	119.6	117.0	114.3	109.1	106.5	105.8
	二、90m²-144m²	118.3	119.3	119.4	118.9	119.5	119.5	119.2	118.1	115.7	110.9	108.2	107.1
	三、144m²以上	118.8	120.4	120.5	120.9	121.3	120.7	119.5	117.8	114.0	109.4	106.6	105.6
	二手住宅销售价格指数	**112.5**	**112.6**	**112.1**	**111.6**	**111.8**	**110.3**	**108.2**	**105.9**	**102.5**	**100.4**	**99.1**	**97.9**
	一、90m²及以下	112.2	112.5	112.1	111.6	111.6	109.9	108.1	104.8	101.2	99.1	97.7	96.5
	二、90m²-144m²	111.9	112.1	111.4	110.9	111.2	109.5	107.5	106.0	102.8	100.6	99.8	98.5
	三、144m²以上	114.5	114.2	113.8	113.4	113.6	112.8	109.9	107.4	103.7	101.5	99.3	98.5
环比价格指数	**新建商品住宅销售价格指数**	**101.5**	**101.3**	**100.8**	**100.9**	**100.9**	**100.8**	**101.1**	**100.4**	**99.7**	**99.8**	**99.5**	**99.6**
	一、90m²及以下	101.9	101.0	100.5	100.8	101.0	100.7	100.8	100.2	99.8	100.0	99.3	99.7
	二、90m²-144m²	101.3	101.5	100.9	100.9	100.9	100.9	101.3	100.6	99.9	99.6	99.6	99.6
	三、144m²以上	101.5	101.2	100.9	101.2	101.0	100.7	101.3	100.2	98.8	100.1	99.3	99.4
	二手住宅销售价格指数	**100.4**	**100.3**	**99.9**	**100.2**	**100.5**	**99.6**	**99.8**	**99.5**	**99.4**	**99.6**	**99.5**	**99.3**
	一、90m²及以下	100.2	100.5	99.9	99.9	100.4	99.5	99.8	98.6	99.4	99.5	99.5	99.4
	二、90m²-144m²	100.5	100.4	99.9	100.1	100.6	99.3	100.0	100.0	99.4	99.5	99.6	99.1
	三、144m²以上	100.4	100.0	100.0	100.6	100.7	100.3	99.2	99.3	99.2	100.0	99.1	99.7

4-4-30 2019年昆明市商品住宅销售价格指数
Kunming Commercial Housing Price Indices of Residential Buildings for 2019

项 目 Item		1月	2月	3月	4月	5月	6月	7月	8月	9月	10月	11月	12月
定基价格指数	**新建商品住宅销售价格指数**	**133.4**	**134.4**	**135.5**	**137.1**	**138.1**	**139.8**	**141.2**	**142.8**	**144.6**	**146.8**	**147.7**	**147.3**
	一、90m²及以下	132.7	133.4	135.0	136.9	137.6	139.1	140.8	142.3	143.4	145.4	147.8	146.4
	二、90m²-144m²	134.2	135.0	136.4	137.9	138.9	141.3	142.5	145.0	146.9	148.7	148.8	149.1
	三、144m²以上	132.5	134.1	134.2	135.9	136.9	137.5	139.0	139.2	141.3	144.6	145.6	144.9
	二手住宅销售价格指数	**126.1**	**127.1**	**127.5**	**127.6**	**128.6**	**129.4**	**130.1**	**131.4**	**132.4**	**132.8**	**133.5**	**133.6**
	一、90m²及以下	124.9	125.9	126.4	127.2	128.4	128.9	129.8	130.6	131.2	131.6	132.1	131.7
	二、90m²-144m²	125.6	126.8	126.7	126.5	127.8	128.9	129.4	131.1	132.4	132.5	133.4	133.1
	三、144m²以上	128.8	129.4	130.4	130.0	130.0	131.0	131.6	133.2	134.2	135.0	135.9	137.4
同比价格指数	**新建商品住宅销售价格指数**	**115.7**	**116.2**	**116.2**	**116.8**	**116.5**	**115.7**	**113.5**	**113.2**	**112.3**	**112.5**	**112.4**	**111.1**
	一、90m²及以下	114.4	114.9	114.8	115.9	116.0	115.4	112.8	111.7	110.5	110.6	111.9	110.1
	二、90m²-144m²	115.5	115.8	116.0	116.3	115.6	115.4	113.5	114.1	113.6	113.3	112.5	112.1
	三、144m²以上	117.4	118.3	117.9	118.7	118.7	116.7	114.4	112.7	111.8	112.6	112.5	110.2
	二手住宅销售价格指数	**115.1**	**115.4**	**115.3**	**115.0**	**114.1**	**114.0**	**112.0**	**110.9**	**108.9**	**107.8**	**107.8**	**106.3**
	一、90m²及以下	114.4	114.6	115.0	115.1	114.5	114.0	112.3	110.6	108.2	107.5	107.3	105.9
	二、90m²-144m²	115.4	115.7	115.2	115.0	114.5	114.5	112.3	111.6	109.5	108.0	108.4	106.5
	三、144m²以上	115.6	116.1	115.9	114.9	112.8	113.2	110.8	110.2	108.8	108.1	107.4	106.9
环比价格指数	**新建商品住宅销售价格指数**	**100.6**	**100.8**	**100.8**	**101.2**	**100.7**	**101.2**	**101.0**	**101.2**	**101.3**	**101.5**	**100.6**	**99.7**
	一、90m²及以下	99.9	100.5	101.2	101.4	100.5	101.1	101.2	101.1	100.7	101.4	101.6	99.1
	二、90m²-144m²	100.9	100.6	101.0	101.1	100.7	101.7	100.9	101.7	101.3	101.2	100.1	100.2
	三、144m²以上	100.8	101.2	100.0	101.3	100.7	100.4	101.1	100.1	101.6	102.3	100.7	99.5
	二手住宅销售价格指数	**100.4**	**100.7**	**100.3**	**100.1**	**100.8**	**100.7**	**100.5**	**101.0**	**100.8**	**100.3**	**100.6**	**100.1**
	一、90m²及以下	100.4	100.7	100.4	100.7	101.0	100.3	100.7	100.6	100.5	100.3	100.4	99.7
	二、90m²-144m²	100.5	100.9	99.9	99.8	101.1	100.9	100.4	101.3	101.0	100.0	100.7	99.8
	三、144m²以上	100.2	100.4	100.8	99.7	99.9	100.8	100.4	101.2	100.7	100.6	100.7	101.1

4-4-31 2019年西安市商品住宅销售价格指数

Xi'an Commercial Housing Price Indices of Residential Buildings for 2019

项 目 Item		1月	2月	3月	4月	5月	6月	7月	8月	9月	10月	11月	12月
定基价格指数	**新建商品住宅销售价格指数**	**150.7**	**152.4**	**153.9**	**155.6**	**158.8**	**161.5**	**163.8**	**164.6**	**165.8**	**167.4**	**168.5**	**169.6**
	一、90m²及以下	153.0	154.5	155.9	157.1	160.1	164.5	167.5	167.1	167.5	170.1	173.0	175.3
	二、90m²-144m²	150.2	151.9	153.6	155.9	158.9	161.0	163.0	165.1	167.4	168.3	168.7	169.4
	三、144m²以上	149.3	151.1	152.6	153.6	157.4	159.6	161.6	161.2	161.3	163.1	163.6	164.3
	二手住宅销售价格指数	**120.7**	**120.5**	**121.9**	**122.9**	**123.6**	**124.3**	**124.5**	**124.5**	**123.8**	**123.0**	**122.0**	**121.3**
	一、90m²及以下	123.7	123.4	125.0	125.8	126.3	127.1	127.3	127.6	127.3	127.3	127.0	126.1
	二、90m²-144m²	120.1	120.0	121.6	122.4	122.7	122.9	123.0	122.5	121.4	120.2	118.7	118.0
	三、144m²以上	117.1	116.8	117.5	119.2	121.3	123.1	123.4	123.9	123.5	122.0	121.4	121.0
同比价格指数	**新建商品住宅销售价格指数**	**123.5**	**124.2**	**124.4**	**123.8**	**124.4**	**125.2**	**125.3**	**122.3**	**116.0**	**115.6**	**114.7**	**114.2**
	一、90m²及以下	124.8	125.8	125.8	125.3	125.7	127.3	127.3	123.1	115.6	116.0	115.8	116.0
	二、90m²-144m²	122.9	123.8	124.0	123.9	124.1	124.6	124.9	122.6	117.2	115.9	114.8	114.5
	三、144m²以上	123.4	123.6	123.8	122.2	123.5	124.2	124.2	120.9	114.0	114.5	113.5	111.8
	二手住宅销售价格指数	**114.8**	**114.8**	**114.7**	**113.1**	**112.1**	**111.0**	**110.1**	**107.5**	**104.4**	**102.1**	**100.6**	**100.4**
	一、90m²及以下	115.9	115.3	115.1	112.7	111.1	110.5	109.6	107.3	104.5	103.1	102.1	101.9
	二、90m²-144m²	113.8	114.0	114.3	112.9	111.5	109.9	108.8	105.9	102.6	100.2	98.3	98.1
	三、144m²以上	115.3	115.8	114.8	114.5	115.4	114.7	114.0	111.7	108.3	104.8	103.4	103.1
环比价格指数	**新建商品住宅销售价格指数**	**101.5**	**101.1**	**101.0**	**101.1**	**102.0**	**101.7**	**101.4**	**100.5**	**100.7**	**100.9**	**100.7**	**100.7**
	一、90m²及以下	101.3	101.0	100.9	100.8	101.9	102.8	101.8	99.8	100.2	101.6	101.7	101.3
	二、90m²-144m²	101.6	101.1	101.1	101.5	101.9	101.4	101.2	101.3	101.4	100.5	100.3	100.4
	三、144m²以上	101.6	101.2	101.0	100.7	102.5	101.4	101.3	99.8	100.1	101.1	100.3	100.4
	二手住宅销售价格指数	**99.9**	**99.8**	**101.2**	**100.9**	**100.6**	**100.6**	**100.1**	**100.0**	**99.4**	**99.3**	**99.2**	**99.4**
	一、90m²及以下	100.0	99.8	101.3	100.7	100.4	100.6	100.2	100.2	99.8	100.0	99.7	99.3
	二、90m²-144m²	99.8	99.9	101.3	100.7	100.2	100.2	100.0	99.6	99.1	99.1	98.7	99.4
	三、144m²以上	99.8	99.8	100.6	101.5	101.8	101.4	100.3	100.4	99.7	98.8	99.5	99.7

4—4—32　2019年兰州市商品住宅销售价格指数
Lanzhou Commercial Housing Price Indices of Residential Buildings for 2019

项　目　Item		1月	2月	3月	4月	5月	6月	7月	8月	9月	10月	11月	12月
定基价格指数	**新建商品住宅销售价格指数**	**121.7**	**122.1**	**122.2**	**122.3**	**123.1**	**123.4**	**124.3**	**124.2**	**124.5**	**124.9**	**126.3**	**126.8**
	一、90m²及以下	125.7	125.4	125.7	126.4	127.8	128.3	129.6	128.9	128.9	129.5	131.1	131.6
	二、90m²-144m²	120.4	121.0	120.9	120.8	121.5	121.9	122.7	123.0	123.4	123.6	125.1	125.5
	三、144m²以上	118.8	119.5	119.6	119.5	119.5	119.5	119.7	119.8	120.6	120.9	121.7	122.5
	二手住宅销售价格指数	**115.9**	**116.1**	**117.3**	**117.5**	**118.9**	**119.6**	**120.3**	**121.3**	**122.0**	**123.1**	**123.9**	**124.6**
	一、90m²及以下	117.3	117.5	118.5	118.7	119.4	119.1	120.1	120.2	120.5	121.9	123.2	123.8
	二、90m²-144m²	115.6	115.8	116.8	117.0	119.4	120.8	121.3	123.0	123.8	124.9	125.7	126.5
	三、144m²以上	114.1	114.4	115.8	116.3	117.6	118.5	119.3	120.8	122.0	122.4	122.4	123.1
同比价格指数	**新建商品住宅销售价格指数**	**111.2**	**110.9**	**110.6**	**110.2**	**110.1**	**109.1**	**109.0**	**107.7**	**106.7**	**105.2**	**105.5**	**104.9**
	一、90m²及以下	113.5	112.7	112.3	112.1	113.1	111.6	112.1	110.5	108.8	106.8	106.7	105.7
	二、90m²-144m²	110.1	110.2	109.7	109.2	108.7	108.1	108.2	106.8	106.1	104.7	105.4	104.7
	三、144m²以上	110.0	109.9	110.1	109.3	108.8	107.4	106.2	105.3	105.1	104.1	103.7	103.9
	二手住宅销售价格指数	**109.9**	**109.8**	**110.7**	**110.6**	**111.5**	**111.4**	**111.4**	**110.4**	**109.0**	**108.2**	**107.4**	**107.7**
	一、90m²及以下	110.1	109.8	110.4	110.0	110.3	109.4	109.7	107.7	106.2	105.6	105.2	105.3
	二、90m²-144m²	109.9	109.8	110.6	110.7	112.6	113.1	112.7	112.3	111.1	110.5	109.7	110.1
	三、144m²以上	109.7	109.9	111.2	111.5	112.0	112.3	112.4	112.2	110.9	109.3	107.6	108.1
环比价格指数	**新建商品住宅销售价格指数**	**100.7**	**100.3**	**100.1**	**100.1**	**100.6**	**100.3**	**100.7**	**99.9**	**100.3**	**100.3**	**101.1**	**100.4**
	一、90m²及以下	100.9	99.8	100.3	100.5	101.1	100.4	101.0	99.4	100.0	100.5	101.3	100.4
	二、90m²-144m²	100.5	100.5	99.9	100.0	100.5	100.3	100.7	100.2	100.3	100.2	101.2	100.3
	三、144m²以上	100.8	100.6	100.1	99.9	100.0	100.0	100.2	100.1	100.7	100.3	100.7	100.6
	二手住宅销售价格指数	**100.2**	**100.2**	**101.0**	**100.2**	**101.2**	**100.5**	**100.6**	**100.9**	**100.6**	**100.9**	**100.6**	**100.5**
	一、90m²及以下	99.9	100.1	100.9	100.2	100.5	99.8	100.8	100.0	100.3	101.2	101.0	100.5
	二、90m²-144m²	100.6	100.2	100.9	100.2	102.0	101.1	100.4	101.5	100.6	100.9	100.6	100.6
	三、144m²以上	100.2	100.2	101.3	100.4	101.1	100.7	100.7	101.3	100.9	100.3	--	100.6

4-4-33 2019年西宁市商品住宅销售价格指数
Xining Commercial Housing Price Indices of Residential Buildings for 2019

项 目 Item		1月	2月	3月	4月	5月	6月	7月	8月	9月	10月	11月	12月
定基价格指数	**新建商品住宅销售价格指数**	**119.6**	**122.4**	**123.6**	**124.2**	**124.7**	**125.4**	**126.8**	**127.8**	**129.4**	**133.0**	**134.7**	**136.1**
	一、90m²及以下	122.0	124.7	124.8	124.0	125.5	126.1	127.7	128.8	129.4	131.9	133.3	134.1
	二、90m²-144m²	119.5	122.5	124.0	124.8	125.3	125.6	127.4	128.5	130.3	133.9	135.7	137.0
	三、144m²以上	118.9	121.3	121.7	122.2	122.4	124.3	124.3	125.1	126.6	130.6	132.5	134.1
	二手住宅销售价格指数	**109.6**	**110.9**	**112.7**	**114.9**	**116.2**	**117.2**	**118.5**	**119.5**	**120.9**	**121.9**	**123.1**	**123.6**
	一、90m²及以下	109.2	110.2	111.7	113.8	115.4	115.8	116.6	117.1	118.3	118.5	119.8	120.9
	二、90m²-144m²	109.5	110.8	112.9	115.2	116.5	117.4	119.1	120.6	121.9	123.3	124.6	124.8
	三、144m²以上	110.2	111.7	113.4	115.5	116.4	118.2	119.2	119.4	120.8	121.6	122.6	123.1
同比价格指数	**新建商品住宅销售价格指数**	**111.8**	**113.5**	**114.6**	**115.3**	**115.7**	**113.3**	**114.0**	**113.2**	**112.3**	**114.3**	**114.2**	**113.8**
	一、90m²及以下	112.3	113.8	113.6	112.9	113.8	110.3	110.9	110.3	109.3	110.7	111.2	110.4
	二、90m²-144m²	111.5	113.5	114.9	115.8	116.2	113.6	114.9	114.1	113.0	114.9	114.7	114.5
	三、144m²以上	112.3	113.5	114.2	115.2	114.9	113.8	112.9	112.0	111.4	114.0	114.1	113.1
	二手住宅销售价格指数	**107.0**	**108.2**	**110.0**	**112.2**	**113.5**	**113.5**	**114.5**	**114.1**	**113.3**	**113.4**	**113.7**	**112.8**
	一、90m²及以下	107.1	108.1	109.4	111.4	112.9	112.3	112.8	112.1	110.9	110.4	111.3	111.2
	二、90m²-144m²	106.6	107.7	109.7	112.0	113.3	113.4	114.6	114.8	114.2	114.8	115.0	114.0
	三、144m²以上	108.2	109.7	111.3	113.6	114.4	115.2	115.9	114.4	113.6	113.1	112.9	111.5
环比价格指数	**新建商品住宅销售价格指数**	**100.0**	**102.3**	**100.9**	**100.5**	**100.4**	**100.5**	**101.1**	**100.8**	**101.3**	**102.8**	**101.3**	**101.0**
	一、90m²及以下	100.4	102.2	100.1	99.4	101.2	100.5	101.3	100.8	100.5	102.0	101.0	100.6
	二、90m²-144m²	99.8	102.5	101.3	100.7	100.4	100.2	101.4	100.9	101.4	102.8	101.3	101.0
	三、144m²以上	100.3	102.0	100.3	100.5	100.1	101.6	100.0	100.7	101.2	103.1	101.5	101.2
	二手住宅销售价格指数	**100.1**	**101.1**	**101.7**	**102.0**	**101.1**	**100.8**	**101.2**	**100.9**	**101.1**	**100.8**	**101.0**	**100.4**
	一、90m²及以下	100.4	101.0	101.3	101.9	101.5	100.4	100.6	100.5	101.0	100.1	101.1	100.9
	二、90m²-144m²	100.1	101.2	101.9	102.0	101.1	100.8	101.5	101.3	101.1	101.2	101.1	100.1
	三、144m²以上	99.8	101.3	101.5	101.8	100.8	101.5	100.9	100.1	101.2	100.6	100.9	100.4

4—4—34 2019年银川市商品住宅销售价格指数
Yinchuan Commercial Housing Price Indices of Residential Buildings for 2019

项 目 Item		1月	2月	3月	4月	5月	6月	7月	8月	9月	10月	11月	12月
定基价格指数	**新建商品住宅销售价格指数**	**115.2**	**116.0**	**116.7**	**117.4**	**118.1**	**119.2**	**119.6**	**121.8**	**123.8**	**124.8**	**127.2**	**128.7**
	一、90m²及以下	114.1	114.8	115.7	116.9	117.2	118.7	119.5	121.3	123.6	124.3	126.9	128.3
	二、90m²-144m²	114.8	115.8	116.7	116.9	117.9	118.9	119.6	121.7	123.8	124.9	127.3	128.5
	三、144m²以上	117.0	117.2	117.6	118.9	118.9	120.4	119.9	122.5	124.0	125.0	127.3	129.3
	二手住宅销售价格指数	**106.2**	**106.5**	**107.6**	**108.0**	**108.3**	**108.9**	**109.7**	**111.3**	**112.0**	**112.6**	**113.6**	**114.1**
	一、90m²及以下	106.6	106.8	108.0	108.2	108.8	109.4	109.9	111.4	112.3	112.6	113.6	113.8
	二、90m²-144m²	106.0	106.3	107.3	107.7	107.7	108.3	109.4	111.1	111.7	112.5	113.5	114.3
	三、144m²以上	105.7	105.9	107.4	108.0	107.9	109.0	110.2	111.6	112.1	112.8	113.9	114.4
同比价格指数	**新建商品住宅销售价格指数**	**109.3**	**109.5**	**109.4**	**109.4**	**109.6**	**109.1**	**108.5**	**108.6**	**109.5**	**110.1**	**111.9**	**112.3**
	一、90m²及以下	108.0	108.0	108.7	109.1	109.2	109.5	108.8	108.6	109.6	110.4	112.5	112.1
	二、90m²-144m²	109.5	109.9	109.7	109.1	109.5	108.6	108.4	108.4	109.8	110.5	112.3	112.7
	三、144m²以上	109.8	109.4	109.1	110.3	110.0	110.4	108.6	109.4	108.7	109.1	110.6	111.3
	二手住宅销售价格指数	**105.4**	**105.8**	**106.8**	**106.9**	**107.2**	**107.0**	**106.9**	**107.4**	**106.6**	**107.0**	**107.4**	**107.6**
	一、90m²及以下	105.4	105.7	106.8	106.9	107.5	107.2	106.7	107.3	106.8	106.7	106.9	106.8
	二、90m²-144m²	105.3	105.8	106.6	106.7	106.7	106.5	106.7	107.3	106.4	107.1	107.8	108.4
	三、144m²以上	105.9	106.3	107.7	108.3	108.3	108.4	108.7	108.5	107.3	107.9	108.2	108.2
环比价格指数	**新建商品住宅销售价格指数**	**100.5**	**100.7**	**100.7**	**100.5**	**100.6**	**101.0**	**100.3**	**101.8**	**101.7**	**100.8**	**101.9**	**101.2**
	一、90m²及以下	99.7	100.5	100.8	101.0	100.3	101.3	100.7	101.6	101.9	100.6	102.0	101.1
	二、90m²-144m²	100.6	100.9	100.8	100.2	100.8	100.8	100.6	101.8	101.7	100.9	101.9	101.0
	三、144m²以上	100.6	100.2	100.3	101.1	100.0	101.2	99.6	102.1	101.2	100.8	101.8	101.6
	二手住宅销售价格指数	**100.2**	**100.3**	**101.0**	**100.3**	**100.3**	**100.6**	**100.8**	**101.5**	**100.7**	**100.5**	**100.9**	**100.4**
	一、90m²及以下	100.0	100.2	101.1	100.2	100.6	100.5	100.4	101.4	100.8	100.3	100.8	100.2
	二、90m²-144m²	100.5	100.3	100.9	100.4	100.0	100.5	101.0	101.5	100.6	100.7	100.9	100.6
	三、144m²以上	100.0	100.1	101.4	100.6	99.8	101.0	101.1	101.3	100.4	100.6	101.0	100.4

4–4–35　2019年乌鲁木齐市商品住宅销售价格指数
Urumqi Commercial Housing Price Indices of Residential Buildings for 2019

	项 目 Item	1月	2月	3月	4月	5月	6月	7月	8月	9月	10月	11月	12月
定基价格指数	**新建商品住宅销售价格指数**	**115.3**	**116.0**	**116.5**	**117.1**	**117.2**	**118.2**	**118.3**	**117.8**	**118.0**	**117.8**	**116.7**	**116.7**
	一、90m²及以下	115.2	115.7	115.8	117.3	118.3	118.9	120.0	119.2	118.9	118.7	116.7	117.5
	二、90m²-144m²	117.9	118.7	119.0	119.8	119.8	120.9	120.9	120.5	120.5	120.3	119.3	118.9
	三、144m²以上	108.3	109.0	110.0	109.8	109.1	110.1	110.0	109.6	110.5	110.1	109.5	110.2
	二手住宅销售价格指数	**122.6**	**123.5**	**123.1**	**124.7**	**125.6**	**126.5**	**126.3**	**124.9**	**124.9**	**125.5**	**124.9**	**124.5**
	一、90m²及以下	121.9	123.0	122.5	123.8	124.5	125.7	126.1	124.8	124.7	125.2	124.2	124.0
	二、90m²-144m²	124.0	124.8	124.4	126.1	127.4	127.7	127.0	125.6	125.8	126.4	126.3	125.6
	三、144m²以上	119.4	120.3	119.7	122.3	123.0	124.8	123.6	122.6	121.9	123.1	122.2	122.1
同比价格指数	**新建商品住宅销售价格指数**	**109.7**	**108.9**	**108.4**	**107.9**	**106.5**	**106.5**	**106.4**	**104.5**	**104.2**	**103.7**	**101.8**	**101.5**
	一、90m²及以下	110.1	108.8	107.9	107.4	107.7	108.3	109.3	106.5	105.5	105.1	102.4	102.9
	二、90m²-144m²	110.1	109.2	108.7	108.3	106.4	106.2	106.0	104.1	103.8	103.3	101.7	101.1
	三、144m²以上	108.2	108.3	108.1	107.0	105.9	106.1	105.4	104.0	104.4	103.7	101.8	101.5
	二手住宅销售价格指数	**112.9**	**112.4**	**109.7**	**109.6**	**108.4**	**108.8**	**108.4**	**105.6**	**104.3**	**103.8**	**102.8**	**102.0**
	一、90m²及以下	112.6	112.8	110.0	109.6	108.1	108.7	108.8	105.5	104.0	103.5	102.6	102.0
	二、90m²-144m²	113.4	112.1	109.6	109.7	108.8	108.9	108.3	105.7	104.8	104.2	103.0	102.0
	三、144m²以上	112.1	112.0	109.0	109.5	108.2	109.0	107.6	105.3	103.7	103.9	102.8	102.6
环比价格指数	**新建商品住宅销售价格指数**	**100.3**	**100.6**	**100.4**	**100.6**	**100.0**	**100.8**	**100.2**	**99.6**	**100.2**	**99.8**	**99.1**	**100.0**
	一、90m²及以下	100.9	100.4	100.1	101.3	100.8	100.6	100.9	99.3	99.8	99.8	98.3	100.7
	二、90m²-144m²	100.3	100.7	100.2	100.7	100.0	100.9	100.0	99.6	100.0	99.8	99.1	99.7
	三、144m²以上	99.7	100.7	100.9	99.8	99.4	100.9	99.9	99.6	100.8	99.7	99.4	100.7
	二手住宅销售价格指数	**100.4**	**100.8**	**99.7**	**101.3**	**100.7**	**100.7**	**99.8**	**99.0**	**100.0**	**100.5**	**99.5**	**99.7**
	一、90m²及以下	100.2	100.9	99.6	101.1	100.6	100.9	100.4	99.0	99.9	100.4	99.2	99.9
	二、90m²-144m²	100.7	100.6	99.7	101.4	101.0	100.3	99.5	98.9	100.2	100.5	99.9	99.4
	三、144m²以上	100.3	100.7	99.5	102.2	100.5	101.5	99.0	99.3	99.4	101.0	99.3	99.9

4-4-36 2019年唐山市商品住宅销售价格指数

Tangshan Commercial Housing Price Indices of Residential Buildings for 2019

	项 目 Item	1月	2月	3月	4月	5月	6月	7月	8月	9月	10月	11月	12月
定基价格指数	**新建商品住宅销售价格指数**	**123.3**	**123.9**	**125.1**	**125.7**	**126.8**	**128.5**	**129.3**	**131.8**	**132.5**	**134.8**	**137.3**	**138.4**
	一、90m^2及以下	121.2	121.4	122.3	123.1	124.3	125.1	125.1	127.5	127.7	129.6	131.6	132.4
	二、90m^2-144m^2	124.5	125.0	126.3	126.8	127.8	130.1	131.5	134.0	134.7	136.9	139.7	140.9
	三、144m^2以上	122.6	124.3	125.5	126.2	127.4	128.5	129.0	131.3	132.8	135.6	138.5	139.7
	二手住宅销售价格指数	**114.6**	**114.7**	**116.1**	**117.8**	**119.0**	**120.3**	**121.0**	**123.1**	**126.4**	**128.0**	**130.3**	**131.7**
	一、90m^2及以下	115.9	116.0	117.7	119.5	120.7	121.8	122.6	125.2	128.5	130.0	132.3	133.7
	二、90m^2-144m^2	113.4	113.9	114.8	116.8	117.9	119.6	120.4	122.0	125.3	127.1	129.6	131.0
	三、144m^2以上	111.6	111.5	112.5	113.7	114.5	115.5	115.5	116.8	119.9	121.3	123.0	124.6
同比价格指数	**新建商品住宅销售价格指数**	**112.9**	**113.2**	**113.3**	**113.2**	**113.8**	**113.9**	**112.7**	**111.7**	**110.8**	**111.3**	**111.9**	**112.9**
	一、90m^2及以下	111.4	111.0	111.7	111.4	112.3	112.6	110.2	109.2	108.5	108.3	108.0	109.2
	二、90m^2-144m^2	113.8	114.2	113.8	113.9	114.3	114.3	113.7	112.4	111.6	112.4	113.4	114.1
	三、144m^2以上	112.3	113.6	114.2	113.5	114.5	114.7	113.4	112.8	111.6	112.0	113.1	114.5
	二手住宅销售价格指数	**108.3**	**108.3**	**109.3**	**111.0**	**111.7**	**112.0**	**111.3**	**112.1**	**114.0**	**114.2**	**114.7**	**115.2**
	一、90m^2及以下	108.6	108.6	109.8	111.3	112.3	111.9	111.1	112.3	113.9	114.2	115.0	115.5
	二、90m^2-144m^2	108.1	108.3	109.0	111.1	111.5	112.6	112.2	112.7	115.1	115.4	115.4	116.1
	三、144m^2以上	107.3	106.9	107.8	109.4	109.6	110.6	109.5	109.3	111.3	110.7	111.1	111.5
环比价格指数	**新建商品住宅销售价格指数**	**100.5**	**100.5**	**100.9**	**100.5**	**100.9**	**101.3**	**100.7**	**101.9**	**100.6**	**101.7**	**101.9**	**100.8**
	一、90m^2及以下	100.0	100.2	100.8	100.7	101.0	100.6	100.0	101.9	100.2	101.5	101.5	100.7
	二、90m^2-144m^2	100.8	100.4	101.0	100.4	100.8	101.8	101.1	102.0	100.5	101.7	102.0	100.9
	三、144m^2以上	100.5	101.4	100.9	100.6	100.9	100.9	100.4	101.8	101.2	102.1	102.1	100.8
	二手住宅销售价格指数	**100.2**	**100.2**	**101.2**	**101.5**	**101.0**	**101.1**	**100.6**	**101.8**	**102.6**	**101.3**	**101.8**	**101.1**
	一、90m^2及以下	100.1	100.1	101.4	101.5	101.0	100.9	100.7	102.2	102.6	101.2	101.8	101.1
	二、90m^2-144m^2	100.5	100.4	100.8	101.7	101.0	101.5	100.6	101.3	102.7	101.5	102.0	101.1
	三、144m^2以上	99.9	99.9	100.9	101.1	100.7	100.9	100.0	101.2	102.6	101.2	101.5	101.3

4-4-37 2019年秦皇岛市商品住宅销售价格指数
Qinhuangdao Commercial Housing Price Indices of Residential Buildings for 2019

项 目 Item		1月	2月	3月	4月	5月	6月	7月	8月	9月	10月	11月	12月
定基价格指数	**新建商品住宅销售价格指数**	**134.1**	**135.3**	**137.2**	**139.8**	**140.9**	**142.5**	**143.4**	**144.6**	**144.7**	**146.0**	**147.5**	**148.0**
	一、90m²及以下	133.9	136.2	138.5	140.8	141.3	142.3	144.7	146.2	144.5	145.1	146.8	147.6
	二、90m²-144m²	135.6	136.3	138.3	140.9	142.6	144.6	144.9	146.0	146.8	148.4	150.0	150.3
	三、144m²以上	129.2	130.5	131.7	134.1	134.2	135.2	136.6	137.7	137.7	138.7	139.3	140.7
	二手住宅销售价格指数	**120.5**	**121.3**	**122.7**	**124.6**	**125.4**	**126.5**	**127.2**	**128.7**	**129.4**	**130.3**	**131.3**	**131.6**
	一、90m²及以下	122.4	123.1	124.2	126.5	127.6	128.5	128.7	129.5	129.8	130.5	131.6	131.6
	二、90m²-144m²	120.3	121.4	123.1	124.9	125.5	126.8	127.8	129.9	131.1	131.9	133.1	133.6
	三、144m²以上	114.8	114.8	115.3	116.3	117.2	118.1	119.3	120.7	120.6	122.0	121.9	121.9
同比价格指数	**新建商品住宅销售价格指数**	**118.4**	**118.7**	**118.8**	**120.1**	**120.3**	**120.3**	**120.0**	**117.6**	**115.5**	**114.1**	**113.6**	**112.2**
	一、90m²及以下	117.3	118.3	118.1	119.5	119.4	118.1	119.5	117.7	114.5	112.7	112.5	111.5
	二、90m²-144m²	118.9	118.9	119.0	120.4	120.8	121.6	120.6	118.1	116.6	115.3	114.5	112.9
	三、144m²以上	118.3	118.8	118.7	119.7	119.5	118.6	118.3	115.6	113.1	112.0	111.6	110.9
	二手住宅销售价格指数	**110.9**	**111.1**	**111.6**	**112.5**	**112.7**	**112.9**	**112.5**	**111.4**	**110.5**	**110.4**	**110.0**	**109.8**
	一、90m²及以下	110.6	110.7	111.4	112.6	112.8	113.1	112.2	110.6	109.9	109.9	109.1	108.3
	二、90m²-144m²	111.3	111.7	112.2	113.2	113.3	113.5	113.4	112.8	111.6	111.4	111.4	111.6
	三、144m²以上	109.9	109.6	108.8	109.3	109.1	109.2	109.5	108.3	106.9	107.3	106.0	106.2
环比价格指数	**新建商品住宅销售价格指数**	**101.7**	**100.9**	**101.4**	**101.8**	**100.8**	**101.1**	**100.7**	**100.8**	**100.1**	**100.9**	**101.0**	**100.4**
	一、90m²及以下	101.1	101.7	101.7	101.7	100.3	100.7	101.6	101.1	98.9	100.4	101.2	100.6
	二、90m²-144m²	101.8	100.5	101.5	101.9	101.2	101.4	100.2	100.8	100.6	101.1	101.1	100.2
	三、144m²以上	101.9	101.0	100.9	101.8	100.1	100.8	101.0	100.8	100.0	100.7	100.5	101.0
	二手住宅销售价格指数	**100.5**	**100.7**	**101.2**	**101.5**	**100.7**	**100.9**	**100.5**	**101.2**	**100.6**	**100.6**	**100.8**	**100.2**
	一、90m²及以下	100.7	100.6	101.0	101.8	100.8	100.7	100.1	100.6	100.3	100.5	100.8	100.0
	二、90m²-144m²	100.5	100.9	101.5	101.4	100.5	101.0	100.8	101.6	100.9	100.6	100.9	100.4
	三、144m²以上	100.0	100.0	100.4	100.8	100.8	100.8	100.9	101.2	100.0	101.1	100.0	100.0

4-4-38 2019年包头市商品住宅销售价格指数
Baotou Commercial Housing Price Indices of Residential Buildings for 2019

项 目 Item		1月	2月	3月	4月	5月	6月	7月	8月	9月	10月	11月	12月
定基价格指数	**新建商品住宅销售价格指数**	**116.9**	**117.5**	**118.4**	**119.3**	**120.0**	**119.7**	**119.8**	**121.1**	**121.8**	**122.5**	**122.6**	**123.6**
	一、90m²及以下	122.4	122.8	123.8	124.8	125.4	124.7	124.8	125.9	126.5	126.5	126.9	128.0
	二、90m²-144m²	116.0	116.5	117.2	118.0	118.9	118.7	119.0	120.4	121.3	122.2	122.2	123.3
	三、144m²以上	115.6	116.8	118.1	119.3	119.3	119.1	118.8	120.1	120.2	121.0	121.0	121.7
	二手住宅销售价格指数	**107.2**	**107.9**	**108.7**	**109.5**	**110.0**	**110.9**	**112.3**	**112.7**	**113.0**	**112.4**	**113.0**	**113.5**
	一、90m²及以下	105.5	106.4	107.2	107.9	108.8	110.2	111.9	112.3	112.6	111.8	112.3	112.3
	二、90m²-144m²	109.5	110.1	110.9	111.8	112.3	112.7	113.9	114.3	114.6	114.0	114.6	115.8
	三、144m²以上	104.1	104.8	105.6	106.2	106.0	107.2	108.1	108.7	109.0	108.2	109.4	109.4
同比价格指数	**新建商品住宅销售价格指数**	**111.0**	**111.1**	**111.3**	**111.5**	**111.2**	**109.9**	**108.0**	**106.6**	**106.6**	**105.8**	**105.5**	**106.3**
	一、90m²及以下	113.5	113.6	113.3	113.5	112.8	111.6	110.0	107.8	107.8	105.9	105.3	105.2
	二、90m²-144m²	110.5	110.7	110.7	110.8	110.8	109.4	107.8	106.5	106.8	106.0	105.7	106.9
	三、144m²以上	110.7	110.7	111.7	112.1	111.4	110.1	107.4	105.9	105.6	105.2	104.9	105.4
	二手住宅销售价格指数	**106.0**	**106.7**	**107.3**	**107.6**	**107.7**	**107.9**	**108.3**	**107.0**	**106.8**	**106.0**	**105.8**	**106.0**
	一、90m²及以下	105.8	106.9	107.7	107.8	108.4	109.1	109.7	108.4	108.3	107.5	107.3	106.9
	二、90m²-144m²	106.0	106.3	106.7	107.2	107.2	106.9	107.3	105.8	105.7	104.9	104.7	105.4
	三、144m²以上	106.4	107.1	107.8	108.1	107.4	107.5	107.3	106.7	106.2	105.2	105.3	104.8
环比价格指数	**新建商品住宅销售价格指数**	**100.5**	**100.6**	**100.8**	**100.7**	**100.5**	**99.7**	**100.1**	**101.1**	**100.6**	**100.6**	**100.1**	**100.8**
	一、90m²及以下	100.6	100.3	100.9	100.8	100.5	99.4	100.1	100.9	100.6	100.0	100.3	100.9
	二、90m²-144m²	100.6	100.4	100.6	100.6	100.8	99.8	100.3	101.2	100.8	100.7	100.0	100.9
	三、144m²以上	100.2	101.0	101.1	101.0	100.0	99.9	99.8	101.0	100.1	100.7	99.9	100.6
	二手住宅销售价格指数	**100.0**	**100.6**	**100.7**	**100.7**	**100.5**	**100.8**	**101.3**	**100.4**	**100.3**	**99.4**	**100.5**	**100.5**
	一、90m²及以下	100.5	100.8	100.7	100.6	100.8	101.3	101.6	100.4	100.2	99.3	100.4	100.1
	二、90m²-144m²	99.7	100.5	100.8	100.8	100.4	100.3	101.1	100.3	100.3	99.5	100.5	101.0
	三、144m²以上	99.8	100.7	100.7	100.7	99.8	101.1	100.8	100.6	100.3	99.3	101.0	--

4-4-39 2019年丹东市商品住宅销售价格指数
Dandong Commercial Housing Price Indices of Residential Buildings for 2019

项 目 Item		1月	2月	3月	4月	5月	6月	7月	8月	9月	10月	11月	12月
定基价格指数	**新建商品住宅销售价格指数**	**119.6**	**120.3**	**122.6**	**123.3**	**123.8**	**123.5**	**124.0**	**124.7**	**126.0**	**127.0**	**127.6**	**128.3**
	一、90m²及以下	120.6	121.7	123.9	124.8	125.3	125.2	126.7	125.9	127.6	127.9	128.8	129.2
	二、90m²-144m²	119.6	120.1	122.6	123.0	123.8	123.4	123.3	125.1	126.2	127.6	128.1	129.1
	三、144m²以上	117.4	118.3	119.8	121.4	121.1	121.0	121.7	121.2	122.4	123.1	123.9	123.7
	二手住宅销售价格指数	**108.3**	**109.1**	**109.7**	**110.7**	**111.8**	**112.5**	**113.0**	**113.6**	**114.5**	**115.2**	**116.4**	**117.5**
	一、90m²及以下	106.9	108.0	108.6	109.4	110.8	111.3	111.6	112.0	113.1	113.9	115.3	116.4
	二、90m²-144m²	111.4	112.1	113.0	114.2	114.6	115.3	116.0	117.0	117.8	118.2	119.3	120.5
	三、144m²以上	104.9	105.0	104.9	105.6	107.3	109.3	110.4	110.9	111.6	112.3	112.6	113.1
同比价格指数	**新建商品住宅销售价格指数**	**117.5**	**118.4**	**120.2**	**118.5**	**113.0**	**109.2**	**109.1**	**109.3**	**109.3**	**109.7**	**109.2**	**107.7**
	一、90m²及以下	116.4	117.1	118.8	117.8	112.5	108.5	109.4	108.6	108.8	109.8	108.7	107.7
	二、90m²-144m²	117.7	118.9	120.9	118.5	113.2	109.5	108.8	109.9	109.7	110.0	109.8	108.2
	三、144m²以上	118.4	119.0	120.2	119.7	113.3	109.3	109.5	108.2	108.3	108.6	107.7	106.1
	二手住宅销售价格指数	**107.3**	**108.0**	**108.3**	**107.7**	**107.4**	**107.4**	**107.4**	**107.4**	**107.8**	**108.5**	**109.0**	**109.5**
	一、90m²及以下	106.8	107.9	108.2	107.3	107.5	107.3	107.4	107.1	107.8	108.5	109.2	110.0
	二、90m²-144m²	108.2	108.7	109.1	108.9	107.6	107.7	107.3	107.9	107.9	108.2	108.8	109.1
	三、144m²以上	107.1	106.6	106.5	105.9	106.5	107.6	108.1	107.5	107.9	110.0	109.0	108.4
环比价格指数	**新建商品住宅销售价格指数**	**100.4**	**100.6**	**101.9**	**100.6**	**100.5**	**99.8**	**100.4**	**100.6**	**101.0**	**100.8**	**100.5**	**100.5**
	一、90m²及以下	100.5	100.9	101.8	100.7	100.4	99.9	101.1	99.4	101.3	100.3	100.7	100.3
	二、90m²-144m²	100.2	100.4	102.1	100.3	100.7	99.7	99.9	101.4	100.8	101.1	100.4	100.8
	三、144m²以上	100.7	100.7	101.3	101.3	99.7	99.9	100.6	99.7	100.9	100.6	100.6	99.9
	二手住宅销售价格指数	**101.0**	**100.8**	**100.6**	**100.8**	**101.0**	**100.7**	**100.4**	**100.5**	**100.8**	**100.6**	**101.0**	**100.9**
	一、90m²及以下	101.1	101.0	100.6	100.7	101.2	100.5	100.2	100.4	101.0	100.7	101.2	100.9
	二、90m²-144m²	100.9	100.7	100.8	101.1	100.4	100.6	100.6	100.8	100.6	100.3	101.0	101.0
	三、144m²以上	100.6	100.1	100.0	100.6	101.6	101.8	101.0	100.4	100.7	100.7	100.3	100.4

4–4–40　2019年锦州市商品住宅销售价格指数
Jinzhou Commercial Housing Price Indices of Residential Buildings for 2019

项　目　Item		1月	2月	3月	4月	5月	6月	7月	8月	9月	10月	11月	12月
定基价格指数	**新建商品住宅销售价格指数**	**111.7**	**111.5**	**113.1**	**113.7**	**114.5**	**114.8**	**114.9**	**114.7**	**115.3**	**116.4**	**118.2**	**119.6**
	一、90m²及以下	109.1	108.5	110.2	110.7	111.7	111.8	113.1	112.6	113.4	114.8	116.7	118.7
	二、90m²-144m²	112.7	112.6	114.2	114.9	115.6	116.0	115.6	115.4	115.9	116.8	118.6	119.7
	三、144m²以上	113.8	114.1	115.5	115.8	116.9	116.7	116.6	116.5	118.6	120.0	122.6	123.7
	二手住宅销售价格指数	**100.6**	**100.8**	**100.9**	**101.2**	**101.2**	**101.0**	**101.9**	**102.1**	**103.1**	**103.0**	**103.5**	**103.5**
	一、90m²及以下	102.2	102.8	103.1	103.2	103.3	103.0	103.9	104.2	105.3	104.3	104.6	105.0
	二、90m²-144m²	98.6	98.4	98.2	98.5	98.4	98.5	99.4	99.4	100.4	101.4	102.1	102.0
	三、144m²以上	99.7	99.4	99.2	100.4	100.2	100.0	101.0	100.7	101.1	101.3	101.6	101.3
同比价格指数	**新建商品住宅销售价格指数**	**114.0**	**112.8**	**113.5**	**113.3**	**113.7**	**113.4**	**113.0**	**112.1**	**110.7**	**110.2**	**110.1**	**108.9**
	一、90m²及以下	114.4	112.4	113.1	112.6	113.3	112.6	112.9	110.9	110.1	110.0	110.5	110.1
	二、90m²-144m²	113.9	113.0	113.8	113.7	114.0	113.9	113.2	112.8	111.0	110.3	109.8	108.3
	三、144m²以上	113.3	112.8	112.9	111.3	112.2	112.0	110.4	109.5	110.1	109.6	110.9	110.2
	二手住宅销售价格指数	**107.5**	**107.6**	**107.2**	**107.0**	**106.4**	**105.7**	**106.3**	**106.4**	**105.9**	**105.4**	**104.6**	**102.9**
	一、90m²及以下	108.8	109.4	109.0	108.5	107.8	107.2	107.6	107.9	107.0	106.0	104.8	102.9
	二、90m²-144m²	105.9	105.4	105.2	105.1	104.6	104.0	104.8	104.8	104.9	104.9	104.8	103.4
	三、144m²以上	106.1	105.4	104.6	105.5	104.7	103.8	104.4	104.1	103.1	103.9	102.3	100.9
环比价格指数	**新建商品住宅销售价格指数**	**101.7**	**99.7**	**101.5**	**100.5**	**100.7**	**100.2**	**100.1**	**99.8**	**100.6**	**101.0**	**101.6**	**101.2**
	一、90m²及以下	101.2	99.4	101.6	100.4	100.9	100.1	101.2	99.6	100.7	101.2	101.6	101.8
	二、90m²-144m²	102.0	99.8	101.5	100.6	100.6	100.3	99.7	99.8	100.4	100.8	101.5	100.9
	三、144m²以上	101.4	100.2	101.2	100.3	100.9	99.9	99.9	99.9	101.8	101.2	102.2	100.9
	二手住宅销售价格指数	**100.0**	**100.2**	**100.1**	**100.3**	**100.0**	**99.8**	**100.9**	**100.2**	**101.0**	**99.9**	**100.5**	**100.1**
	一、90m²及以下	100.1	100.6	100.3	100.1	100.1	99.7	100.8	100.4	101.0	99.1	100.3	100.3
	二、90m²-144m²	100.0	99.8	99.9	100.3	99.9	100.0	100.9	100.0	101.0	101.0	100.7	99.9
	三、144m²以上	99.3	99.6	99.8	101.3	99.8	99.9	101.0	99.7	100.4	100.3	100.3	99.7

4-4-41 2019年吉林市商品住宅销售价格指数
Jilin Commercial Housing Price Indices of Residential Buildings for 2019

项 目 Item		1月	2月	3月	4月	5月	6月	7月	8月	9月	10月	11月	12月
定基价格指数	**新建商品住宅销售价格指数**	**124.4**	**125.0**	**125.7**	**126.5**	**127.4**	**127.9**	**128.7**	**130.1**	**131.4**	**132.6**	**133.7**	**134.6**
	一、90m²及以下	125.0	125.5	126.0	126.5	127.5	128.3	128.9	130.7	132.4	133.6	135.1	135.6
	二、90m²-144m²	123.4	124.0	125.0	126.0	126.6	127.0	128.0	128.9	130.3	131.5	132.6	134.0
	三、144m²以上	126.4	127.1	127.8	128.5	129.7	129.8	130.4	132.1	132.8	133.3	133.5	133.7
	二手住宅销售价格指数	**114.7**	**115.1**	**116.4**	**117.3**	**117.7**	**118.0**	**117.8**	**118.5**	**120.1**	**121.7**	**122.5**	**123.4**
	一、90m²及以下	115.0	115.3	117.0	118.0	118.6	118.7	118.6	119.1	120.8	122.3	123.2	124.0
	二、90m²-144m²	115.2	115.5	116.5	117.3	117.6	118.1	117.9	119.0	120.2	121.9	122.6	123.5
	三、144m²以上	112.2	112.4	113.7	114.5	114.6	114.8	114.4	114.8	116.7	118.6	119.3	120.8
同比价格指数	**新建商品住宅销售价格指数**	**114.1**	**114.3**	**114.7**	**114.7**	**115.0**	**114.0**	**113.0**	**111.6**	**111.5**	**110.8**	**110.2**	**110.2**
	一、90m²及以下	114.4	114.4	114.7	114.2	114.4	113.4	112.4	111.4	111.3	110.5	110.3	110.1
	二、90m²-144m²	113.2	113.6	114.0	114.6	115.1	114.5	113.2	111.3	111.5	110.9	110.4	111.0
	三、144m²以上	116.6	116.5	117.1	116.9	116.8	114.5	113.9	113.2	112.4	111.6	109.3	107.8
	二手住宅销售价格指数	**108.6**	**108.8**	**109.7**	**110.1**	**109.8**	**109.2**	**107.8**	**107.1**	**107.4**	**108.4**	**107.4**	**107.9**
	一、90m²及以下	108.6	108.8	110.1	110.6	110.5	109.7	108.5	107.7	108.0	108.8	107.7	108.1
	二、90m²-144m²	108.8	108.9	109.1	109.5	108.9	108.5	107.0	106.5	106.7	107.9	107.1	107.5
	三、144m²以上	108.6	108.8	109.9	110.5	109.9	109.0	107.5	106.5	107.0	108.0	106.9	107.9
环比价格指数	**新建商品住宅销售价格指数**	**101.8**	**100.5**	**100.6**	**100.6**	**100.7**	**100.4**	**100.6**	**101.1**	**101.0**	**100.9**	**100.8**	**100.7**
	一、90m²及以下	101.4	100.4	100.4	100.4	100.8	100.6	100.5	101.4	101.2	100.9	101.1	100.4
	二、90m²-144m²	102.2	100.5	100.8	100.8	100.4	100.3	100.8	100.7	101.0	101.0	100.8	101.1
	三、144m²以上	101.9	100.6	100.5	100.5	100.9	100.1	100.4	101.3	100.6	100.4	100.1	100.2
	二手住宅销售价格指数	**100.3**	**100.3**	**101.2**	**100.8**	**100.4**	**100.2**	**99.9**	**100.6**	**101.3**	**101.4**	**100.6**	**100.8**
	一、90m²及以下	100.3	100.3	101.4	100.9	100.5	100.1	99.9	100.4	101.4	101.2	100.7	100.7
	二、90m²-144m²	100.3	100.3	100.9	100.7	100.3	100.4	99.8	100.9	101.0	101.5	100.5	100.8
	三、144m²以上	100.2	100.2	101.1	100.7	100.1	100.2	99.7	100.4	101.6	101.6	100.6	101.3

4–4–42 2019年牡丹江市商品住宅销售价格指数
Mudanjiang Commercial Housing Price Indices of Residential Buildings for 2019

项 目 Item		1月	2月	3月	4月	5月	6月	7月	8月	9月	10月	11月	12月
定基价格指数	**新建商品住宅销售价格指数**	**118.4**	**119.0**	**119.3**	**119.8**	**120.9**	**121.1**	**122.2**	**122.8**	**122.6**	**123.2**	**123.2**	**123.6**
	一、90m²及以下	115.8	117.4	117.3	117.3	118.3	118.1	119.1	120.4	120.2	120.7	120.9	121.0
	二、90m²–144m²	120.2	120.2	120.8	121.3	122.4	122.9	123.9	124.1	124.0	124.6	124.6	125.2
	三、144m²以上	116.7	117.3	117.4	119.5	121.4	121.1	123.1	124.0	123.7	123.9	122.8	122.8
	二手住宅销售价格指数	**109.8**	**110.6**	**110.6**	**111.1**	**111.1**	**111.0**	**110.8**	**110.4**	**109.7**	**109.5**	**109.0**	**109.4**
	一、90m²及以下	110.8	111.4	111.4	111.8	111.7	111.6	111.4	111.1	110.3	110.3	109.7	110.2
	二、90m²–144m²	107.8	109.6	109.8	110.5	111.0	110.7	110.3	109.7	109.4	108.6	108.4	108.2
	三、144m²以上	102.0	102.1	101.9	102.2	102.4	102.1	102.1	101.5	101.1	101.1	100.5	100.5
同比价格指数	**新建商品住宅销售价格指数**	**113.1**	**113.5**	**113.2**	**112.8**	**113.9**	**111.8**	**111.1**	**110.3**	**108.5**	**107.2**	**106.7**	**106.0**
	一、90m²及以下	111.0	112.5	111.8	111.3	112.6	110.0	110.1	110.5	109.0	107.3	106.9	106.3
	二、90m²–144m²	114.3	114.0	113.9	113.2	114.2	112.5	111.4	109.7	107.7	106.7	106.3	105.7
	三、144m²以上	114.1	114.7	114.7	116.6	117.3	113.9	113.7	113.5	111.7	110.1	107.9	107.3
	二手住宅销售价格指数	**105.6**	**106.4**	**106.3**	**106.6**	**106.0**	**105.2**	**104.3**	**102.9**	**101.6**	**100.7**	**100.1**	**100.2**
	一、90m²及以下	105.5	106.1	105.9	106.1	105.3	104.5	103.8	102.4	101.0	100.3	99.7	100.1
	二、90m²–144m²	105.4	107.3	107.6	108.0	108.1	107.2	105.9	104.7	103.7	102.1	101.6	100.4
	三、144m²以上	107.7	107.9	107.7	107.7	107.3	105.8	104.6	102.7	101.2	100.5	99.6	99.5
环比价格指数	**新建商品住宅销售价格指数**	**101.6**	**100.5**	**100.2**	**100.4**	**100.9**	**100.2**	**100.9**	**100.6**	**99.8**	**100.5**	**99.9**	**100.3**
	一、90m²及以下	101.8	101.4	99.9	100.0	100.9	99.9	100.8	101.2	99.8	100.5	100.2	100.1
	二、90m²–144m²	101.5	100.0	100.4	100.5	100.9	100.4	100.8	100.2	99.9	100.5	99.9	100.5
	三、144m²以上	101.9	100.5	100.1	101.8	101.6	99.7	101.7	100.8	99.7	100.1	99.1	100.0
	二手住宅销售价格指数	**100.5**	**100.8**	**100.0**	**100.4**	**100.0**	**99.9**	**99.8**	**99.6**	**99.4**	**99.8**	**99.5**	**100.3**
	一、90m²及以下	100.7	100.5	100.0	100.4	99.9	99.9	99.9	99.7	99.2	100.0	99.5	100.5
	二、90m²–144m²	100.0	101.7	100.2	100.6	100.5	99.7	99.6	99.5	99.7	99.3	99.8	99.8
	三、144m²以上	101.0	100.1	99.8	100.3	100.2	99.7	100.0	99.3	99.7	100.0	99.4	100.0

4-4-43 2019年无锡市商品住宅销售价格指数
Wuxi Commercial Housing Price Indices of Residential Buildings for 2019

项 目 Item		1月	2月	3月	4月	5月	6月	7月	8月	9月	10月	11月	12月
定基价格指数	**新建商品住宅销售价格指数**	**141.4**	**141.0**	**142.4**	**142.6**	**144.5**	**145.8**	**146.9**	**148.1**	**150.3**	**151.4**	**152.2**	**153.0**
	一、90m²及以下	148.6	147.7	150.5	150.7	153.6	155.3	156.8	157.9	160.4	161.5	162.3	163.0
	二、90m²-144m²	142.5	142.5	143.3	143.5	145.4	146.4	147.5	148.7	150.6	151.6	152.6	153.2
	三、144m²以上	134.3	133.1	134.6	134.8	136.3	137.8	138.9	140.0	142.2	143.6	144.2	145.3
	二手住宅销售价格指数	**135.7**	**135.6**	**135.9**	**136.4**	**137.9**	**139.8**	**141.6**	**144.0**	**145.7**	**147.1**	**147.6**	**147.8**
	一、90m²及以下	136.2	136.5	137.2	137.7	140.2	142.0	143.9	145.8	147.3	148.2	148.7	148.8
	二、90m²-144m²	134.8	134.9	135.1	135.7	136.9	138.6	140.4	142.8	144.4	146.1	146.2	146.6
	三、144m²以上	137.0	135.6	135.8	135.3	135.6	138.6	140.1	143.4	146.2	147.8	149.3	149.2
同比价格指数	**新建商品住宅销售价格指数**	**106.1**	**106.1**	**107.3**	**107.7**	**109.3**	**110.4**	**109.7**	**106.9**	**108.0**	**108.3**	**107.9**	**108.7**
	一、90m²及以下	108.7	107.7	109.9	110.5	112.6	113.6	112.4	109.3	109.8	110.3	109.8	110.4
	二、90m²-144m²	104.5	105.4	105.8	106.1	107.8	109.1	108.3	105.6	107.0	107.5	107.2	108.0
	三、144m²以上	107.4	106.4	108.2	108.8	109.7	110.8	110.6	107.9	108.6	108.4	107.9	108.5
	二手住宅销售价格指数	**104.6**	**104.6**	**104.8**	**104.9**	**105.7**	**106.7**	**107.0**	**106.6**	**106.3**	**107.2**	**108.2**	**108.6**
	一、90m²及以下	104.1	104.5	104.9	105.1	106.5	107.2	107.5	106.7	106.4	107.1	108.1	108.7
	二、90m²-144m²	104.6	104.6	104.6	104.8	105.4	106.6	107.0	106.8	106.1	107.3	107.9	108.7
	三、144m²以上	105.9	104.9	105.0	104.5	104.5	105.9	106.1	105.8	106.4	106.9	109.0	108.4
环比价格指数	**新建商品住宅销售价格指数**	**100.5**	**99.7**	**101.0**	**100.1**	**101.3**	**100.9**	**100.8**	**100.8**	**101.4**	**100.8**	**100.5**	**100.5**
	一、90m²及以下	100.6	99.4	101.9	100.1	101.9	101.1	100.9	100.7	101.6	100.7	100.5	100.4
	二、90m²-144m²	100.5	100.0	100.6	100.2	101.3	100.7	100.7	100.8	101.3	100.6	100.6	100.4
	三、144m²以上	100.3	99.1	101.1	100.1	101.1	101.2	100.7	100.8	101.6	101.0	100.4	100.8
	二手住宅销售价格指数	**99.7**	**99.9**	**100.3**	**100.3**	**101.1**	**101.4**	**101.3**	**101.7**	**101.2**	**101.0**	**100.3**	**100.2**
	一、90m²及以下	99.4	100.2	100.5	100.4	101.8	101.3	101.3	101.3	101.0	100.7	100.3	100.1
	二、90m²-144m²	99.9	100.0	100.2	100.5	100.8	101.3	101.3	101.7	101.1	101.2	100.1	100.3
	三、144m²以上	99.6	99.0	100.1	99.7	100.2	102.2	101.1	102.4	101.9	101.1	101.0	99.9

4-4-44 2019年扬州市商品住宅销售价格指数

Yangzhou Commercial Housing Price Indices of Residential Buildings for 2019

项 目 Item		1月	2月	3月	4月	5月	6月	7月	8月	9月	10月	11月	12月
定基价格指数	**新建商品住宅销售价格指数**	**137.3**	**137.9**	**139.1**	**139.9**	**140.6**	**141.8**	**143.2**	**145.6**	**147.3**	**148.3**	**149.2**	**151.1**
	一、90m²及以下	136.7	138.6	140.6	141.1	142.2	143.6	145.9	148.6	150.1	151.2	152.8	154.8
	二、90m²-144m²	138.2	138.4	139.2	140.2	140.7	142.0	143.2	145.5	147.2	148.5	148.9	150.7
	三、144m²以上	135.2	135.7	138.0	138.1	139.4	140.2	141.8	144.0	145.9	145.6	148.1	150.3
	二手住宅销售价格指数	**123.2**	**123.6**	**123.8**	**124.7**	**125.0**	**125.9**	**126.5**	**127.3**	**127.7**	**128.0**	**128.6**	**129.2**
	一、90m²及以下	125.2	125.5	125.9	127.6	128.2	128.7	129.5	129.7	130.2	130.5	131.0	131.5
	二、90m²-144m²	121.3	121.7	121.8	121.8	121.8	123.3	124.0	125.2	125.4	125.8	126.4	127.0
	三、144m²以上	122.9	123.3	123.4	124.3	124.9	124.9	123.8	125.6	127.0	126.5	127.1	129.0
同比价格指数	**新建商品住宅销售价格指数**	**113.4**	**113.3**	**113.7**	**113.3**	**113.3**	**113.6**	**111.7**	**112.2**	**112.0**	**111.3**	**110.2**	**111.1**
	一、90m²及以下	112.5	113.7	114.9	114.7	114.5	114.8	113.2	114.0	113.9	113.2	112.3	114.2
	二、90m²-144m²	114.0	113.7	113.6	113.4	113.3	113.7	111.8	112.3	111.9	111.6	109.8	110.5
	三、144m²以上	112.1	111.9	113.2	112.3	112.4	112.7	110.5	110.7	110.9	109.1	109.9	111.3
	二手住宅销售价格指数	**109.4**	**109.5**	**109.3**	**109.3**	**109.1**	**109.6**	**108.1**	**107.0**	**105.9**	**104.7**	**104.6**	**105.0**
	一、90m²及以下	110.6	110.5	110.5	111.0	111.1	111.2	109.8	108.1	106.8	105.6	105.2	105.1
	二、90m²-144m²	108.1	108.3	107.9	107.4	106.9	107.8	106.5	105.9	105.0	103.9	104.1	104.8
	三、144m²以上	110.2	110.3	109.8	109.8	110.4	110.1	107.2	106.8	105.8	104.1	104.2	105.9
环比价格指数	**新建商品住宅销售价格指数**	**101.0**	**100.4**	**100.9**	**100.5**	**100.5**	**100.9**	**101.0**	**101.7**	**101.2**	**100.6**	**100.6**	**101.3**
	一、90m²及以下	100.9	101.4	101.5	100.3	100.8	101.0	101.6	101.8	101.0	100.7	101.1	101.3
	二、90m²-144m²	101.3	100.2	100.6	100.7	100.3	100.9	100.9	101.6	101.2	100.9	100.2	101.2
	三、144m²以上	100.1	100.4	101.7	100.1	100.9	100.6	101.1	101.6	101.3	99.8	101.7	101.5
	二手住宅销售价格指数	**100.1**	**100.3**	**100.2**	**100.7**	**100.2**	**100.8**	**100.5**	**100.6**	**100.3**	**100.2**	**100.4**	**100.5**
	一、90m²及以下	100.0	100.3	100.3	101.3	100.4	100.4	100.6	100.1	100.4	100.2	100.4	100.4
	二、90m²-144m²	100.1	100.3	100.1	100.0	100.0	101.2	100.6	101.0	100.1	100.3	100.5	100.5
	三、144m²以上	100.9	100.4	100.0	100.8	100.5	100.0	99.1	101.5	101.1	99.7	100.4	101.5

4-4-45　2019年徐州市商品住宅销售价格指数
Xuzhou Commercial Housing Price Indices of Residential Buildings for 2019

项　目 Item		1月	2月	3月	4月	5月	6月	7月	8月	9月	10月	11月	12月
定基价格指数	**新建商品住宅销售价格指数**	**142.4**	**144.0**	**144.6**	**145.8**	**147.6**	**149.1**	**150.9**	**152.2**	**153.9**	**154.9**	**155.5**	**157.4**
	一、90m²及以下	144.3	145.9	147.0	147.8	150.1	151.3	154.1	155.6	157.7	159.2	159.1	161.1
	二、90m²-144m²	141.7	143.5	144.1	145.2	147.3	149.1	150.8	152.1	153.9	154.6	155.4	157.3
	三、144m²以上	143.3	144.8	144.6	146.7	146.9	146.9	148.4	149.5	150.1	151.8	152.6	154.2
	二手住宅销售价格指数	**121.9**	**121.8**	**122.6**	**122.6**	**123.0**	**123.9**	**124.1**	**124.9**	**126.0**	**126.7**	**127.2**	**127.1**
	一、90m²及以下	122.9	122.7	123.8	123.6	124.3	124.7	124.7	125.2	127.2	128.3	128.9	128.8
	二、90m²-144m²	120.0	119.9	120.5	120.7	121.4	122.5	122.7	123.4	124.4	124.9	125.3	125.1
	三、144m²以上	125.8	125.8	126.5	126.1	125.2	126.3	127.3	129.0	128.7	129.1	129.5	129.1
同比价格指数	**新建商品住宅销售价格指数**	**118.0**	**118.2**	**117.8**	**117.8**	**117.7**	**118.2**	**116.9**	**114.1**	**114.1**	**112.7**	**111.4**	**111.6**
	一、90m²及以下	119.5	119.7	119.3	119.1	119.3	120.2	119.5	117.0	116.8	116.3	113.9	113.3
	二、90m²-144m²	117.6	117.8	117.4	117.2	117.2	117.8	116.6	113.7	113.7	112.3	111.1	111.7
	三、144m²以上	118.5	118.6	118.2	119.2	118.8	118.1	115.9	113.2	112.7	111.2	109.9	109.1
	二手住宅销售价格指数	**109.8**	**109.1**	**109.5**	**108.6**	**108.3**	**108.5**	**107.4**	**105.9**	**106.0**	**105.6**	**105.4**	**105.0**
	一、90m²及以下	110.0	109.1	109.9	108.8	108.6	108.5	107.4	105.3	106.0	106.0	106.0	105.6
	二、90m²-144m²	109.0	108.6	108.6	107.8	107.9	108.5	107.4	106.2	106.3	105.7	105.4	105.1
	三、144m²以上	111.9	111.0	111.4	110.4	108.7	108.7	107.6	106.6	104.9	104.0	103.9	103.4
环比价格指数	**新建商品住宅销售价格指数**	**100.9**	**101.2**	**100.4**	**100.8**	**101.3**	**101.0**	**101.2**	**100.9**	**101.1**	**100.7**	**100.4**	**101.2**
	一、90m²及以下	101.4	101.1	100.8	100.5	101.5	100.8	101.8	101.0	101.3	101.0	99.9	101.3
	二、90m²-144m²	100.7	101.2	100.4	100.8	101.5	101.3	101.1	100.9	101.2	100.5	100.5	101.3
	三、144m²以上	101.4	101.0	99.9	101.4	100.1	100.0	101.0	100.8	100.4	101.1	100.5	101.0
	二手住宅销售价格指数	**100.8**	**99.9**	**100.6**	**100.0**	**100.4**	**100.7**	**100.2**	**100.6**	**100.9**	**100.6**	**100.4**	**99.9**
	一、90m²及以下	100.7	99.8	100.9	99.9	100.5	100.4	100.0	100.4	101.5	100.9	100.5	100.0
	二、90m²-144m²	100.8	99.9	100.4	100.2	100.6	100.9	100.2	100.6	100.8	100.4	100.3	99.8
	三、144m²以上	100.7	100.0	100.5	99.7	99.3	100.8	100.8	101.3	99.8	100.3	100.3	99.7

4–4–46　2019年温州市商品住宅销售价格指数
Wenzhou Commercial Housing Price Indices of Residential Buildings for 2019

项　目　Item		1月	2月	3月	4月	5月	6月	7月	8月	9月	10月	11月	12月
定基价格指数	**新建商品住宅销售价格指数**	**115.9**	**116.2**	**117.3**	**117.3**	**118.1**	**118.2**	**118.2**	**118.6**	**119.3**	**120.3**	**120.7**	**120.7**
	一、90m²及以下	115.6	117.1	117.6	117.6	119.0	118.1	118.0	118.6	118.9	119.4	119.0	117.9
	二、90m²-144m²	116.8	116.9	117.8	118.0	119.0	119.3	119.7	119.8	120.0	121.2	121.6	122.3
	三、144m²以上	114.8	114.6	116.4	116.3	116.4	116.7	116.5	117.2	118.6	119.9	120.7	120.8
	二手住宅销售价格指数	**112.6**	**112.8**	**113.0**	**113.9**	**114.3**	**114.7**	**114.6**	**115.3**	**116.0**	**116.1**	**116.8**	**116.4**
	一、90m²及以下	117.3	118.2	118.7	120.7	121.9	122.6	122.7	123.2	124.3	124.8	125.1	125.6
	二、90m²-144m²	112.8	112.6	112.9	113.6	113.9	114.2	114.0	115.0	115.5	115.6	116.5	115.7
	三、144m²以上	108.1	108.1	108.1	108.1	108.0	108.3	108.1	108.4	109.1	108.7	109.7	109.1
同比价格指数	**新建商品住宅销售价格指数**	**101.5**	**101.8**	**102.8**	**102.9**	**103.5**	**103.0**	**102.9**	**102.6**	**102.9**	**103.8**	**104.5**	**104.2**
	一、90m²及以下	103.2	104.5	105.1	106.0	106.9	105.3	104.8	104.3	103.9	104.4	104.1	102.5
	二、90m²-144m²	101.1	101.1	101.8	101.8	102.6	102.4	102.4	102.4	102.5	103.7	104.3	104.7
	三、144m²以上	100.9	100.8	102.3	102.2	102.2	102.2	102.0	101.6	102.6	103.6	105.0	104.9
	二手住宅销售价格指数	**101.0**	**101.4**	**101.5**	**102.1**	**101.9**	**101.9**	**101.6**	**101.8**	**102.5**	**102.7**	**103.7**	**103.5**
	一、90m²及以下	103.2	104.3	104.6	106.0	105.4	105.6	105.4	105.3	105.8	106.5	107.3	107.7
	二、90m²-144m²	100.7	100.6	100.7	101.2	101.3	101.1	100.6	101.2	101.8	102.1	103.2	102.5
	三、144m²以上	99.3	99.5	99.5	99.4	99.2	99.3	99.1	99.1	100.0	100.0	100.9	100.6
环比价格指数	**新建商品住宅销售价格指数**	**100.0**	**100.3**	**100.9**	**100.1**	**100.7**	**100.0**	**100.0**	**100.4**	**100.5**	**100.9**	**100.3**	**100.0**
	一、90m²及以下	100.4	101.3	100.5	100.0	101.2	99.3	99.9	100.5	100.3	100.4	99.7	99.1
	二、90m²-144m²	100.0	100.1	100.7	100.2	100.8	100.3	100.3	100.1	100.2	100.9	100.4	100.5
	三、144m²以上	99.7	99.9	101.5	99.9	100.1	100.2	99.8	100.6	101.2	101.1	100.6	100.1
	二手住宅销售价格指数	**100.1**	**100.2**	**100.2**	**100.8**	**100.4**	**100.3**	**99.9**	**100.6**	**100.7**	**100.0**	**100.6**	**99.7**
	一、90m²及以下	100.6	100.8	100.4	101.7	101.0	100.6	100.1	100.4	100.9	100.4	100.2	100.4
	二、90m²-144m²	100.0	99.9	100.2	100.7	100.3	100.3	99.8	100.9	100.4	100.1	100.8	99.3
	三、144m²以上	99.7	100.0	100.0	100.0	99.9	100.2	99.9	100.3	100.6	99.6	100.9	99.4

4-4-47 2019年金华市商品住宅销售价格指数
Jinhua Commercial Housing Price Indices of Residential Buildings for 2019

项 目 Item		1月	2月	3月	4月	5月	6月	7月	8月	9月	10月	11月	12月
定基价格指数	**新建商品住宅销售价格指数**	**125.0**	**125.6**	**126.0**	**127.2**	**129.1**	**129.8**	**131.4**	**132.5**	**132.8**	**132.8**	**133.9**	**134.4**
	一、90m²及以下	128.6	129.0	129.5	131.0	132.2	132.7	134.6	135.9	136.5	136.6	138.3	139.9
	二、90m²-144m²	125.9	126.9	128.0	128.8	130.8	131.2	132.2	133.4	133.4	134.0	134.4	134.4
	三、144m²以上	120.2	120.3	119.9	121.2	123.5	124.8	127.1	127.7	128.0	127.3	128.8	128.8
	二手住宅销售价格指数	**118.9**	**118.8**	**119.0**	**119.5**	**120.0**	**120.9**	**121.6**	**122.0**	**121.5**	**121.3**	**120.7**	**120.8**
	一、90m²及以下	121.8	121.6	121.8	122.6	123.0	124.3	125.2	125.4	125.5	125.5	124.7	125.2
	二、90m²-144m²	117.0	117.0	117.3	117.7	118.2	118.8	119.2	120.0	119.3	119.0	118.8	118.3
	三、144m²以上	117.1	116.9	116.9	117.3	117.9	118.6	119.4	119.6	118.6	118.0	117.3	117.4
同比价格指数	**新建商品住宅销售价格指数**	**105.2**	**105.6**	**105.7**	**105.3**	**106.2**	**106.4**	**106.6**	**106.3**	**106.6**	**106.6**	**107.7**	**108.4**
	一、90m²及以下	106.8	107.0	107.1	106.7	107.2	106.9	107.3	106.7	107.3	107.2	108.5	110.0
	二、90m²-144m²	104.5	105.3	105.9	105.3	106.3	106.5	105.8	105.5	105.7	106.1	106.9	107.1
	三、144m²以上	104.3	104.6	104.0	103.9	105.0	105.8	107.0	106.9	107.1	106.5	108.2	108.4
	二手住宅销售价格指数	**104.5**	**103.8**	**103.5**	**103.3**	**102.9**	**103.2**	**102.6**	**101.7**	**101.5**	**101.2**	**101.1**	**101.5**
	一、90m²及以下	105.1	104.3	103.9	103.8	103.2	103.8	103.7	102.5	102.7	102.7	102.2	102.8
	二、90m²-144m²	103.9	103.5	103.5	103.3	102.9	103.1	101.8	101.2	100.7	100.6	101.0	101.1
	三、144m²以上	104.3	103.3	103.0	102.4	102.5	102.3	101.8	101.2	100.4	99.8	99.4	100.0
环比价格指数	**新建商品住宅销售价格指数**	**100.8**	**100.4**	**100.4**	**100.9**	**101.4**	**100.5**	**101.3**	**100.8**	**100.2**	**100.0**	**100.8**	**100.4**
	一、90m²及以下	101.1	100.3	100.4	101.2	100.9	100.4	101.5	100.9	100.5	100.0	101.2	101.2
	二、90m²-144m²	100.3	100.7	100.9	100.6	101.5	100.3	100.8	100.9	100.0	100.4	100.3	100.0
	三、144m²以上	101.2	100.1	99.6	101.1	101.9	101.0	101.9	100.5	100.2	99.4	101.2	100.0
	二手住宅销售价格指数	**99.9**	**99.9**	**100.2**	**100.4**	**100.4**	**100.7**	**100.6**	**100.3**	**99.6**	**99.8**	**99.5**	**100.1**
	一、90m²及以下	100.0	99.8	100.2	100.6	100.3	101.0	100.8	100.1	100.1	100.0	99.4	100.4
	二、90m²-144m²	100.0	100.0	100.3	100.3	100.5	100.5	100.4	100.6	99.4	99.8	99.8	99.6
	三、144m²以上	99.8	99.8	100.0	100.3	100.6	100.6	100.6	100.2	99.2	99.5	99.4	100.1

4—4—48 2019年蚌埠市商品住宅销售价格指数
Bengbu Commercial Housing Price Indices of Residential Buildings for 2019

项 目 Item		1月	2月	3月	4月	5月	6月	7月	8月	9月	10月	11月	12月
定基价格指数	**新建商品住宅销售价格指数**	**126.4**	**125.9**	**126.3**	**127.0**	**127.8**	**128.5**	**129.2**	**129.4**	**129.9**	**130.1**	**130.0**	**129.7**
	一、90m^2及以下	126.9	125.9	126.2	127.0	127.4	128.9	129.5	128.8	129.0	129.4	130.1	130.3
	二、90m^2-144m^2	126.6	126.5	126.9	127.6	128.5	128.9	129.6	130.2	130.8	130.9	130.7	130.1
	三、144m^2以上	120.1	118.8	119.0	119.7	120.9	121.6	122.6	121.7	121.7	121.8	121.3	121.5
	二手住宅销售价格指数	**120.3**	**120.4**	**120.9**	**121.5**	**121.9**	**122.8**	**123.8**	**124.8**	**125.1**	**124.6**	**125.0**	**125.3**
	一、90m^2及以下	121.3	121.4	122.0	122.6	123.5	124.3	125.3	126.3	126.4	126.2	126.9	127.0
	二、90m^2-144m^2	118.8	118.8	119.4	119.8	119.8	120.6	121.9	122.8	123.5	122.7	122.6	123.1
	三、144m^2以上	121.4	121.4	121.4	122.0	121.9	122.9	122.9	124.3	124.5	123.1	123.2	123.9
同比价格指数	**新建商品住宅销售价格指数**	**107.9**	**107.6**	**108.2**	**108.8**	**109.3**	**110.2**	**108.6**	**106.8**	**105.3**	**104.8**	**103.6**	**102.7**
	一、90m^2及以下	108.9	108.1	108.4	109.1	109.4	111.1	108.6	106.0	104.6	104.6	103.4	102.9
	二、90m^2-144m^2	107.5	107.5	108.1	108.7	109.3	109.9	108.6	107.3	105.8	105.1	103.8	102.7
	三、144m^2以上	107.6	106.2	107.2	108.8	108.8	109.0	107.8	104.7	102.9	101.9	101.5	101.2
	二手住宅销售价格指数	**107.3**	**107.2**	**107.6**	**107.9**	**108.0**	**108.6**	**107.8**	**106.4**	**105.8**	**104.6**	**104.4**	**104.1**
	一、90m^2及以下	107.8	107.5	107.9	108.1	108.8	109.4	108.4	106.9	106.1	105.2	105.2	104.8
	二、90m^2-144m^2	106.4	106.4	106.9	107.3	106.8	107.4	106.9	105.6	105.4	104.1	103.6	103.6
	三、144m^2以上	108.7	108.6	108.5	108.9	108.9	109.8	108.0	106.0	105.2	103.0	101.8	102.0
环比价格指数	**新建商品住宅销售价格指数**	**100.0**	**99.7**	**100.3**	**100.6**	**100.6**	**100.5**	**100.6**	**100.1**	**100.4**	**100.2**	**100.0**	**99.8**
	一、90m^2及以下	100.2	99.2	100.2	100.7	100.3	101.2	100.5	99.4	100.1	100.3	100.5	100.2
	二、90m^2-144m^2	100.0	99.9	100.3	100.6	100.7	100.3	100.6	100.4	100.5	100.1	99.8	99.6
	三、144m^2以上	100.0	98.9	100.1	100.6	101.0	100.6	100.8	99.3	100.0	100.0	99.6	100.1
	二手住宅销售价格指数	**100.0**	**100.1**	**100.5**	**100.5**	**100.4**	**100.7**	**100.9**	**100.8**	**100.3**	**99.6**	**100.3**	**100.2**
	一、90m^2及以下	100.1	100.1	100.5	100.5	100.8	100.7	100.8	100.8	100.0	99.8	100.6	100.1
	二、90m^2-144m^2	99.9	100.0	100.5	100.4	99.9	100.7	101.1	100.7	100.6	99.4	99.9	100.4
	三、144m^2以上	99.9	100.0	100.0	100.5	99.9	100.9	99.9	101.1	100.2	98.9	100.1	100.5

4-4-49 2019年安庆市商品住宅销售价格指数
Anqing Commercial Housing Price Indices of Residential Buildings for 2019

项 目 Item		1月	2月	3月	4月	5月	6月	7月	8月	9月	10月	11月	12月
定基价格指数	**新建商品住宅销售价格指数**	**123.4**	**123.7**	**125.0**	**125.1**	**125.8**	**126.2**	**126.2**	**126.2**	**127.0**	**127.4**	**126.8**	**126.5**
	一、90m²及以下	124.2	124.2	124.8	124.9	124.2	124.9	125.4	125.2	125.2	124.9	124.1	125.2
	二、90m²-144m²	123.8	124.2	125.8	125.7	126.8	127.2	126.9	127.3	128.4	128.8	128.3	127.7
	三、144m²以上	120.2	120.4	120.7	122.1	123.3	123.2	123.2	122.0	122.7	123.6	122.9	121.8
	二手住宅销售价格指数	**121.9**	**121.8**	**121.7**	**120.7**	**120.6**	**120.3**	**120.0**	**119.0**	**118.5**	**118.3**	**118.0**	**117.6**
	一、90m²及以下	121.5	121.4	121.4	120.5	119.8	119.4	119.0	117.6	117.3	117.2	117.2	116.9
	二、90m²-144m²	122.6	122.4	122.4	121.3	121.8	121.6	121.3	120.6	119.7	119.5	119.0	118.5
	三、144m²以上	121.2	121.0	120.9	119.7	119.8	119.9	120.0	119.3	119.0	118.2	117.9	117.6
同比价格指数	**新建商品住宅销售价格指数**	**109.0**	**108.9**	**110.0**	**110.4**	**111.2**	**110.3**	**109.7**	**107.7**	**106.7**	**104.7**	**103.7**	**102.9**
	一、90m²及以下	108.5	108.0	108.2	109.2	108.5	108.2	107.9	105.4	104.0	101.0	100.2	100.9
	二、90m²-144m²	109.4	109.4	110.9	110.9	112.0	111.0	110.3	108.6	107.9	105.9	104.9	103.8
	三、144m²以上	107.7	107.4	107.9	109.7	111.0	109.8	109.4	106.3	104.6	103.8	102.5	101.5
	二手住宅销售价格指数	**107.6**	**106.9**	**106.9**	**106.2**	**106.0**	**105.0**	**104.0**	**100.8**	**99.0**	**97.0**	**96.4**	**96.2**
	一、90m²及以下	107.3	106.8	106.7	106.2	105.5	104.4	103.4	100.0	98.5	96.7	96.1	96.0
	二、90m²-144m²	107.7	106.9	107.0	106.3	106.5	105.6	104.5	101.5	99.3	97.2	96.6	96.4
	三、144m²以上	108.3	107.4	107.1	106.3	106.3	105.5	104.9	102.0	100.3	97.7	96.9	96.8
环比价格指数	**新建商品住宅销售价格指数**	**100.4**	**100.2**	**101.0**	**100.1**	**100.6**	**100.3**	**100.0**	**100.0**	**100.6**	**100.3**	**99.5**	**99.8**
	一、90m²及以下	100.1	--	100.5	100.1	99.4	100.5	100.5	99.8	100.0	99.8	99.4	100.8
	二、90m²-144m²	100.6	100.3	101.3	100.0	100.8	100.3	99.8	100.3	100.8	100.3	99.6	99.6
	三、144m²以上	100.2	100.2	100.2	101.2	101.0	99.9	100.0	99.0	100.6	100.7	99.5	99.1
	二手住宅销售价格指数	**99.8**	**99.9**	**100.0**	**99.2**	**99.9**	**99.7**	**99.7**	**99.1**	**99.6**	**99.8**	**99.8**	**99.7**
	一、90m²及以下	99.8	99.9	100.0	99.3	99.4	99.6	99.6	98.8	99.8	99.9	100.0	99.8
	二、90m²-144m²	99.7	99.8	100.0	99.1	100.5	99.8	99.8	99.4	99.3	99.8	99.6	99.6
	三、144m²以上	99.8	99.8	99.9	99.0	100.1	100.1	100.1	99.4	99.7	99.3	99.8	99.7

4–4–50 2019年泉州市商品住宅销售价格指数
Quanzhou Commercial Housing Price Indices of Residential Buildings for 2019

	项 目 Item	1月	2月	3月	4月	5月	6月	7月	8月	9月	10月	11月	12月
定基价格指数	**新建商品住宅销售价格指数**	**112.2**	**111.8**	**111.9**	**112.3**	**112.4**	**112.5**	**113.1**	**113.7**	**113.9**	**115.0**	**115.1**	**115.7**
	一、90m²及以下	114.5	113.4	113.1	114.2	114.3	113.9	114.7	115.1	114.4	116.0	116.2	118.1
	二、90m²–144m²	110.8	110.7	110.7	110.4	110.8	111.3	111.9	113.1	113.3	114.3	114.2	114.5
	三、144m²以上	113.1	112.5	113.1	114.1	113.8	113.4	114.0	113.8	114.6	115.5	115.9	116.2
	二手住宅销售价格指数	**114.3**	**114.1**	**114.6**	**114.5**	**114.7**	**114.9**	**115.5**	**116.2**	**116.0**	**116.2**	**116.6**	**116.7**
	一、90m²及以下	114.4	114.3	114.3	114.1	114.7	114.5	115.5	115.6	115.0	115.2	115.0	115.7
	二、90m²–144m²	114.2	114.0	115.0	115.2	115.6	115.9	116.5	117.0	116.9	116.7	117.3	117.3
	三、144m²以上	114.3	114.4	114.4	114.2	113.5	114.1	114.2	116.0	116.1	117.0	117.7	117.1
同比价格指数	**新建商品住宅销售价格指数**	**101.6**	**101.1**	**101.1**	**101.4**	**101.6**	**101.3**	**101.9**	**101.5**	**101.7**	**102.5**	**102.3**	**103.0**
	一、90m²及以下	103.3	101.7	101.4	102.1	102.4	101.9	102.4	101.3	101.1	102.1	101.9	103.8
	二、90m²–144m²	100.4	100.5	100.6	100.5	100.8	100.8	101.4	101.9	102.4	103.2	103.0	103.2
	三、144m²以上	102.4	101.5	101.7	102.3	102.3	101.5	102.3	100.9	101.0	101.7	101.6	102.1
	二手住宅销售价格指数	**101.6**	**101.3**	**101.5**	**101.4**	**101.3**	**101.0**	**100.8**	**100.8**	**100.7**	**100.9**	**101.5**	**102.0**
	一、90m²及以下	102.0	101.6	101.3	101.0	101.3	100.8	100.9	100.5	100.1	100.3	100.4	101.3
	二、90m²–144m²	101.2	100.9	101.6	101.8	102.0	101.7	101.5	101.2	101.3	101.2	101.9	102.2
	三、144m²以上	101.8	101.8	101.7	101.5	100.2	100.3	99.6	100.6	100.6	101.4	102.3	102.6
环比价格指数	**新建商品住宅销售价格指数**	**99.8**	**99.6**	**100.1**	**100.3**	**100.1**	**100.1**	**100.6**	**100.5**	**100.2**	**101.0**	**100.1**	**100.6**
	一、90m²及以下	100.6	99.0	99.8	101.0	100.1	99.7	100.7	100.3	99.3	101.4	100.2	101.7
	二、90m²–144m²	99.8	100.0	100.0	99.7	100.4	100.5	100.6	101.0	100.2	100.9	99.9	100.3
	三、144m²以上	99.4	99.4	100.6	100.9	99.7	99.7	100.5	99.9	100.7	100.8	100.3	100.3
	二手住宅销售价格指数	**99.8**	**99.9**	**100.4**	**100.0**	**100.2**	**100.2**	**100.5**	**100.6**	**99.8**	**100.2**	**100.3**	**100.1**
	一、90m²及以下	100.1	99.9	100.0	99.9	100.5	99.8	100.9	100.1	99.5	100.1	99.9	100.6
	二、90m²–144m²	99.5	99.8	100.9	100.2	100.3	100.3	100.5	100.4	99.9	99.8	100.5	100.0
	三、144m²以上	100.1	100.1	100.0	99.8	99.4	100.6	100.1	101.6	100.0	100.8	100.6	99.5

4-4-51 2019年九江市商品住宅销售价格指数

Jiujiang Commercial Housing Price Indices of Residential Buildings for 2019

项 目 Item		1月	2月	3月	4月	5月	6月	7月	8月	9月	10月	11月	12月
定基价格指数	**新建商品住宅销售价格指数**	**132.7**	**133.3**	**134.2**	**135.2**	**135.9**	**137.1**	**137.8**	**138.9**	**140.0**	**141.1**	**141.5**	**142.5**
	一、90㎡及以下	136.4	137.9	137.9	138.5	139.1	140.0	141.6	142.0	142.7	144.1	144.8	145.8
	二、90㎡-144㎡	131.4	131.9	133.0	134.2	135.2	136.5	137.3	138.5	139.4	140.3	140.4	141.2
	三、144㎡以上	136.0	136.5	137.0	137.1	137.1	137.6	137.6	138.6	140.6	142.9	144.2	146.3
	二手住宅销售价格指数	**122.2**	**122.4**	**122.9**	**123.6**	**124.4**	**124.9**	**125.7**	**126.2**	**127.5**	**128.8**	**129.4**	**130.6**
	一、90㎡及以下	124.9	125.0	125.6	126.0	126.7	127.6	128.5	129.0	129.7	131.1	131.8	133.0
	二、90㎡-144㎡	120.2	120.5	121.0	121.9	122.6	122.6	123.6	124.1	126.0	127.0	127.5	128.8
	三、144㎡以上	119.4	119.7	120.0	120.7	122.2	123.2	122.7	122.9	124.2	125.9	127.1	128.1
同比价格指数	**新建商品住宅销售价格指数**	**110.0**	**110.0**	**110.1**	**110.7**	**110.5**	**110.7**	**110.1**	**109.3**	**109.3**	**109.6**	**108.3**	**108.1**
	一、90㎡及以下	110.2	111.7	111.3	111.3	111.1	111.1	111.0	109.7	108.9	109.5	107.5	107.6
	二、90㎡-144㎡	109.5	109.4	109.7	110.6	110.5	111.0	110.6	109.9	109.9	110.0	108.7	108.2
	三、144㎡以上	111.8	111.6	111.3	110.8	109.6	109.3	107.4	106.6	107.4	108.1	107.6	108.4
	二手住宅销售价格指数	**106.8**	**106.8**	**107.1**	**107.6**	**107.8**	**107.7**	**107.3**	**106.2**	**106.5**	**106.8**	**106.3**	**107.0**
	一、90㎡及以下	106.7	106.6	107.0	107.2	107.6	107.7	107.3	106.1	105.9	106.0	105.7	106.3
	二、90㎡-144㎡	106.6	106.7	106.9	107.5	107.7	107.2	107.1	106.0	107.0	107.4	106.7	107.5
	三、144㎡以上	108.0	108.2	108.5	109.3	109.9	109.9	108.1	107.2	107.5	107.9	107.5	107.8
环比价格指数	**新建商品住宅销售价格指数**	**100.7**	**100.5**	**100.6**	**100.7**	**100.6**	**100.8**	**100.5**	**100.8**	**100.7**	**100.8**	**100.3**	**100.7**
	一、90㎡及以下	100.7	101.1	100.0	100.4	100.4	100.6	101.2	100.3	100.5	101.0	100.5	100.7
	二、90㎡-144㎡	100.6	100.4	100.8	100.9	100.7	101.0	100.6	100.9	100.6	100.6	100.1	100.6
	三、144㎡以上	100.8	100.4	100.4	100.1	100.0	100.4	100.0	100.7	101.5	101.6	101.0	101.4
	二手住宅销售价格指数	**100.1**	**100.2**	**100.4**	**100.6**	**100.6**	**100.4**	**100.6**	**100.4**	**101.0**	**101.0**	**100.5**	**100.9**
	一、90㎡及以下	99.8	100.1	100.5	100.4	100.5	100.7	100.7	100.4	100.6	101.0	100.6	100.9
	二、90㎡-144㎡	100.4	100.3	100.4	100.7	100.6	100.1	100.7	100.5	101.5	100.8	100.3	101.0
	三、144㎡以上	100.4	100.3	100.2	100.7	101.2	100.9	99.6	100.2	101.0	101.4	100.9	100.8

4-4-52 2019年赣州市商品住宅销售价格指数
Ganzhou Commercial Housing Price Indices of Residential Buildings for 2019

项 目 Item		1月	2月	3月	4月	5月	6月	7月	8月	9月	10月	11月	12月
定基价格指数	**新建商品住宅销售价格指数**	**125.4**	**125.4**	**125.1**	**124.9**	**125.2**	**125.1**	**126.2**	**126.3**	**127.2**	**127.8**	**128.1**	**128.7**
	一、90m²及以下	123.2	124.1	124.2	124.0	124.1	123.2	124.0	124.7	127.2	128.8	128.5	128.6
	二、90m²-144m²	125.0	124.7	124.2	123.9	124.4	124.5	125.5	125.6	126.0	126.3	126.9	127.5
	三、144m²以上	129.3	130.2	129.6	130.1	129.7	129.9	131.5	131.0	132.5	133.1	132.7	134.0
	二手住宅销售价格指数	**123.4**	**123.9**	**124.5**	**125.0**	**125.4**	**125.6**	**126.1**	**126.5**	**127.2**	**127.7**	**128.6**	**129.6**
	一、90m²及以下	124.1	125.3	125.1	125.5	126.1	126.1	127.1	127.5	127.6	128.6	129.8	130.6
	二、90m²-144m²	124.4	124.7	125.4	126.1	126.4	126.9	127.2	127.4	128.5	128.6	130.1	130.5
	三、144m²以上	121.0	121.4	122.3	122.4	122.7	122.5	123.3	123.9	124.4	125.0	124.9	126.8
同比价格指数	**新建商品住宅销售价格指数**	**107.7**	**107.8**	**107.2**	**106.9**	**106.7**	**106.0**	**106.3**	**104.3**	**104.0**	**103.8**	**103.5**	**103.0**
	一、90m²及以下	104.4	105.0	105.3	105.4	105.8	104.7	105.1	103.7	104.6	105.7	104.5	103.8
	二、90m²-144m²	108.2	108.2	107.5	107.0	106.9	106.1	106.4	104.3	103.4	103.1	103.0	102.5
	三、144m²以上	108.9	108.8	108.0	107.9	106.9	106.6	107.4	105.3	105.8	105.1	104.0	104.2
	二手住宅销售价格指数	**108.5**	**108.4**	**108.7**	**108.9**	**108.6**	**107.7**	**107.2**	**105.8**	**105.3**	**105.0**	**105.3**	**105.6**
	一、90m²及以下	109.7	110.0	109.4	110.3	110.3	109.0	108.8	107.8	106.9	106.7	106.7	106.4
	二、90m²-144m²	108.4	108.0	108.3	108.3	107.9	107.3	106.6	105.0	104.5	104.1	105.1	105.3
	三、144m²以上	107.7	107.9	108.8	108.7	108.6	107.4	106.9	105.9	105.1	105.1	104.4	105.4
环比价格指数	**新建商品住宅销售价格指数**	**100.4**	**100.0**	**99.7**	**99.9**	**100.2**	**100.0**	**100.9**	**100.0**	**100.8**	**100.4**	**100.3**	**100.5**
	一、90m²及以下	99.5	100.7	100.1	99.8	100.1	99.3	100.6	100.6	102.1	101.2	99.8	100.1
	二、90m²-144m²	100.6	99.7	99.6	99.7	100.4	100.1	100.9	100.0	100.4	100.2	100.5	100.4
	三、144m²以上	100.5	100.7	99.5	100.4	99.7	100.2	101.2	99.6	101.1	100.4	99.7	101.0
	二手住宅销售价格指数	**100.6**	**100.4**	**100.5**	**100.4**	**100.3**	**100.2**	**100.4**	**100.3**	**100.5**	**100.4**	**100.8**	**100.7**
	一、90m²及以下	101.1	100.9	99.8	100.3	100.5	100.0	100.8	100.3	100.1	100.8	100.9	100.6
	二、90m²-144m²	100.3	100.2	100.6	100.5	100.3	100.4	100.2	100.2	100.8	100.1	101.1	100.3
	三、144m²以上	100.5	100.4	100.7	100.1	100.3	99.8	100.6	100.5	100.4	100.5	100.0	101.5

4-4-53 2019年烟台市商品住宅销售价格指数
Yantai Commercial Housing Price Indices of Residential Buildings for 2019

项 目 Item		1月	2月	3月	4月	5月	6月	7月	8月	9月	10月	11月	12月
定基价格指数	**新建商品住宅销售价格指数**	**130.2**	**130.8**	**131.5**	**132.4**	**133.5**	**135.0**	**136.4**	**137.5**	**139.1**	**140.2**	**141.0**	**142.2**
	一、90m²及以下	127.3	127.8	128.7	129.5	130.3	131.6	133.2	134.6	136.0	137.1	138.2	139.7
	二、90m²-144m²	133.5	134.1	134.9	135.9	137.2	139.0	140.1	141.1	142.7	143.7	144.3	145.3
	三、144m²以上	125.5	126.2	126.4	127.1	127.9	128.3	130.3	131.2	134.0	135.1	135.5	136.6
	二手住宅销售价格指数	**122.0**	**122.4**	**123.6**	**124.5**	**125.7**	**126.7**	**127.7**	**128.5**	**128.7**	**128.4**	**127.9**	**126.8**
	一、90m²及以下	124.9	125.6	126.5	127.3	128.0	129.1	130.7	130.9	130.9	130.7	130.2	128.9
	二、90m²-144m²	120.5	120.5	121.8	122.8	124.7	125.5	125.5	126.5	127.3	126.9	126.3	125.4
	三、144m²以上	114.8	114.9	116.5	117.9	119.0	120.4	121.6	123.9	124.0	123.4	122.8	122.2
同比价格指数	**新建商品住宅销售价格指数**	**113.3**	**113.5**	**113.7**	**113.1**	**113.2**	**113.4**	**111.4**	**110.9**	**111.5**	**111.0**	**110.8**	**110.0**
	一、90m²及以下	113.0	113.3	113.6	112.9	112.8	113.0	111.2	110.9	111.3	111.0	111.0	110.5
	二、90m²-144m²	113.6	113.7	113.9	113.3	113.5	113.9	111.5	111.0	111.6	111.0	110.7	109.8
	三、144m²以上	112.9	113.3	113.4	113.0	112.8	112.3	111.3	110.6	111.8	111.1	110.3	109.5
	二手住宅销售价格指数	**111.5**	**111.6**	**112.3**	**112.5**	**112.8**	**112.7**	**111.4**	**109.8**	**108.6**	**107.2**	**106.1**	**104.5**
	一、90m²及以下	112.1	112.4	112.9	112.8	112.5	112.5	111.3	109.2	107.6	106.5	105.5	103.7
	二、90m²-144m²	111.4	111.2	112.1	112.4	113.5	113.3	111.3	109.9	109.2	107.6	106.4	104.9
	三、144m²以上	109.4	109.3	110.5	111.5	111.8	112.4	111.7	112.4	110.9	109.0	108.1	106.9
环比价格指数	**新建商品住宅销售价格指数**	**100.8**	**100.5**	**100.6**	**100.7**	**100.8**	**101.1**	**101.0**	**100.8**	**101.2**	**100.8**	**100.6**	**100.9**
	一、90m²及以下	100.7	100.4	100.7	100.6	100.7	100.9	101.3	101.1	101.0	100.8	100.8	101.1
	二、90m²-144m²	100.8	100.5	100.6	100.8	101.0	101.3	100.8	100.7	101.1	100.7	100.4	100.7
	三、144m²以上	100.6	100.6	100.2	100.5	100.6	100.3	101.6	100.7	102.1	100.9	100.3	100.8
	二手住宅销售价格指数	**100.6**	**100.3**	**100.9**	**100.8**	**101.0**	**100.8**	**100.8**	**100.6**	**100.2**	**99.7**	**99.6**	**99.1**
	一、90m²及以下	100.5	100.6	100.7	100.7	100.5	100.9	101.3	100.1	100.0	99.8	99.6	99.0
	二、90m²-144m²	100.8	100.0	101.1	100.8	101.6	100.7	100.0	100.8	100.6	99.7	99.6	99.2
	三、144m²以上	100.4	100.1	101.4	101.2	101.0	101.2	100.9	101.9	100.1	99.5	99.5	99.5

4-4-54 2019年济宁市商品住宅销售价格指数

Jining Commercial Housing Price Indices of Residential Buildings for 2019

项 目 Item		1月	2月	3月	4月	5月	6月	7月	8月	9月	10月	11月	12月
定基价格指数	**新建商品住宅销售价格指数**	**123.8**	**125.4**	**126.1**	**127.0**	**128.2**	**129.7**	**130.3**	**131.8**	**133.3**	**134.2**	**134.9**	**135.0**
	一、90m²及以下	125.1	126.3	126.4	126.4	126.6	127.8	127.9	129.8	132.7	133.0	134.0	134.3
	二、90m²-144m²	124.6	126.6	127.2	128.5	130.0	131.5	132.1	133.7	134.9	136.0	136.7	137.0
	三、144m²以上	121.9	122.6	123.3	123.5	124.6	126.0	126.6	128.0	129.7	130.2	130.9	130.6
	二手住宅销售价格指数	**127.4**	**128.1**	**128.8**	**130.0**	**130.9**	**131.5**	**132.4**	**133.9**	**135.2**	**136.0**	**136.5**	**137.3**
	一、90m²及以下	125.7	126.2	127.2	128.2	129.4	129.8	130.7	131.1	133.6	133.8	134.4	134.5
	二、90m²-144m²	128.6	129.4	130.1	131.7	132.4	133.1	133.9	136.3	136.6	137.7	137.9	139.3
	三、144m²以上	128.8	129.1	129.2	129.5	129.8	131.1	132.3	133.3	135.0	136.3	137.9	139.0
同比价格指数	**新建商品住宅销售价格指数**	**113.2**	**114.1**	**114.3**	**114.4**	**114.7**	**114.5**	**113.4**	**112.8**	**113.4**	**112.1**	**110.8**	**109.8**
	一、90m²及以下	112.9	113.6	112.7	111.6	110.9	111.2	109.6	109.1	110.9	109.6	108.3	107.9
	二、90m²-144m²	113.2	114.8	115.0	115.6	115.6	115.2	113.7	113.3	113.8	112.7	111.4	110.6
	三、144m²以上	113.0	112.7	112.9	112.2	113.1	113.6	113.5	112.4	113.1	111.2	109.9	108.1
	二手住宅销售价格指数	**117.1**	**117.4**	**116.7**	**116.7**	**116.1**	**115.7**	**113.5**	**112.0**	**111.1**	**110.2**	**109.3**	**108.4**
	一、90m²及以下	115.8	115.9	115.3	115.7	116.2	115.6	113.6	111.2	111.1	109.8	109.1	107.6
	二、90m²-144m²	117.5	118.1	117.6	117.4	116.1	115.9	113.6	112.9	111.4	110.7	109.6	109.1
	三、144m²以上	120.7	120.2	118.4	117.4	116.0	115.3	112.9	110.8	110.3	109.7	109.0	108.4
环比价格指数	**新建商品住宅销售价格指数**	**100.7**	**101.3**	**100.5**	**100.7**	**101.0**	**101.2**	**100.4**	**101.2**	**101.1**	**100.7**	**100.5**	**100.1**
	一、90m²及以下	100.5	101.0	100.1	100.0	100.1	101.0	100.1	101.5	102.2	100.3	100.8	100.2
	二、90m²-144m²	100.6	101.6	100.5	101.0	101.2	101.2	100.4	101.2	100.9	100.8	100.5	100.2
	三、144m²以上	100.8	100.6	100.6	100.2	100.9	101.1	100.5	101.1	101.3	100.4	100.5	99.8
	二手住宅销售价格指数	**100.6**	**100.5**	**100.6**	**100.9**	**100.6**	**100.5**	**100.7**	**101.1**	**101.0**	**100.6**	**100.4**	**100.6**
	一、90m²及以下	100.5	100.4	100.8	100.8	100.9	100.3	100.7	100.2	101.9	100.2	100.4	100.1
	二、90m²-144m²	100.7	100.6	100.6	101.2	100.5	100.5	100.6	101.8	100.2	100.8	100.1	101.0
	三、144m²以上	100.5	100.2	100.1	100.2	100.2	101.0	101.0	100.7	101.3	100.9	101.2	100.7

4-4-55 2019年洛阳市商品住宅销售价格指数

Luoyang Commercial Housing Price Indices of Residential Buildings for 2019

项目 Item		1月	2月	3月	4月	5月	6月	7月	8月	9月	10月	11月	12月
定基价格指数	**新建商品住宅销售价格指数**	**128.0**	**128.6**	**128.8**	**130.2**	**132.3**	**135.6**	**136.3**	**137.1**	**139.8**	**142.1**	**143.1**	**143.7**
	一、90m^2及以下	133.9	135.3	135.9	138.0	139.9	143.8	144.8	145.4	148.0	150.9	152.0	152.8
	二、90m^2-144m^2	127.6	127.8	128.2	129.6	132.1	134.7	135.4	136.3	138.9	141.1	142.2	142.6
	三、144m^2以上	124.7	125.9	125.5	126.0	127.4	131.9	132.3	132.9	136.5	138.3	139.0	139.8
	二手住宅销售价格指数	**117.4**	**117.4**	**117.2**	**118.5**	**119.4**	**120.4**	**122.2**	**123.0**	**125.5**	**126.1**	**127.0**	**128.0**
	一、90m^2及以下	119.8	119.6	120.2	121.2	122.4	123.7	125.9	127.6	130.6	131.8	132.5	133.3
	二、90m^2-144m^2	116.9	116.9	116.3	117.3	118.3	119.4	121.0	121.0	122.8	123.2	124.5	125.6
	三、144m^2以上	115.8	115.7	115.3	117.5	117.9	118.6	120.4	121.4	124.5	125.0	125.4	126.3
同比价格指数	**新建商品住宅销售价格指数**	**112.1**	**112.7**	**112.4**	**112.7**	**114.1**	**116.7**	**116.1**	**115.9**	**116.2**	**116.4**	**114.7**	**114.0**
	一、90m^2及以下	111.2	112.4	112.5	112.3	113.2	115.9	116.2	115.2	116.1	117.3	115.2	114.7
	二、90m^2-144m^2	112.5	112.8	112.7	113.3	115.0	117.3	116.3	116.4	116.3	116.3	114.7	113.9
	三、144m^2以上	111.7	112.6	111.5	111.4	112.3	115.8	115.5	115.3	116.2	116.2	114.0	113.6
	二手住宅销售价格指数	**110.2**	**110.0**	**109.6**	**110.1**	**110.7**	**111.1**	**111.1**	**109.9**	**110.4**	**110.4**	**109.2**	**109.0**
	一、90m^2及以下	111.1	110.6	110.8	110.7	111.3	111.8	112.4	112.0	112.7	113.0	111.6	110.9
	二、90m^2-144m^2	109.8	109.8	109.1	109.3	110.0	110.5	110.7	108.6	108.4	108.2	107.4	107.5
	三、144m^2以上	109.8	109.5	108.9	111.0	111.2	111.1	110.5	110.1	111.4	111.2	109.7	109.4
环比价格指数	**新建商品住宅销售价格指数**	**101.5**	**100.5**	**100.2**	**101.0**	**101.7**	**102.5**	**100.5**	**100.6**	**102.0**	**101.6**	**100.7**	**100.4**
	一、90m^2及以下	100.6	101.0	100.4	101.5	101.4	102.8	100.7	100.4	101.8	102.0	100.7	100.5
	二、90m^2-144m^2	101.9	100.2	100.3	101.1	101.9	102.0	100.5	100.7	101.9	101.6	100.8	100.3
	三、144m^2以上	101.4	100.9	99.7	100.4	101.1	103.5	100.3	100.5	102.7	101.3	100.5	100.6
	二手住宅销售价格指数	**100.0**	**100.0**	**99.8**	**101.1**	**100.8**	**100.9**	**101.5**	**100.6**	**102.0**	**100.5**	**100.7**	**100.8**
	一、90m^2及以下	99.7	99.9	100.5	100.8	101.0	101.0	101.8	101.4	102.3	100.9	100.6	100.6
	二、90m^2-144m^2	100.0	100.1	99.5	100.9	100.8	100.9	101.4	100.0	101.4	100.3	101.1	100.9
	三、144m^2以上	100.3	99.9	99.7	101.9	100.3	100.6	101.5	100.8	102.6	100.4	100.3	100.8

4-4-56 2019年平顶山市商品住宅销售价格指数

Pingdingshan Commercial Housing Price Indices of Residential Buildings for 2019

项 目 Item		1月	2月	3月	4月	5月	6月	7月	8月	9月	10月	11月	12月
定基价格指数	**新建商品住宅销售价格指数**	**120.0**	**121.3**	**122.8**	**123.5**	**124.2**	**125.5**	**127.5**	**127.9**	**127.9**	**128.7**	**129.3**	**129.9**
	一、90m²及以下	117.8	119.7	121.7	122.5	122.2	123.2	124.6	125.7	126.2	127.5	127.7	128.4
	二、90m²-144m²	120.7	121.9	123.1	123.9	124.8	126.2	128.8	129.1	129.2	129.7	130.1	130.8
	三、144m²以上	120.3	121.2	123.0	123.5	125.0	125.8	126.8	126.8	125.8	126.6	128.4	128.9
	二手住宅销售价格指数	**115.1**	**115.8**	**116.1**	**116.9**	**117.5**	**118.0**	**118.5**	**118.5**	**119.5**	**120.3**	**121.2**	**122.4**
	一、90m²及以下	112.2	112.7	112.9	113.6	113.9	114.6	114.8	115.3	115.9	116.9	118.1	118.9
	二、90m²-144m²	115.3	116.0	116.7	117.4	118.5	118.9	119.5	119.4	120.5	121.6	122.3	124.1
	三、144m²以上	119.5	120.6	120.3	121.3	121.6	122.0	122.7	122.3	123.7	123.8	124.6	125.5
同比价格指数	**新建商品住宅销售价格指数**	**107.6**	**108.2**	**109.5**	**108.8**	**108.5**	**109.9**	**110.8**	**110.4**	**109.0**	**109.3**	**108.7**	**108.5**
	一、90m²及以下	109.4	110.6	112.5	111.8	111.3	111.7	112.3	112.0	111.1	111.9	110.8	110.0
	二、90m²-144m²	106.6	107.2	108.1	107.6	107.3	109.0	110.2	109.9	108.7	108.9	108.3	108.4
	三、144m²以上	108.9	108.6	110.3	108.9	109.4	110.4	110.7	110.0	107.1	106.8	107.7	107.1
	二手住宅销售价格指数	**108.6**	**108.8**	**108.8**	**108.6**	**108.5**	**108.9**	**108.2**	**107.2**	**106.6**	**106.7**	**106.8**	**107.3**
	一、90m²及以下	110.0	110.1	110.3	110.2	109.9	109.9	108.7	107.9	106.6	106.6	106.9	106.8
	二、90m²-144m²	107.0	107.1	107.2	107.0	107.5	108.2	107.7	106.7	106.4	107.0	106.9	108.5
	三、144m²以上	108.9	109.6	108.9	108.6	108.0	108.6	108.1	106.8	106.8	106.4	106.3	106.1
环比价格指数	**新建商品住宅销售价格指数**	**100.2**	**101.1**	**101.3**	**100.6**	**100.6**	**101.0**	**101.6**	**100.3**	**100.0**	**100.6**	**100.5**	**100.5**
	一、90m²及以下	100.9	101.7	101.7	100.6	99.8	100.8	101.1	100.9	100.4	101.1	100.2	100.5
	二、90m²-144m²	100.0	101.0	101.0	100.6	100.8	101.1	102.0	100.2	100.1	100.4	100.3	100.6
	三、144m²以上	100.0	100.7	101.5	100.4	101.2	100.6	100.8	100.0	99.2	100.6	101.4	100.4
	二手住宅销售价格指数	**100.8**	**100.7**	**100.2**	**100.7**	**100.5**	**100.4**	**100.4**	**100.0**	**100.8**	**100.7**	**100.7**	**101.0**
	一、90m²及以下	100.8	100.5	100.2	100.6	100.3	100.6	100.1	100.4	100.6	100.9	101.0	100.6
	二、90m²-144m²	100.7	100.7	100.6	100.6	100.9	100.4	100.5	99.9	100.9	101.0	100.5	101.5
	三、144m²以上	100.9	101.0	99.8	100.8	100.2	100.3	100.6	99.6	101.1	100.1	100.7	100.7

4-4-57 2019年宜昌市商品住宅销售价格指数

Yichang Commercial Housing Price Indices of Residential Buildings for 2019

项 目 Item		1月	2月	3月	4月	5月	6月	7月	8月	9月	10月	11月	12月
定基价格指数	**新建商品住宅销售价格指数**	**129.4**	**130.4**	**131.2**	**132.0**	**132.5**	**132.0**	**132.4**	**131.8**	**131.5**	**131.1**	**130.5**	**130.1**
	一、90m²及以下	133.1	133.7	133.7	134.4	135.1	135.0	136.0	136.2	135.8	135.5	134.3	134.3
	二、90m²-144m²	128.2	129.3	130.5	131.2	131.7	131.1	131.4	130.5	130.3	129.8	129.4	129.1
	三、144m²以上	131.0	132.1	132.2	132.9	133.4	132.8	133.4	132.9	132.2	131.7	131.3	130.3
	二手住宅销售价格指数	**122.9**	**123.1**	**123.2**	**123.0**	**123.0**	**122.0**	**121.7**	**120.4**	**119.9**	**119.4**	**119.1**	**118.8**
	一、90m²及以下	123.9	124.0	124.2	124.2	124.3	123.1	123.0	122.5	121.9	121.4	121.2	120.5
	二、90m²-144m²	123.3	123.4	123.5	123.3	123.2	122.3	121.9	120.3	119.8	119.3	119.1	118.9
	三、144m²以上	118.6	118.9	118.8	118.9	118.3	117.7	117.2	115.4	115.3	114.5	113.8	113.4
同比价格指数	**新建商品住宅销售价格指数**	**112.8**	**113.0**	**112.7**	**112.9**	**112.5**	**110.6**	**107.8**	**106.0**	**104.4**	**103.7**	**102.7**	**101.3**
	一、90m²及以下	116.9	115.7	113.9	114.0	113.9	113.2	110.4	108.9	107.4	106.4	104.3	102.5
	二、90m²-144m²	111.6	112.1	112.2	112.6	112.0	109.8	107.0	105.1	103.6	103.1	102.3	101.1
	三、144m²以上	113.6	114.1	113.5	113.4	112.8	111.6	108.9	106.7	104.9	103.7	103.0	100.8
	二手住宅销售价格指数	**110.4**	**110.0**	**109.4**	**108.8**	**108.0**	**106.7**	**104.3**	**101.0**	**98.8**	**97.9**	**97.3**	**96.8**
	一、90m²及以下	110.1	109.5	109.0	108.4	107.9	106.3	104.3	102.1	99.9	99.1	98.4	97.6
	二、90m²-144m²	110.8	110.3	109.8	109.0	108.2	107.0	104.4	100.6	98.4	97.4	97.0	96.7
	三、144m²以上	109.2	109.2	108.7	108.4	107.3	106.1	103.9	100.2	97.9	97.2	96.1	95.7
环比价格指数	**新建商品住宅销售价格指数**	**100.8**	**100.8**	**100.6**	**100.6**	**100.4**	**99.6**	**100.3**	**99.5**	**99.8**	**99.7**	**99.6**	**99.7**
	一、90m²及以下	101.5	100.5	100.0	100.5	100.6	99.9	100.7	100.2	99.7	99.8	99.1	100.0
	二、90m²-144m²	100.5	100.8	100.9	100.6	100.4	99.6	100.2	99.3	99.9	99.6	99.7	99.7
	三、144m²以上	101.3	100.9	100.1	100.5	100.4	99.5	100.5	99.6	99.5	99.7	99.7	99.3
	二手住宅销售价格指数	**100.2**	**100.1**	**100.1**	**99.9**	**99.9**	**99.2**	**99.7**	**99.0**	**99.6**	**99.6**	**99.8**	**99.7**
	一、90m²及以下	100.3	100.1	100.1	100.0	100.1	99.1	99.9	99.6	99.5	99.6	99.9	99.4
	二、90m²-144m²	100.2	100.1	100.1	99.8	99.9	99.3	99.7	98.7	99.6	99.6	99.8	99.8
	三、144m²以上	100.1	100.2	100.0	100.1	99.5	99.4	99.6	98.5	99.9	99.4	99.4	99.7

4-4-58 2019年襄阳市商品住宅销售价格指数
Xiangyang Commercial Housing Price Indices of Residential Buildings for 2019

项 目 Item		1月	2月	3月	4月	5月	6月	7月	8月	9月	10月	11月	12月
定基价格指数	新建商品住宅销售价格指数	123.8	124.7	125.2	126.1	126.9	127.8	128.7	130.3	131.6	133.1	134.1	135.3
	一、90m²及以下	129.8	130.8	131.6	132.9	133.9	134.8	135.5	137.2	139.5	141.0	141.5	142.7
	二、90m²-144m²	123.1	124.0	124.4	125.0	125.9	127.0	127.9	129.7	130.6	132.0	133.1	134.4
	三、144m²以上	119.7	120.3	121.4	122.7	123.0	123.2	124.2	124.7	126.3	128.3	129.6	130.4
	二手住宅销售价格指数	116.8	117.8	118.7	119.9	120.8	121.6	122.0	122.4	122.6	122.9	122.5	122.4
	一、90m²及以下	116.6	117.4	118.4	119.2	120.2	121.2	121.6	122.2	122.6	123.4	122.7	122.5
	二、90m²-144m²	118.5	119.7	120.7	122.2	123.1	123.8	124.2	124.5	124.4	124.2	124.0	124.1
	三、144m²以上	110.6	111.9	112.7	113.6	114.2	114.6	115.2	115.7	116.2	117.2	116.7	116.2
同比价格指数	新建商品住宅销售价格指数	113.7	114.7	115.1	115.2	115.8	115.7	114.0	112.2	112.6	111.2	110.8	110.2
	一、90m²及以下	114.3	115.6	116.2	117.1	117.9	117.8	115.1	112.8	113.8	111.9	110.7	110.3
	二、90m²-144m²	113.6	114.7	114.9	114.7	115.3	115.4	113.9	112.5	112.7	111.2	110.8	110.5
	三、144m²以上	113.0	113.8	114.5	115.0	115.1	114.8	112.8	110.1	111.0	110.3	110.7	109.2
	二手住宅销售价格指数	110.0	111.0	111.8	112.1	112.5	112.8	111.4	109.3	108.1	107.9	106.5	105.4
	一、90m²及以下	109.9	110.6	111.4	111.6	112.0	112.4	111.4	109.4	108.6	108.7	107.0	105.8
	二、90m²-144m²	110.4	111.4	112.0	112.5	112.9	113.3	111.5	109.3	107.8	107.3	106.1	105.2
	三、144m²以上	108.8	110.5	111.7	111.6	111.9	112.1	111.2	108.7	107.9	108.3	106.8	105.6
环比价格指数	新建商品住宅销售价格指数	100.8	100.7	100.4	100.7	100.6	100.7	100.7	101.3	101.0	101.2	100.8	100.9
	一、90m²及以下	100.3	100.7	100.6	101.0	100.8	100.7	100.5	101.3	101.7	101.1	100.4	100.8
	二、90m²-144m²	101.1	100.8	100.3	100.6	100.7	100.9	100.7	101.5	100.7	101.1	100.9	101.0
	三、144m²以上	100.2	100.5	100.9	101.1	100.2	100.2	100.8	100.4	101.3	101.6	101.0	100.7
	二手住宅销售价格指数	100.6	100.9	100.8	101.0	100.8	100.6	100.4	100.3	100.1	100.3	99.7	99.9
	一、90m²及以下	100.7	100.7	100.9	100.6	100.9	100.8	100.4	100.4	100.3	100.7	99.4	99.9
	二、90m²-144m²	100.5	100.9	100.8	101.3	100.7	100.6	100.3	100.2	99.9	99.9	99.8	100.0
	三、144m²以上	100.5	101.1	100.7	100.8	100.6	100.3	100.5	100.4	100.4	100.9	99.6	99.6

4-4-59　2019年岳阳市商品住宅销售价格指数

Yueyang Commercial Housing Price Indices of Residential Buildings for 2019

项　目	Item	1月	2月	3月	4月	5月	6月	7月	8月	9月	10月	11月	12月
定基价格指数	**新建商品住宅销售价格指数**	**122.9**	**122.4**	**122.6**	**122.8**	**122.7**	**122.9**	**123.0**	**122.8**	**122.2**	**121.7**	**121.3**	**120.6**
	一、90m^2及以下	124.6	123.3	122.6	123.6	123.4	123.1	122.8	122.3	121.0	121.7	121.1	120.2
	二、90m^2-144m^2	120.3	120.6	121.1	121.0	120.9	120.8	120.9	120.9	120.7	119.7	119.1	118.2
	三、144m^2以上	127.3	125.7	126.0	126.1	126.2	127.4	127.8	127.7	126.7	126.4	126.5	126.5
	二手住宅销售价格指数	**114.2**	**114.1**	**114.1**	**114.2**	**114.7**	**114.8**	**115.3**	**114.6**	**114.3**	**113.4**	**112.7**	**112.7**
	一、90m^2及以下	115.4	115.3	115.3	115.3	115.5	115.7	115.8	116.0	115.8	115.3	114.5	114.6
	二、90m^2-144m^2	112.6	112.6	112.7	112.9	113.7	113.7	114.4	113.4	112.8	111.6	111.1	111.1
	三、144m^2以上	116.3	116.2	116.2	116.3	116.5	116.3	117.0	115.5	115.4	115.0	114.1	113.7
同比价格指数	**新建商品住宅销售价格指数**	**108.0**	**107.2**	**106.6**	**106.5**	**105.4**	**104.9**	**104.0**	**101.6**	**99.9**	**98.8**	**98.2**	**97.8**
	一、90m^2及以下	110.3	108.5	107.1	107.8	106.8	105.4	104.6	101.2	98.3	98.5	97.2	96.1
	二、90m^2-144m^2	106.5	106.4	106.2	106.0	104.7	104.1	103.4	101.3	100.2	98.9	98.4	98.0
	三、144m^2以上	109.6	107.8	107.2	106.7	105.8	106.0	105.1	102.6	100.6	98.9	98.5	98.8
	二手住宅销售价格指数	**106.4**	**106.1**	**106.0**	**105.6**	**105.6**	**104.8**	**104.6**	**101.6**	**100.0**	**99.0**	**98.4**	**98.5**
	一、90m^2及以下	106.9	106.4	106.2	105.7	105.3	104.8	104.1	101.6	100.3	99.5	98.9	99.1
	二、90m^2-144m^2	105.6	105.5	105.4	105.3	105.5	104.6	104.6	101.7	99.9	98.6	98.2	98.4
	三、144m^2以上	108.0	107.5	107.3	107.0	106.5	105.9	105.9	101.4	99.6	98.8	97.9	97.5
环比价格指数	**新建商品住宅销售价格指数**	**99.6**	**99.6**	**100.2**	**100.2**	**99.9**	**100.2**	**100.1**	**99.9**	**99.5**	**99.6**	**99.7**	**99.5**
	一、90m^2及以下	99.6	99.0	99.5	100.8	99.8	99.8	99.7	99.6	99.0	100.5	99.5	99.2
	二、90m^2-144m^2	99.7	100.2	100.4	99.9	99.9	100.0	100.1	100.0	99.8	99.2	99.5	99.3
	三、144m^2以上	99.3	98.7	100.3	100.1	100.0	101.0	100.4	99.9	99.3	99.7	100.1	100.0
	二手住宅销售价格指数	**99.8**	**99.9**	**100.1**	**100.0**	**100.5**	**100.0**	**100.4**	**99.4**	**99.7**	**99.3**	**99.4**	**100.0**
	一、90m^2及以下	99.8	99.9	100.0	99.9	100.2	100.2	100.1	100.1	99.8	99.6	99.3	100.1
	二、90m^2-144m^2	99.8	100.0	100.1	100.1	100.8	100.0	100.6	99.1	99.5	98.9	99.5	100.0
	三、144m^2以上	99.7	99.9	100.0	100.1	100.1	99.9	100.6	98.7	100.0	99.6	99.2	99.7

4-4-60 2019年常德市商品住宅销售价格指数
Changde Commercial Housing Price Indices of Residential Buildings for 2019

项 目 Item		1月	2月	3月	4月	5月	6月	7月	8月	9月	10月	11月	12月
定基价格指数	**新建商品住宅销售价格指数**	**123.4**	**123.3**	**125.1**	**126.2**	**126.6**	**127.2**	**127.2**	**128.1**	**127.7**	**128.3**	**128.0**	**127.9**
	一、90㎡及以下	128.8	128.5	130.7	132.1	131.8	133.1	133.1	133.3	132.4	133.0	133.0	132.7
	二、90㎡-144㎡	121.7	121.9	123.6	124.6	125.3	125.7	125.9	127.1	126.7	127.3	126.9	126.8
	三、144㎡以上	118.1	117.8	119.1	119.8	120.9	121.0	120.3	121.2	121.9	122.5	122.2	122.2
	二手住宅销售价格指数	**115.3**	**115.2**	**115.5**	**115.3**	**115.1**	**114.6**	**114.8**	**114.6**	**114.3**	**114.0**	**114.1**	**113.5**
	一、90㎡及以下	115.7	115.6	115.6	115.4	115.1	114.6	115.5	115.3	115.8	114.9	114.1	113.7
	二、90㎡-144㎡	114.9	114.9	115.3	115.2	115.0	114.3	113.9	114.0	113.0	113.4	114.1	113.4
	三、144㎡以上	115.1	115.1	115.7	115.5	115.6	115.1	115.6	114.8	114.4	113.4	114.0	113.3
同比价格指数	**新建商品住宅销售价格指数**	**110.7**	**110.8**	**112.4**	**112.9**	**112.4**	**112.3**	**112.3**	**110.1**	**108.3**	**106.5**	**105.2**	**104.0**
	一、90㎡及以下	112.4	112.1	113.9	114.7	113.6	113.5	113.7	110.2	108.4	106.5	104.9	103.1
	二、90㎡-144㎡	110.2	110.6	111.9	112.1	111.8	111.8	111.9	110.4	108.1	106.5	105.4	104.3
	三、144㎡以上	109.0	109.1	110.9	111.6	112.0	111.7	110.9	109.0	108.7	106.6	105.1	104.7
	二手住宅销售价格指数	**107.9**	**107.8**	**107.9**	**107.3**	**106.7**	**105.6**	**105.3**	**101.9**	**100.3**	**99.5**	**99.2**	**98.5**
	一、90㎡及以下	107.9	107.7	107.6	107.2	106.4	105.1	105.3	101.8	101.1	99.6	98.5	98.2
	二、90㎡-144㎡	108.0	108.0	108.1	107.4	106.9	105.9	105.2	102.0	99.8	99.7	99.8	98.7
	三、144㎡以上	107.5	107.4	107.9	107.6	107.2	106.2	105.9	101.7	99.9	98.6	99.0	98.5
环比价格指数	**新建商品住宅销售价格指数**	**100.3**	**99.9**	**101.5**	**100.9**	**100.3**	**100.5**	**100.0**	**100.7**	**99.7**	**100.4**	**99.8**	**99.9**
	一、90㎡及以下	100.1	99.7	101.7	101.1	99.8	101.0	100.0	100.2	99.3	100.5	100.0	99.8
	二、90㎡-144㎡	100.1	100.1	101.4	100.9	100.6	100.3	100.2	101.0	99.7	100.4	99.7	100.0
	三、144㎡以上	101.1	99.7	101.1	100.6	100.9	100.1	99.4	100.8	100.6	100.4	99.8	100.0
	二手住宅销售价格指数	**100.0**	**100.0**	**100.2**	**99.8**	**99.8**	**99.5**	**100.2**	**99.9**	**99.7**	**99.7**	**100.0**	**99.5**
	一、90㎡及以下	100.0	99.9	100.0	99.8	99.7	99.6	100.8	99.8	100.4	99.2	99.3	99.6
	二、90㎡-144㎡	100.0	100.0	100.4	99.9	99.8	99.4	99.6	100.1	99.2	100.4	100.6	99.4
	三、144㎡以上	100.1	100.0	100.6	99.8	100.1	99.5	100.5	99.3	99.6	99.2	100.5	99.4

4-4-61 2019年惠州市商品住宅销售价格指数
Huizhou Commercial Housing Price Indices of Residential Buildings for 2019

项 目 Item		1月	2月	3月	4月	5月	6月	7月	8月	9月	10月	11月	12月
定基价格指数	**新建商品住宅销售价格指数**	**135.4**	**135.1**	**135.2**	**135.5**	**136.0**	**136.8**	**137.3**	**138.1**	**138.5**	**139.3**	**140.0**	**141.2**
	一、90m²及以下	138.4	138.5	138.7	138.4	138.3	139.4	139.5	140.1	140.6	140.7	140.8	141.2
	二、90m²-144m²	134.4	134.0	133.9	134.1	134.7	135.5	136.6	137.4	137.9	139.3	139.9	141.0
	三、144m²以上	135.1	134.8	135.1	135.9	136.8	137.2	137.1	138.0	137.9	138.2	139.6	141.5
	二手住宅销售价格指数	**131.0**	**130.9**	**131.3**	**131.6**	**131.8**	**131.8**	**132.8**	**133.8**	**133.9**	**133.9**	**134.3**	**134.9**
	一、90m²及以下	133.4	133.4	133.9	134.1	134.3	134.6	135.1	135.9	136.1	136.4	136.8	137.2
	二、90m²-144m²	130.0	129.9	130.1	130.5	130.6	130.5	131.8	132.8	133.0	132.8	133.0	133.6
	三、144m²以上	130.1	130.1	130.9	130.9	131.3	131.4	132.4	133.5	133.4	133.1	134.2	134.9
同比价格指数	**新建商品住宅销售价格指数**	**103.5**	**102.9**	**103.0**	**103.0**	**103.2**	**103.2**	**103.2**	**103.1**	**103.0**	**103.0**	**103.2**	**103.9**
	一、90m²及以下	105.1	104.6	104.6	104.1	103.8	104.2	103.1	103.0	103.1	102.6	102.4	102.4
	二、90m²-144m²	102.2	101.5	101.6	101.7	102.0	102.2	102.8	102.7	102.8	103.4	103.8	104.5
	三、144m²以上	104.8	104.3	104.7	104.8	105.1	104.6	104.2	103.9	103.2	102.5	102.8	103.7
	二手住宅销售价格指数	**106.6**	**106.1**	**105.9**	**105.7**	**105.8**	**105.4**	**105.0**	**104.6**	**103.9**	**103.3**	**102.8**	**103.0**
	一、90m²及以下	107.9	107.4	106.8	106.9	106.9	106.9	105.3	104.8	104.1	103.9	102.8	102.9
	二、90m²-144m²	105.8	105.2	105.0	104.7	104.9	104.3	104.4	104.1	103.7	103.2	102.6	102.7
	三、144m²以上	106.7	106.4	106.8	106.2	106.3	106.2	105.8	105.5	104.0	102.8	103.2	103.8
环比价格指数	**新建商品住宅销售价格指数**	**99.6**	**99.8**	**100.1**	**100.2**	**100.4**	**100.5**	**100.4**	**100.6**	**100.2**	**100.6**	**100.5**	**100.9**
	一、90m²及以下	100.4	100.1	100.2	99.7	100.0	100.8	100.1	100.4	100.4	100.0	100.1	100.3
	二、90m²-144m²	99.6	99.7	99.9	100.1	100.5	100.6	100.8	100.6	100.4	101.0	100.4	100.8
	三、144m²以上	99.1	99.7	100.3	100.6	100.6	100.3	100.0	100.6	99.9	100.2	101.0	101.4
	二手住宅销售价格指数	**100.0**	**99.9**	**100.3**	**100.2**	**100.1**	**100.1**	**100.7**	**100.8**	**100.1**	**99.9**	**100.3**	**100.5**
	一、90m²及以下	100.0	100.0	100.4	100.1	100.2	100.2	100.3	100.6	100.1	100.3	100.3	100.3
	二、90m²-144m²	100.0	99.9	100.2	100.3	100.1	100.0	101.0	100.8	100.1	99.8	100.2	100.5
	三、144m²以上	100.1	100.0	100.6	100.0	100.3	100.1	100.8	100.8	99.9	99.8	100.8	100.6

4-4-62 2019年湛江市商品住宅销售价格指数
Zhanjiang Commercial Housing Price Indices of Residential Buildings for 2019

项 目 Item		1月	2月	3月	4月	5月	6月	7月	8月	9月	10月	11月	12月
定基价格指数	**新建商品住宅销售价格指数**	**125.2**	**126.0**	**126.6**	**127.1**	**127.8**	**128.5**	**129.0**	**129.7**	**129.6**	**130.5**	**129.9**	**130.9**
	一、90m²及以下	124.0	124.9	125.8	126.1	126.6	127.5	128.4	129.3	129.6	130.8	130.4	131.6
	二、90m²-144m²	125.9	126.7	127.1	127.3	128.5	129.1	129.1	130.1	129.9	130.5	129.8	130.8
	三、144m²以上	124.7	125.6	126.6	128.3	127.6	128.2	129.7	128.7	128.2	129.9	129.4	129.7
	二手住宅销售价格指数	**113.3**	**113.2**	**113.3**	**113.1**	**112.9**	**112.6**	**112.7**	**112.6**	**112.1**	**112.0**	**111.5**	**110.8**
	一、90m²及以下	112.9	112.7	112.5	112.9	112.1	111.6	111.2	109.9	109.4	109.3	109.1	108.4
	二、90m²-144m²	113.2	113.1	113.3	112.4	112.5	112.3	112.5	113.8	113.2	113.3	112.4	111.6
	三、144m²以上	115.1	114.9	116.0	116.2	117.2	117.2	117.6	117.5	116.9	116.5	116.1	115.9
同比价格指数	**新建商品住宅销售价格指数**	**107.4**	**108.0**	**108.2**	**108.4**	**108.8**	**109.0**	**108.4**	**106.9**	**106.0**	**105.1**	**104.3**	**104.3**
	一、90m²及以下	106.4	107.8	108.5	108.6	109.1	109.6	109.2	107.6	107.0	106.3	105.5	105.6
	二、90m²-144m²	107.5	107.8	107.7	107.7	108.7	108.7	107.8	106.9	105.8	104.8	103.5	103.7
	三、144m²以上	108.9	109.4	109.6	110.1	108.9	109.1	109.1	105.7	104.8	104.4	104.5	104.3
	二手住宅销售价格指数	**103.6**	**103.4**	**103.4**	**103.1**	**102.6**	**101.8**	**100.8**	**99.5**	**98.6**	**98.3**	**97.8**	**97.4**
	一、90m²及以下	103.4	103.4	103.0	103.0	102.1	101.1	99.9	97.3	96.5	96.2	96.0	95.7
	二、90m²-144m²	103.4	103.2	103.3	102.6	102.2	101.6	100.7	100.7	99.8	99.5	98.7	98.1
	三、144m²以上	104.6	104.2	105.0	105.0	105.5	104.9	104.2	102.5	101.4	101.1	100.4	100.3
环比价格指数	**新建商品住宅销售价格指数**	**99.8**	**100.7**	**100.5**	**100.4**	**100.6**	**100.5**	**100.4**	**100.5**	**99.9**	**100.7**	**99.5**	**100.8**
	一、90m²及以下	99.6	100.7	100.7	100.2	100.4	100.7	100.7	100.6	100.3	100.9	99.7	100.9
	二、90m²-144m²	99.8	100.6	100.3	100.2	100.9	100.5	100.0	100.8	99.8	100.5	99.4	100.8
	三、144m²以上	100.2	100.7	100.8	101.3	99.4	100.5	101.2	99.2	99.6	101.3	99.6	100.3
	二手住宅销售价格指数	**99.5**	**99.9**	**100.2**	**99.8**	**99.8**	**99.7**	**100.0**	**100.0**	**99.5**	**99.9**	**99.6**	**99.4**
	一、90m²及以下	99.6	99.9	99.8	100.3	99.3	99.5	99.7	98.8	99.6	99.9	99.8	99.3
	二、90m²-144m²	99.5	99.9	100.2	99.2	100.0	99.8	100.2	101.1	99.5	100.1	99.3	99.3
	三、144m²以上	99.6	99.8	101.0	100.1	100.8	100.0	100.4	99.8	99.6	99.6	99.7	99.8

4-4-63 2019年韶关市商品住宅销售价格指数

Shaoguan Commercial Housing Price Indices of Residential Buildings for 2019

项 目 Item		1月	2月	3月	4月	5月	6月	7月	8月	9月	10月	11月	12月
定基价格指数	**新建商品住宅销售价格指数**	**123.3**	**123.2**	**122.8**	**122.7**	**124.1**	**124.6**	**125.5**	**124.4**	**124.2**	**124.0**	**123.5**	**123.0**
	一、90m²及以下	123.6	123.8	123.6	124.0	124.8	125.7	126.7	124.8	123.7	124.5	123.5	124.3
	二、90m²-144m²	123.4	122.8	122.8	122.5	123.8	124.2	124.9	124.6	125.1	124.9	123.7	122.9
	三、144m²以上	123.0	123.6	122.7	122.6	124.4	124.9	126.3	123.9	123.0	122.5	123.0	122.7
	二手住宅销售价格指数	**115.8**	**115.9**	**116.2**	**116.5**	**116.7**	**117.1**	**117.9**	**118.3**	**117.7**	**117.2**	**116.1**	**116.3**
	一、90m²及以下	114.3	113.9	113.6	114.6	114.3	114.0	114.2	114.6	113.9	113.3	112.7	112.1
	二、90m²-144m²	117.9	118.3	118.8	118.8	118.9	119.8	121.0	121.4	120.6	119.8	118.7	119.2
	三、144m²以上	114.0	114.4	114.6	115.0	115.8	115.9	116.9	117.4	116.9	117.3	115.8	116.0
同比价格指数	**新建商品住宅销售价格指数**	**106.3**	**105.9**	**105.0**	**104.4**	**105.1**	**104.8**	**105.2**	**102.8**	**102.1**	**101.5**	**100.5**	**100.2**
	一、90m²及以下	108.0	107.3	106.3	106.3	105.9	106.2	106.9	103.5	102.0	102.1	100.1	100.8
	二、90m²-144m²	105.7	104.8	104.2	103.6	104.3	104.1	104.2	103.0	103.1	102.7	101.0	100.6
	三、144m²以上	106.8	107.2	106.0	105.3	106.3	105.5	106.3	102.3	100.5	99.5	99.7	99.4
	二手住宅销售价格指数	**108.2**	**108.2**	**108.4**	**108.2**	**107.6**	**107.1**	**106.9**	**105.9**	**104.0**	**103.3**	**101.4**	**100.9**
	一、90m²及以下	106.9	106.6	106.4	106.8	105.9	105.1	104.5	103.1	101.1	100.0	98.4	98.0
	二、90m²-144m²	109.3	109.3	109.9	109.4	108.5	108.7	108.4	107.5	105.4	104.2	102.3	101.9
	三、144m²以上	107.9	108.0	108.0	107.6	107.7	106.8	106.9	106.4	104.9	105.4	103.4	102.6
环比价格指数	**新建商品住宅销售价格指数**	**100.5**	**99.9**	**99.7**	**99.9**	**101.2**	**100.4**	**100.8**	**99.1**	**99.9**	**99.8**	**99.6**	**99.6**
	一、90m²及以下	100.2	100.1	99.8	100.3	100.6	100.7	100.8	98.5	99.1	100.7	99.2	100.7
	二、90m²-144m²	101.0	99.5	100.0	99.8	101.1	100.3	100.5	99.8	100.4	99.8	99.1	99.3
	三、144m²以上	99.6	100.5	99.3	99.9	101.4	100.4	101.1	98.1	99.3	99.6	100.5	99.8
	二手住宅销售价格指数	**100.5**	**100.1**	**100.2**	**100.3**	**100.2**	**100.3**	**100.7**	**100.4**	**99.4**	**99.6**	**99.1**	**100.1**
	一、90m²及以下	99.9	99.7	99.8	100.8	99.8	99.7	100.2	100.4	99.4	99.4	99.5	99.5
	二、90m²-144m²	100.8	100.3	100.4	100.0	100.1	100.8	101.0	100.3	99.4	99.3	99.1	100.4
	三、144m²以上	100.8	100.4	100.2	100.3	100.7	100.1	100.9	100.4	99.6	100.4	98.7	100.2

4–4–64 2019年桂林市商品住宅销售价格指数
Guilin Commercial Housing Price Indices of Residential Buildings for 2019

项 目 Item		1月	2月	3月	4月	5月	6月	7月	8月	9月	10月	11月	12月
定基价格指数	**新建商品住宅销售价格指数**	**122.7**	**123.4**	**124.1**	**124.0**	**125.0**	**126.4**	**127.8**	**128.1**	**129.4**	**129.7**	**130.2**	**130.5**
	一、90m²及以下	121.7	122.7	122.9	122.9	124.4	125.3	127.2	127.5	127.8	127.2	127.1	127.2
	二、90m²-144m²	122.4	122.8	123.8	123.9	124.5	125.7	127.2	127.4	128.7	129.6	130.2	130.9
	三、144m²以上	124.4	125.8	125.9	125.3	127.0	129.7	130.2	131.0	133.2	132.5	133.0	132.2
	二手住宅销售价格指数	**107.0**	**107.0**	**107.9**	**108.5**	**109.1**	**109.6**	**110.0**	**110.6**	**111.4**	**112.3**	**112.1**	**111.8**
	一、90m²及以下	108.6	108.5	109.5	110.0	110.1	110.7	111.6	112.4	113.5	113.9	113.8	113.6
	二、90m²-144m²	105.4	105.5	106.3	106.8	107.9	108.4	108.5	109.0	109.6	110.8	110.5	110.4
	三、144m²以上	106.8	106.8	108.0	109.3	109.6	110.1	109.8	110.5	110.2	112.0	111.9	110.9
同比价格指数	**新建商品住宅销售价格指数**	**109.5**	**110.1**	**110.0**	**109.2**	**109.5**	**110.0**	**110.6**	**110.3**	**110.3**	**109.7**	**107.6**	**107.4**
	一、90m²及以下	109.9	110.5	110.6	109.9	110.5	110.5	111.2	110.5	110.1	107.9	105.5	105.1
	二、90m²-144m²	109.0	109.5	109.6	108.8	108.9	109.2	110.1	109.8	109.9	110.1	108.1	108.2
	三、144m²以上	110.7	111.2	110.8	109.8	110.1	112.1	111.6	111.5	111.4	110.4	108.4	107.3
	二手住宅销售价格指数	**106.6**	**106.6**	**107.3**	**107.7**	**108.1**	**107.8**	**107.6**	**107.5**	**106.7**	**106.8**	**105.3**	**104.6**
	一、90m²及以下	107.9	107.6	107.7	108.1	107.8	107.7	108.2	107.9	107.2	106.6	105.5	104.8
	二、90m²-144m²	105.7	106.0	106.8	107.1	108.2	107.7	107.2	107.2	106.7	107.2	105.1	104.7
	三、144m²以上	105.2	105.6	107.3	108.4	108.5	108.2	107.1	107.0	105.0	106.4	105.2	103.9
环比价格指数	**新建商品住宅销售价格指数**	**101.0**	**100.6**	**100.6**	**100.0**	**100.8**	**101.2**	**101.1**	**100.3**	**101.0**	**100.2**	**100.3**	**100.2**
	一、90m²及以下	100.6	100.8	100.2	100.0	101.2	100.7	101.5	100.2	100.3	99.5	99.9	100.1
	二、90m²-144m²	101.2	100.3	100.9	100.1	100.5	101.0	101.1	100.2	101.0	100.7	100.5	100.5
	三、144m²以上	101.0	101.2	100.0	99.5	101.4	102.1	100.4	100.6	101.7	99.5	100.3	99.4
	二手住宅销售价格指数	**100.1**	**100.0**	**100.9**	**100.6**	**100.5**	**100.5**	**100.3**	**100.6**	**100.6**	**100.8**	**99.8**	**99.7**
	一、90m²及以下	100.2	99.9	100.9	100.5	100.1	100.5	100.8	100.7	101.0	100.3	99.9	99.8
	二、90m²-144m²	99.9	100.1	100.8	100.5	101.0	100.5	100.0	100.4	100.6	101.1	99.7	99.9
	三、144m²以上	100.0	100.0	101.2	101.1	100.3	100.4	99.8	100.6	99.7	101.6	99.9	99.1

4-4-65　2019年北海市商品住宅销售价格指数
Beihai Commercial Housing Price Indices of Residential Buildings for 2019

项　目　Item		1月	2月	3月	4月	5月	6月	7月	8月	9月	10月	11月	12月
定基价格指数	**新建商品住宅销售价格指数**	**132.0**	**132.8**	**134.3**	**135.8**	**137.2**	**138.1**	**139.1**	**140.5**	**140.5**	**140.8**	**140.9**	**141.6**
	一、90m²及以下	131.8	132.7	134.1	135.5	137.4	138.5	139.7	141.3	141.2	141.5	141.6	142.5
	二、90m²-144m²	132.5	133.2	135.0	136.9	137.3	138.1	138.8	139.6	139.7	140.0	140.0	140.2
	三、144m²以上	131.0	131.4	131.9	133.1	133.2	134.2	134.5	136.5	137.4	138.0	138.9	140.3
	二手住宅销售价格指数	**120.8**	**121.4**	**122.6**	**123.4**	**124.0**	**123.8**	**124.2**	**124.7**	**123.9**	**123.8**	**123.3**	**123.2**
	一、90m²及以下	120.4	120.9	122.3	123.2	123.5	123.3	123.7	124.1	123.0	122.9	122.6	122.4
	二、90m²-144m²	121.2	121.9	122.8	123.3	124.4	124.5	125.4	126.0	125.8	125.8	125.1	125.0
	三、144m²以上	121.1	122.8	123.9	124.6	124.7	123.5	122.9	122.8	121.4	121.5	120.9	120.9
同比价格指数	**新建商品住宅销售价格指数**	**112.5**	**112.8**	**113.2**	**113.6**	**113.4**	**112.8**	**113.1**	**110.8**	**109.9**	**108.9**	**107.8**	**107.6**
	一、90m²及以下	111.8	112.1	112.5	113.1	113.3	112.7	113.4	111.2	110.4	109.5	108.4	108.3
	二、90m²-144m²	113.7	114.1	114.5	114.6	113.8	113.1	113.2	110.5	109.5	108.1	106.8	106.5
	三、144m²以上	113.5	112.4	112.7	112.8	112.2	111.3	109.9	107.9	107.4	107.2	107.1	107.5
	二手住宅销售价格指数	**107.7**	**108.5**	**109.4**	**109.6**	**109.6**	**108.5**	**108.4**	**106.4**	**103.7**	**103.2**	**102.2**	**101.8**
	一、90m²及以下	107.3	107.9	109.0	109.4	109.2	108.0	107.6	105.7	103.1	102.6	101.7	101.2
	二、90m²-144m²	108.0	108.8	109.4	109.3	109.9	109.0	109.6	107.7	105.1	104.5	103.2	103.1
	三、144m²以上	109.3	110.9	111.6	112.2	111.3	109.2	108.0	105.8	102.5	102.1	100.4	99.6
环比价格指数	**新建商品住宅销售价格指数**	**100.4**	**100.6**	**101.1**	**101.2**	**101.0**	**100.7**	**100.7**	**101.0**	**100.0**	**100.2**	**100.1**	**100.5**
	一、90m²及以下	100.2	100.7	101.0	101.0	101.4	100.8	100.9	101.2	99.9	100.2	100.1	100.6
	二、90m²-144m²	100.6	100.5	101.3	101.4	100.3	100.6	100.5	100.6	100.0	100.2	100.0	100.1
	三、144m²以上	100.3	100.3	100.4	100.9	100.1	100.7	100.2	101.5	100.7	100.5	100.6	101.0
	二手住宅销售价格指数	**99.7**	**100.5**	**101.0**	**100.6**	**100.5**	**99.8**	**100.4**	**100.4**	**99.3**	**99.9**	**99.6**	**99.9**
	一、90m²及以下	99.6	100.4	101.2	100.7	100.3	99.8	100.3	100.4	99.1	99.9	99.8	99.9
	二、90m²-144m²	100.0	100.6	100.7	100.5	100.9	100.0	100.8	100.4	99.9	100.0	99.5	99.9
	三、144m²以上	99.8	101.4	100.8	100.6	100.1	99.1	99.5	99.9	98.9	100.1	99.5	100.0

4—4—66 2019年三亚市商品住宅销售价格指数

Sanya Commercial Housing Price Indices of Residential Buildings for 2019

项 目 Item		1月	2月	3月	4月	5月	6月	7月	8月	9月	10月	11月	12月
定基价格指数	**新建商品住宅销售价格指数**	**145.3**	**145.4**	**145.9**	**147.1**	**147.8**	**148.9**	**149.6**	**150.5**	**150.9**	**151.5**	**152.0**	**153.1**
	一、90m²及以下	145.9	145.3	145.7	147.1	147.5	148.6	149.3	151.7	151.9	152.3	153.2	154.0
	二、90m²-144m²	146.6	147.7	148.2	149.4	149.9	150.9	151.1	151.2	151.8	152.6	152.9	153.7
	三、144m²以上	142.5	142.5	142.7	144.0	145.3	146.5	147.7	147.6	148.2	148.5	148.7	150.8
	二手住宅销售价格指数	**120.4**	**121.3**	**122.4**	**123.5**	**123.8**	**123.0**	**122.5**	**121.6**	**121.0**	**120.3**	**120.0**	**120.0**
	一、90m²及以下	120.8	122.3	123.6	125.1	125.6	124.5	124.0	122.8	121.6	120.7	120.4	120.4
	二、90m²-144m²	122.2	123.0	123.4	124.5	124.5	124.0	123.7	122.4	121.9	121.1	120.8	120.5
	三、144m²以上	117.1	117.2	119.1	119.5	119.8	118.9	118.3	118.6	118.9	118.3	118.0	118.5
同比价格指数	**新建商品住宅销售价格指数**	**114.6**	**113.6**	**113.1**	**112.0**	**109.8**	**107.2**	**103.8**	**104.3**	**104.3**	**104.8**	**104.8**	**105.4**
	一、90m²及以下	115.4	113.5	113.7	112.6	110.0	108.3	103.7	105.0	104.2	104.5	105.2	105.7
	二、90m²-144m²	116.3	115.6	114.0	112.5	110.5	107.2	103.8	103.7	104.3	105.0	104.5	104.5
	三、144m²以上	111.2	110.9	111.1	110.3	108.6	105.6	103.9	104.2	104.8	105.0	104.7	106.1
	二手住宅销售价格指数	**113.8**	**114.5**	**114.5**	**114.1**	**112.7**	**110.0**	**106.4**	**103.5**	**102.4**	**101.9**	**101.6**	**100.4**
	一、90m²及以下	113.7	115.0	115.1	115.6	114.1	111.0	106.7	103.4	102.0	101.6	101.2	100.7
	二、90m²-144m²	115.3	115.9	115.0	114.3	112.6	110.0	106.5	103.5	102.1	101.7	101.4	98.8
	三、144m²以上	111.8	111.7	112.8	111.5	110.4	108.5	105.6	103.6	103.4	102.9	102.6	102.3
环比价格指数	**新建商品住宅销售价格指数**	**100.0**	**100.1**	**100.3**	**100.9**	**100.4**	**100.8**	**100.4**	**100.6**	**100.3**	**100.3**	**100.4**	**100.7**
	一、90m²及以下	100.1	99.6	100.3	101.0	100.2	100.8	100.5	101.6	100.1	100.2	100.6	100.5
	二、90m²-144m²	99.7	100.7	100.4	100.8	100.3	100.7	100.1	100.1	100.4	100.6	100.2	100.5
	三、144m²以上	100.3	100.0	100.2	100.9	100.9	100.8	100.8	99.9	100.4	100.2	100.2	101.4
	二手住宅销售价格指数	**100.7**	**100.7**	**100.9**	**100.9**	**100.2**	**99.3**	**99.6**	**99.3**	**99.5**	**99.4**	**99.8**	**100.0**
	一、90m²及以下	101.0	101.2	101.0	101.2	100.4	99.1	99.6	99.0	99.0	99.3	99.8	100.0
	二、90m²-144m²	100.2	100.6	100.3	100.9	100.0	99.6	99.7	99.0	99.5	99.4	99.7	99.7
	三、144m²以上	101.1	100.1	101.6	100.3	100.3	99.2	99.5	100.2	100.3	99.5	99.8	100.4

4-4-67　2019年泸州市商品住宅销售价格指数
Luzhou Commercial Housing Price Indices of Residential Buildings for 2019

项　目 Item		1月	2月	3月	4月	5月	6月	7月	8月	9月	10月	11月	12月
定基价格指数	**新建商品住宅销售价格指数**	**123.4**	**123.9**	**124.2**	**124.5**	**124.6**	**124.3**	**124.3**	**123.7**	**123.5**	**122.2**	**121.7**	**121.2**
	一、90m²及以下	124.9	124.3	124.5	125.3	125.6	125.6	125.6	124.8	124.5	123.1	122.1	121.7
	二、90m²-144m²	122.8	123.9	124.3	124.2	124.3	123.9	124.0	123.5	123.1	121.9	121.6	121.0
	三、144m²以上	123.1	122.5	122.4	123.0	122.4	121.9	121.2	120.9	121.7	120.7	120.5	120.4
	二手住宅销售价格指数	**120.1**	**120.2**	**120.2**	**119.7**	**119.8**	**119.1**	**119.0**	**119.0**	**119.8**	**119.8**	**119.5**	**120.3**
	一、90m²及以下	119.8	119.9	119.5	119.5	119.6	119.3	119.3	120.1	121.2	120.5	120.6	121.4
	二、90m²-144m²	120.8	120.9	121.3	120.4	120.4	119.5	119.3	118.9	119.7	119.9	119.4	120.2
	三、144m²以上	115.6	114.7	113.9	113.5	114.9	115.0	114.7	115.0	114.9	115.0	115.1	115.3
同比价格指数	**新建商品住宅销售价格指数**	**111.9**	**111.9**	**111.8**	**111.6**	**110.9**	**109.2**	**108.7**	**106.2**	**103.3**	**100.6**	**99.7**	**99.1**
	一、90m²及以下	113.2	112.3	111.5	111.7	111.3	110.3	109.7	106.2	103.1	100.4	98.9	98.5
	二、90m²-144m²	111.2	111.8	112.0	111.5	110.8	108.7	108.3	106.3	103.4	100.7	100.1	99.4
	三、144m²以上	113.2	111.8	112.1	112.9	110.9	109.4	108.2	105.7	103.8	100.7	100.3	99.0
	二手住宅销售价格指数	**109.8**	**109.7**	**109.3**	**108.5**	**106.8**	**105.7**	**104.2**	**102.6**	**101.2**	**100.3**	**99.5**	**99.9**
	一、90m²及以下	110.7	110.5	109.8	109.0	108.1	107.2	105.1	104.1	102.7	101.4	100.7	101.2
	二、90m²-144m²	109.6	109.7	109.5	108.6	106.3	105.0	103.7	101.9	100.5	99.9	99.0	99.2
	三、144m²以上	106.9	105.9	104.9	104.5	105.7	105.1	103.4	101.8	99.5	99.1	98.8	99.0
环比价格指数	**新建商品住宅销售价格指数**	**100.9**	**100.4**	**100.2**	**100.2**	**100.1**	**99.8**	**100.0**	**99.5**	**99.8**	**99.0**	**99.6**	**99.6**
	一、90m²及以下	101.1	99.5	100.1	100.6	100.3	100.0	100.0	99.4	99.8	98.9	99.2	99.6
	二、90m²-144m²	100.9	100.9	100.3	100.0	100.1	99.7	100.1	99.6	99.7	99.0	99.8	99.5
	三、144m²以上	101.3	99.4	99.9	100.5	99.5	99.6	99.5	99.7	100.7	99.1	99.9	99.9
	二手住宅销售价格指数	**99.8**	**100.0**	**100.1**	**99.5**	**100.1**	**99.5**	**99.9**	**100.0**	**100.7**	**99.9**	**99.8**	**100.6**
	一、90m²及以下	99.9	100.1	99.6	100.1	100.0	99.7	100.0	100.6	101.0	99.4	100.1	100.7
	二、90m²-144m²	99.7	100.1	100.4	99.3	100.0	99.3	99.8	99.7	100.6	100.2	99.6	100.7
	三、144m²以上	99.3	99.2	99.3	99.7	101.2	100.0	99.8	100.2	100.0	100.1	100.1	100.2

4-4-68 2019年南充市商品住宅销售价格指数
Nanchong Commercial Housing Price Indices of Residential Buildings for 2019

项目 Item		1月	2月	3月	4月	5月	6月	7月	8月	9月	10月	11月	12月
定基价格指数	**新建商品住宅销售价格指数**	**125.5**	**126.0**	**127.3**	**128.5**	**129.4**	**129.5**	**129.2**	**129.2**	**129.9**	**129.6**	**129.3**	**128.7**
	一、90m²及以下	124.6	125.2	126.8	128.6	129.5	128.5	128.6	128.9	129.9	129.2	129.7	129.5
	二、90m²-144m²	126.2	126.6	127.7	128.7	129.6	130.3	129.8	129.8	130.1	130.0	129.4	128.5
	三、144m²以上	121.5	121.1	123.5	124.3	125.6	124.7	123.9	124.0	126.2	127.1	126.1	125.6
	二手住宅销售价格指数	**120.9**	**120.8**	**120.1**	**119.9**	**120.3**	**121.2**	**121.4**	**121.4**	**121.6**	**121.3**	**120.8**	**120.9**
	一、90m²及以下	122.2	121.7	121.1	119.9	120.4	121.3	121.5	121.9	122.3	121.2	120.7	121.0
	二、90m²-144m²	119.7	119.9	119.4	120.1	120.4	121.2	121.4	121.2	121.1	121.4	120.8	120.7
	三、144m²以上	122.2	121.2	119.8	118.7	119.2	119.4	120.4	119.9	121.4	122.0	121.4	121.1
同比价格指数	**新建商品住宅销售价格指数**	**113.8**	**112.3**	**112.8**	**112.7**	**112.0**	**110.9**	**109.7**	**107.0**	**105.6**	**103.7**	**103.2**	**102.6**
	一、90m²及以下	113.1	111.9	112.4	113.1	111.4	110.3	109.5	107.0	106.0	103.8	104.0	103.9
	二、90m²-144m²	114.4	112.7	113.1	112.7	112.4	111.2	109.9	107.1	105.4	103.6	102.8	102.1
	三、144m²以上	110.7	108.3	110.3	110.5	110.3	109.2	108.3	105.3	105.0	104.9	104.1	103.1
	二手住宅销售价格指数	**109.5**	**108.6**	**107.3**	**106.4**	**105.9**	**105.8**	**104.9**	**102.5**	**101.0**	**100.4**	**99.9**	**100.0**
	一、90m²及以下	109.9	108.8	107.6	105.8	105.5	105.5	104.5	102.3	100.8	99.3	98.9	99.2
	二、90m²-144m²	108.8	108.3	107.0	106.9	106.3	106.2	105.3	102.9	101.3	101.4	100.9	100.9
	三、144m²以上	111.7	110.1	107.9	105.9	105.4	104.7	104.1	101.0	100.1	99.8	99.3	99.1
环比价格指数	**新建商品住宅销售价格指数**	**100.2**	**100.3**	**101.0**	**100.9**	**100.7**	**100.1**	**99.7**	**100.0**	**100.5**	**99.8**	**99.7**	**99.5**
	一、90m²及以下	100.0	100.5	101.3	101.4	100.7	99.3	100.1	100.2	100.7	99.5	100.3	99.9
	二、90m²-144m²	100.3	100.3	100.9	100.8	100.7	100.5	99.6	100.0	100.3	99.9	99.5	99.4
	三、144m²以上	99.8	99.7	102.0	100.6	101.0	99.3	99.3	100.1	101.7	100.7	99.2	99.6
	二手住宅销售价格指数	**100.1**	**99.9**	**99.5**	**99.8**	**100.3**	**100.7**	**100.2**	**100.0**	**100.2**	**99.7**	**99.6**	**100.0**
	一、90m²及以下	100.2	99.6	99.5	99.0	100.4	100.8	100.2	100.3	100.3	99.1	99.6	100.3
	二、90m²-144m²	100.0	100.2	99.5	100.6	100.2	100.7	100.1	99.8	99.9	100.2	99.5	99.9
	三、144m²以上	99.9	99.2	98.9	99.1	100.4	100.2	100.8	99.6	101.2	100.4	99.5	99.7

4-4-69　2019年遵义市商品住宅销售价格指数
Zunyi Commercial Housing Price Indices of Residential Buildings for 2019

项　目　Item		1月	2月	3月	4月	5月	6月	7月	8月	9月	10月	11月	12月
定基价格指数	**新建商品住宅销售价格指数**	**123.9**	**125.4**	**126.1**	**126.9**	**127.4**	**128.0**	**127.9**	**128.6**	**129.2**	**128.9**	**128.3**	**128.9**
	一、90m²及以下	125.9	127.0	127.5	128.0	129.0	129.1	130.1	132.5	133.2	132.6	132.3	134.0
	二、90m²-144m²	122.7	124.3	125.1	126.0	126.7	127.4	126.9	127.2	127.7	127.5	127.0	127.3
	三、144m²以上	127.4	129.5	130.0	130.2	129.5	129.2	130.1	130.3	130.7	130.6	128.8	129.5
	二手住宅销售价格指数	**117.6**	**118.0**	**118.0**	**117.9**	**117.7**	**117.4**	**116.7**	**116.4**	**115.7**	**115.1**	**114.7**	**114.2**
	一、90m²及以下	119.2	119.5	119.6	119.3	118.6	118.8	118.1	117.9	117.2	116.6	116.3	115.5
	二、90m²-144m²	117.2	117.6	117.7	117.6	117.9	117.5	116.9	116.6	115.6	115.1	114.6	114.4
	三、144m²以上	115.7	115.6	115.6	115.6	115.1	114.0	112.9	112.5	112.3	111.2	110.9	110.5
同比价格指数	**新建商品住宅销售价格指数**	**113.1**	**113.7**	**113.3**	**113.1**	**112.8**	**112.2**	**111.1**	**110.0**	**109.3**	**107.1**	**104.7**	**104.5**
	一、90m²及以下	113.0	113.3	113.7	112.7	112.8	111.9	112.2	112.7	111.6	109.0	106.8	106.7
	二、90m²-144m²	113.0	113.7	113.2	113.3	113.1	112.9	111.1	109.7	109.1	106.8	104.4	104.3
	三、144m²以上	113.6	114.4	113.6	112.8	110.9	109.2	109.2	107.7	106.6	105.5	102.9	102.2
	二手住宅销售价格指数	**109.8**	**109.7**	**109.2**	**108.7**	**108.1**	**106.9**	**104.6**	**102.6**	**101.1**	**99.9**	**98.1**	**97.1**
	一、90m²及以下	110.4	110.4	109.9	109.3	108.2	107.0	104.5	102.6	101.0	99.8	98.3	97.0
	二、90m²-144m²	109.4	109.3	108.8	108.3	108.1	107.1	105.0	103.0	101.4	100.3	98.5	97.6
	三、144m²以上	109.8	109.2	108.8	108.6	107.8	106.2	103.3	100.9	100.0	98.6	96.4	95.5
环比价格指数	**新建商品住宅销售价格指数**	**100.5**	**101.2**	**100.5**	**100.6**	**100.4**	**100.4**	**100.0**	**100.5**	**100.4**	**99.8**	**99.5**	**100.5**
	一、90m²及以下	100.2	100.9	100.4	100.4	100.7	100.1	100.7	101.8	100.6	99.5	99.8	101.3
	二、90m²-144m²	100.6	101.3	100.6	100.8	100.5	100.6	99.6	100.2	100.4	99.9	99.6	100.2
	三、144m²以上	100.5	101.7	100.4	100.2	99.5	99.8	100.7	100.2	100.3	99.9	98.6	100.5
	二手住宅销售价格指数	**100.0**	**100.3**	**100.1**	**99.9**	**99.8**	**99.8**	**99.4**	**99.8**	**99.4**	**99.5**	**99.7**	**99.6**
	一、90m²及以下	100.1	100.3	100.0	99.7	99.4	100.2	99.4	99.8	99.5	99.5	99.7	99.3
	二、90m²-144m²	100.0	100.4	100.1	99.9	100.2	99.7	99.5	99.7	99.2	99.6	99.6	99.8
	三、144m²以上	100.0	99.9	100.0	100.0	99.6	99.0	99.0	99.7	99.8	99.0	99.8	99.6

4-4-70 2019年大理市商品住宅销售价格指数
Dali Commercial Housing Price Indices of Residential Buildings for 2019

	项 目 Item	1月	2月	3月	4月	5月	6月	7月	8月	9月	10月	11月	12月
定基价格指数	**新建商品住宅销售价格指数**	**130.8**	**133.2**	**135.0**	**135.7**	**138.2**	**140.6**	**142.6**	**143.8**	**144.9**	**145.9**	**147.1**	**148.1**
	一、90m²及以下	132.6	135.7	136.2	137.9	141.0	144.2	145.3	146.7	147.3	148.6	149.7	150.5
	二、90m²-144m²	132.9	134.9	137.2	137.0	139.8	141.6	144.3	146.2	147.8	149.0	150.7	151.9
	三、144m²以上	128.1	130.5	132.3	133.4	135.3	138.0	139.9	140.3	141.1	141.8	142.7	143.5
	二手住宅销售价格指数	**118.4**	**120.0**	**122.1**	**123.1**	**124.5**	**125.2**	**126.1**	**126.8**	**128.1**	**128.6**	**129.3**	**130.1**
	一、90m²及以下	119.6	121.3	123.2	124.1	125.0	125.7	126.7	127.3	128.3	128.7	129.4	130.2
	二、90m²-144m²	119.1	120.7	123.1	123.7	125.5	125.6	127.1	127.6	128.9	130.1	130.8	131.8
	三、144m²以上	115.3	116.6	118.8	120.3	122.0	123.4	123.7	124.7	126.5	126.5	127.0	127.5
同比价格指数	**新建商品住宅销售价格指数**	**120.3**	**121.4**	**121.9**	**121.0**	**122.2**	**122.9**	**122.7**	**121.5**	**120.6**	**118.9**	**116.7**	**115.4**
	一、90m²及以下	119.2	120.3	119.6	119.5	121.5	123.3	122.4	121.4	120.0	119.6	117.4	116.1
	二、90m²-144m²	121.7	122.9	123.6	121.8	123.6	123.2	122.6	121.6	120.8	119.1	117.0	116.2
	三、144m²以上	119.4	120.5	121.3	120.9	121.2	122.3	122.9	121.4	120.7	118.5	116.1	114.3
	二手住宅销售价格指数	**115.6**	**116.5**	**118.3**	**118.6**	**119.3**	**119.0**	**118.3**	**116.6**	**116.4**	**114.9**	**112.6**	**111.7**
	一、90m²及以下	117.2	118.3	119.9	120.3	120.4	120.0	118.8	117.0	116.3	114.0	111.4	110.6
	二、90m²-144m²	114.3	115.2	117.1	117.2	118.4	117.7	117.7	116.1	116.1	115.6	113.6	112.4
	三、144m²以上	114.7	115.5	117.2	117.7	118.7	119.3	118.1	116.8	117.0	115.3	113.3	112.6
环比价格指数	**新建商品住宅销售价格指数**	**102.0**	**101.8**	**101.3**	**100.5**	**101.8**	**101.8**	**101.5**	**100.8**	**100.8**	**100.7**	**100.8**	**100.6**
	一、90m²及以下	102.3	102.4	100.4	101.2	102.2	102.3	100.8	101.0	100.4	100.9	100.7	100.5
	二、90m²-144m²	101.7	101.5	101.7	99.9	102.0	101.3	101.9	101.3	101.1	100.8	101.1	100.8
	三、144m²以上	102.0	101.9	101.4	100.8	101.4	102.0	101.4	100.3	100.6	100.5	100.7	100.5
	二手住宅销售价格指数	**101.6**	**101.3**	**101.8**	**100.8**	**101.1**	**100.6**	**100.8**	**100.5**	**101.0**	**100.4**	**100.5**	**100.6**
	一、90m²及以下	101.6	101.3	101.6	100.7	100.7	100.6	100.8	100.5	100.8	100.2	100.6	100.6
	二、90m²-144m²	101.6	101.3	102.0	100.4	101.5	100.1	101.2	100.4	101.0	100.9	100.6	100.8
	三、144m²以上	101.8	101.2	101.8	101.3	101.4	101.1	100.2	100.9	101.4	100.0	100.4	100.4

附　　录
Appendix

主要统计指标解释

一、生产者价格

（一）调查内容

工业生产者出厂价格统计调查涵盖 41 个工业行业大类，207 个工业行业中类，666 个工业行业小类，1638 个基本分类的 20000 多种工业产品的价格；工业生产者购进价格统计调查涵盖981个基本分类的10000多种工业产品的价格。

（二）调查方法

工业生产者价格调查采取重点调查与典型调查相结合的调查方法。年主营业务收入 2000 万元以上的企业采用重点调查方法；年主营业务收入 2000 万元以下的企业采用典型调查方法。工业生产者价格调查涉及全国 400 多个城市的 5 万余家工业企业。

（三）指标解释

工业生产者价格指数　包括工业生产者出厂价格指数（Producer Price Index for Industrial Products，简称 PPI）和工业生产者购进价格指数。

工业生产者出厂价格指数　反映工业企业产品第一次出售时的出厂价格的变化趋势和变动幅度。

工业生产者购进价格指数　反映工业企业作为中间投入产品的购进价格的变化趋势和变动幅度。

二、固定资产投资价格

（一）调查内容

固定资产投资价格调查的内容包括构成当年建筑工程实体的钢材、木材、水泥、地方建筑材料、电料、化工材料等主要建筑材料价格；作为活劳动投入的劳动力价格（单位工资）和各种施工机械使用价格；设备工器具购置和其他费用投资价格。

（二）调查方法

固定资产投资价格调查是一种非全面性调查，采用重点调查与典型调查相结合的方法。

（三）指标解释

建筑安装工程　包括房屋、建筑物的建造和设备、装置的安装，其中，建造部分必须兴工动料，通过施工活动才能实现，安装部分不包括被安装设备本身价值。

设备、工器具购置　指把工业企业生产的产品转为固定资产的购置活动，主要包括建设单位或企、事业单位购置或自制的达到固定资产标准的设备、工器具。

其他费用　指在固定资产建造和购置过程中发生的，除建筑安装工程和设备、工器具购置投资完成额以外的费用，不指经营中财务上的其他费用。

三、居民消费价格

（一）调查内容

全国居民消费价格统计调查内容，涵盖全国城乡居民生活消费的食品烟酒、衣着、居住、生活用品及服务、交通和通信、教育文化和娱乐、医疗保健、其他用品和服务八个大类，共 262 个基本分类的商品与服务价格。

（二）调查方法

采用抽样调查方法抽选确定调查网点，通过手持数据采集器，采用定人、定点、定时的方法直接调查，或者由选中的调查对象协助填报。在保证价格准确的前提下，经国家统计局审定，各地可通过相关政府部门发布的通知、公告等文件，以及部分企业、单位公开发布的收费信息资料和被调查单位的电子数据进行辅助采价，也可从互联网采集特定商品和服务价格。数据来源于全国 31 个省（区、市）500 个市县，约 8.8 万余家价格调查点，包括商场（店）、超市、农贸市场、服务网点和互联网电商等。

（三）指标解释

居民消费价格指数　（Consumer Price Index，简称 CPI）旨在反映一定时期内居民所购买并用于日常生活的商品及服务项目的价格水平变动趋势和变动程度。

1.食品烟酒　指居民为摄取身体所需要的营养和满足某种嗜好而购买消费的食品和烟酒、茶及饮料等。

2.衣着　指与居民穿着有关的支出，包括服装、服装材料、其他衣着及配件、衣着加工服务费及鞋类等。

3.居住　指与居住有关的支出，包括租赁房房租、住房保养维修及管理、水电燃料和自有住房等。

4.生活用品及服务　指家庭及个人用于各类生活用品及家庭服务的支出。包括家具及室内装饰品、家用器具、家用纺织品、家庭日用杂品、个人护理用品和家庭服务。

5.交通和通信　指用于交通和通信方面的支出。

6.教育文化和娱乐　指用于教育和文化娱乐方面的支出。

7.医疗保健　指用于医疗和保健的药品、用品和服务的总费用。包括药品及医疗器具、医疗服务等。

8.其他用品和服务　指无法直接计入上述各类支出的其他用品与服务支出。

四、商品零售价格

商品的零售价格是商品在流通过程中最后一个环节的

价格，是工业、商业、餐饮业和其他零售企业向城乡居民、机关团体出售生活消费品和办公用品的价格。

五、农业生产资料价格

农业生产资料价格是农业生产资料在流通领域最后一个环节的价格，是工业、商业及其他单位和个人向农民出售农业生产资料（包括主要生产性服务）的价格。

六、商品住宅销售价格

（一）现行《住宅销售价格统计调查方案》自 2011 年 1 月起开始实施。2018 年 1 月起取消了保障性住房销售价格统计指标。

（二）调查范围。住宅销售价格的调查范围为 70 个大中城市的市辖区，不包括县。

（三）调查方法。70 个大中城市的新建住宅销售价格、面积、金额等资料直接采用当地房地产管理部门的网签数据。二手住宅销售价格调查为非全面调查，采用重点调查和典型调查相结合的方法，按照房地产经纪机构上报、房地产管理部门提供与调查员实地采价相结合的方式收集基础数据。

（四）价格指数的计算方法详见中国统计信息网《住宅销售价格统计调查方案》。

（五）指标解释

新建商品住宅 指新建的专供居住用的商品住房，本方案主要包括：90 平方米及以下、90 平方米-144 平方米、144 平方米以上等。不包括新建的国家政策性住房；不包括小产权房屋；不包括住宅楼中作为人防用、不住人的地下室、车库等，也不包括托儿所、病房、疗养院、旅馆等具有专门用途的房屋。

二手住宅 指进入房屋市场进行交易，第二次及以上进行产权登记的住宅，包括二手商品住宅、允许上市交易的已售公房等。本方案主要包括 90 平方米及以下、90 平方米-144 平方米、144 平方米以上等分类。

90 平方米及以下住宅 指住宅中套型建筑面积不大于 90 平方米的住宅。套型建筑面积由套内使用面积和分摊的共有建筑面积组成，报表时以销售合同中实际测绘的建筑面积为准，若销售合同为套内使用面积则需折算成建筑面积。

90 平方米-144 平方米住宅 指套型建筑面积大于 90 平方米，不超过 144 平方米的住宅。

144 平方米以上住宅 指套型建筑面积在 144 平方米以上的住宅。

新建商品住宅销售价格 指新建的、用于居住的进入房地产市场进行交易的房屋，第一次进行产权登记时的实际交易价格（合同价格）。其价格由成本、税金、利润、代收费用等组成，它受地段、层次、朝向、质量、材料差价等因素的影响。此外，住宅销售前的装修费用，无论其价格高低都视为房地产销售（交易）价格的组成部分。

二手住宅销售价格 指用于居住的进入房地产市场进行交易的房屋，再次进行产权登记时的实际交易价格。该指标取自《存量房屋买卖合同》。若合同中含有相关税费，则应将其扣除。